子彈庫帛書

CHU SILK MANUSCRIPTS
FROM ZIDANKU, CHANGSHA, HUNAN PROVINCE

李零　著

（上）

文物出版社

圖書在版編目（CIP）數據

子彈庫帛書 / 李零著 . —北京：文物出版社，2017. 1

ISBN 978 - 7 - 5010 - 4896 - 0

Ⅰ. ①子… Ⅱ. ①李… Ⅲ. ①帛書 - 研究 - 中國 - 楚國（？ - 前 223） Ⅳ. ①K877. 94

中國版本圖書館 CIP 數據核字（2017）第 001239 號

子彈庫帛書

著　　者：李　零

責任編輯：蔡　敏
封面設計：程星濤
責任印製：陳　傑

出版發行：文物出版社
社　　址：北京市東直門内北小街 2 號樓
郵　　編：100007
網　　址：http：//www. wenwu. com
郵　　箱：web@ wenwu. com
經　　銷：新華書店
印　　刷：北京鵬潤偉業印刷有限公司
開　　本：787mm × 1092mm　1/8
印　　張：57. 25
插　　頁：3
版　　次：2017 年 1 月第 1 版
印　　次：2017 年 1 月第 1 次印刷
書　　號：ISBN 978 - 7 - 5010 - 4896 - 0
定　　價：1600 圓（全二册）

目　録

第叁部分　相關照片

第肆部分　楚帛書年表

下　編

第伍部分　帛書圖版

第陸部分　帛書釋文

第柒部分　《四時令》老照片

第捌部分　《四時令》摹本

第玖部分　帛書文字編

第拾部分　參考書目

自 序

簡帛古書是中國學術的源頭，無論從哪個角度講，都是源頭。

中國的書，從一開始就是寫在竹木簡牘上，而不是龜甲、獸骨和銅器上。縑帛是簡牘到紙書的過渡環節。《墨子》反復講“書於竹帛”，被錢存訓拿來當中國早期書籍的定義。這個定義是對的。早期中國，没有簡帛，也就没有書。没有書，還有什麽學術和思想？

20世紀初，“敦煌、塞上及西域各地之簡牘”是王國維説的“五大發現”之一。[1] 1942年，子彈庫帛書出土，則是第一次發現比較完整的帛書。

先秦兩漢是簡帛時代，書都是寫在簡帛上。我們發現簡帛，研究簡帛，其實是一次偉大的歷史回歸。研究古文字也好，古文獻也好，學術史也好，思想史也好，誰都不能忽視這個源頭。

我甚至可以毫不夸大地説，如果没有簡帛留下的綫索（古文、籀文和小篆、隸書），商周時期的甲骨文和金文就不可能被釋讀。

不過，話説回來，20世紀上半葉，我們的學術資源相當貧乏。研究戰國文字，當時有什麽材料？數量最大，主要是璽印（還有陶文、兵器和少數幾件銅器上的字）。璽印上的文字有什麽内容？多半是地名、官名、人名，孤零零幾個字而已。書，完全没有，長點的銘文，也非常少，幾乎無辭例可尋。我們只要讀一下王國維寫的《桐鄉徐氏印譜序》（1926年），[2] 就能明白這一點。當時，璽印是寶貝。很長時間裏，研究戰國文字，原來只能研究印，頂多加上點陶文和兵器。

王國維，確實了不起。當時，材料那麽少，他能考慮那麽深，那麽遠，居然一下子就抓住了兩漢經今古文學和小學的關鍵。當時的金石學家都株守許學，往往把出土文字稱爲“古籀”，並不知道古文和籀文是什麽概念，它們和篆、隸是什麽關係。王國維的《戰國時秦用籀文六國用古文説》（1916年），[3] 第一次爲我們釐清了這些紛亂如麻的概念。他把戰國文字分爲兩系：西土，秦系的籀、篆、隸是漢代“今文”的源頭；東方，非秦系的六國文字是漢代“古文”的源頭。如此宏論，遠見卓識，洞察隱微，只有603字。一般人很難做到。

中國近百年的古文字研究，戰國文字起步最晚，現在最熱。其早期代表作有二，一是朱德熙《壽縣出土楚器銘文研究》（1954年）；[4] 二是李學勤《戰國題銘概述》和《補論戰國題銘的一些問題》（1959～

---

〔1〕 王國維《最近二三十年中國新發見之學問》，收入《王國維遺書》，上海：上海古籍書店，1983年，第五册：《静安文集續編》，第65頁正～69頁背。

〔2〕 收入《王國維遺書》，第一册：《觀堂集林》卷六，第18頁背～21頁背。

〔3〕 收入《王國維遺書》，第一册：《觀堂集林》卷七，第1頁正～2頁正。

〔4〕 《歷史研究》1954年第1期，第99～118頁。

1960年)。[1] 兩位先生代表兩種風格，一直影響到今天。

他們都提到蔡季襄發表的子彈庫帛書。這在當時是最長的一篇戰國文字。

朱、李兩位的文章，今天看，當然可以挑出很多錯，但平心而論，以當時的標準衡量，這卻是最高水平。萬事起頭難。在我看來，這種開創性的著作比集大成的著作更重要。特别是李文，更有大局觀。他關注的不是個别難字，而是戰國文字的全局。他把王國維的東、西兩系説進一步細化，第一次爲戰國文字分國分域，對後人更有啓發。

他説，楚帛書的十二月就是《爾雅》十二月名，這也是突破性的發現。

書是用字寫成的，但字不等於書。過去的戰國文字研究，主要是啃字，而不是讀書。孤立識字是因爲没有長篇的東西。

1949年以前，我們没有楚簡。1950年代，開始有楚簡，都是遣冊，不但數量少，保存情況也不好。1957年，長臺關楚墓第一次出古書，只有殘簡，一直到1986年才發表。戰國古書，我們苦苦等了半個世紀，1993年才有了郭店楚簡，1994年才有了上海博物館藏楚簡。在此之前，我們無書可讀，要讀，只有子彈庫帛書。

没有書的結果，是我們的認字水平受限，許多現在覺得非常簡單的字，當時大家都不認識，學者費盡移山心力，收效卻甚微。

過去的工作方法，多半是不得已。

大規模識字，不可能是這種辦法。

我記得，上海博物館楚簡發現後，裘錫圭先生曾説，很多字的認出都用不着古文字學家。原因是什麽？就是辭例多了。一個字，反復出現多少回，再笨也能認出來。

李學勤先生講過兩句話，我印象極深。

一句話是，戰國文字難認，你就是做夢也想不到。

另一句話是，某先生真怪，他認字，前提可能是錯的，但結論卻往往是對的。

過去，我們常把字形分析當認字前提。很多人都以爲，一個字，形、音、義，字形最重要，通假其次，字義排在最後。破讀，左轉右轉，主要是爲了湊字形，而不是爲了疏通上下文。但在實際的認字過程中，我們卻不難發現，字形分析往往是"事後諸葛亮"。真正的前提是什麽？是辭例。我們是靠辭例和語境爲文字定向和卡位，先有辭義的大致估計，然後才考慮字形分析和通假破讀。甚至有時，我們並不知道某字該怎麽分析，但照樣可以猜出它是什麽字，或大致相當什麽字。

我記得，朱德熙先生説，古文字的破譯最像偵探小説。警察破案，他們的方法，有兩條最重要，一是串併，二是排除。串併是把看似無關其實非常關鍵的綫索，通過偶然發現串連起來，形成一條連貫的思路。排除是從大海撈針的衆多可能性中，把一切無關的可能性一一排除掉，使真相浮出水面。串併也好，排除也好，都是爲了定向和卡位。

破譯的大忌是被假象誤導，一條道走到黑。方向錯了，位置錯了，費勁再大，全錯。本來只是猜猜看的事，試探試探也就罷了，非要長篇累牘彎彎繞，這是"偵探小説"，不是真正的"破案"。

窗户紙，一捅就破。文字破譯，用不着饒費口舌。説對了，三言兩語足夠，説不對，千言萬語也没用。

大家迷信權威，以爲權威就不犯錯誤，或者即使犯了，也是高級錯誤。這是一種常見的誤導。權威

[1]《文物》1959年第7期，第50~54頁；1959年第8期，第60~63頁；1959年第9期，第58~61頁；1960年第7期，第67~68頁。

被假象誤導，大家又被權威誤導，在古文字學的歷史上例子很多。

1942年，子彈庫帛書的出土是簡帛研究史上的一件大事。蔡季襄的《晚周繒書攷證》是第一部報道它和研究它的著作。這本書，印數極少，現在很珍貴。當初，我是借張政烺先生的書讀。後來，我自己也有了一本，是前西雅圖藝術博物館東方部主任倪明昆（Michael Knight）先生送的。

這一發現太重要。

第一，它是20世紀的頭一批古書，不是檔案性質的文書，而是典籍意義上的古書。

第二，這是我們第一次接觸比較完整的帛書。目前，這樣的帛書只出土過兩次，一次是子彈庫帛書，一次是馬王堆帛書。帛書，它是第一次發現。戰國帛書，它是唯一發現。

第三，戰國文字，楚文字是大宗。研究楚文字，這也是個頭。

它在學術史上的意義，今天仍然值得回顧。

中國學術界，目前有一股簡帛熱，熱到不能再熱。賭石一行，人稱“瘋狂的石頭”；我們這行，也有“瘋狂的簡帛”。我萬萬想不到，這種當年冷到不能再冷的學問，居然會變成一種時髦；網上稱雄，看誰認字多，竟是一種熱潮！

楚帛書，很寶貴，因爲字多。它有九百多字，很多字，大家不認識，當時不認識，後來不認識，現在也没全部認識，所以一直有吸引力，吸引很多學者，反反復復讀它。比如我就是它的忠实讀者。

但我讀帛書，不光爲了認字。認字只是手段。

簡帛研究，認字是基礎。認字是點，通讀是面。没有點，焉有面，這個道理没錯。避大就小，避虚就實，就字論字，慎言其餘，好處是可獨佔發明權，還不容易犯錯誤。很多年輕人都以爲，這是當古文字學家的捷徑。可認字的目的是什麽？是爲了讀書。如果通讀，你總没法挑肥揀瘦繞着走。我們别忘了，“一斤瓶子裝不下二斤醋”，歸根結底，還是大道理管着小道理。更何況，辭例的背後還有學術和思想，天外有天。

認字，不光要從小到大，也要從大到小。字是在通讀中被認識，辭例比字形更重要。這是讀書的道理。

我讀楚帛書，集中閲讀，主要有七次。一次是1980年，一次是1985～1988年，一次是1989～1990年，一次是1993年，一次是2001年，一次是2007年，一次是現在。前後長達30年。我從年輕讀到老大不小，錯誤固然很多，收穫也很可觀。[1]

1980年，那年我32歲，正在中國社會科學院考古研究所讀研究生。我的論文題目是楚銅器。楚銅器，最大一宗是朱家集楚器。剛才説過，這是朱先生研究過的問題。當時，楚文字是絶學，熟悉甲骨、銅器的學者未必懂，懂的人很少。

坦白地説，我也是爲了研究楚文字，才迷上楚帛書。

我還記得，那是一個酷暑難消的夏天，我把在考古所能找到的材料搜集到一起，寫成《長沙子彈庫戰國楚帛書研究》。這是我的第一部學術著作。

當年，我曾把我的油印稿面呈李學勤先生，以及碰巧來京，住在華僑大廈的饒宗頤先生和曾憲通先生，向他們求教。另外我還托人把我的文章帶到中國考古學會的第二届年會（武漢，1980年11月17～22日）和中國古文字研究會的第三届年會（成都，1980年9月21～27日）。

〔1〕以下引述的研究著作，可參看本書第拾部分：參考書目。

然而，此書的發表卻在五年後。[1]

當時，我把楚帛書分成三個“版本”：蔡修渙本、弗利爾本、大都會本。中國大陸的所有研究，不是依據蔡修渙本，就是依據弗利爾本。比如當時的“最新著作”，商承祚《戰國楚帛書述略》（1964 年 9 月），就是依據弗利爾本。“文革”前，這是最重要的著作。

大都會本是 1966 年才發表。整個“文革”期間，大陸的研究完全是空白。與此形成對照，海外的研究都是利用大都會本。巴納（Noel Barnard）的《楚帛書譯註》（1973 年）才是“最新著作”。

我是在這樣的背景下開始研究。

這是中國大陸第一部以大都會本爲依據的著作。

張政烺先生鼓勵我寫這本書，並推薦此書到中華書局發表，就是希望引進最新材料，彙集最新研究，爲學界提供進一步討論的基礎。

這是我第一次讀子彈庫帛書。

1985～1988 年，學界有一批新作發表。如李學勤的四篇論文，饒宗頤、曾憲通的《楚帛書》，以及高明、何琳儀、朱德熙等人的作品。1988 年 5 月 22 日，我寫過一篇《〈長沙子彈庫戰國楚帛書研究〉補正》，就是讀這些新作的筆記。這篇文章是中國古文字研究會第十屆年會（長春，1988 年 7 月 22～28 日）的論文，十二年後才被印出來。印出來，已經變成古董。

這是我第二次讀子彈庫帛書。

1989 年 8 月～1990 年 9 月，我在美國待了一年多。當時，没事幹，我開始寫《中國方術考》。書中涉及子彈庫帛書。我對帛書釋文又有所修正。

子彈庫帛書是數術性質的古書。讀者不難發現，我後來出版的《中國方術考》，其中講數術的部分，無論式盤，還是日書，都來源於我對子彈庫帛書的研究。反過來，它們也深化了我對子彈庫帛書的認識。

1990 年，我在西雅圖，有一天，張光直教授打來電話，説他讀過我的《長沙子彈庫戰國楚帛書研究》，問我是否願意參加 4 月 27～28 日在弗利爾—賽克勒美術館舉行的東周楚文化討論會，如果願意，他可以推薦。我説，我當然願意。

這個會是爲辛格（Paul Singer）醫生 85 歲生日而召開，會上展出了子彈庫帛書。這是我第一次見到這件稀世珍寶。它在紐約曾經發霉，去霉後的部分，字跡反而變得很清楚，與過去的照片不一樣。饒宗頤先生和我一起看楚帛書，他説，既然有此奇效，何不讓帛書再次發霉，把其他部分也清一下。他希望能“梅（霉）開二度”。後來回到北京，我給《文物天地》寫了篇《楚帛書目驗記》，就是講目驗帛書的感受。

那次會議有四場報告，主講人是李學勤、羅泰（Lothar von Falkenhausen）、杜德蘭（Alain Thote）和馬麟（Colin Mackenzie）。我是參加討論的人。

當時有個叫格利芬（Jane Tilley Griffin）的女士提問，希望李學勤先生能給大家講講帛書十二神。李先生説，正好，有兩位研究這一問題的權威在場，一位是饒宗頤先生，一位是李零先生，我想把問題交給他們來回答。

當時，饒先生講了幾句話，没有正面回答她的問題。我根本没説話。會議論文集有我一篇發言，其

［1］ 當年，我讀楚帛書是在考古所。我的稿子寫成後，王世民先生曾讓我幫他整理陳夢家先生的遺稿《戰國楚帛書考》。我發現，陳先生先已經對《管子·幼（玄）官（宮）》和《幼（玄）官（宮）圖》有所討論。特別是他在一塊紙片上畫過一幅草圖，跟我的想法很接近。此稿是 1984 年才發表，我的書是 1985 年才出版。出版時，我特意在“論著簡目”節補充了這一條。但可惜的是，此稿在《考古學報》發表時，並没收入這個紙片。

實是後來寫的。這篇文章的中文題目是《楚帛書與“式圖”》。

帛書的思想意義，我是花了十年，到此方窺一二。

這是我第三次讀楚帛書。

1992年6月12日，我44歲那天，柯强匿名捐獻的楚帛書殘片入藏弗利爾—賽克勒美術館。當時，負責此事的齊思（W. T. Chase）先生跟該館亞洲部主任蘇芳淑博士商量如何保護這批殘片，蘇博士建議請我去華盛頓參加他們的揭剥工作。因此第二年，我去了美國。1993年1～5月，我住馬里蘭，每天乘地鐵去弗利爾—賽克勒美術館上班。我除自己作研究，經常去弗利爾美術館的實驗室陪巴拉德（Mary W. Ballard）女士揭帛書。我第一次有機會經常看帛書，既包括衆所周知的那件帛書（他們叫“第一帛書”），也包括從未發表的帛書殘片（他們叫“第二帛書”），這使我對子彈庫帛書形成了一個完整的印象。另外，我還閱讀了弗利爾—賽克勒美術館保存的有關檔案，訪問了住在新澤西的辛格醫生和住在西雅圖的吴柱存教授，對楚帛書在美國的流傳也做了詳細調查。

這是我第四次讀子彈庫帛書。

1993～1996年，我一直和巴拉德女士保持通信。但1997年，揭剥工作突然停了下來。

2000年，我到普林斯頓大學參加一個學術會議，和羅泰教授談起這件事。結果，由他提議，與會的27名國際學者聯名寫了一封信給弗利爾—賽克勒美術館的館長畢齊（Milo C. Beach）博士，呼吁弗利爾—賽克勒美術館重啓揭剥工程。

我們又有了希望。

2001年9月1～7日，弗利爾美術館實驗室主任賈寶（Paul Jett）博士邀請我和中國社會科學院考古研究所的文保專家白榮金先生前往華盛頓，與大都會博物館的紡織品保護專家金蒂尼（Christine Giuntini）女士研究進一步揭剥。這事正好在911事件發生之前。

這是我第五次讀子彈庫帛書。

2007年，帛書殘片的揭剥工作終於結束。所有揭開的殘片都用有機玻璃板封存。揭不開的殘片，則按原狀保存。10月21～26日，我和芝加哥大學的夏德安（Donald Harper）教授去華盛頓，仔細讀過這批殘片，做過記録。

這是我第六次讀子彈庫帛書。

現在這本書是我第七次讀子彈庫帛書的結果。我用的帛書底本是賽克勒基金會和弗利爾—賽克勒美術館提供的最新數碼照片。它既包括那件相對完整的楚帛書（本書題爲《四時令》），也包括同出的其他殘片（本書題爲《五行令》和《攻守占》）。前者即1964年柯强售出，1966年被賽克勒醫生購入，後來借存於弗利爾—賽克勒美術館的楚帛書。後者即1992年6月12日，柯强匿名捐獻，入藏於弗利爾—賽克勒美術館的楚帛書。兩者都是由柯强帶到美國，現在都在華盛頓。

子彈庫帛書，留在國内，只有1997年11月10日商承祚先生的家屬捐獻給湖南省博物館的一塊殘片和一幅照片。

這次出版，我想把子彈庫帛書的各種“版本”搜集到一起，既包括早期的蔡修涣本、弗利爾本、大都會本，也包括上述照片。同時，書中還包括子彈庫楚墓的所有出土物。既包括蔡季襄《晚周繒書攷證》一書中記録的所有文物，也包括1973年5月湖南省博物館重啓子彈庫楚墓發表的所有文物，還有弗利爾—賽克勒美術館收藏的存放帛書的書笈。我想把它們整合在一起，做成一份搶救性的復原報告。

我希望，這份報告可以盡可能彙集所有最重要的材料，讓這批稀有的帛書，最終成爲所有中外學者共同擁有的文化財富。

本書寫作，曾得到弗利爾—賽克勒美術館、湖南省博物館、湖南省文物考古研究所的大力支持，很多中外學者也提供了無私幫助。

我要特別感謝：

（1）賽克勒基金會的主席伊麗沙白·賽克勒（Elizabeth A. Sackler）博士。

（2）弗利爾—賽克勒美術館的前館長羅覃（Thomas Lawton）博士、前亞洲部主任蘇芳淑博士（現爲香港中文大學中國文化研究所所長）、庫房管理員科爾（Rocky Korr）先生和諾曼（Jane Norman）女士，圖書館的前館長陳家仁博士，以及亨尼希（Colleen Hennessey）女士和霍吉（David Hogge）先生。

（3）弗利爾美術館實驗室的齊思（W. T. Chase）先生、温特（John Winter）博士、賈寶（Paul Jett）博士和顧祥美女士。

（4）史密森保護中心的紡織品保護專家巴拉德（Mary W. Ballard）女士。

（5）大都會博物館的紡織品保護專家金蒂尼（Christine Giuntini）女士。

（6）已故美國著名收藏家辛格（Paul Singer）醫生。

（7）芝加哥大學亞洲語言文明系的夏德安（Donald Harper）教授。

（8）加州大學洛杉磯分校的羅泰（Lothar von Falkenhausen）教授和葉娃博士。

（9）佛羅里達大學的來國龍教授。

（10）西雅圖藝術博物館的姚進莊（Josh Yiu）博士。

（11）湖南省博物館的高志喜、傅舉有、吴銘生、陳建明、李建毛先生和鄭曙斌、聶菲女士。

（12）湖南省文物考古研究所的何介鈞、張春龍先生和劉蘭女士。

（13）嶽麓書院的陳松長教授。

（14）中國國家博物館的王睿博士和王月前先生。

（15）上海博物館的徐汝聰女士。

（16）已故中國社會科學院歷史研究所的王矜先生。

（17）中國社會科學院考古研究所的白榮金先生。

（18）中國絲綢博物館的趙豐先生。

（19）已故雅禮中學的老校友王宗石老師。

（20）僑居美國西雅圖的吴柱存教授、傅雲起女士。

（21）法國遠東學院北京中心的吕敏（Marianne Bujard）教授。

（22）2000 年 10 月 22 日在普林斯頓大學聯名寫信給畢齊（Milo Cleveland Beach）博士的 27 位國際學者。

（23）漢唐陽光的尚紅科先生。

（24）國家圖書館的曹菁菁博士。

（25）北京大學人文社會科學研究院的孟繁之先生。

（26）《華夏地理》的任超先生。

没有他們的幫助，本書不可能面世。

楚帛書的研究，對我來説，是一部學術史，而且是我親身參與的學術史。一是楚帛書的發現史，二是楚帛書的流傳史，三是楚帛書的研究史。這裏面有很多故事：長沙故事、上海故事和美國故事。我將用另一部書講這些故事。

楚帛書是一批老材料，不像新材料，炙手可熱。但老材料有老材料的味道，更能體現學者的創業維艱和百折不回。

回顧以往，有幾個名字，將爲人們銘記：

蔡季襄，第一個收藏、揭裱、測繪、報道、研究楚帛書的人。他的研究是所有研究的起點和開端。

巴納（Noel Barnard），第一次爲帛書做科學檢驗（包括照相、測繪等）、文字復原（包括行款復原）和圖像復原的人。他的研究爲1970年代以後的研究提供了基礎。

梅原末治，第一個發現帛書表面還有反印文的人。林巳奈夫給它做了摹本。

李學勤，第一個指出帛書十二月即《爾雅》十二月的人。他對帛書考釋和思想探討無疑有重大貢獻。

陳夢家，拿古代時令書與帛書作系統比較，也很關鍵。他對《管子》之《幼（玄）官（宮）》和《幼（玄）官（宮）圖》試做復原，對後人啓示良多，也有重大貢獻。

商承祚，第一個指出“德匿”即“側慝”的人。側慝與日月贏縮和妖祥災異有關，這對帛書甲篇（十二行者）的理解非常關鍵。

嚴一萍和金祥恒，最早考證帛書有伏羲、女媧的人。他們對帛書神話人物的考證也是重大突破。

饒宗頤和曾憲通，也是對帛書考釋和内容理解有重大貢獻的學者。

這是一場時越六十餘年，真正具有國際性質的大討論。中國的大陸、香港和臺灣，海外的日本、澳大利亞和美國，都有學者參加討論。

這六十年來，有多少人參加討論，大家可以看一下本書附録的《參考書目》。我很感謝中外學者對帛書研究的貢獻，無論發明，還是失誤，都是我的參考。前者予人啓發，後者留下警示，各有各的用處。

這裏没有“百戰百勝的將軍”。尺有所短，寸有所長。小人物有千慮一得，大人物有百密一疏。誰説大人物就不犯錯誤？照樣會犯。大人物也會犯低級而幼稚的錯誤。錯誤就是錯誤，没什麽高低貴賤。大家在真理面前人人平等，在錯誤面前也一樣。人類的認識史就是這樣。這才是學術史的真相。

人非聖賢，孰能無過。是人都會犯錯誤。我是人，非常普通的人。我對帛書的認識不是一步到位，而是很多步都未必到位，總是留下遺憾。反復修改，不斷完善，求的只是逼近真相。我是“老改犯”。我的文章都是反復修改，只要打開電腦，就會改。

電腦的好處是可以覆蓋，不像畫畫，不能反復涂改。我希望自己的研究，可以盡量覆蓋以前的錯誤，爲後人提供一點方便，讓他們不再犯我犯過的錯誤。

探討是一種過程，只有咽氣蹬腿才是終點。

世上本無完人。完人，只是完蛋的人。

2011年2月2日寫於北京藍旗營寓所

子彈庫帛書

上編

第壹部分　子彈庫楚墓

説　明

子彈庫楚墓，位於長沙舊城東南郊。子彈庫是這個地點的舊名。

這座楚墓，1942 年 9 月被盜，曾出土過一批文物，其中最重要也最著名，是目前發現最早的一批帛書，通常叫“楚帛書”。這批帛書，除商承祚先生捐獻給湖南省博物館的一枚殘片和一幅帛書殘片的照片，1946 年 6 月均已從上海流失海外，現在都保存在美國華盛頓弗利爾—賽克勒美術館。1973 年 5 月，湖南省博物館重啓此墓，又出土了“人物御龍帛畫”和另一批文物。這幅帛畫是目前僅見的兩幅戰國帛畫之一，也是稀世珍寶。發掘地點在湖南省林業勘查設計院的院内。現在，這個院子已更名爲湖南省農林工業設計總院宿舍區，門牌號爲長沙市城南中路 122 號。

子彈庫楚墓出土的東西，或存或亡。存者，有些在長沙，有些在華盛頓，難以璧合。有關史實，睽隔 69 年，虛虛實實，撲朔迷離，也難以湊成完整而可靠的印象。今搜集有關資料，折中衆説，略加辯證，希望能有助於事實真相的還原。

這裏的器物照片是承湖南省博物館和湖南省文物考古研究所提供，謹致謝忱。

1942 年的盜掘

這次盜掘有什麽發現，有四種不同記載，可摘述於下：

（一）盜墓者説[1]

1942 年盜掘此墓，主要有四人：任全生、漆孝忠、李光遠、胡德興。1958 年，湖南省博物館考古部成立後，他們是考古部的技工。1973 年重啓此墓，就是在他們的指引下才找到。他們對此墓被盜前的情況有所回憶，附於發掘簡報後。

雖然，這些回憶出於盜墓者之口，他們的觀察未必可靠，他們的記憶或有失實，但對比蔡季襄説、商承祚説和 1973 年的發掘，還是可以反映整個發現的大致輪廓和主要細節。

任全生等人説，當年盜掘此墓，所見文物皆出於頭箱和邊箱。頭箱内的文物包括：

1. 蘆葦席，“頭箱内：北端鋪蘆葦席一塊，長約 40、寬約 20 釐米”。

案：此席面積甚小，大小僅與下竹笥同。蔡季襄、商承祚都没提到此席，1973 年重啓此墓也未

---

〔1〕 簡報，見湖南省博物館《長沙子彈庫戰國木椁墓》，《文物》1974 年第 2 期，第 36～40 頁；附録見第 40 頁。

發現此席。

2. 木寓龍，“席上置一三足木雕龍，髹黑漆，也就是‘木寓龍’”。

案：蔡季襄《晚周繒書攷證》提到此器，未附器形，未記尺寸。“木寓龍”是蔡氏比附文獻而定名（詳下）。

3. 竹笥，“南端有竹笥一個，長約40、寬約20釐米。内盛未經燒製由青膏泥製作的泥金版數百塊。泥金版長約3.5、寬約3釐米，有無文字不明”。

案：此器是貯藏冥幣的竹盒子，而不是貯藏帛書的竹盒子，尺寸比下竹笈大，貯藏内容也不同。蔡季襄《晚周繒書攷證》、商承祚《戰國楚帛書述略》均未及之，而只提到泥金版。商承祚説，這次盜掘，泥金版並未取出（詳下），但1973年重啓此墓，無論竹笥，還是泥金版，都未發現。這有兩種可能，一是與貯藏帛書的竹笈混淆，二是取出後朽壞。

4. 繒書，“《繒書》一端搭在三腳木寓龍尾部，一端搭在竹笥的蓋上”。

案：這裏所謂的繒書，或稱帛書，西人叫 Chu Silk Manuscript（簡稱 CSM）。“繒書”是蔡季襄的定名（詳下），1950年代多稱“繒書”。1953年，陳槃撰《先秦兩漢帛書考》，則把此物列入“帛書”中，[1] 1960年代以來，“帛書”的叫法更流行。

邊箱内的文物包括：

1. 漆耳杯，“東端有漆耳杯四件”。

案：1973年重啓此墓，並未發現漆耳杯。

2. 木梳、木戈，“（東端有）木梳、木戈各一件”。

案：1973年重啓此墓，確有木梳、木戈留在墓中。

3. 皮帶，“（東端有）皮帶一根”。

案：簡報説“（外棺）蓋板兩端27釐米處兩側有皮提手，呈環狀，質地鬆軟，其中一塊長13、寬4.2釐米，推測是埋葬時爲提供方便而設置的，其方法是在側邊鑿25×4釐米的方孔，將皮提手兩頭塞入，然後在當中塞一木塊，將提手楔緊，木塊與蓋側平齊。東端因盜洞破壞，僅見南側有同樣方孔和木塞，未見提手”，他們説的皮帶或即蓋板東端27釐米處缺失的皮提手。[2]

4. 陶鼎、陶敦、陶壺、陶勺、陶匜，“中部放置陶器鼎、敦、壺各四個以及陶勺、匜各一”。

案：蔡季襄、商承祚都提到這類陶器（詳下）。1973年重啓此墓，墓中也確有一批陶器，唯鼎、

---

〔1〕陳槃《先秦兩漢帛書考》附録《長沙古墓絹質彩繪照片小記》，《歷史語言研究所集刊》第24本，1953年6月，第193～195頁。

〔2〕《長沙子彈庫戰國木槨墓》，第37頁。

敦、壺不足各四之數耳。

5. 漆盤，“（中部）並有一徑約 24 釐米、高約 8 釐米的夾紵胎漆盤”。

案：此盤爲蔡氏所得，後流失海外（詳下）。

6. 木俑，“西端有着衣木俑八個，高約 50 釐米”。

案：1973 年重啓此墓，並未發現木俑，或被取出。

7. 銅戈、銅矛、銅劍，“邊箱緊貼南壁有帶柄的戈、矛、劍各一，戈長約 1.5 米，矛長約 2 米，劍長約 0.7 米。劍裝在櫝内”，“銅劍鋒利發亮”。

案：銅劍爲蔡氏所得（詳下）。銅戈、銅矛，1973 年重啓此墓，並未發現，或亦取出，下落不明。

（二）蔡季襄説〔1〕

蔡季襄是帛書最初的收藏者。帛書是 1942 年出土，他買帛書是在他從上海返回長沙之後，即 1943 年冬，時隔有一年之久。〔2〕他的消息不外兩個來源，一是任全生等人，二是唐鑒泉，並非親歷親見。他的《晚周繒書攷證》也主要是講他自己的藏品，並非全部文物。但他的説法，距出土時間不遠，仍有一定參考價值。

關於盗掘地點，蔡氏的描述是：“長沙近年，因交通事業之發展，近郊一帶山陵，往往夷爲平地，於是霾藏地中之周、秦、漢三代陵墓，時有發現。其中尤以晚周墓葬，其規模之宏大，構造之堅固，爲亘古所未有……此項晚周陵墓，多葬於山隈之中，不封不樹，非將地面草萊芟盡、山土夷平後，不能顯出。本書所載之繒書，即出自此項晚周墓中。墓位於長沙東郊之杜家坡，因築路而發現”。

案：杜家坡，即杜家山墓地。杜家山墓地位於子彈庫墓地的北面。盗墓者經常指東説西，此説不可靠。

關於墓葬形制，蔡氏的描述是：“（此墓）平面作凸形，前端狹長之巷，即爲隧道。此項隧道，由淺而深，作斜坡狀。其用意，蓋取其便於下棺也。後者爲墓室，横長丈餘，縱長丈有五尺，深倍之，作長方形（圖版二）。四壁深竣若削，中實以黄土。黄土下層，則爲蜃炭……蜃炭之下，則係墓室。”

案：蔡氏定名，好牽合古書。“蜃炭”，原書圖版第二頁作“蜃灰”，應指密封墓頂的青膏泥。“蜃炭”見《左傳》成公二年和《周禮・地官・赤犮氏》，是把大蛤燒成炭灰，以封墓壙，與此不同。據原書圖版第二頁，此墓椁室長 1.5 丈，約合 5 米；寬 1.0 丈，約合 3.3 米；高 0.8 丈，約合 2.7 米；“蜃灰”厚 0.9 丈，約合 3 米；“蜃灰”至地表，深 1.5 丈，約合 5 米。

---

〔1〕蔡季襄《晚周繒書攷證》，漣源：1945 年 1 月。

〔2〕1974 年蔡氏所撰《繒書資料》説：“我是 1942 年三四月由上海回到長沙。”但據湖南省博物館藏蔡季襄檔案，蔡氏是 1943 年冬才回到長沙。

此墓有棺有椁有邊箱，蔡氏的描述是：“室頂架厚尺許、寬二尺之横木五，上用竹席滿布，四周則以長與坑等之巨木疊砌，構成長方式之椁形。此項椁木，即《左傳》成公二年所載：‘椁有四阿，棺有翰檜’之翰檜，亦即《漢書·霍光傳》中之‘黄腸題凑’是也……至於椁上所蓋之竹席，亦即《儀禮·士喪禮·陳明器》中抗席……棺則陳於墓室之東，大小與常棺等，惟蓋面平坦不隆起，棺外裹以褐色之絲帛，絲極匀細。棺之右側，陳木櫝一，長度與棺相等，寬半倍之，其中滿貯明器。本書所載之繒書、竹笈、漆盤、銅劍、劍鞞、劍櫝等物，即出自此櫝中。因木櫝保存完好，故所貯明器，絲毫無損，均能保持原有狀態。（案櫝中尚有黑陶，如簋、鼎、壺、觴等物，惜均佚散。）”

案：“黄腸題凑”，主要是西漢諸侯王所用（如大葆臺漢墓等），其構築方式雖亦壘木爲之，卻與此不同。此墓是長沙楚墓常見的木椁墓，並非“黄腸題凑”。楚墓常用竹席分兩種，一種鋪在椁蓋板上，一種鋪在笭牀上（此外還有卷起來隨葬墓中者）。這裏提到“椁上所蓋之竹席”，屬於第一種。1973 年重啓此墓，只有第二種。估計第一種已毁。

關於墓葬年代，蔡氏的判斷是：“至攷此墓時代，今據出土繒書文字、郢爰、陶版，及長沙封建沿革，加以推測，似爲晚周荆楚中期之墓葬。”

案：“晚周”指戰國。“荆楚”指楚國。子彈庫楚墓是戰國中期偏晚的墓葬。

蔡氏提到的出土物包括：

1. 繒書，分兩種，完帛，見圖版第一頁；其他殘帛，破損嚴重，難以復原，書中無圖示。蔡氏説：“近年長沙，因廣辟土地，附椁（郭）一帶，周秦陵墓，多被掘發。此項晚周繒書墨迹，即發現於東郊晚周木椁墓中。書用竹笈貯藏，折疊端正，惜出土時，土人不知愛護，致被損壞過半，故笈内殘繒斷片甚多。惟此書獨完整無闕，尚可展視。書係絲質，因入土年久，已呈深褐色，幾與文字相含混。從（縱）長十五吋，横長十八吋，墨書。（案斷片中，亦有朱書者。）字若蠅頭，筆畫匀整，完全六國體制。”

案：兩種帛書，皆蔡氏舊藏。蔡氏藏品，後來流入美國，完帛成爲賽克勒醫生的藏品（簡稱 CSM no. 1），殘帛成爲弗利爾—賽克勒美術館的藏品（簡稱 CSM no. 2），現在全部集中於弗利爾—賽克勒美術館。帛書縱長 15 吋，約合 38. 1 釐米；横長 18 吋，約合 45. 7 釐米。實物長寬爲 38. 5 × 47 釐米，與此相近。

2. 陶器，書中無圖，但蔡氏講繒書墓葬，順便提到，墓中還隨葬陶器。他説，“案櫝中（邊箱中——零案）尚有黑陶，如簋、鼎、壺、觴等物，惜均佚散”。

案：陶簋，應指陶敦。此説與上盗墓者説大體吻合，唯多觴耳。蔡氏所説觴，即耳杯之異名。盗墓者説，此墓有漆耳杯四件，但不是陶器。

3. 陶製金版，書中無圖，但蔡氏講繒書墓葬，順便提到墓中還有這類東西，或許因爲不值錢，取出後旋又棄之。他説：“今此墓出土之陶質金版，（案此項陶質金版，爲古代殉葬所用之明器，猶現代紙錢之類。）上鑿有“郢爰”印款十六枚，分列四行。案郢爲楚都之專稱，《史記·楚世家》：‘楚文王元年，始都郢。（即今湖北荆州府，江陵縣地。）’其後遷陳，徙都，徙壽春，皆命名曰郢，可証。‘爰’即‘鍰’之省文，爲周代黄金貨幣之單位名稱，如《尚書·吕刑》‘其罰百鍰’是也。

因楚僭王號，故亦有金版之制。（案近年安徽壽州，常有此項郢爰金版出土，俗稱印子金。詳方氏《綴遺齋彝器款識》。）”

案：此即上引盜墓者説提到的“泥金版”。盜墓者説“有無文字不明”，此説“上鑿有‘郢爰’印款十六枚，分列四行”。“郢爰”，是“郢爯（稱）”之誤。[1]

4. 書笈，器形見圖版第三頁，長 8 吋，寬 4 吋，高 2 吋。蔡氏説：“竹笈，又名篋，即貯藏繒書者，亦木椁冢出土。有蓋，高吋有半。（器蓋並同。）從（縱）長八吋，橫長四吋半。器蓋及底，均用竹絲編成人字紋樣，四周則作六棱孔狀。內糊以薄絹，工極精巧。但此項竹笈出土，因物質腐敗，無法保存，故四周均已破損，不成器形。且竹絲被水所浸蝕，已成黑色，致原有色澤不明。惟其中間有朱色者，尚隱約可辨。”

案：此器亦蔡氏舊藏，隨帛書一同流美，現藏弗利爾—賽克勒美術館。原物保存不善，圖版只是示意性的復原圖。蓋高吋有半，約合 3. 8 釐米；縱長 8 吋，約合 20. 3 釐米；橫長 4 吋半，約合 11. 4 釐米。圖版所記尺寸，寬 4 吋，約合 10. 2 釐米，比正文所説橫長略短；高是通高，2 吋，約合 5. 1 釐米。

5. 漆盤，書中收入兩件漆盤，第一件見圖版第四、第五頁，直徑$10\frac{1}{2}$吋，高$2\frac{1}{2}$吋；第二件見圖版第六頁，直徑$8\frac{1}{2}$吋，高$1\frac{3}{4}$吋。正文只講第一件漆盤。蔡氏説：“本書中所載之青龍、朱雀漆塗木盤……與繒書同坑出土，高二吋，對徑十吋半，內朱外黑。盤內四周繪有青龍、朱雀各三，作互相追逐之狀，中間以飛鳳之飾……至於盤之四周所繪青龍、朱雀，即圖寫當時崇拜之四方神靈。（案古代四神，即左青龍、右白虎、前朱雀、後玄武。）……此盤最奇特者，厥爲盤之中央所繪圖案，係用豚、鳥交組而成。豚豕採作圖案，惟見於周代，後世絶少有用者。因豚豕爲常見之家獸，不屑採入畫圖故也。”

案：此器亦蔡氏舊藏，1950 年售於戴福保（戴潤齋），流失海外。[2] 第一件是戰國漆器，直徑$10\frac{1}{2}$吋，約合 26. 7 釐米；高$2\frac{1}{2}$吋，約合 6. 4 釐米。第二件是秦漢漆器，直徑$8\frac{1}{2}$吋，約合 21. 6 釐米；高$1\frac{3}{4}$吋，約合 4. 4 釐米。上引盜墓者説只提到一件“徑約 24 釐米、高約 8 釐米的夾紵胎漆盤”，尺寸略有出入，但接近前者。後者，盜墓者未提到，蔡氏亦無説。這件漆盤，與 1986 年江陵毛家園 1 號墓出土的“綵繪雲鳳紋漆圓盤”相似，年代偏晚，不大可能是同墓所出。[3] 圖版第四頁套色有誤，作者有勘正：“此盤中央圖案，原係黑地朱花，付印時，值倭寇犯藍田，倉皇間，手民未及對照原本，誤印作朱地黑花，四周青龍、朱雀花紋亦稍有遺漏。”這裏的圖版，除去原圖，還復製了一幅中央作黑地朱花的圖。2013 年 3 月 27 日，美國西雅圖藝術博物館中國藝術部主任姚進莊（Josh Yiu）博士電郵來信，指出該館收藏的一件漆盤（51. 118）正與第一件漆盤相似，或即此盤，並寄來漆盤照

---

〔1〕 這種冥幣是什麽樣，可參看蘇州博物館《真山東周墓地——吴楚貴族墓地的發掘與研究》，北京：文物出版社，1999 年 6 月，第 39 頁，圖七五、圖七六；第 41 頁，圖七八。案：“郢爰”是舊釋，林巳奈夫、安志敏等學者早已糾正，但至今仍被很多出版物和博物館的陳列標牌所沿用。參看：黄錫全《先秦貨幣通論》，北京：紫禁城出版社，2001 年 6 月，第 348 ~ 350 頁。

〔2〕 戴福保（1910 ~ 1992 年），字潤齋，無錫人。1930 年移居上海。1938 年在上海開設福源齋文玩店。1949 年 4 月移居香港。據湖南省博物館藏蔡氏檔案，1949 年，蔡氏到上海賣文物，曾帶去這兩件漆盤，被戴氏看中。1950 年 4 月中旬，戴氏派他的外甥毛純圻和掮客鍾植之到長沙商購文物，然後到廣州交貨提款。最後，二盤是從廣州上船，走私到香港。蔡氏返回長沙後，因而被捕。

〔3〕 陳振裕《戰國秦漢漆器群研究》，北京：文物出版社，2007 年 3 月，第 195 ~ 197 頁。

片，供本書使用。[1]

6. 銅劍，器形見圖版第九頁，長 $12\frac{1}{2}$吋，寬 $1\frac{1}{2}$吋，與下劍鞞、劍櫝爲同一套東西。蔡氏説：“本書圖版九，所載之銅劍，與繒書同坑出土。全劍長度，正與《考工記》中中制劍相符，惟劍莖中斷。其形制，則與他劍異，作扁形。上穿雙孔，其後在當日似有木柄之施設。（案《漢書・雋不疑傳》：‘冠進賢冠，帶櫑具劍。’注：‘應劭曰：櫑具，木標之劍，櫑落也，壯大也。’此劍莖後設木柄，或即櫑具劍之類）琫係銅質，（案琫爲劍莖與劍身間之飾，俗稱劍鬲）劍莖即穿貫其中。是項施設，亦與《攷工記》中‘其莖設其後’之文正合……綜合以上記載觀察，則當日冶金技術之精密，可想而知。宜乎此劍埋藏地中，經二千年之久，猶能鋒利如新，遠勝精鐵，良有以也！”

案：此器亦蔡氏舊藏，下落不明。劍長（殘長）$12\frac{1}{2}$吋，約合31.8釐米；寬 $1\frac{1}{2}$吋，約合3.8釐米。劍分三部分，手握的部分叫劍莖（即劍柄），鋒刃的部分叫劍身，劍莖和劍身之間，保護手的部分叫劍鐔（即劍格）。蔡氏所謂“中制劍”，是指劍身之長三倍於劍莖之長。楚地出土的劍，劍莖分三種：扁莖、筒莖、柱莖。楚地最流行的劍是吴越式的雙箍柱莖劍，扁莖劍比較少。此劍是扁莖劍。莖殘，只剩近格處的一小段，有并排雙孔。圖中劍鐔已脱落，蔡氏叫琫，不妥。琫是劍鞘口上的玉飾，不是劍格。劍格的正確名稱是鐔。

7. 劍鞞，附玉珌。鞞、珌，皆蔡氏據古書定名。鞞指劍鞘，珌指鞘端玉飾。器形見圖版八，長22吋，厚$\frac{3}{8}$吋，寬$1\frac{3}{8}$吋，包括已脱落的玉飾，即珌。蔡氏説：“劍鞞，亦長沙木椁冢出土，即前劍之鞞。（案鞞即劍室，詳後《劍鞞攷》）木製，髹以黑漆，光澤可鑑。鞞口及末端，作蛇腹斷紋，中央純素，連珌共長二十二吋，厚三分，寬一吋三分，末端稍殺。近鞞口四吋半，正中有直綫隆起，與劍脊同，餘均平扁，推其用意，蓋防擊劍絲組移動而設。珌係蒼玉質，飾於鞞末，寬厚與鞞等，長三分，末端平正，底面作橢圓形，與近代劍室形制迥異……今此劍鞞、琫、珌三者俱在，其所飾地位，一如段説，且此劍琫珌，飾用金玉，亦與《詩傳》‘諸侯璗琫璆珌’之制相符，是則此劍爲當時諸侯所服用，殆無可疑……據此推求，則此項墓葬，或即當時楚縣公之墓，故殉葬佩劍，僭用諸侯之制，蓋可知也”。

案：此器亦蔡氏舊藏，下落不明。《説文解字・革部》：“鞞，刀室也。”徐鉉新附字：“鞘，刀室也。”蔡氏以鞞指鞘。《説文解字・玉部》：“珌，配刀下飾，天子以玉。”蔡氏以珌指劍鞘末端的玉飾。長22吋，約合55.9釐米；厚$\frac{3}{8}$吋，約合1釐米；寬$1\frac{3}{8}$吋，約合3.5釐米。蔡氏以墓主爲諸侯或縣公，估計太高。

8. 劍櫝，即盛上述銅劍的木匣。器形見圖版七，長32吋，高 $4\frac{1}{2}$吋，寬 $2\frac{1}{2}$吋。蔡氏説：“木質，有蓋，並高四吋半，寬二吋六分，長三十二吋，蓋面隆起，作半球狀，兩端稍殺，中央作舭形，此項施設，蓋取其便於握手也”。

案：此器亦蔡氏舊藏，下落不明。長32吋，約合81.3釐米；高 $4\frac{1}{2}$吋，約合11.4釐米；寬 $2\frac{3}{4}$

〔1〕今查湖南省博物館藏蔡季襄檔案，這件漆盤是1950年戴福保派人從蔡氏買走。姚博士在來信中説：“該漆盤是我館1951年從一個叫做克來凱（Jan Kleijkamp）的荷蘭籍藝術商人處購得，克來凱未説明從何處購得該盤，但很有可能他是先從戴潤齋入手再賣給我館的，因爲克氏主要的交易地點是在海牙、北平、上海和紐約。”

吋，約合 7 釐米。[1]

9. 木寓龍，亦據古書定名。書中無圖，器形、尺寸不詳。蔡氏説："木寓龍，亦木槨冢出土。象龍形，木質，髹漆，爪牙畢具，四足作攫拿之勢。外裹絲帛，上用朱墨二色繪成規矩圖案，惜入土年久，木質朽敗，經風後，髹漆剥落，不成龍形。案此項木龍形制，即《史記·封禪書》中所載之木寓龍，爲嬴秦祠畤所用之明器……今此龍出自楚墓，是則當時用木寓龍祠畤之制，不限於嬴秦也，甚明。"

案：原書既無器形，也無尺寸，非常可惜。商承祚説，蔡氏未要，故所記不詳（詳下）。[2] 但蔡氏説，此器爲漆木器，龍形四足，外裹絲帛，仍很重要。1982 年 1 月江陵馬山一號楚墓出土過一件根雕的"木辟邪"，報告的描述是，此器"置於頭箱正中，用樹根雕成，虎頭，龍身，四足。出土時頭向南，尾朝北，前肢立於 8 號竹笥上，後肢立於槨底板上。頭上昂，嘴微張，露齒，腰微低，短卷尾，行走狀。通體髹暗紅漆，朱紅漆彩繪。眼、耳、鼻、須、嘴、齒均雕出，繪朱紅漆。兩前腿皆位於身軀的右側，兩後腿皆位於身軀的左側。右側第一前腿，較短，扁圓形竹節狀，上粗下細，伸向前方，長 37.5、上粗 3.5×3.6、下粗 1.8×2.2 釐米，腿面雕蛇一條，並朱紅彩繪。蛇長 32.5、粗 0.6 釐米。右側第二前腿，圓形竹節前伸，長 29、粗 2.4~4.5 釐米，腿面中部雕蛇噬蛙的圖案，並彩繪，蛙作掙扎狀。左側第一後腿，圓竹節狀，前伸。長約 29、粗 2.2~5 釐米。腿面上部雕四腳蛇噬雀圖案，並以朱紅漆彩繪。左側第二後腿，扁圓形竹節狀，後伸，長 30.5、粗 2.2~4 釐米，腿面上部雕一蟬，並朱繪。辟邪總長 69.5、頭粗 8、前體粗 6.5、後體粗 5.2、頭高 40.5、腰間高 31.5、尾高 32 釐米。出土時，全身（除頭部）和四肢上部殘存有纏裹着的錦面綿衾（圖六八，圖版四三，1）"，[3] 正與蔡氏的描述相似。我懷疑，子彈庫楚墓出土的所謂"木寓龍"就是這種器物。這種器物到底該怎麼叫，馬山楚墓未出遣册，目前還不太清楚。蔡氏的定名是據《史記·封禪書》。但《封禪書》原文作"木禺龍樂（鑾）車一駟"，不作"木寓龍"，《漢書·郊祀志》襲用《史記》，才寫成"木寓龍"。"木寓龍"是《漢書》的説法，不是《史記》的説法。《史記》的"木禺龍"，《漢書》的"木寓龍"，都讀"木偶龍"。它們説的木偶龍是用來拉車的木雕龍，未必與此爲同一種東西。另外，值得補充的是，湖北省九連墩楚墓二號墓也出土過一件同類器物，學者或以爲憑几。[4]

（三）商承祚説[5]

商承祚是《長沙古物聞見記》的作者，與長沙古董業中人來往密切，並收藏過子彈庫帛書的十個

---

〔1〕商承祚提到蔡氏收藏的一把劍，"桼（漆）鞘玉珌，緱有纏組，外盛木櫝"。參看：商承祚《長沙古物聞見記·續記》，北京：中華書局，1996 年 11 月，第 125~134 頁。但那把劍據説是 1937 年 10 月長沙東南郊魏家冲出土，爲柱莖劍，形制不同，尺寸也不合，形制似更接近辛格（Paul Singer）醫生所藏的一把劍，見 Noel Barnard, *Scientific Examination of an Ancient Chinese Document as a Prelude to Decipherment, Translation, and Historical Assessment-The Ch'u Silk Manuscript,* Revised and Enlarged, Studies on the Ch'u Silk Manuscript, Part 1, Monographs on Far Eastern History 4, Canberra: Australian National University, 1972, p. 69。

〔2〕湖南省博物館藏蔡季襄檔案提到，1950 年他捐獻的文物中有"一件戰國時代彩色剝落的木雕句龍"，他在這件器物上"加填了小部份的朱彩"，不知是否與此有關。

〔3〕湖北省荆州地區博物館《江陵馬山一號楚墓》，北京：文物出版社，1985 年 2 月，文字描述見第 82 頁，器形見第 83 頁圖六八和圖版四三，1。案：此物較好的照片，見荆州博物館編著《荆州重要考古發現》，北京：文物出版社，2009 年 1 月，第 112 頁。

〔4〕湖北省文物考古研究所《湖北棗陽市九連墩楚墓》，《考古》2003 年第 7 期，第 10~14 頁，圖版陸，2。案：此物比較好的照片，見湖北省博物館編《九連墩——長江中游的楚國貴族大墓》，北京：文物出版社，2007 年 9 月，第 102~103 頁。

〔5〕商承祚《戰國楚帛書述略》，《文物》1964 年第 9 期，第 8~9 頁。

殘片。[1]

商氏說，“帛書發現的確切年月及地點爲1942年9月，墓地在長沙東郊紙源冲（又名王家祖山）”，與蔡氏說異。商氏注：“當時掘墓的‘土夫子’向不肯以墓地所在告人，總是‘出東說西’。因此，蔡季襄《晚周繒書攷證》（1944年石印本，以下或簡稱蔡書）杜家坡的記地不可靠，我是根據解放後當事人所述。”他說：“這是一座形制不大、棺椁完整的木椁墓。黑漆棺置於椁内一旁，‘頭箱’與‘邊箱’放置隨葬品，整個空間如曲尺形。”

案：所謂“解放後當事人”應即任全生等人。商氏說帛書是1942年9月出土。紙源冲，即紙園冲，紙園冲墓地在子彈庫南。這是第三種說法。三種說法都來自任全生等人。

墓中出土物包括：

1. 完帛，商氏說，此物“於一九四六年爲美帝國主義分子柯克思（M. John Cox）用卑鄙無恥的手段到上海誆騙掠奪至華盛頓，諱莫如深的密藏於耶魯大學圖書館，後來佛立亞博物館將之拍成照片，也不外傳”。

案：他說的“柯克思”即柯强（M. John Cox是John H. Cox之誤），“佛立亞博物館”即弗利爾美術館。帛書流美，先後寄存於奈爾遜美術館、福格博物館、大都會博物館和弗利爾美術館，但從未藏於耶魯大學圖書館。

2. 殘帛，商氏說，“徐楨立生前曾拿出給我看過……據徐老先生說，是得自蔡季襄手中的一部分。因此，我頗疑是那張匣上的覆帛殘片連在匣面而蔡氏將之揭存。殘帛文字清晰可辨，有朱欄和墨欄兩款，字皆寫入欄内，字大於此帛書，從欄色的不同，知有兩張。掘墓人看見較爲明顯的朱欄，遂誤認綢子上的紅色是‘印花’，‘土黄色’實爲淺褐色”。“1942年冬，於重慶接長沙唐鑒泉來信，以帛書求售，我乃托友人沈筠蒼前往瞭解情況。覆信說：‘唐裁縫出視之時，是在白紙之外再用報紙將之鬆鬆卷起，大塊的不多，小塊的累累，將來拼復原樣恐不可能？’我正與唐反復議價之時，蔡季襄回長沙，遂爲所得”。

案：唐鑒泉，人呼“唐裁縫”。據此，帛書出土後，曾一度在唐鑒泉手中，後來才歸蔡氏。商承祚的十個殘片，應即得自唐鑒泉。商氏見過殘帛，他說殘帛有朱欄和墨欄兩種是對的，但美國所藏殘帛是折疊存放，揭開即成碎片，不可能平展於匣面。今查湖南省博物館藏蔡氏檔案，蔡氏回長沙是在1943年冬，疑商氏所說“1942年冬”是“1943年冬”之誤。

3. 竹匣，即蔡氏所說“書笈”。商氏說，“帛書八折，放在一個竹匣中，匣長約二十三釐米，寬約十三釐米”。

案：此說與上盜掘者說不同。盜掘者說“《繒書》一端搭在三脚木寓龍尾部，一端搭在竹笥的蓋上”，不在書笈内。商氏注說“帛書八折並不等齊，當中部分折迹縱約十七點五釐米，横約十一點五釐米”，“以帛書折痕長度較蔡書所繪竹匣長度尺寸略符，而寬度則誤，以其寬不能容納帛書之寬”，

---

〔1〕 商志𩡝《記商承祚教授藏長沙子彈庫楚國殘帛書》，《文物》1992年第11期，第32～33頁、轉35頁；商志𩡝《商承祚教授藏長沙子彈庫楚帛書殘片》，《文物天地》1992年第6期，第29～30頁。

既説完帛在書笈内，又説書笈不能容納帛書之寬，猶疑不能定，可見是推測之辭。其所謂“八折”，只是帛書的第一套折痕。帛書還有另一套折痕，是十二折，如果折疊存放，寬度並非不能容。

4. 方形絲綢，商氏説，“匣面有一方‘土黄色’有紅色‘印花’的綢子”。

案：上引盗掘者説提到的竹笥是個“長約40、寬約20釐米”的大盒子，與蔡書提到的“書笈”不可能是同一個東西。蔡書説的“書笈”是個長20.3、寬11.4釐米的小盒子。兩者似有混淆。商氏説的“方形絲綢”與帛書也似有混淆。

5. 三腳龍，即蔡氏所謂“木寓龍”，商氏説，“再上放着一條‘三腳龍’”，謂“三腳龍”在“方形絲綢”上。商氏注：“其所謂‘木寓龍’，蔡未要，故所記不詳。”

案：此物，上引盗墓者説作“三足”，這裏作“三腳”，但蔡氏作“四足”。蔡氏親見此物，三説應以蔡氏爲是。上引盗墓者説謂此物在竹笥旁、繒書下，與商説不同。

6. 冥幣泥版，即上引盗墓者説提到的“泥金版”。商氏説，“匣之一邊有黑色的冥幣泥版一堆，無文字。這些東西放置在南北向的‘頭箱’中”。

案：盗墓者説“有無文字不明”，蔡氏説““上鑿有‘郢爰’印款十六枚，分列四行”，這裏説“無文字”。注意：商氏説的“匣”是蔡氏説的“書笈”，而非盗墓者説的“竹笥”。

7. 漆盤，即蔡氏所藏，商氏説“‘邊箱’在棺之右，有漆盤一”。

案：蔡書收録兩件漆盤，這裏的“漆盤一”指蔡書的第一件漆盤。商氏注：“蔡書第二件漆盤，從花紋看，年代較晚，當非一墓所出。”這是對的。

8. 漆耳杯，商氏説“漆耳杯四，皆木胎”。

案：此説與盗墓者説相合。

9. 銅劍，商氏説“銅劍一柄，盛以木櫝”。

案：此説與盗墓者説相合。

10. 銅戈，商氏説“另銅戈一”。

案：此説與盗墓者説相合。

11. 木俑，商氏説“圓身木俑二十四個”。

案：盗墓者提到“着衣木俑八個”，比此説少。

12. 陶器，商氏説“陶質鼎、敦、壺各一（陶器及泥版皆未取出）”。

案：盗墓者提到“陶器鼎、敦、壺各四個”，比此説多。

（四）巴納説[1]

他説是據某個住在海外的當事者回憶。

盜掘時間：1934年。

盜掘地點：長沙。

盜掘者：9～10人。

墓葬結構：見巴納復原圖（《楚帛書》第2頁插圖1），是由四層棺椁構成。器物出於外椁和内椁之間的空間A，帛書出於内椁和外棺之間的空間B。他在空間B靠墻處畫有一摞木板，説帛書即發現於這摞木板間，他討論的楚帛書只是其中一件，還有帛書留在這摞木板間。

案：此説與上各家説都不一樣，與下發掘簡報也不符。1993年2月16日，我曾寫信問巴納，簡報發表後，他是否仍堅持舊説。3月7日，他復信説，他仍堅持舊説。

1973年的發現

1973年的發現，見子彈庫楚墓的發掘簡報，[2] 可摘述於下：

墓葬編號：73長子M1。

發掘時間：1973年5月。

案：這次發掘是介於馬王堆一號墓和馬王堆三號墓的發掘之間。

發掘地點：長沙市城東南子彈庫（當時的湖南林業勘察設計院内）。

發掘者：湖南省博物館考古部的工作人員何介鈞、周世榮、熊傳薪（簡報作“熊傳新”）、傅舉有和湖南省博物館考古部的技工任全生等人。

簡報執筆者：何介鈞、周世榮、熊傳薪。

1. 墓葬形制

墓嚮：115°。

封土：厚1米左右。

墓壙：墓口3.8×2.72米，墓底3.78×2.46米，深7.42米。

案：下文蔡氏所記墓室大小，折合米制，長約5米，寬約3.3米，深約10.7米，三維尺度都比這裏的資料大一些。

填土：墓底、棺椁四周和上方填青膏泥，青膏泥的上方爲夯實的洗砂土。墓底的青膏泥厚39釐米，棺椁四周到墓壁的青膏泥厚34～40釐米，棺椁上方的青膏泥厚80釐米，洗砂土厚4.8米。

案：蔡書所記“蜃炭”（或“蜃灰”），應指這裏的青膏泥，其厚度，折合米制，約合3米，較

[1] Noel Barnard, *The Chu Silk Manuscript - Translation and Commentary, Studies on the Ch'u Silk Manuscript*, Part 2, Monographs on Far Eastern History 5, Canberra: Australian National University, 1973, pp. 1 - 18.

[2] 《長沙子彈庫戰國木椁墓》，第36～40頁。

此爲厚。

墓道：帶一條墓道，因未全部掘完，長度不明，坡度爲23°。

案：從平面圖標示的方向看，[1] 墓道口是在墓主頭向的上方。蔡氏所記也有墓道，但畫在相反的方嚮。

盜洞：爲1.3×0.78米的長方形坑，緊貼北壁，距東壁0.7米，近椁蓋板處有盜掘時遺棄的部分文物。

案：此墓屍骨，頭在東南，脚在西北，既非南北向，也非東西向。所謂“北壁”，指邊箱外側的椁壁；所謂“東壁”，指頭箱外側的椁壁；“近椁蓋板處有盜掘時遺棄的部分文物”，從平面圖的圖注看，應包括帛畫（標號1）、竹簽（標號4）等物。

2. 棺椁葬具

此墓爲木椁墓。木椁被一分爲三：上爲頭箱、左爲邊箱，右爲棺室，棺爲内外雙棺。木椁下有兩根枕木。

木椁：長3.06米，寬1.85米，高1.33米。椁蓋板下，有一層隔板，棺室和頭箱上横鋪七塊，邊箱上縱鋪一塊。

頭箱：長0.9米，寬0.3米。

邊箱：長2.6米，寬0.27米。

外棺：長2.3，寬0.93，高0.87米。

内棺：長2.04，寬0.63，高0.61米。内棺底部墊有透雕的幾何紋花板，雕花板上鋪“人”字形篾席。

屍骨：仰身直肢，身長1.7米，經鑒定，爲男性，約40歲左右。

案：蔡書所記棺椁形制，從所附平面圖看，也是一横格，二竪格，分爲三個空間。其椁室大小，與墓壙的長寬不分，折合米制，長約5米，寬約3.3米，高約2.7米，比這裏大。

3. 隨葬器物

（1）“人物御龍帛畫”。[2] 出土時，平放在椁蓋板下面的隔板上面，畫面朝上，長37.5、寬28釐米，畫上端横邊有一根很細的竹條，竹條長30釐米，近中部係有一棕色絲繩，用於懸掛。畫的左邊和下邊爲虛邊。

案：此畫是墓主的肖像，用於葬儀，功能類似馬王堆漢墓平鋪在内棺棺蓋板上的T形帛畫。類似出土物是1949年湖南長沙陳家大山楚墓出土的“人物龍鳳帛畫”。[3] 但不同的是，它是出土於椁蓋板下，平鋪在棺室的頂部。我們從照片看，它似乎是位於椁室上方横鋪的第四塊板上，即大約在棺室上方的正中，離盜洞不遠。“虛邊”，是因裁割留下的毛邊。

---

〔1〕《長沙子彈庫戰國木椁墓》，第38頁：圖三。案：此圖缺1~4、7~9、11、30~32。

〔2〕陳建明主編《鳳舞九天——楚文物特展》，長沙：湖南美術出版社，2009年5月，第232~233頁。

〔3〕《鳳舞九天——楚文物特展》，第230~231頁。

（2）陶器，包括：

陶鼎三，均已殘破，其中一件出於盜洞内的泥土層中。三紐蓋，器表飾錫箔貼片。通高19釐米，口徑15釐米，腹徑19釐米，足高11.8釐米，有圖。

陶敦二，一件已無法復原，較完整的一件，下半部（器部）出於盜洞近椁蓋板處。器表飾錫箔貼片。通高19釐米，腹徑18.5釐米，有圖。

陶壺二，一件基本完整，另一件僅存口沿殘片。前者，據平面圖，是出於邊箱。器表飾錫箔貼片。通高26.5釐米，腹徑17釐米，有圖。

陶匜一，出於盜洞近椁蓋板處。口徑8.5釐米，高3.5釐米，流長1.2釐米，有圖。

陶勺一，出於盜洞近椁蓋板處。前有外侈的脣部，後有柄，下有足，足爲小平底，脣部中間缺了一塊，柄已斷折，缺去。高3.5釐米，口徑6.5釐米，有圖。

案：據盜墓者説，此墓隨葬陶器，包括鼎、敦、壺各四，勺、匜各一，如果此説可靠，則這裏缺鼎一、敦二、壺二。《長沙楚墓》把鼎、敦、壺、匜、勺列爲鼎、敦、壺組合的第八種，説鼎、敦、壺組合是長沙楚墓的主流，從戰國初到秦滅楚都有。[1] 但《長沙楚墓》所謂“勺”，無論“銅勺”，還是“陶勺”，其實都是匕。[2] 匕與勺不同。匕附鼎，勺附壺、缶，器形不一樣。匕分尖頭匕和圓頭匕，圓頭匕有簸箕狀的口。學者常把圓頭匕誤認爲勺。[3] 此器殘損，但仔細辨認，前有簸箕狀的口（中間缺了一塊），後有柄（接柄處斷折），應屬圓頭匕。

（3）竹木漆器，包括：

木梳一，出於盜洞近椁蓋板處，15齒，長7.8、寬6、厚1.2釐米，有圖。

木戈二，出於盜洞近椁蓋板處，一件殘長12.5釐米，有圖。

漆角狀器，出於内棺，呈彎角狀，外塗黑漆，長約9釐米，無圖。

竹席一，出於内棺，在雕花板上，用以薦屍，采用“人”字形方法編織，尺寸不詳，無圖。

竹片一，出於外棺蓋板上，長10、寬約0.6釐米，無圖。

竹簽一，出於隔板西端，長約45、寬0.8釐米，無圖。

案：木梳、木戈，盜墓者説，原在邊箱内，今出於盜洞。木戈，未必是戈，簡報圖像模糊，原始照片已找不到。《長沙楚墓》只稱“木塊”。[4] 漆角狀器，不詳。

（4）玉器，包括：

玉璧一，出於内棺蓋板頭端的正中，質地爲青玉，出土時繫有棕色組帶，尺寸不詳，有圖。

案：簡報述於“竹木漆器”下，不妥，今爲分出。

（5）絲麻織物，包括：

絲織品：

---

〔1〕湖南省博物館等《長沙楚墓》，北京：文物出版社，2000年，上册，第439、446頁。

〔2〕常德楚墓中也有這種器物，報告稱匕，這才是正確的叫法。參看：湖南省常德市文物局等編《沅水下游楚墓》，北京：文物出版社，2010年7月，中册，第578～582頁。

〔3〕李零《入山與出塞》，北京：文物出版社，2004年6月，第267～268頁。

〔4〕《長沙楚墓》，上册，第623頁。

絹，殘長22、寬7釐米，無圖。

方孔紗，長寬約3.2釐米，無圖。《長沙楚墓》稱“紗冠”。[1]

幾何紋錦，殘長約10釐米，寬7釐米，無圖。

組帶二，一件繫在玉璧上，長22、寬8.5釐米，另一件長26、寬6釐米，質地同前一件，有圖。

麻織品：

麻繩，出於外棺蓋板中部，作辮子形，殘長90釐米，無圖。

麻織物，平面圖有編號爲11的麻鞋底，無圖。

案：簡報把絲、麻兩類放在一起講，籠統説“係死者衣着殘片”。其實，“死者衣着殘片”只是内棺所出，不包括繫璧的組帶和麻繩，後者出於内棺外，與死者衣衾無關。

（6）鐵質狀物：出於屍骨腳端，無圖。

案：上述器物乃劫後餘存。1942年的被盜文物，參合各種回憶，主要包括：完帛1、殘帛若干、銅劍1、銅戈1、銅矛1、書笈1、竹笥1（盛陶質金版）、漆盤1、漆耳杯4、漆木俑8、木寓龍1；留存墓中的文物，據發掘簡報，主要包括：帛畫1、陶鼎3、陶敦2、陶壺2、陶勺1、陶匜1、玉璧1、木梳1、木戈1、漆角狀器，以及若干絲麻織物。陶器有缺，或因盜出，或因損毀。《長沙楚墓》還提到“漆片”。[2]

4. 結語

此墓重啓，發現“人物御龍帛畫”。墓中棺椁爲一椁兩棺，應屬士大夫等級。器物組合爲鼎、敦、壺。盜墓者説，墓中曾出泥金版。從這些迹象看，此墓年代在戰國中晚期之交。

案：此墓，《長沙楚墓》的新編墓號是M365。《長沙楚墓》把長沙地區的楚墓分爲四期九段，前三段是春秋晚期和戰國早期，中三段是戰國中期，後三段是戰國晚期，此墓屬於第三期的第六段，即戰國中期的晚段。[3] 子彈庫楚墓只是一座小墓，出土器物没有銅禮器，只有銅兵器，陶器組合爲鼎、敦、壺、匜、匕。這些器物皆楚墓常見，很普通，但它有三個發現非常重要，一是楚帛書，二是楚帛畫，三是蔡季襄所謂的“木寓龍”。戰國帛書，它是第一次發現，也是到目前爲止的唯一發現；戰國帛畫，它是繼陳家大山帛畫之後的第二次發現（馬山一號楚墓所出是第三次發現）；“木寓龍”，它是第一次發現。後來馬山一號楚墓和九連墩大墓所出的漆雕“辟邪”或“憑几”估計就是這種東西。

（五）蔡季襄的訂正和補充[4]

上述簡報發表後，商承祚先生曾致函蔡氏，請他“寫一份關於繒書的真實資料”。1974年8月21日，蔡氏回信，寫了“繒書資料”一份，有如下説明：

1. 關於帛書的購買，蔡氏説：“我是1942年三、四月由上海回到長沙，其時恰值瀏陽門外東站路唐

---

[1] 《長沙楚墓》，上冊，第623頁。

[2] 《長沙楚墓》，上冊，第623頁。

[3] 《長沙楚墓》，上冊，第465、582頁。

[4] 蔡季襄《關於楚帛書流入美國經過的有關資料》，《湖南省博物館文集》第4輯，長沙：《船山學刊》雜誌社，1998年4月，第21～25頁。

茂盛古玩店店主唐鑒泉買了這幅戰國時的繒書，其時你委托你在長沙友人沈筠蒼向唐購買。正在反復論價時，恰值我由上海回長。聞訊後，即向唐茂盛以當時僞幣三千元，連同繒書的竹笈、漆盤、漆劍鞸一並購回。”

案：蔡氏覆商承祚8月21日函，謂“事隔將近卅年，其中過程極爲複雜，同時有些時間和問題又記憶不清楚，非得四處詢問不可”。今查蔡氏檔案，1942年，蔡氏仍在上海，1943年冬，他才舉家遷回長沙。我懷疑，蔡氏從唐鑒泉購買帛書，事在此後不久。

2. 關於帛書的揭裱，蔡氏説，“當我購回的時候，這幅繒折疊數層，原封未動，貯在竹笈的裏面。同時竹笈底下還有很多破碎不堪繒書小塊。這幅完整的繒書上面還粘附着一層很厚的白膏泥和污穢，並含有很多的水分，同時繒書在墓中埋藏達兩千餘年之久，長期被水上所浸蝕，以致色澤黑暗異常，質地完全腐朽，入手即碎，并且折疊數層，不容易揭開，我想盡方法，首先將繒書放在一塊一英寸六十目的銅絲布上面，用汽油浸泡，然後將上面的泥土和污穢用毛筆洗滌乾淨，輕輕地將繒書一層一層展開，幸而没有很大的破損，再將繒書攤放在銅絲布上面，俟汽油揮發以後，再揭了下來。我便跑到三正街饒記裱畫店，請了一位老糊裱名工王某，托他染了一幅和繒書大小的舊絹，到我家中，花了半天功夫，才把繒書裱好”。

案：看來，帛書出土時，原來是放在竹笈内，上面是完帛，下面是殘帛。

3. 關於帛書正面的反印文，蔡氏説：“在我買到繒書時，黄鐵厂並不知道。我並未和他商量過。至於您説日人梅原末治説，繒書後面還有幾個較大的字，這完全道聽途説。既然繒書後面有較大的字，爲什麼我在描摹文字時，仔細地將繒書反復審視，没有發現反而（疑是面之誤——零案）有文字呢？繒書又經過裱背，他何知道背面會有文字的呢？其説不攻自破。”

案：帛書表面有紅色反印文，字體較大，現在仍可看到。梅原氏説的大字，當指完帛下部而非背面的紅色反印文。這種反印文確實存在，蔡氏失察。

4. 關於竹笈是否可容繒書，蔡氏説：“至於您説繒書面積很大，竹笈容納不下，你要知道，這幅書出土是折疊數層，面積很小，怎麼竹笈容納不下呢。”

案：蔡氏説，子彈庫帛書原來是折疊存放，放在竹笈内：完帛在竹笈上層，殘帛在竹笈下層。此説可信。竹笈，蔡氏測量，長度約合20.3釐米；寬度約合11.4釐米。完帛，我在弗利爾—賽克勒美術館時，曾請諾曼（Jean Norman）女士測量。[1] 它有早晚兩套折痕，第一套折痕是最初的折痕，分帛書爲8區，每區的最大尺度是19.6×13.4釐米，長度可容，寬度超出；第二套折痕是後來的折痕，分帛書爲12區，每區的最大尺度是19.6×10釐米，長寬皆可相容。殘帛，最大一片，長寬約爲19×10釐米，與完帛的第二套尺寸大體相合。可見帛書與竹笈完全可以相容，商氏之疑可釋。

5. 關於簡報所附盜墓者説，蔡氏有三點批駁，他説，“今年《文物》第二期附注，謂帛書一端搭在

〔1〕 李零《楚帛書的再認識》，《中國文化》第10輯，1994年8月，第48頁；又收入《李零自選集》，桂林：廣西師範大學出版社，1998年2月，第241～243頁。

三隻腳的木寓龍上面尾部、一端搭在竹筒（笥之誤——零案）的蓋上，這完全是信口瞎説，並且出土的木寓龍係四足並非三足，同時繒書在墓中，如果如《文物》二期附録所説，又何必用竹笈貯藏呢？並且博物館同志在《長沙子彈庫木椁墓》簡報中所寫的附録和盜墓前隨葬器物分佈圖，可以説是畫蛇添足，極不科學的，徒然淆亂聽聞，兹將附録所載繒書在墓中一端搭在三足木寓龍尾部、一端搭在竹筒上面這完全聽了土夫子的胡説，今分作四點（只有三點——零案）駁斥如下：

（1）1942年長沙子彈庫發現繒書還是第一次，以前並不知道什麼叫做繒書和帛書，更不知道繒書的可寶貴。何況一班目不識丁的夫土子（土夫子——編者注），何以會知道此墓中會有繒書，而且把繒書一端搭在木寓龍的尾部、一端搭在竹筒上面的呢？並且繒書在墓中埋藏兩千多年之久，物質已經腐朽，入手即碎，它即係散開搭在木寓龍和竹筒上面，又如何有這樣技術把它折叠端正放在竹筒中的呢？此不合情理之一。（2）長沙一班（般）楚墓，埋藏達6～7米之深，同時木椁蓋板厚重異常，盜墓者都從蓋板打洞伸手鑽進去的，並且此項木椁墓室很矮，不能容一人起立，同時盜洞甚小，盜墓時僅能俯身，將手伸入摸索，而且不見天日，黑暗異常，又何以知道搭在木寓龍和竹筒上面的就是繒書呢？即算就是繒書被盜者一陣糊（胡）亂摸索，早已成齏粉，怎麼還能存在的呢？此不合情理之二。（3）據附記所云，繒書既然是展開搭木寓龍和竹篋上面的，何以我在購回時還是折疊端正原封未動貯在竹笥内呢？並且當時繒書都是用篋貯藏的，如馬王堆三號漢初軑侯利蒼墓中出土的帛書也是用漆篋貯藏的。此墓繒書既係展開放墓中，又必何（應作何必——零案）置貯書的竹篋呢？以上駁斥三點，均足以證明附録所載完全是無稽説，無研究的價值”。

案：蔡氏、商氏對此墓的描述，個别細節有出入（如陶器、漆器的數量），但大體相同。其消息出自同一批盜墓者，宜其相似，只不過年深月久，同爲當事人，記憶或有出入，反復轉述，益滋紛擾。三説之最大不同，其實主要在帛書的位置。盜墓者説，帛書發現時，是搭在盛放陶質金版的竹笥和木寓龍上，蔡氏説是貯於一件專門盛放帛書的竹笈内，是竹器有二，並非一物。商氏既説帛書在竹匣内，又説另有一塊方形絲綢在竹匣上，蓋將另一竹笥和另一絲織品與此混淆。蔡氏指出，帛書原來是折疊存放，完帛和殘帛，原來都在竹笈内，當屬可信。蔡氏説簡報附録不可信，主要就是强調這一點。他並未否認帛書出於子彈庫楚墓，也未否定墓中有上述文物存在。今折衷諸家之説，益以出土發現，把子彈庫楚墓的出土物列表於下。

子彈庫楚墓的出土物

出土物	盜墓者説	蔡季襄説	商承祚説	發掘簡報
帛書（完帛）	1件	1件	1件	被盜（蔡氏舊藏，現存美國）
帛書（殘帛）	——	“斷片甚多”	“有朱欄和墨欄兩款……從欄色的不同，知有兩張”	被盜（蔡氏舊藏，現存美國）
帛畫	——	——	——	1件（新發現）
陶鼎	4件	黑陶鼎	1件	3件（缺1件）
陶敦	4件	黑陶簠	1件	2件（缺2件）

出土物	盜墓者説	蔡季襄説	商承祚説	發掘簡報
陶壺	4件	黑陶壺	1件	2件（缺2件）
陶匕	1件	——	——	1件
陶匜	1件	——	——	1件
銅劍（有劍鞞、劍櫝）	1件	1件	1件	被盜（蔡氏舊藏，不詳所在）
銅戈（帶柄）	1件	1件	1件	未發現（估計被盜）
銅矛（帶柄）	1件	——	——	未發現（估計被盜）
玉璧（繫組帶）	1件	——	——	1件
蘆葦席	1件	——	——	——
竹席	1件	——	——	1件
書笈	——	1件	1件（“匣面有一方‘土黄色’有紅色‘印花’的綢子”）	被盜（蔡氏舊藏，現存美國）
竹笥（内盛陶質金版）	1件，“内盛未經燒製由青膏泥製作的泥金版數百塊。泥金版長約3.5、寬約3釐米，有無文字不明”	出土“陶質金版”，“上鑿有‘郢爰’印款十六枚，分列四行”	“匣之一邊有黑色的冥幣泥版一堆，無文字”	未發現（估計已毁）
漆盤	1件	1件	1件	被盜（蔡氏舊藏，1951年賣給上海福源齋）
漆耳杯	4件	——	4件	未發現
漆木俑	8件	——	24件	未發現
木寓龍	1件	1件	1件	被盜（估計已毁）
木梳	1件	——	——	1件
木戈	1件	——	——	1件
其他	——	——	——	見發掘簡報

一　長沙地圖和發掘地點

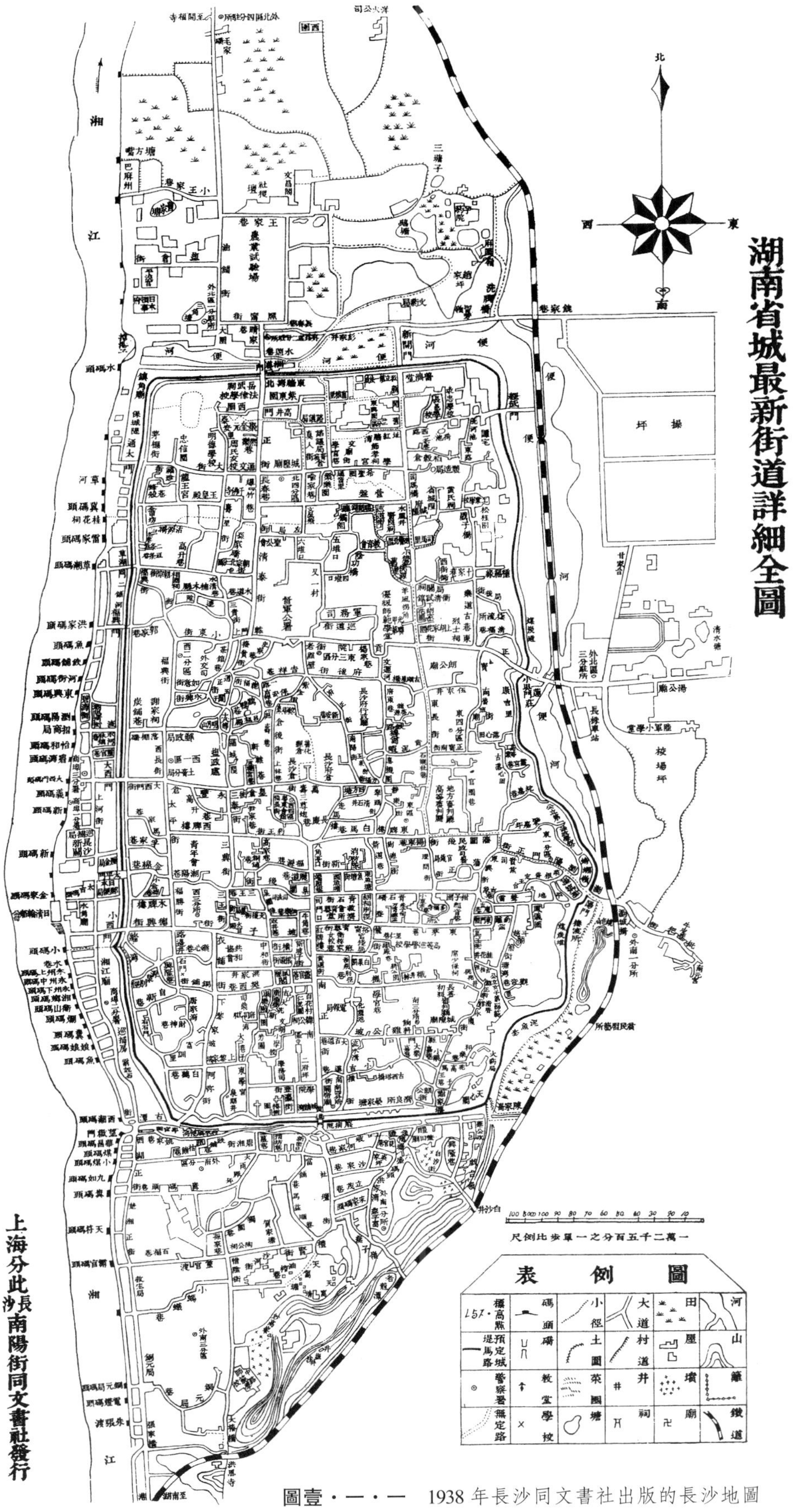

圖壹・一・一　1938年長沙同文書社出版的長沙地圖

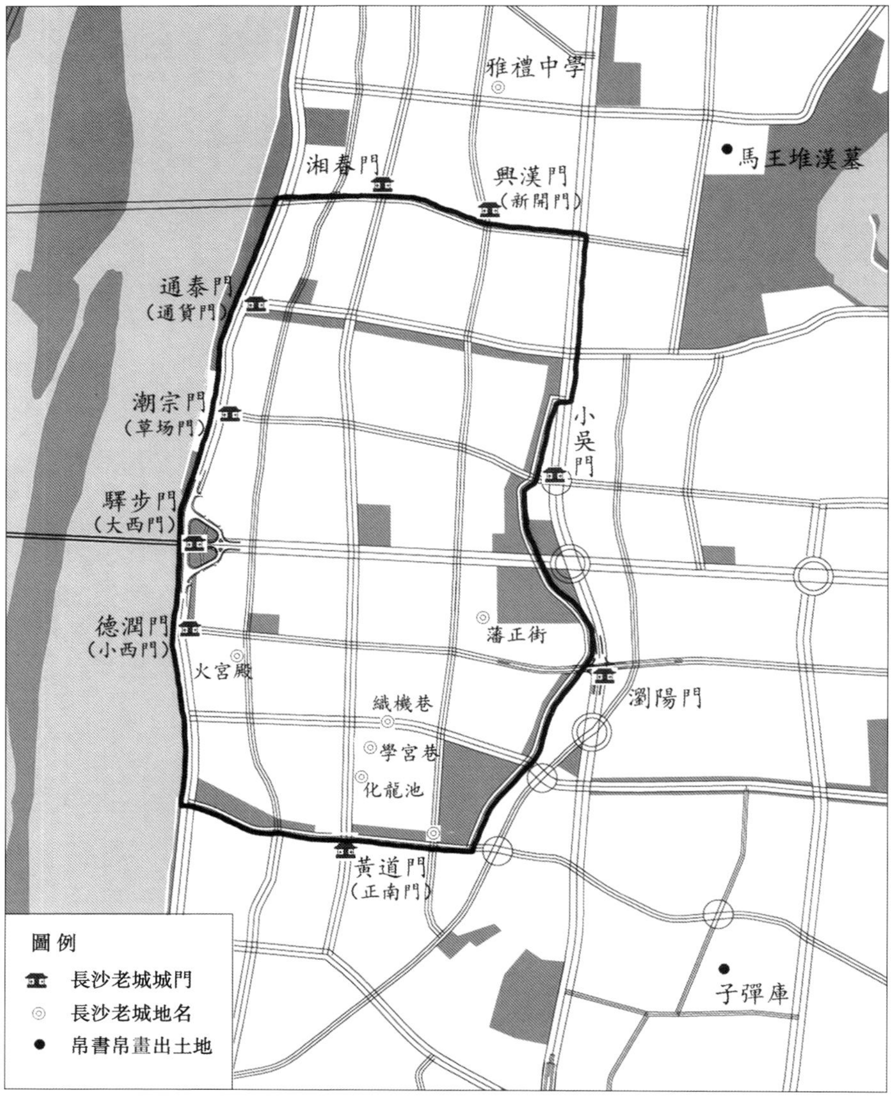

圖壹・一・二 發掘地點

圖壹・一・三 發掘現場

圖壹・一・四 發掘現場

圖壹・一・五 發掘現場

圖壹・一・六 發掘現場，熊傳薪、何介鈞、周世榮蹲在盜洞旁，查看新發現的帛畫

圖壹・一・七 湖南省林業勘查設計院舊址

圖壹・一・八 子彈庫楚墓舊址

二　墓葬平面圖

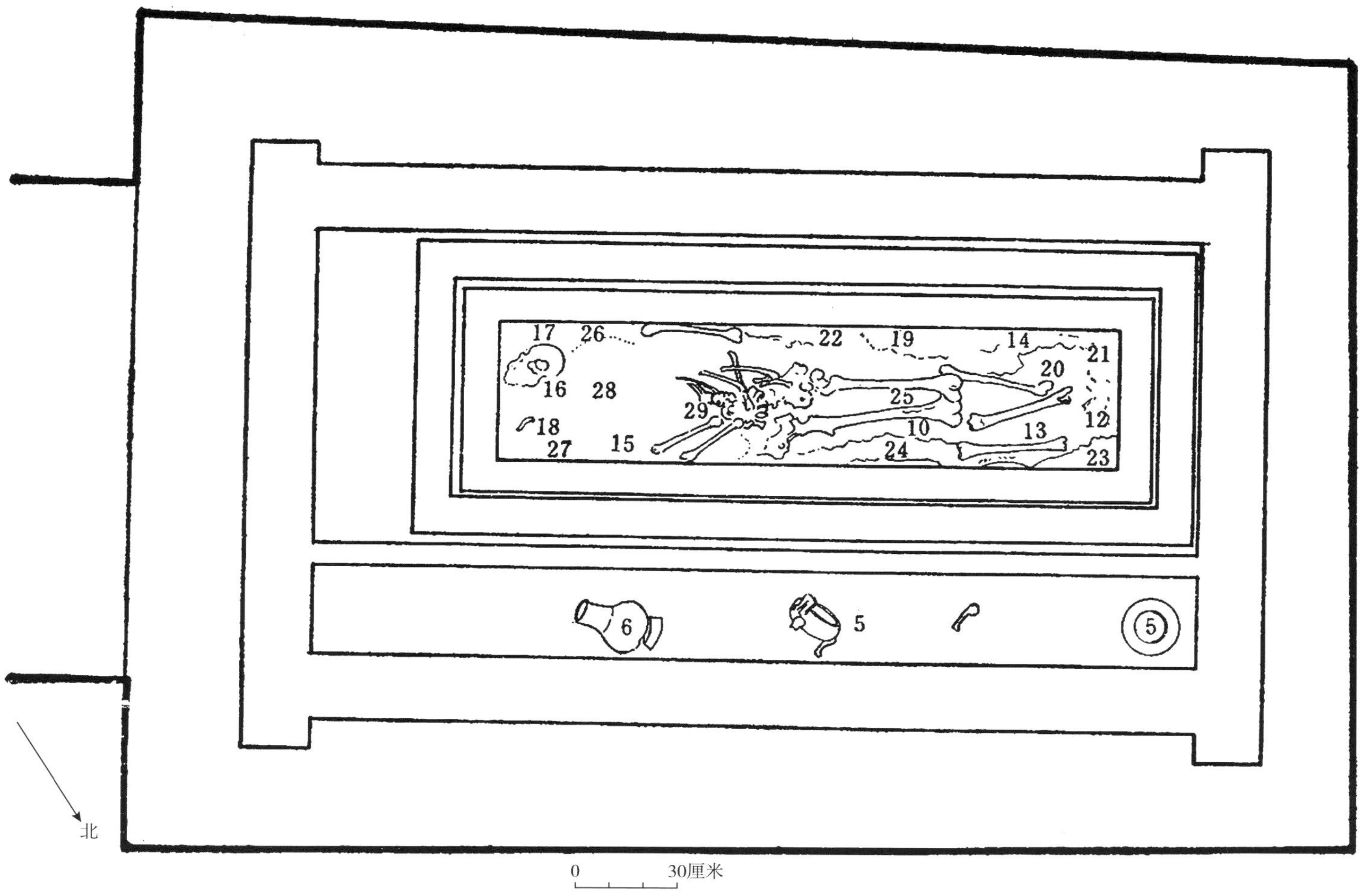

圖壹・二　73長子M1人骨架及隨葬器物平面圖

1. 帛畫　2. 麻帶　3. 竹片　4. 竹簽　5、8. 陶鼎　6. 陶壺　7. 玉璧　9. 陶敦　10. 絲織品　11. 麻鞋底　12～15、17、19、22. 殘絲織物　16、28. 幾何紋錦　18. 漆角狀物　20. 鐵質狀物　21. 絲帶、殘席　23、25、26. 絲織物、殘席　24. 殘絲帶　27. 殘織錦、殘席　29. 席片　30. 陶壺蓋　31. 陶匜　32. 陶勺（1、4隔板上出土，2、3外棺蓋板上出土，7內棺蓋板上出土，8、9、30～32出土於盜洞或盜洞近椁蓋板處）

三　棺椁

圖壹・三・一　73長子M1棺椁縱横剖面圖

圖壹・三・二　椁室内部：棺與邊箱

圖壹・三・三　笭床

圖壹・三・四　笭床

圖壹・三・五　笭床

圖壹・三・六　開棺

圖壹・三・七　開棺

圖壹・三・八　槨板

圖壹・三・九　槨板

圖壹・三・一〇　槨板

圖壹・三・一一　槨板

四　帛畫

圖壹・四・一　帛畫出土時的樣子

圖壹・四・二　帛畫出土時的樣子

圖壹·四·三　人物御龍帛畫

圖壹·四·四 比較：人物龍鳳帛畫

圖壹·四·五　人物御龍帛畫（綫圖）

圖壹·四·六　人物龍鳳帛畫（綫圖）

五　竹笈和帛書

書篋

用竹篾編成，放在第四個盒子内。

參看：蔡季襄《晚周繒書攷證》（1945 年春）圖版三頁的“竹笈”（蔡修涣繪）。

1. 蓋

蓋頂的編織方法：是用細竹篾編織，圖案作回字形，層層相套，與蔡修涣圖相同。蔡圖於蓋頂畫有兩組對角交叉的寬竹篾，特意用紅色標示，估計是用來固定和支撑蓋面。這種竹篾還在，有兩條。

四壁的編織方法：是用紅色的細竹篾編成，圖案作十字交叉加對角交叉，兩種交叉搆成的孔，作八角形，粗看似是圓形，細看實爲八角形，蔡圖畫成方孔，不太準確。

内壁糊薄紗，蓋住孔隙。此種薄紗的經緯比第三個帛書塊的紗袋要粗。

蓋的口沿有一圈寬竹篾，也是用於固定，每邊用篾絲綁縛。

2. 器

内底有紅色痕迹一塊，編織方法與上不同，底部是用成組的細篾絲對角交叉，四壁是用單根的細篾絲斜角交叉，圖案不同。

3. 皮子碎片

有細紋，不知什麼皮，共 8 片，放在第四個盒子内，估計是用來襯墊帛書，並有防潮的功效。

原注：Leather fragments removed from around basket，應與盒子有關。

圖壹·五·一　書笈蓋

圖壹·五·二　書笈底

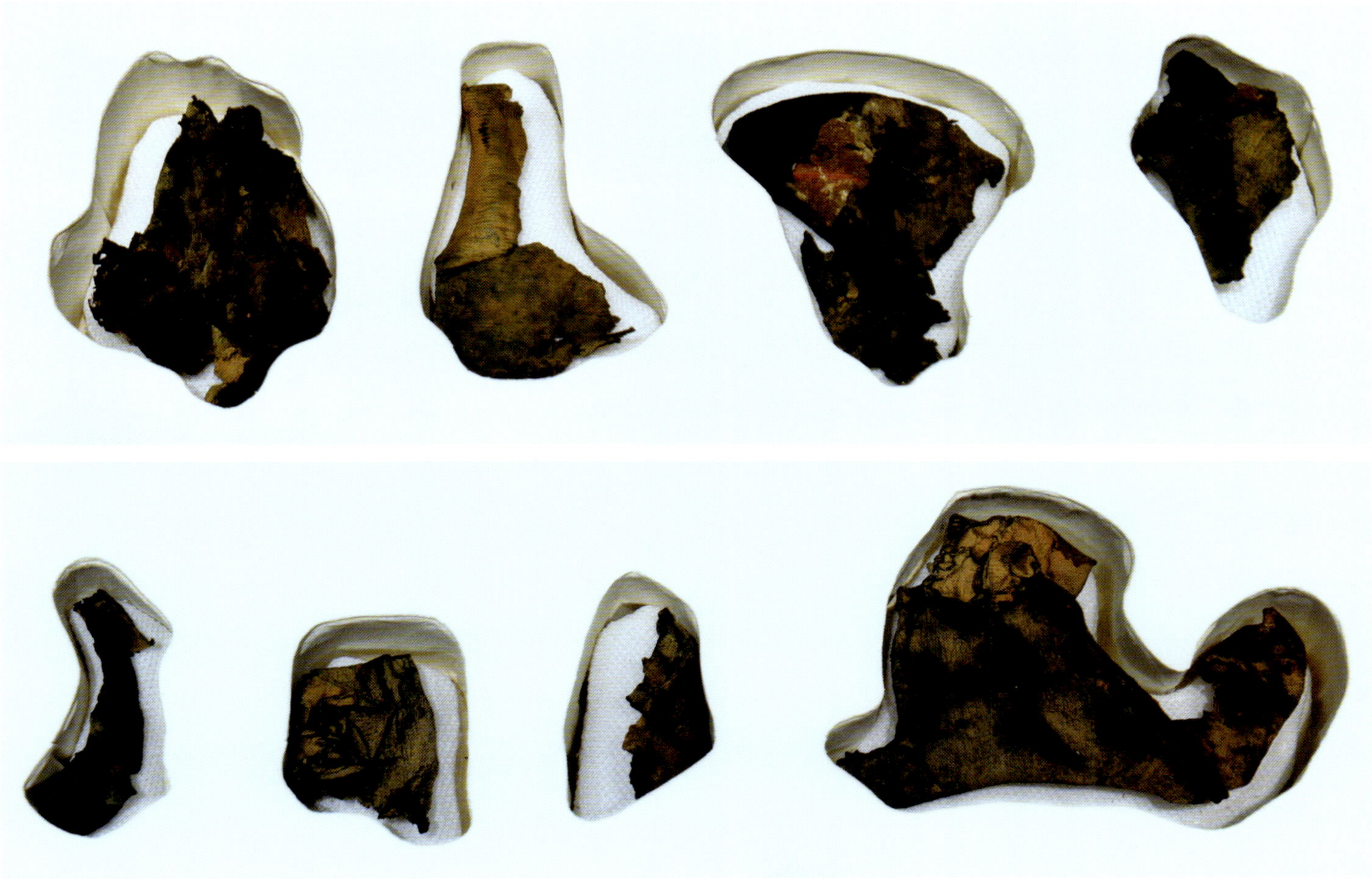

圖壹·五·三　皮革墊片

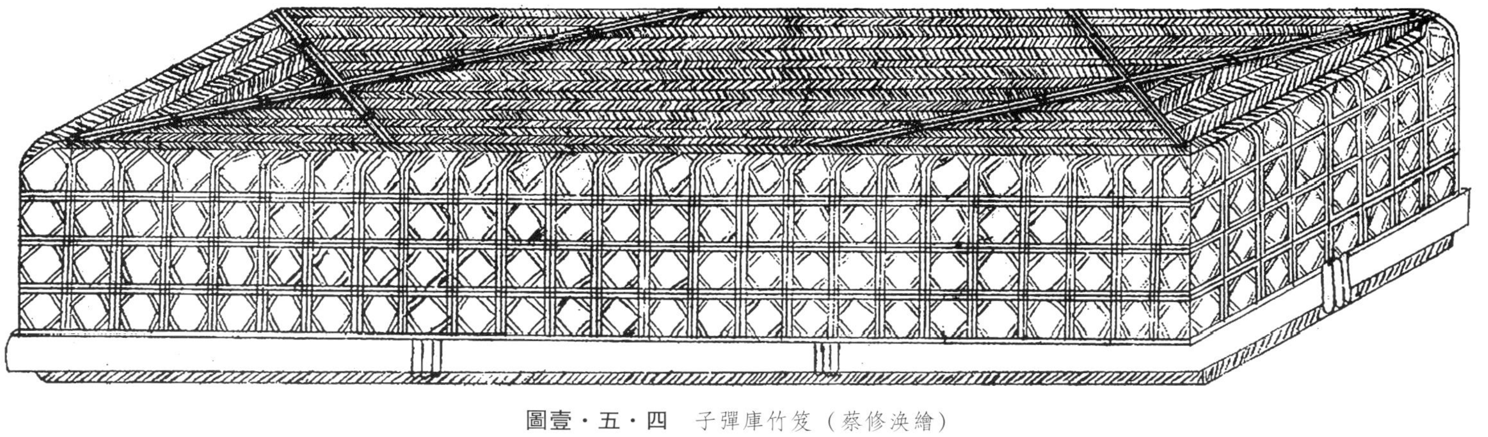

圖壹·五·四　子彈庫竹笈（蔡修渙繪）

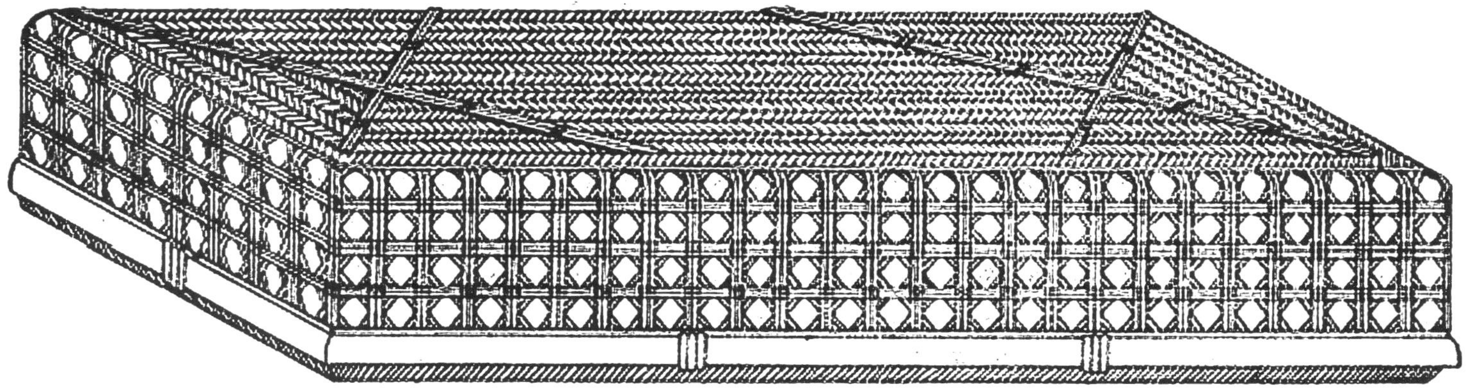

圖壹·五·五　子彈庫竹笈（巴納重繪）

圖壹·五·六　子彈庫竹笈

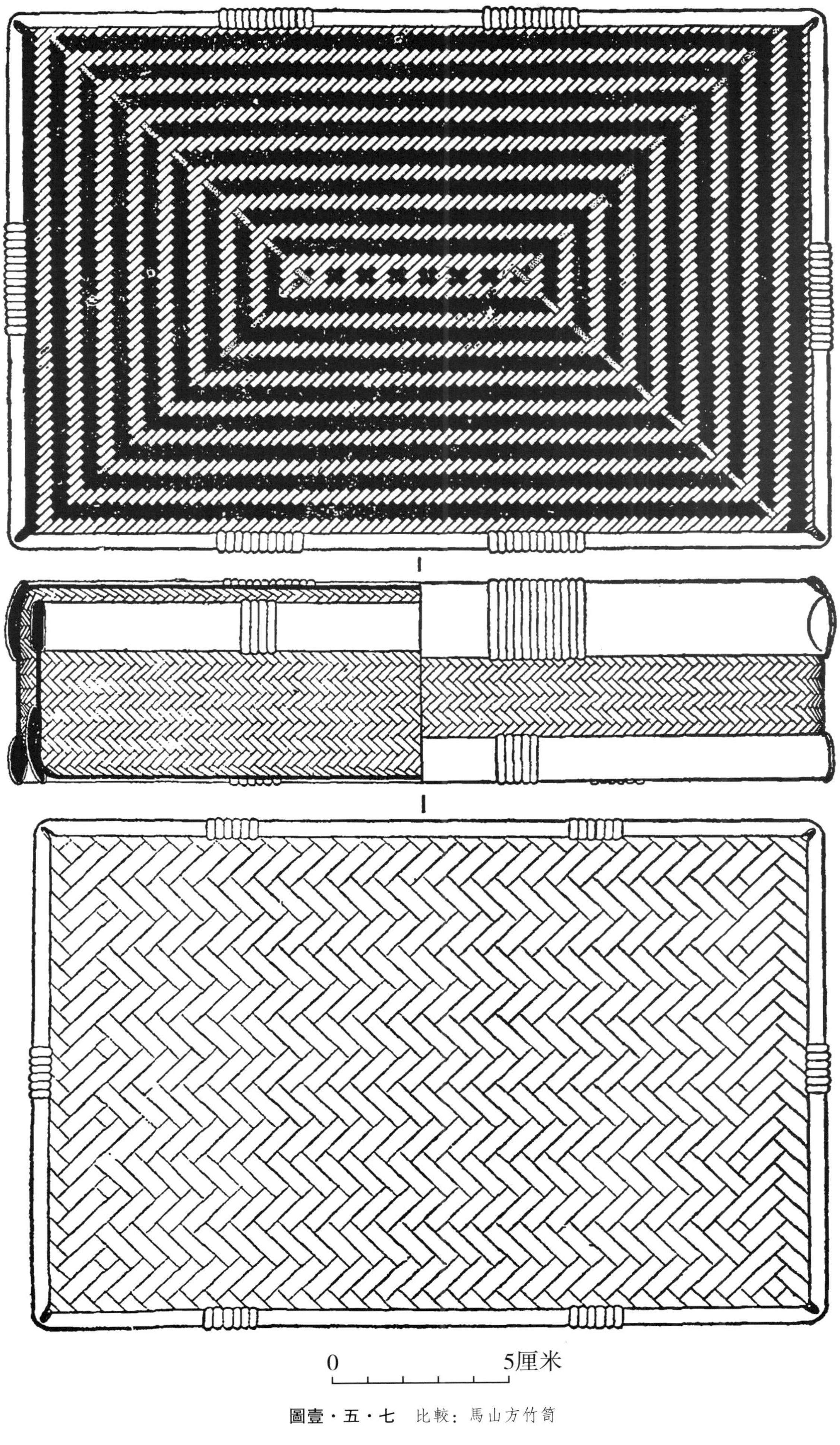

圖壹·五·七　比較：馬山方竹笥

圖壹·五·八　子彈庫帛書《四時令》的兩套折痕

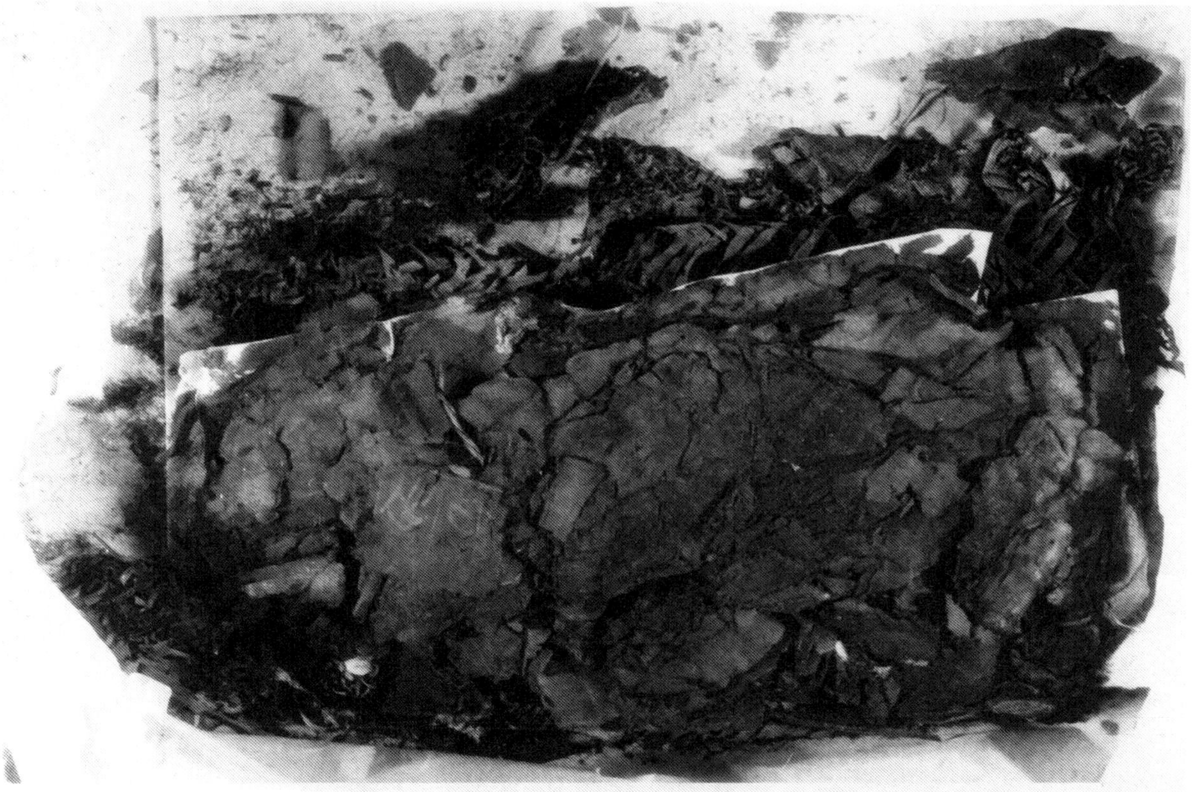

圖壹·五·九　揭剥前的子彈庫帛書殘片

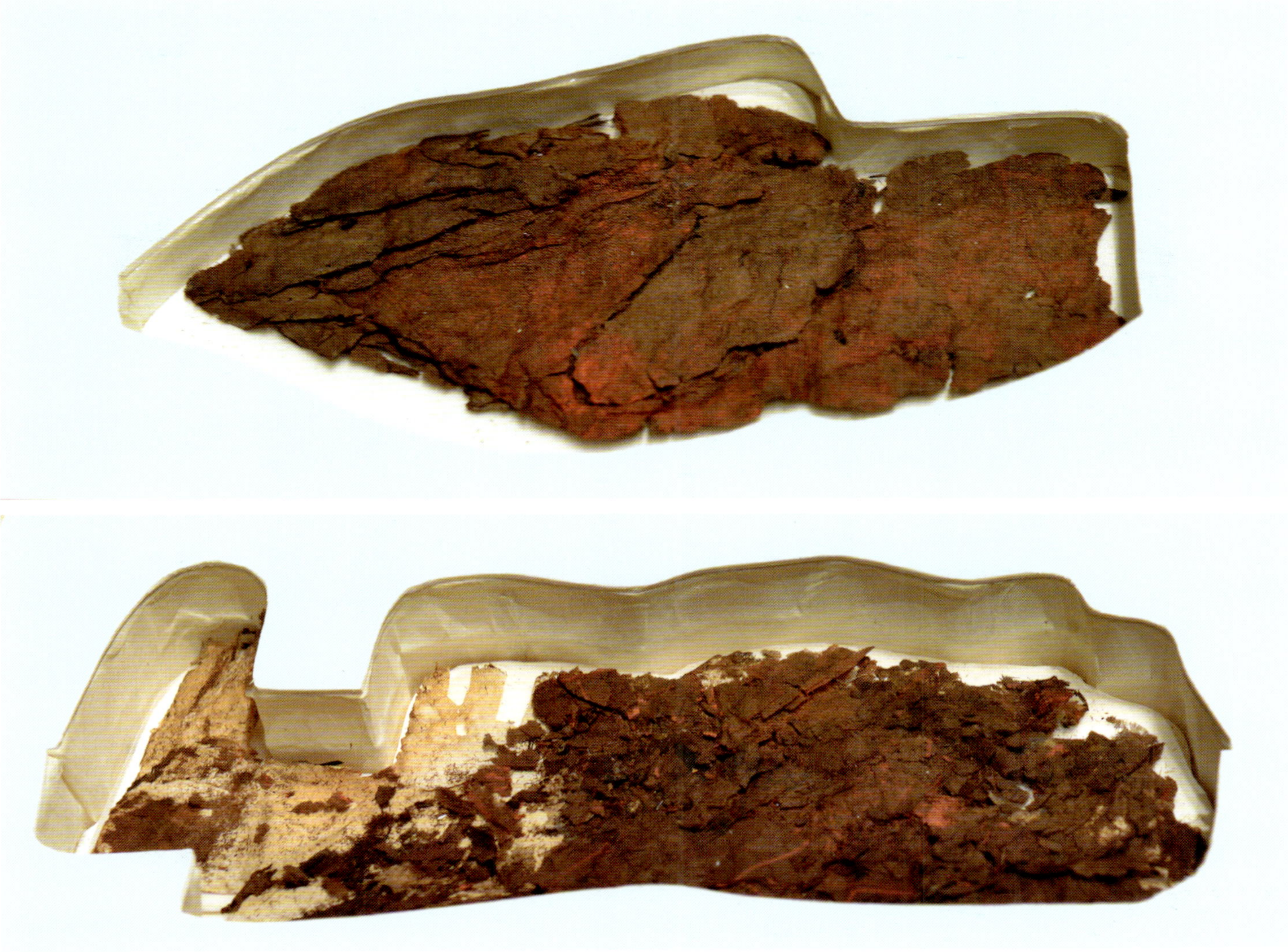

圖壹·五·十 揭不開的帛書殘片

六　銅兵器：劍

圖壹·六·一　銅劍劍琫

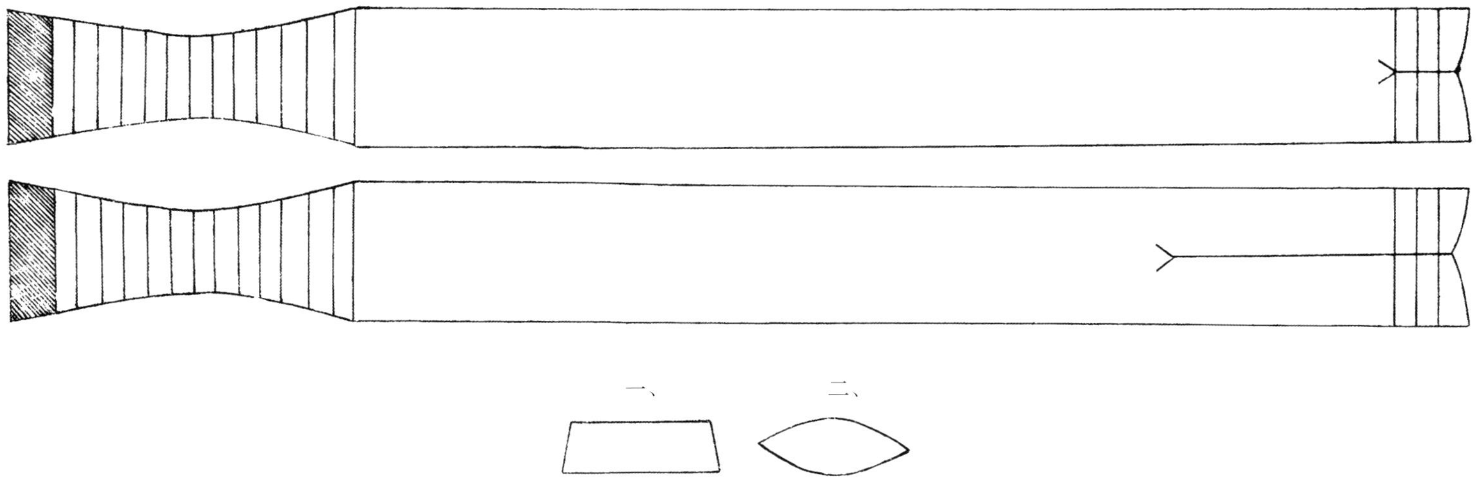

圖壹·六·二　劍鞞

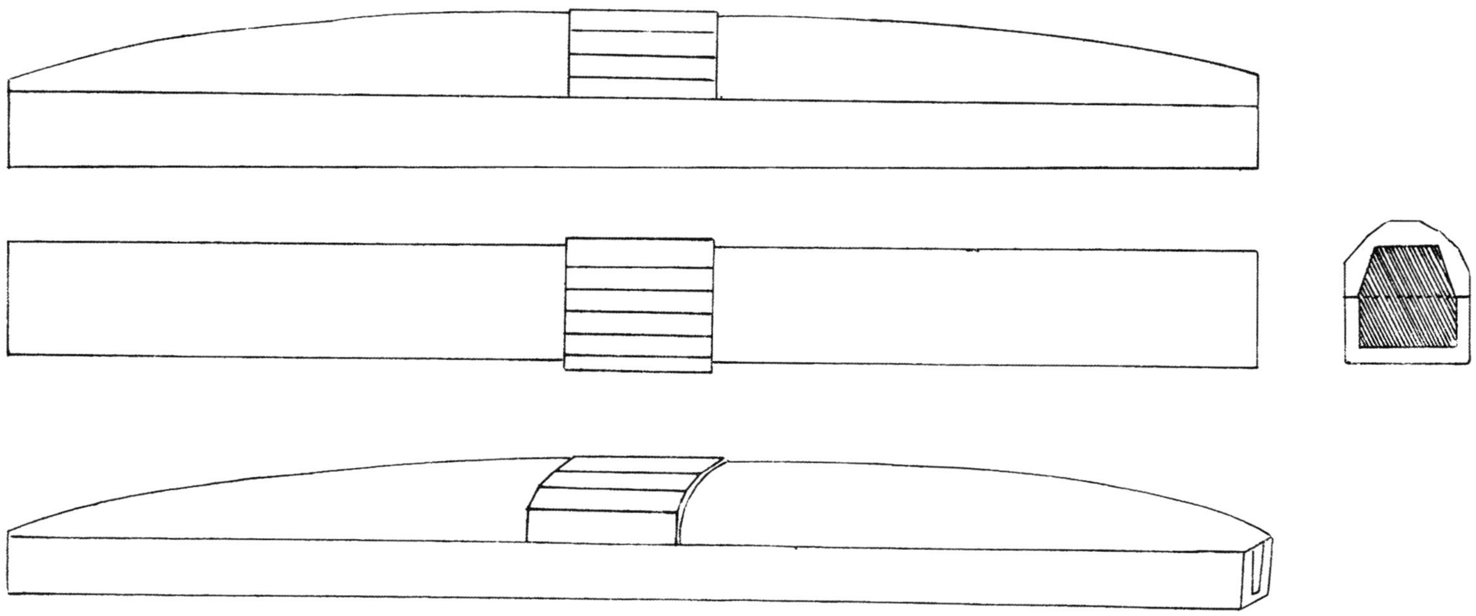

圖壹·六·三　劍櫝

七　玉璧（附組帶）

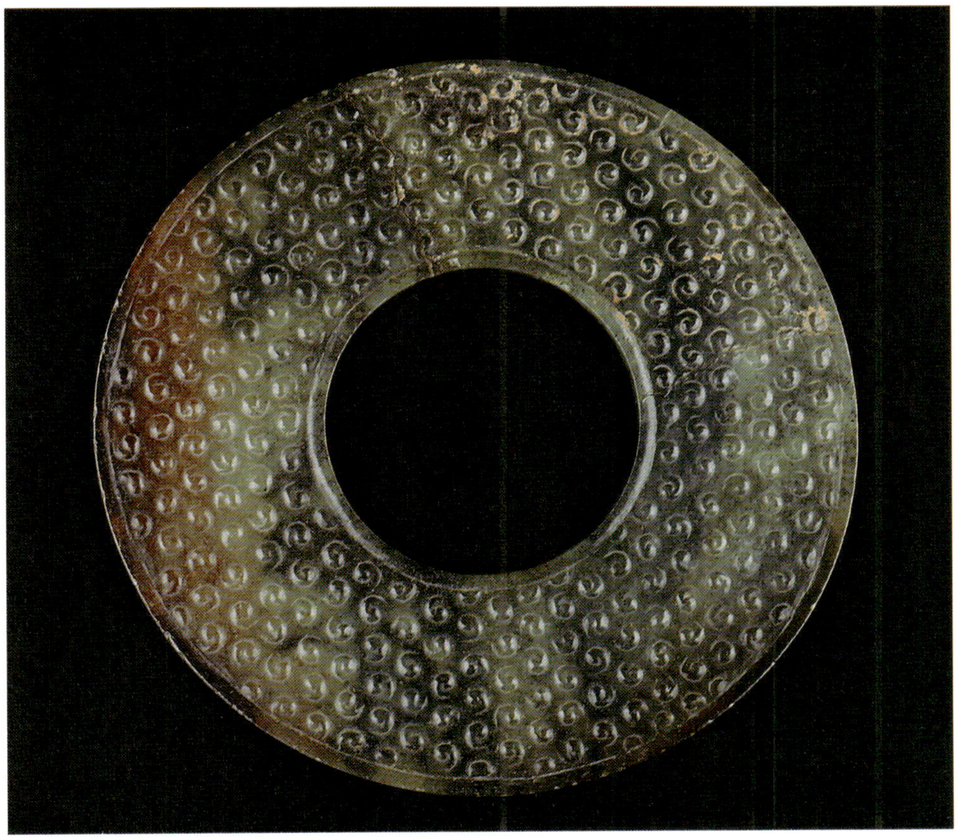

圖壹·七·一　玉璧（正面）

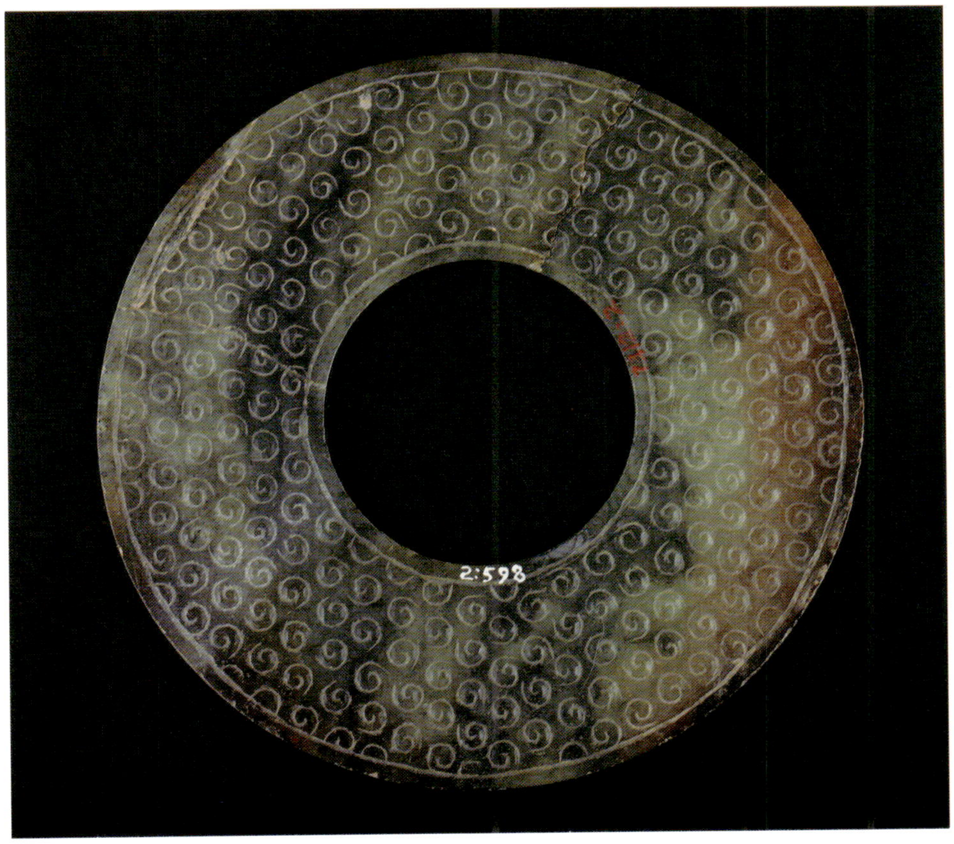

圖壹·七·二　玉璧（背面）

圖壹·七·三 玉璧上的組帶

圖壹·七·四 玉璧上的組帶

八　陶器

圖壹・八・一　陶鼎

圖壹・八・二　陶敦

圖壹・八・三　陶壺

圖壹・八・四　陶匜

圖壹・八・五　陶匜

圖壹・八・六　陶匕

圖壹・八・七　陶匕

圖壹・八・八　陶匕

圖壹・八・九　比較：常德楚墓，A型Ⅴ式匕

圖壹・八・一〇　比較：常德楚墓，A型Ⅴ式匕

九　漆木器

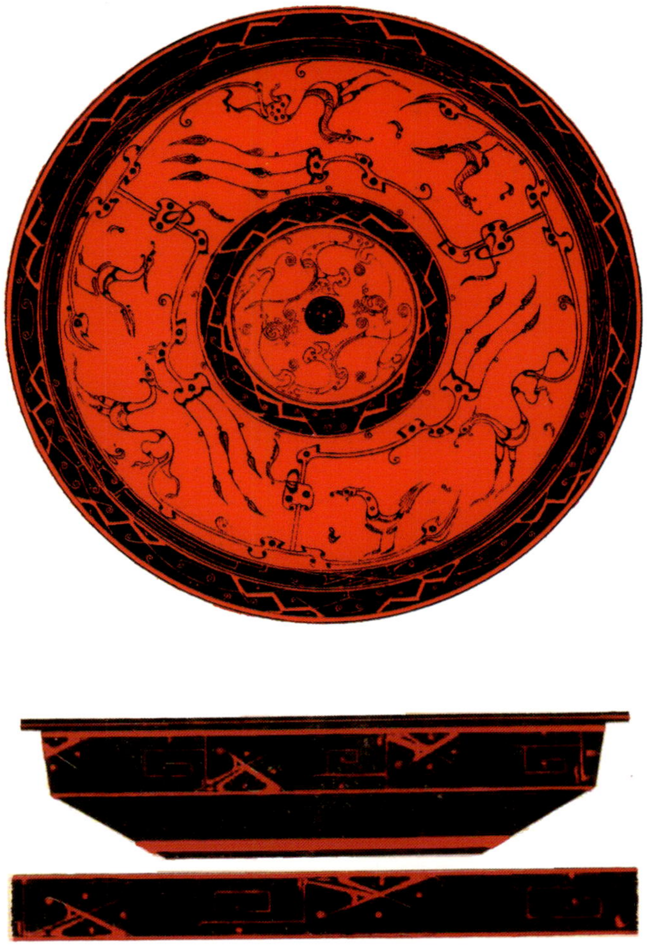

圖壹·九·一　漆盤一，中央圖案，蔡書誤印爲朱地黑花

圖壹·九·二　漆盤一，中央圖案，改爲黑地紅花的效果

圖壹·九·三　漆盤二

圖壹·九·四　比較：毛家園一號墓出土的漆盤

圖壹·九·五　比較：砂子塘一號墓出土的漆盤

圖壹·九·六　比較：西雅圖藝術博物館藏漆盤（51.118）

圖壹·九·七 木梳

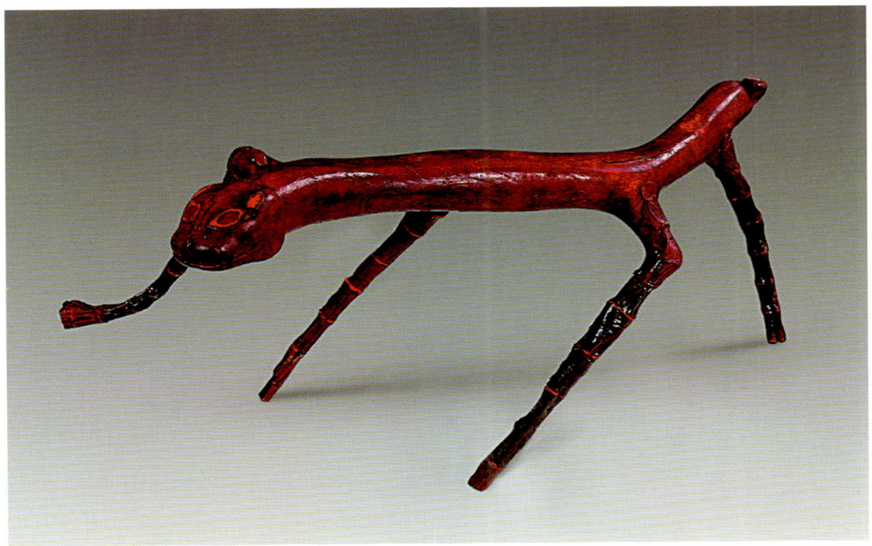

圖壹·九·八 比較：馬山根雕

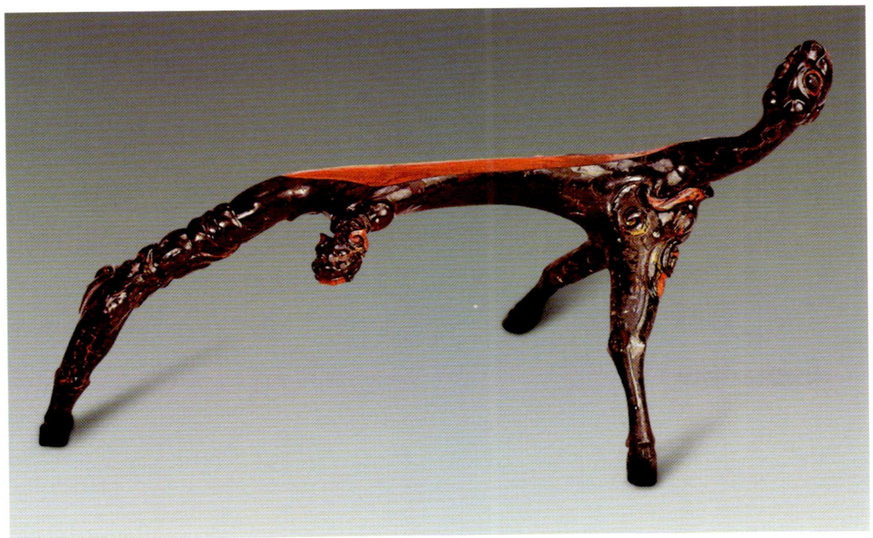

圖壹·九·九 比較：九連墩根雕

十　紡織品

圖壹·十·一　絹殘片

圖壹·十·二　方孔紗殘片

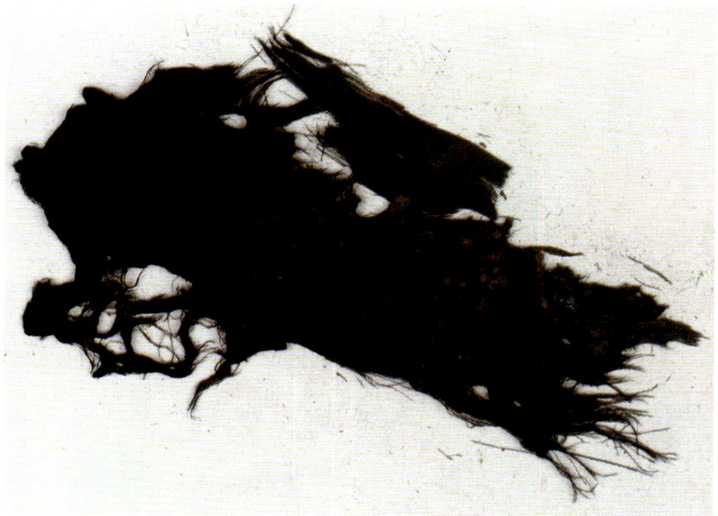

圖壹·十·三　幾何紋錦殘片

圖壹·十·四　麻繩

十一　冥幣

圖壹·十一·一　比較：真山大墓出土的陶郢爯

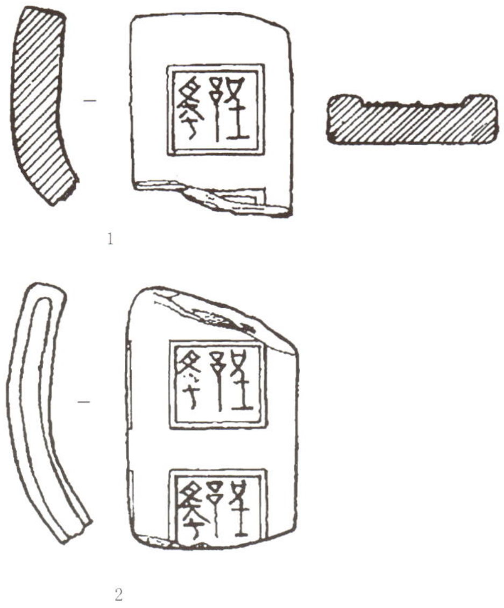

壹·十一·二　比較：真山大墓出土的陶郢爯

圖壹·十一·三　比較：漢代泥郢爯

第貳部分　相關文獻

説　明

這裏收録的十三篇歷史文獻是研究子彈庫帛書出土、流傳的重要資料。

蔡季襄《晚周繒書攷證》是報道 1942 年子彈庫帛書盜掘的重要資料，也是研究子彈庫帛書的第一部著作。

湖南省博物館《新發現的長沙戰國楚墓帛畫》和《長沙子彈庫戰國木椁墓》是報道 1973 年重啓此墓的發掘簡報。

《賽克勒的遺願》、《辛格醫生的回憶》、《柯强的回憶》、《子彈庫帛書殘片和書笈入藏弗利爾—賽克勒美術館的登記表》是瞭解楚帛書流美的歷史資料。

一　晚周繒書攷證

蔡季襄

說　明

圖貳・一・一　蔡季襄像

蔡季襄（1897～1980 年）是子彈庫帛書最初的收藏者，1951～1960 年曾在湖南省博物館工作。

據作者自序，此書寫於 1944 年逃難安化期間。1944 年 4 月，日軍攻打長沙，蔡氏攜妻黄弗蓮，子蔡修渙、蔡修淳、蔡修沛，女蔡鈴儀、蔡美儀，避居長沙南郊石林塘，打算逃往湘潭。不久，湘潭告急，不得已，又逃往湘江中的興馬洲，不幸遭遇日寇。5 月 6 日，其妻黄弗蓮和長女蔡鈴儀，不堪淩辱，自沉而死。蔡氏攜三子一女逃往安化。逃難途中，蔡氏隨身攜帶子彈庫帛書和同出文物，未嘗須臾離之。[1] 6 月中旬，長沙淪陷，國破家亡，蔡氏痛妻女之喪，寫作此書，以爲紀念。8 月殺青於安化，次年 1 月付印。印刷地點是湖南漣源縣藍田鎮。[2]

此書印數有限。1972 年 6 月，臺北藝文印書館曾據紐約 Mr. Fritz Löw-Beer 藏本影印出版過此書。今據中西書局 2013 年影印本排印，重新標點斷句，供讀者參考。

封面

書名：晚周繒書攷證

落款：曹典球題

印章：曹典球印（白文）、猛盦（朱文）

扉頁正面

書名：晚周繒書考證

落款：乙酉春日渾丁女子黄綿題耑

印章：渾丁（白文）

扉頁背面

乙酉孟春付印

〔1〕 據筆者採訪蔡氏次子蔡修淳，他回憶説，逃難途中，帛書是裝在一個鐵筒内。

〔2〕 據湖南省博物館藏蔡氏檔案，此書印於漣源縣藍田鎮。

《晚周繒書攷証》自序[1]

甲申夏，倭寇犯長沙，[2] 僕舉室避居南鄉石林塘，[3] 祖塋在焉，地當長、潭交通孔道。旋湘潭告急，[4] 不得已，再徙興馬洲。[5] 居未定，倭寇猝至，淫掠屠殺，備極慘毒。室人黄氏茀蓮，[6] 及長女鈴儀，[7] 知不能免，相繼赴水中死，臨難猶聞慰藉之聲，嗚呼烈矣！時五月初六日也。僕幸脱死，携次男修淳、三男修沛、次女美儀，[8] 間道走安化，[9] 賃廡城北。時逾仲秋，苦雨連月，陰霾慘淡，加以病魔侵擾，終日困處愁城，百無聊賴，乃於痛念妻女之餘，檢點行篋，得舊所藏長沙出土晚周繒書，及漆盤、劍鞞、銅劍、竹笈等名貴影本數幀，[10] 爰加董理，釐定次序，附以考証。并詳明尺度，命長男修渙，[11] 照原本測繪成圖，爲《晚周繒書攷証》一卷。付剞劂氏，[12] 以紀念吾妻與吾女。惟是覯兹多難，倉卒成書，既寡友朋，可與商略，且無群籍，足資參考，而繒書中又多奇字，漶漫缺損，時時而有，其待是正研討，固需乎海内通彦。然睹斯冊，則晚周一代文字體例、繪畫作風、宗教思想、喪葬禮俗，以及未經前人著録之劍鞞、劍櫝、漆盤、書笈等形制，亦昭然可考矣。用誌數言，以當序記。時中華民國三十三年仲秋月，[13] 長沙蔡季襄識。

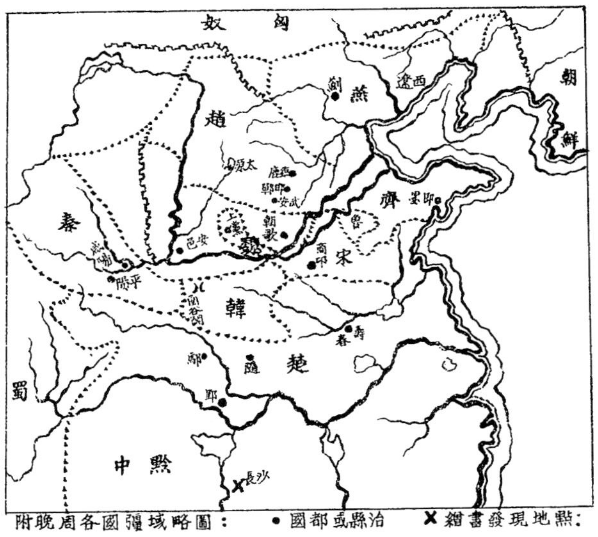

圖貳・一・二　晚周各國疆域略圖

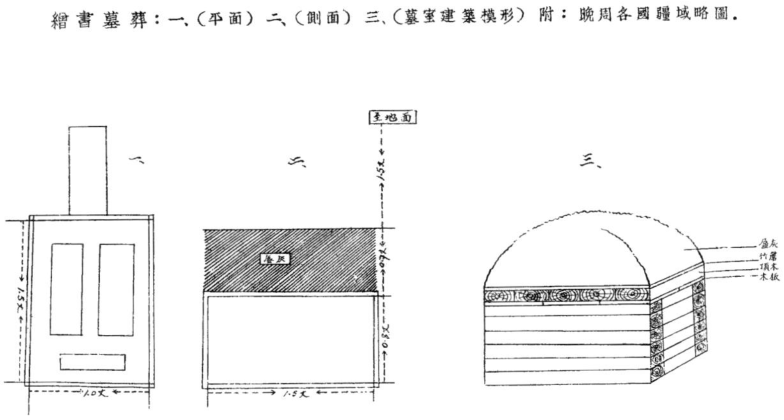

圖貳・一・三　繒書墓葬

〔1〕 下文，儘量保持原文的面貌，校改只是最低限度：需要糾正讀法，是用（）號括注；需要糾正寫法，是用〈〉號括注；脱漏的字，是用〔〕號補字；標點也是參考蔡書原有的句讀，除個別位置明顯有誤處，一般不改動其位置。

〔2〕 指1944年4月，日軍攻打長沙。

〔3〕 石林塘，在長沙南。

〔4〕 湘潭，在長沙南。

〔5〕 興馬洲，湘江中長島，位於橘子洲以南。

〔6〕 黄茀蓮，湘劇名旦，蔡氏的第二個妻子。

〔7〕 鈴儀，蔡氏長女，黄氏出。

〔8〕 修淳、修沛、美儀，亦出黄氏。

〔9〕 安化，在長沙西。

〔10〕 影本，指上述器物的照片。

〔11〕 修渙，原配所生，有美術才能。

〔12〕 原於"剛"下斷句，今正。

〔13〕 中華民國三十三年仲秋月，1944年8～9月。

繒書攷証

我國古代文字墨書真迹，晚近發現者，除甘肅敦煌千佛洞六朝唐人寫本外，則以西北出土之前漢木簡時代爲最早。至於先秦墨迹，尚無發現。近年長沙，因廣闢土地，附椁（郭）一帶，[1] 周秦陵墓，多被掘發。此項晚周繒書墨迹，即發現於東郊晚周木椁墓中。書用竹笈貯藏，折疊端正，惜出土時，土人不知愛護，致被損壞過半，故笈内殘繒斷片甚多。惟此書獨完整無闕，尚可展視。書係絲質，因入土年久，已呈深褐色，幾與文字相含混。從長十五吋，横長十八吋，墨書。（案斷片中，亦有朱書者。）字若蠅頭，筆畫匀整，完全六國體制。書分兩面，互相顛倒。一面八行，行三十七字，計二百七十字，漶漫不明者，一百零（有）五字。[2] 一面十三行，行三十四字，計四百十二字，漶漫不明者，百十有三字。書之四週，繪有類似《山海經》中之奇禽異獸，及譎詭人物，并傅有青紅等色彩。每一圖象之側，均書有神名及注釋。但此項繒書，文理玄奥，篆法奇古，（案《漢書・揚雄傳》："劉棻嘗從雄學〔作〕奇字。"注："師古曰：古文之異者。"云云。）且模糊剥蝕之處甚多，以致文理不完，無法釋讀，殊爲憾事。惟書中有"乃命山川四冑"、"是邦四時"、"青木、赤木、黄木、白木、墨（黑）木之精"，[3] 及"羣神五正"、"羣神乃嘗"（參看《繒書釋文》）等文。今據是項文義，加以推測，似爲古代祠神之文告。案許慎《説文解字》第十三篇"繒"下注云："繒，帛也。从糸，曾聲。綷，籀文繒，从宰省。揚雄以爲《漢律》祠宗廟丹書告也。"段注云："綷爲祠宗廟丹書告神之帛，見於《漢律》者如此，作'揚雄言之'。雄《甘泉賦》曰：'上天之綷。'蓋即謂郊祀丹書告神者。"云云。根據上項記載，則此書爲當時告神之繒，殆無疑義。至於漢代亦用繒書告神者，因漢去周未遠，當時一切風俗禮教，猶沿周制故也。至書之四週，所繪譎詭圖象，以意度之，蓋即當時所崇祠之山川、四冑、五帝、神祇（祇）及遠方圖物。惜圖側之神名注釋，均已剥蝕，無從考證。惟據《左傳》宣公三年："楚子伐陸渾之戎，至於雒，觀兵於周疆。定王使王孫滿勞楚子。楚子問鼎之輕重大小焉，對曰：'在德不在鼎。昔夏之方有德也，遠方圖物（杜注：'圖畫山川奇異之物而獻之。'），[4] 九牧貢金，鑄鼎象物（象所圖物，鑄之於鼎），[5] 百物而爲之備，使民知神姦（圖鬼神百物之形，使民逆避之）。[6] 故民入川澤山林，不逢不若。螭魅罔兩（螭，山神，獸形；魅，怪物；罔兩，水神），[7] 莫能逢之，是用協於上下，以承天休。"云云。由此推求，古代風俗，原喜採用遠方圖物，鑄之於器，以禦螭魅罔兩，祓除不祥。此書所繪圖象，其作用與鑄鼎象物之義正同，蓋藉以保衛死者靈魂，甚爲明顯。至與此書同時出土者，尚有竹笈（圖版三）、漆盤（圖版四、五、六）、漆鞞、玉珌（圖版七）、劍櫝（圖版八）、銅劍（圖版九）、木寓龍等物。今據是項遺物形制加以推考，更足證明此書時代爲晚周。因戈、劍等武器，在周、漢二代，不僅形制不同，且有銅鐵之别，蓋古者以銅爲兵，（案《左傳》僖公十八年："鄭伯始朝於楚，楚子賜之金，既而悔之，與之盟曰：'無以鑄兵。'"杜注："古者以銅爲兵。"）降至漢代，鐵已發明，始改而用鐵，故近年各地出土漢代武器，從未聞有銅鑄者發現，是其顯例。至於劍鞞（即劍室）末端，飾用玉珌，（案《詩・小雅》："鞞琫

---

〔1〕椁，加蓋紅印，改爲郭。
〔2〕零，加蓋紅印，改爲有。
〔3〕墨，加蓋紅印，改爲黑。
〔4〕括弧内無句讀，今依蔡氏例補標點。
〔5〕括弧内無句讀，今依蔡氏例補標點。
〔6〕括弧内無句讀，今依蔡氏例補標點。
〔7〕括弧内無句讀，今依蔡氏例補標點。

有珌”，即指劍室及末端珌飾而言，詳後《劍鞞考》。）亦爲周代玉具劍特有之作風，爲漢制所無。（案漢代玉具劍，惟有玉琫及璏之飾，絶無用珌者。琫，[1] 即劍鬲（隔），飾於劍身、劍莖之間。璏，[2] 俗稱昭文帶，爲佩劍時繫組者。）由此觀之，則此書時代，不僅專賴文字之證明也。更有進者，此項繒書之發現，不僅能明瞭晚周喪葬禮俗，及宗教思想，且可據以糾正今人所謂筆墨始於秦漢之誤。案古人造字，必先有是物，然後有是字。此一定不移之理，今人往往謂筆墨發明於先秦，殊不知墨字在經文中早已見之。如《尚書·呂刑》“墨辟疑赦，其罰百鍰”是也。又《説文解字》“墨”下云：“墨，書墨也。”段注：“‘聿’下云，所以書也。楚謂之聿，吴謂之不聿，燕謂之弗，秦謂之筆。此云‘墨，書墨也’，蓋筆墨自古有之，不始於蒙恬也。箸於竹木謂之書，竹木以漆，帛必以墨，用帛亦必不起於秦漢也。古人用璽書印章，必施於帛，而不可施於竹木。然則古人不專用竹木信矣。”云云。據以上記載，則筆墨發明於先秦，甚爲明顯，今更有此書之印證。且當時能在極柔滑之繒帛上，作工細之小篆，筆畫匀整，墨色鮮明，是則晚周時代筆墨之進步，可想而知矣。

---

〔1〕補逗號。
〔2〕補逗號。

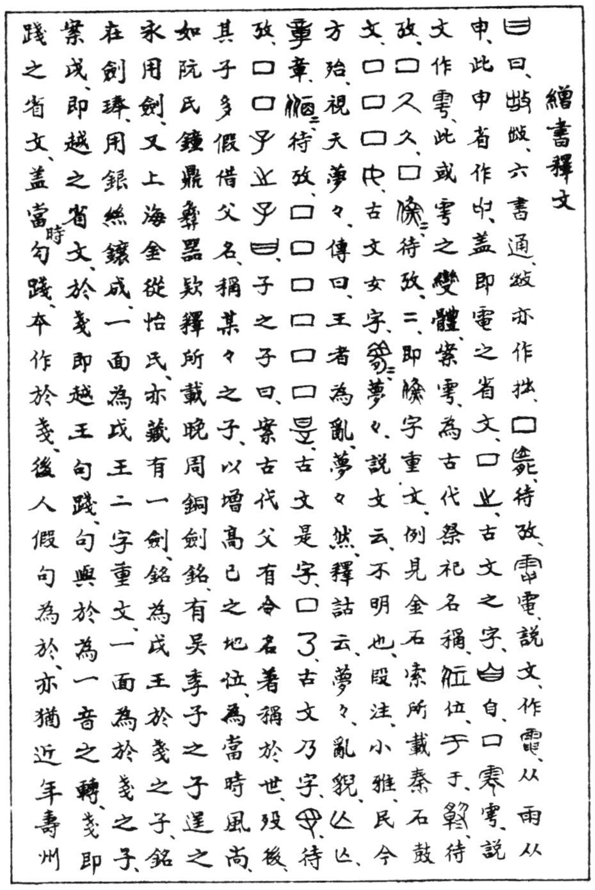
繒書釋文
[illegible]曰、[illegible]、六書通、[illegible]亦作[illegible]、口[illegible]、待攷、[illegible]電、說文、作靁、从雨从
申、此申省作[illegible]、蓋即電之省文、口业、古文之字、[illegible]自、口[illegible]雩、說
文作雩、此或雩之變體、案雩為古代祭祀名稱、[illegible]伍、于于、[illegible]、待
攷、口久、久、口[illegible]、待攷、二、即[illegible]字重文、例見金石索所載秦石鼓
文、口口口中、古文女字、[illegible]、夢々、說文云、不明也、段注、小雅、民今
方殆、視天夢々、傳曰、王者為亂、夢々然、釋詁云、夢々、亂貌、亾亾、
夢章、[illegible]、待攷、口口口口口口昰、古文是字、口乃、古文乃字、[illegible]、待
攷、口口予业予[illegible]、子之子曰、案古代父有令名著稱於世、歿後
其子多假借父名、稱某々之子、以增高己之地位、為當時風尚、
如阮氏鐘鼎彝器款釋所載晚周銅劍銘、有吳季子之子逞之
永用劍、又上海金從怡氏、亦藏有一劍、銘為戉王於戔之子、銘
在劍琫、用銀絲鑲成、一面為戉王二字重文、一面為於戔之子、
案戉、即越之省文、於戔、即越王句踐、句與於為一音之轉、戔即
踐之省文、蓋當時句踐本作於戔、後人假句為於、亦猶近年壽州

圖貳・一・四

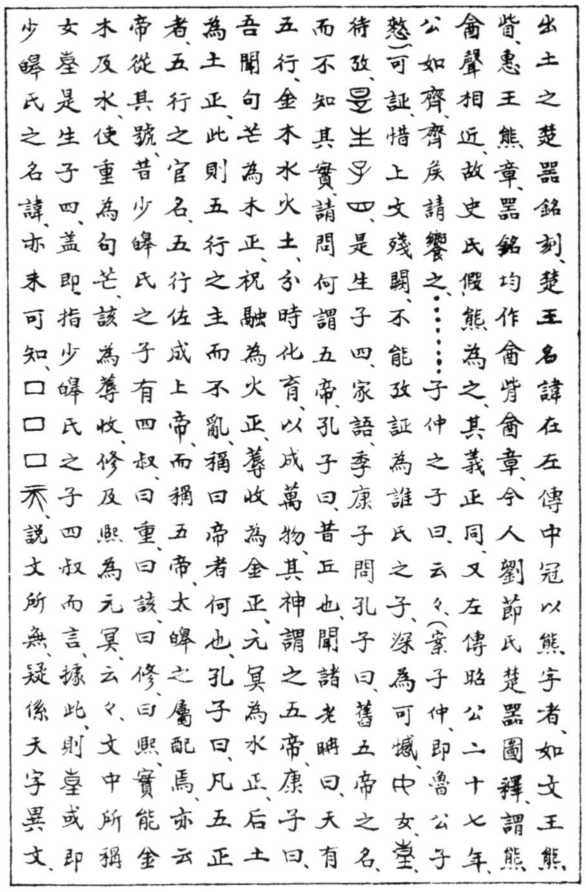
出土之楚器銘刻、楚王名諱在左傳中冠以熊字者、如文王熊
眥、惠王熊章、器銘均作酓肯、酓章、今人劉節氏楚器圖釋、謂熊
酓聲相近、故史氏假熊為之、其義正同、又左傳昭公二十七年、
公如齊、齊侯請饗之……子仲之子曰、云々（案子仲、即魯公子
慭）可証、惜上文殘闕、不能攷証為誰氏之子、深為可憾、中女臺、
待攷、昰出予四、是生子四、家語、季康子問孔子曰、舊五帝之名、
而不知其實、請問何謂五帝、孔子曰、昔丘也聞諸老聃曰、天有
五行、金木水火土、分時化育、以成萬物、其神謂之五帝、康子曰、
吾聞句芒為木正、祝融為火正、蓐收為金正、元冥為水正、后土
為土正、此則五行之主而不亂、稱曰帝者何也、孔子曰、凡五正
者、五行之官名、五行佐成上帝、而稱五帝、太皞之屬配焉、亦云
帝、從其號、昔少皞氏之子有四叔、曰重、曰該、曰修、曰熙、實能金
木及水、使重為句芒、該為蓐收、修及熙為元冥、云々、文中所稱
女臺是生子四、蓋即指少皞氏之子四叔而言、據此、則臺或即
少皞氏之名諱、亦未可知、口口口[illegible]、說文所無、疑係天字異文、

圖貳・一・五

口口各、各、[illegible]、案[illegible]、即參之省文、說文[illegible]下云、商星也、段注、唐風
傳曰、三星參也、天官書、天文志皆云、參為白虎三星、直者是為
衡石、蓋彡者、象三星、其外象其畛域、與今隸變為參、云々、左傳
昭公元年、子產曰、昔高辛氏有子二、伯曰閼伯、季曰實沈、居於
曠林、不相能也、日尋干戈、以相征討、帝后不臧、遷閼伯於商邱、
主辰、商人是因、故為商星、遷實沈於大夏、主參、唐人是因以服
事夏商、其季世曰唐叔虞、當武王邑姜方震太叔、夢帝謂己、余
命而子曰虞、將與之唐、屬之參、及成王滅唐、而封大叔焉、故參為
晉星、由是觀之、則實沈參星也、云々、[illegible]或即祭字異文、案末行
亦有祭參二字、祭作[illegible]、與此略似、禮記祭法云、幽宗、祭星也、周
禮春官大宗伯云、以柴實祀星辰、據此、在當時原有祭星辰之
祀典、此書所云參祭、蓋即祭白虎三星也、口[illegible]、說文所無、疑係
德字異文、口[illegible]、待攷、口口乙、云文、以字、口口口口[illegible]、天、业之、乃
乃、口口口山、山、陸、說文陵作陵、此或陵之變體、[illegible][illegible]二字待攷、
乃命山川四[illegible]、乃命山川四胄、四胄、謂四嶽之神、左傳曰、是四

圖貳・一・六

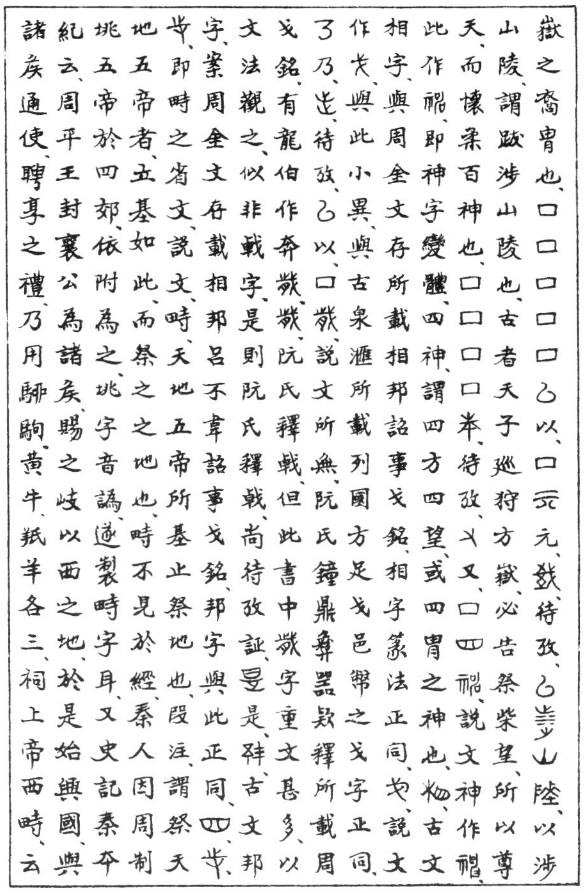
嶽之裔胄也、口口口口口乙以、口[illegible]元、[illegible]、待攷、乙[illegible]山陸、以涉
山陵、謂跋涉山陵也、古者天子巡狩方嶽、必告祭柴望、所以尊
天、而懷柔百神也、口口口口口[illegible]、待攷、[illegible]又、口四[illegible]、說文神作[illegible]
此作[illegible]、即神字變體、四神、謂四方四望、或四胄之神也、[illegible]古文
相字、與周金文存所載相邦詔事戈銘、相字篆法正同、[illegible]說文
作[illegible]、與此小異、與古泉滙所載列國方足戈邑幣之戈字正同、
乃、[illegible]、待攷、乙以、口[illegible]、說文所無、阮氏鐘鼎彝器款釋所載周
戈銘、有龍伯作[illegible]、[illegible]、阮氏釋戟、但此書中[illegible]字重文甚多、以
文法觀之、似非戟字、是則阮氏釋戟、尚待攷証、昰是[illegible]古文邦
字、案周金文存載相邦呂不韋詔事戈銘、邦字與此正同、四[illegible]、
[illegible]即時之省文、說文、時、天地五帝所基止祭地也、段注、謂祭天
地五帝者、五基如此、而祭之之地也、時不見於經、秦人因周制
[illegible]五帝於四郊、依附為之、[illegible]字音譌、遂製時字耳、又史記秦本
紀云、周平王封襄公為諸侯、賜之岐以西之地、於是始與國、與
諸侯通使聘享之禮、乃用騮駒、黃牛、羝羊各三、祠上帝西時、云

圖貳・一・七

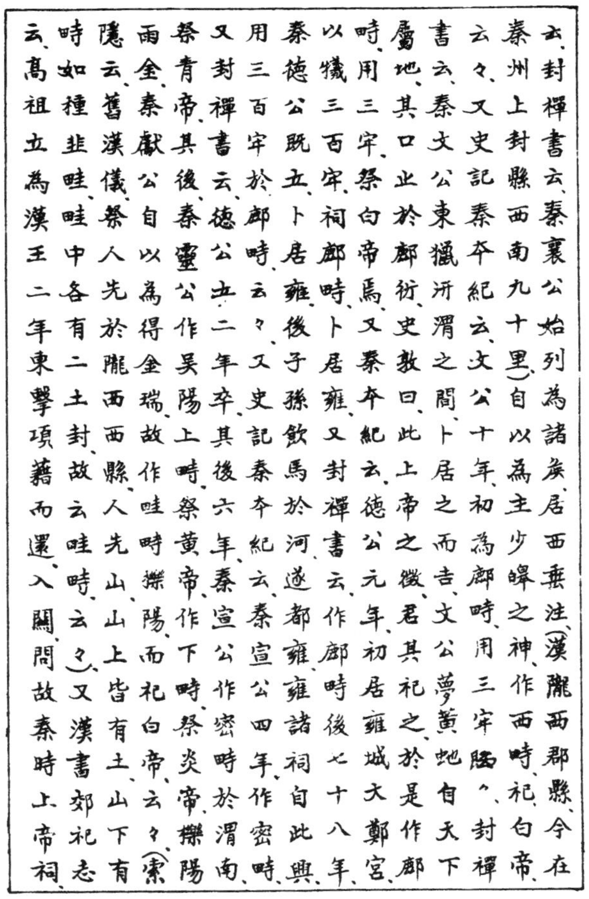

云封禪書云秦襄公始列為諸侯居西垂注(漢隴西郡縣今在
秦州上封縣西南九十里)自以為主少皞之神作西畤祀白帝
云々又史記秦本紀云文公十年初為鄜畤用三牢臘々封禪
書云秦文公東獵汧渭之閒卜居之而吉文公夢黃蛇自天下
屬地其口止於鄜衍史敦曰此上帝之徵君其祀之於是作鄜
畤用三牢祭白帝焉又秦本紀云德公元年初居雍城大鄭宮
以犧三百牢祠鄜畤卜居雍又封禪書云作鄜畤後七十八年
秦德公既立卜居雍後子孫飲馬於河遂都雍雍諸祠自此興
用三百牢於鄜畤云々又史記秦本紀云秦宣公四年作密畤
又封禪書云德公立二年卒其後六年秦宣公作密畤於渭南
祭青帝其後秦靈公作吳陽上畤祭黃帝作下畤祭炎帝櫟陽
雨金秦獻公自以為得金瑞故作畦畤櫟陽而祀白帝云々(索
隱云舊漢儀祭人先於隴西西縣人先山山上皆有土山下有
時如種韭畦畦中各有二土封故云畦時云々)又漢書郊祀志
云高祖立為漢王二年東擊項藉而還入關問故秦時上帝祠

圖貳·一·八

何帝也對曰四帝有白青黃赤之祠高祖曰吾聞天有五帝而
四何也莫知其說於是高祖曰吾知之矣乃待我而具五也乃
立黑帝祠命曰北時云々據以上記載則四時為春秋戰國時
嬴秦祭祀五帝壇址之專稱由此推証則文中之是邦當指秦
邦確無疑義不過秦時所稱四時係指東南西北四方壇址而
言非謂所祀神僅四帝也觀禮記月令云中央土其神后土鄭
注后土顓頊氏之子曰黎為祝融兼為土官孔疏云案左傳昭
二十九年顓頊氏有子曰黎為祝融共工氏有子曰句龍為后
土后土為土官知此經后土非句龍而為黎者以句龍初為后
土後轉為社后土官缺黎則兼之故鄭注大宗伯黎食於火土
云々或秦時后土與祝融合祀一時故稱四時亦未可知且下
文有四曰口黑口黑當指北方黑帝而言更可為証帛按古泉
滙所載列國長子幣長作兵此作帛蓋即長之繁文當讀作長
曰曰口口二二曰曰岑待攷口畺待攷三三曰曰口㝵黃難待
攷四四曰曰口墨古文黑字口文中所稱長曰口口二四岑口

圖貳·一·九

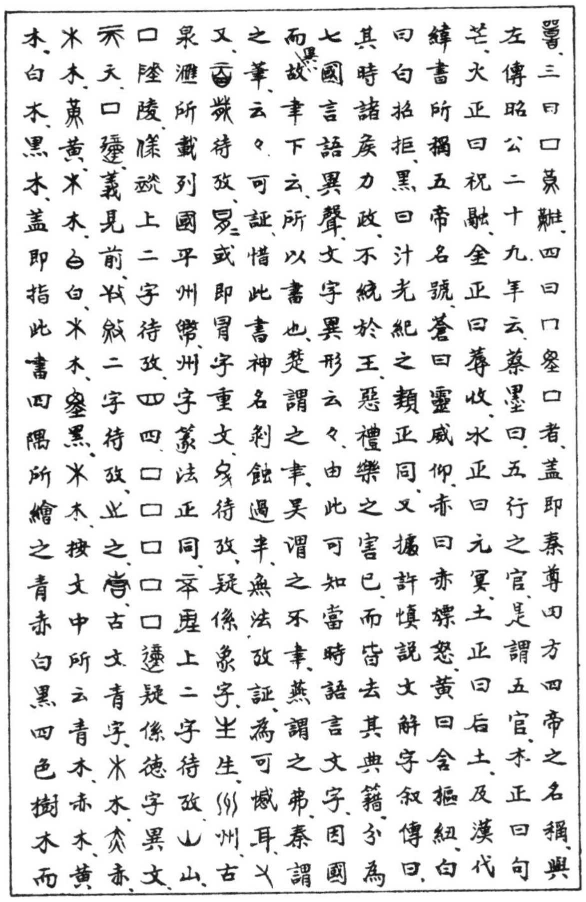

畺三曰口㝵難四曰口墨口者蓋即秦尊四方四帝之名稱與
左傳昭公二十九年云蔡墨曰五行之官是謂五官木正曰句
芒火正曰祝融金正曰蓐收水正曰元冥土正曰后土及漢代
緯書所稱五帝名號蒼曰靈威仰赤曰赤熛怒黃曰含樞紐白
曰白招拒黑曰汁光紀之類正同又據許慎說文解字叙傳曰
其時諸侯力政不統於王惡禮樂之害已而皆去其典籍分為
七國言語異聲文字異形云々由此可知當時語言文字因國
而(異)故聿下云所以書也楚謂之聿吳謂之不聿燕謂之弗秦謂
之筆云々可証惜此書神名剝蝕過半無法攷証為可憾耳又
又𠷎歲待攷旦或即冒字重文多待攷疑係象字生生州州古
泉滙所載列國平州幣州字篆法正同平匽上二字待攷山山
口陸陵傒談上二字待攷四四口口口口口遷疑係德字異文
𣎵天口𨗼義見前㦰叙二字待攷业之旹古文青字木木炎赤
木木東黃木木白白木木黑黑木木按文中所云青木赤木黃
木白木黑木蓋即指此書四隅所繪之青赤白黑四色樹木而

圖貳·一·一〇

言此項樹木蓋用以釐定方位使各方神靈得有所憑依也按
周禮大司樂云凡以神仕者掌三神之法以猶鬼神示之居
辨其物名注猶圖也居謂坐也可証业之㸬古文精字精神也
案禮記月令云孟春之月其帝太皞其神句芒注此青精赤精
黃精白精黑精之君云々炎炎帝炎帝即大庭氏神農也家
語炎帝配火云々了乃命命祇䉛二字待攷乙以四四祀亦神
字變體義見前口票疑係奠字三三示天口口票奠田田口
北待攷口示天䵼疑係則字大大䜭待攷䵼則口口口示天靁
靁廣韻隆也又與靈通靈帝蓋神靈五帝之合稱多象了乃口
冐冐止之行行㑨待攷口口口曰曰四四屮時義見前口口口
祀神䵼則口四四口中女口口祀神口雨雨䨓䨓三字待攷
止作了乃口冐冐乙以遷德杺相口口口口口口口乂又口
四
拜邦義見前口口口夕月口口口口口亓元口口口𢾍相字反
文口口乂又口尚古文當字案古泉滙所載梁充金斤金當爰

圖貳·一·一一

圖貳·一·一二

圖貳·一·一三

圖貳·一·一四

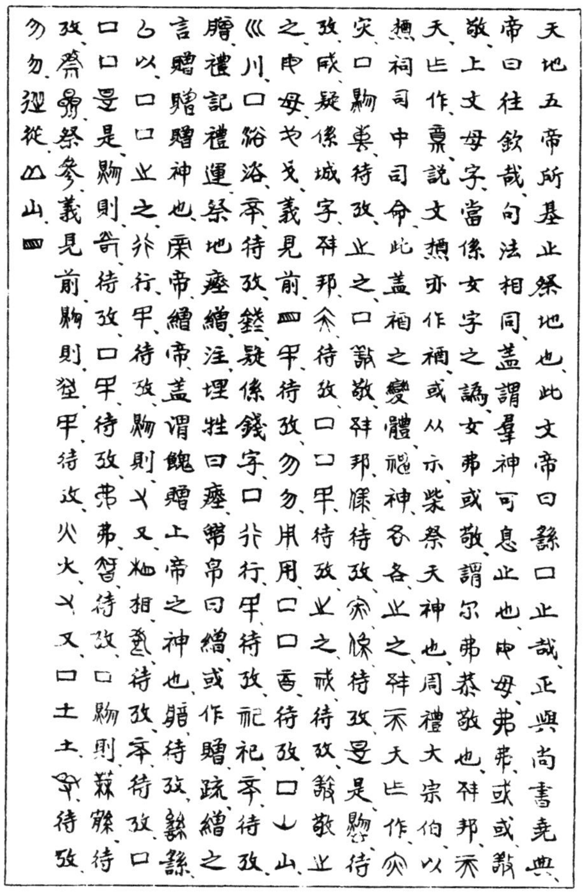

圖貳·一·一五

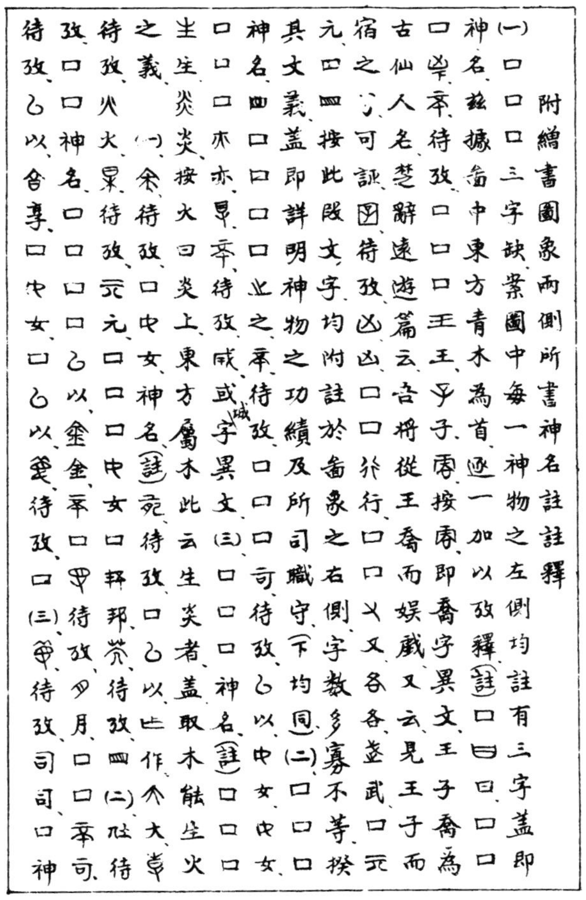

圖貳·一·一六

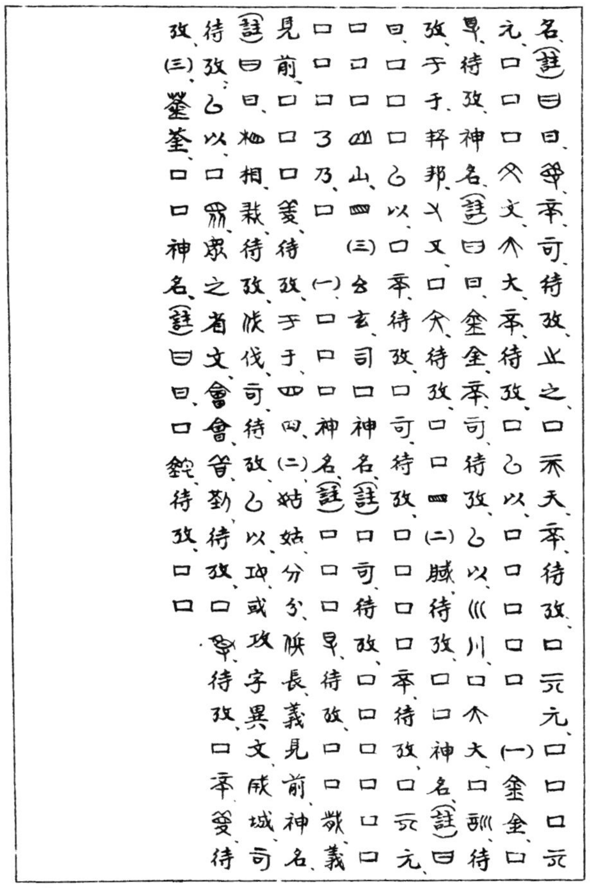

圖貳·一·一七

繒書圖説

我國繪畫原始，在史雖無明文可稽，惟據古代彝器鐘鼎文飾圖案觀察，似有始自商代之可能。因是項彝器文飾圖案，非事先繪就，不能鑄之於器也。降至晚周，繪事經歷朝之改善，漸趨進化。其作風，亦由規矩之圖案，一變而爲自然之寫生。但其時，猶在神權時代，對於鬼神，極端崇拜。觀《楚辭·九歌》王逸曰："昔楚南郢之邑，沅湘之間，其俗好祀，其祀必使巫覡作樂，歌舞以娱神。"又《淮南子·人間訓》曰："荆人鬼，越人禨。"高注云："鬼，好鬼事也。"故當時對於鬼神之圖畫，極爲風尚。如《楚辭·天問》王逸曰："天問者，屈原之所作也。屈原放逐，彷徨山澤，見楚有先王之廟，及公卿祠堂，圖畫天地山川，神靈琦瑋僪佹，及古賢聖怪物行事，因書其壁，呵而問之。"云云。又《韓非子》云："客有爲齊王畫者，問之：'畫孰難?'對曰：'犬馬最難。''孰易?'曰：'鬼魅實易。犬馬人所知也，旦暮於前，不可類之，故難。鬼魅無形，無形者不可覩，故易。"云云，均可証。至若繪畫設色，亦始於斯時。其起因，蓋根據五方之色而成。（案《説文解字》云："青，東方色也。""赤，南方色也。""黄，地之色也。""白，西方色也。""黑，北方色也。"云云，可証。）本書所載長沙出土晚周繒書四週圖象，即爲當時神權圖畫之良好標本。由此圖象，可以窺見當時繪畫設色之作風，及荆楚宗教之思想。圖就繒書四週用五色繪成，每方繪有奇詭神物各三，四隅則案四方之色，繪有青、赤、白、黑四色樹木。惟西方白木，在白繒上無法顯出，故以雙〔鉤〕法代之。此項樹木之意義，蓋藉以指示所祀神物之居勾方位，祭祀時，使各有所憑依也。考《周禮·春官·大司樂》云："凡以神仕者，掌三神之法，以猶鬼神，示之居，辨其物名。"注："猶，圖也。居，謂坐也。天地群神之精，日月星辰其著位也。以此圖天神、地衹〈祇〉、人鬼之坐者，謂布祭多寡，與其居勾也。"疏："神有眾寡多少，或居方爲之，或勾曲爲之。"云云，可証。至所圖神物名稱，當日在圖象之側，原有詳明之注釋，惜剥蝕過多，無法辨認。今據所圖神物形狀，及書中文義，加以推考，蓋即圖寫當時所崇祠之山川、五帝、人鬼、物魃之形，故圖中有三頭一身、怒髮上指者，有赤面單臂、下部似足非足者，有青面戴角、虎爪人身者，有巨口突睛，若霹靂吐火者，此外尚有四首兩身、羊形龍首者，種種形狀，奇詭不一。考《山海經·海外南經》云："三首國，在其東，其爲人，一身三首。"《集解》："《淮南子·墜〈墬〉形訓》有'三頭民'，高誘注：'身有三頭也。'"又《海外西經》云："一臂國，在其北，一臂一目一鼻孔。"又云："奇肱之國，在其北，其人一臂三目。"《集解》："沅曰：'《淮南子·墜〈墬〉形訓》作"奇股"。'高誘注：'奇，隻也。股，脚也。'"云云。又《大荒西經》云："有人曰吴回，奇左，是無右臂。"《集解》："即奇肱也。吴回，[1] 祝融弟，亦爲火正。"云云。又《國語·晉語》云："虢公夢在廟，有神人，面白毛，虎爪，執鉞立西阿。公懼走。神曰：'無走！帝命曰：使晉襲於爾門。'公覺，召史嚚占之。對曰：'如君之言，則蓐收也。'"云云。又《東京賦》云："捎魑魅，斮獝狂，斬委蛇，腦方良，囚根父於清冷，溺女魃於神潢，殘夔魖與罔象，殪壄仲而殲游光。"注："魑魅，山澤之神；獝狂，惡鬼；委蛇，大如車轂；方良，草澤神；耕父、女魃，皆旱鬼，惡水，故囚溺於水中，使不能爲害。夔魖、罔象，木石之怪；壄仲、游光，兄弟八人，恒在人間作怪害也。孔子曰：'木石之怪，夔、罔魎；水之怪，龍、罔象。'臣昭曰：木石，山怪也。夔，一足，越人謂之山獔。魍魎，山精，好學人聲而迷惑人。龍，神物也，非所常見，故曰怪。罔象，一名

〔1〕補逗號。

沐腫。《埤雅》：‘𤞤狂，無頭鬼。’”云云。[1] 今此圖神物，有作三頭一臂及虎爪龍形者，是與上項記載極相符合。由此印証，則此書圖象，其爲當時山川、五帝、人鬼、物魅之神，亦信而有徵矣。

繒書墓葬

長沙近年，因交通事業之發展，近郊一帶山陵，往往夷爲平地，於是霾藏地中之周、秦、漢三代陵墓，時有發現。其中尤以晚周墓葬，其規模之宏大，構造之堅固，爲亘古所未有。由此可見當時厚葬之風尚，宜乎季孫氏以璠璵斂其君，孔子歷級而諫也。此項晚周陵墓，多葬於山限之中，不封不樹，非將地面草萊芟盡、山土夷平後，不能顯出。本書所載之繒書，即出自此項晚周墓中。墓位於長沙東郊之杜家坡，因築路而發現。平面作凸形，前端狹長之巷，即爲隧道。此項隧道，由淺而深，作斜坡狀。其用意，蓋取其便於下棺也。後者爲墓室，橫長丈餘，縱長丈有五尺，深倍之，作長方形。（圖版二）四壁深竣若削，中實以黃土。黃土下層，則爲蜃炭。案《左傳》成公二年：“宋文公卒，始厚葬，用蜃炭。”杜注：“燒蛤爲炭以瘞壙。大蛤曰蜃。”云云。又《周禮・地官・掌蜃》：“掌斂互物、蜃物，以共闉壙之蜃。”云云。又《周禮・秋官》：“赤犮氏掌除墻屋，以蜃炭攻之”，鄭注曰：“赤犮猶言捇拔，主除虫豸自埋者。”云云。據此，則蜃炭，本爲古代闉墓壙之物，係用大蛤燒成。其功用，與近代石灰相等，蓋取其能除虫豸、去潮濕也。蜃炭之下，則係墓室。室頂架厚尺許、寬二尺之橫木五，上用竹席滿布，四週則以長與坑等之巨木疊砌，構成長方式之椁形。此項椁木，即《左傳》成公二年所載：“椁有四阿，棺有翰檜”之翰檜，亦即《漢書・霍光傳》中之“黃腸題湊”是也。案《左傳》成公二年八月：“宋文公卒。始厚葬，用蜃炭，益車馬，始用殉，重器備，椁有四阿，棺有翰檜。”云云。杜注：“四阿，四柱（注）椁也。翰，傍飾。檜，上飾。皆王禮。”疏云：“《周禮・匠人》云：‘殷人四阿重屋。’鄭云：‘阿，棟也。四角設棟也，是爲四柱（注）椁也。’《士喪禮》下篇《陳明器》云：‘抗木，橫三縮二，謂於椁上設此木。縱二橫三，以負土。’云云。《釋詁》云：‘翰，榦也。’舍人曰：‘所以當墻兩邊障土也。’則知此翰木，亦在傍也。”云云。在漢曰黃腸。《漢書・霍光傳》云：“光薨，上及皇太后親臨光喪，賜金錢、繒絮、繡被百領、珠璣玉衣、梓宮便房、黃腸題湊各一具。”云云。注：“蘇林曰：‘以柏木黃心，致累棺外，故曰黃腸。木頭皆向內，故曰題湊。’如淳曰：‘漢儀注：天子陵中，明中高丈二尺四寸，周二丈，內梓宮，次楩椁柏、黃腸題湊。’”云云。可証。（案此項黃腸木，數年前廣州曾有出土，其上鐫有“甫五”、“甫九”等字樣，傳出自前漢南越王趙佗冢中，有摹印本行世。據此，則“題湊”之義，“題”謂木上皆有題字，“湊”謂椁用眾木聚湊而成，故其上有“甫五”、“甫九”字樣。“甫”即“鋪”之省文，謂鋪陳也。蘇林謂木頭皆內向，故曰“題湊”，恐於理不合。）至於椁上所蓋之竹席，亦即《儀禮・士喪禮・陳明器》中之抗席。據《士喪禮・陳明器》云：“抗木橫三縮二，加抗席三。”注：“席所以避塵。”疏云：“加者，加於抗木之上。”云云。今觀此席位置，正與《儀禮》所載相同，是則此席即《儀禮》中之抗席，毫無疑義。棺則陳於墓室之東，大小與常棺等，惟蓋面平坦不隆起，棺外裹以褐色之絲帛，絲極匀細。棺之右側，陳木櫝一，長度與棺相等，寬半倍之，其中滿貯明器。本書所載之繒書、竹笈、漆盤、銅劍、劍鞞、劍櫝等物，即出自此櫝中。因木櫝保存完好，故所貯明器，絲毫無損，均能保持原有狀態。（案櫝中尚有黑陶，如簋、鼎、壺、觴等物，惜均佚散）至考此墓時代，今據出土繒書文字、郢爰、陶版，及長沙封建沿革，加以推測，似爲晚周荊楚中期之墓葬。我國文字，在六國之世，最爲複雜。

---

〔1〕 這段注文，句讀較稀，今酌補標點。

其時一國有一國體制，且篆法奇離，增損無定，不能盡識，故秦兼天下，首先統一文字。觀《說文解字・敘傳》曰："其時諸侯力政，不統於王。惡禮樂之害己，而皆去其典籍，分爲七國。田疇異畮，車涂異軌，律令異法，衣冠異制，言語異聲，文字異形。秦始皇帝，初兼天下，丞相李斯乃奏同之，罷其不與秦文合者。"云云。今此書字形奇古，且多變體，與秦篆搆結迥異，確爲六國體制。此其可證者一也。金版爲古代天子郊祀上帝之上幣。（案金版之制，係用黃金鑄成，作長方式之版形，以鍰計重，爲周代貨幣之一種。詳拙著《周秦漢金銀貨幣圖考》。）其名稱，見於《周禮・秋官・職金》"旅於上帝，則共其金版"是也。今此墓出土之陶質金版，（案此項陶質金版，爲古代殉葬所用之明器，猶現代紙錢之類）上鑿有"郢爰"印款十六枚，分列四行。案郢爲楚都之專稱，《史記・楚世家》：楚文王元年，"始都郢"。（即今湖北荆州府，江陵縣地）其後遷陳，徙都，徙壽春，皆命名曰郢，可証。"爰"即"鍰"之省文，爲周代黃金貨幣之單位名稱，如《尚書・呂刑》"其罰百鍰"是也。因楚僭王號，故亦有金版之制。（案近年安徽壽州，常有此項郢爰金版出土，俗稱"印子金"。詳方氏《綴遺齋彝器款識》）此其可証者二也。至長沙沿革，揆之史籍，在漢以前，并無封建。當春秋戰國之世，原屬楚之南部重鎮，及產粟之地。考《國策・楚策》云："長沙之難，楚太子橫（即楚頃襄王）爲質如齊。"云云。又《史記・楚世家》云："復〔讎〕、龐、長沙，楚之粟也。"云云，可證。不過至楚頃襄王之二十一年，郢都爲秦將白起所拔，燒夷陵，取洞庭、五渚，及黔中郡，楚王東北保陳城。（即故陳國，今河南陳州府治）當是時，長沙非復楚有，甚爲明顯。此其可証者三也。今根據上述三點，加以推証，則此墓爲戰國時荆楚之墓葬，確無疑義。其時代，當在頃襄王二十一年以前，可斷言也。

繒書書笈

竹笈，又名篋，即貯藏繒書者，亦木槨冢出土。有蓋，高吋有半。（器蓋并同）從長八吋，橫長四吋半。器蓋及底，均用竹絲編成人字紋樣，四週則作六棱孔狀。內糊以薄絹，工極精巧。但此項竹笈出土，因物質腐敗，無法保存，故四週均已破損，不成器形。且竹絲被水所浸蝕，已成黑色，致原有色澤不明。惟其中間有朱色者，尚隱約可辨。案笈與篋，本一物而二名，爲古代藏書之器。如《史・蘇秦傳》"負笈從師"云云，又《後漢書・范冉傳》注："王奐字子昌，河內武德人，明五經，負笈追修"云云，又《李固傳》："固改易姓名，負笈從師"云云，此書笈之見於記載者。《戰國策》："甘茂曰：'魏文侯令樂羊將，攻中山，三年而拔之。樂羊返，而語功，文侯示之謗書一篋'"云云，又蘇秦說秦王，"書十上而說不行，去秦而歸，乃夜發書，陳篋數十，得太公《陰符》之謀而讀之"云云，又《漢書・張世安傳》："武帝幸河東，嘗亡書三篋，詔問莫能知，惟世安識之，具記其事。後求得其書以相校，無所遺失"云云，此書篋之見於記載者。至其形制，史略不詳，無從懸揣。今幸有此笈之發現，使晚周一代之書笈形制，得以流傳於世，以補史書之闕。

繒書附帶出土諸器

（一）漆盤

《格致镜原》漆器類云："禹作漆器，朱漆其內，黑漆其外。"然則漆器之由來尚矣。降至晚周，工藝更趨發展，髹漆之外，復益以繪彩、彫鏤等美術。且當時有一班技藝精湛之名工客匠，專供人君製器。如《韓非子・外儲說》云："客有爲周君畫篋者，三年而成。周君觀之，與髹篋同狀，周君大怒。客曰：

‘築八尺之墻，鑿六尺之牖，日始出時，加諸其上，而觀之。’周君爲之，盡成龍蛇萬物之象備具。周君大悦。”云云。由此觀之，則當時漆器工事，不僅以工細見長，且喜繪用龍蛇等圖案爲飾。本書中所載之青龍、朱雀漆塗木盤，即爲當時作品之一，與繒書同坑出土，高二吋，對徑十吋半，内朱外黑。盤内四週，繪有青龍、朱雀各三，作互相追逐之狀，中間以飛鳳之飾。此項圖案，筆勢縱放，極生動有致，近於繪畫一脈。（案漆性滯澀，不易用筆。今觀此盤漆畫，筆鋒宛轉飛動，曲折自如，毫無滯濇之弊，可見當時技術之精良，非後世所能及）與周初之拘謹規矩圖案，完全異旨。所以然者，蓋周初銅器，係笵金合土而成，圖案非有一定之規模不可；漆器則用筆描寫，從心所欲，故能宛轉自如，不受規矩之束縛。由此可見宗周與晚周圖案作風演變之一班（斑）也。至於盤之四週所繪青龍、朱雀，即圖寫當時崇拜之四方神靈。（案古代四神，即左青龍、右白虎、前朱雀、後玄武）因當時人君，對於鬼神，極端迷信，且自鄒衍倡行金、木、水、火、土五德始終之説，進而利用五方、五帝，及青龍、白虎、朱雀、玄武、黄蟥等神物，爲之配備，以除不祥。此風傳至漢代，猶未稍殺。故漢鏡銘中，常有“左龍右虎避不祥，朱雀玄武順陰陽”等文可証。盤爲人君祭祀或進膳之具，故繪用青龍、朱雀，避除不祥，（陳道祥《禮書》云：“古者人君致膳，則葷桃茢，以避凶邪。”云云。）理或然也。此盤最奇特者，厥爲盤之中央所繪圖案，係用豚、鳥交組而成。豚豕採作圖案，惟見於周代，後世絶少有用者。因豚豕爲常見之家獸，不屑採入畫圖故也。今觀此盤所繪豕形圖案，極矯夭活潑，生動有致，由此可見古人用筆之神妙也。

（二）銅劍

劍爲古人防閑之武器，（《漢書・雋不疑傳》：“門下欲使解劍，不疑曰：‘劍者，君子武備，所以衛身，不可解也。’”云云。）故自天子至士，皆得佩用。在春秋戰國之世，尤爲人君所好尚。見諸記載者，如《莊子・説劍篇》云：“昔趙文王喜劍。莊子曰：‘臣聞大王喜劍，臣有三劍，惟王所用。’”云云。又《越絶書》云：“楚王召扶風子而問之曰：‘寡人聞吴有干將，越有歐冶子，寡人願請此二人作劍，仍令扶風子之吴。’”云云。《吴越春秋》云：“越王元常，聘歐冶子作名劍五：一曰純勾，二曰湛盧，三曰豪曹，四曰盤郢，五曰魚腸。”云云。又《史記・吴季札》：“王初使北，過徐，徐君好季札劍，口不敢言。季札知之，爲使上國，未獻。還至徐，徐君已死，乃解其寶劍，繫徐君冢樹而去。”云云。又《左傳》昭公廿三年：“莒子庚輿，虐而好劍，苟鑄劍，必試諸國人。國人患之。”云云。其産地，則以吴越及韓爲最著。如《周禮・攷工記》云：“吴粵之劍，（案粵古通越，《漢書・揚雄傳》：“范蠡存而粵伯”，亦作粵，可証。）遷乎其地，則不能爲良，地氣使然也。”又《國策・韓策》云：“蘇秦説韓王曰：‘韓卒之劍，皆出於冥山、棠溪、墨陽、合賻、鄧師、宛馮。’”云云，均可証。至於劍之制度，稽之經史，有兩種記載：一則詳明劍身之尺度、重量，及劍士服用之制，如《周禮・考工記》云：“桃氏爲劍，臘廣二寸有半寸，兩從而半之。以其臘廣爲之莖圍，長倍之。中其莖，設有後三分其臘廣，去一以爲首廣，而圍之。身長五其莖長，重九鋝，謂之上制，上士服之。身長三其莖長，重七鋝，謂之中制，中士服之。身長二其莖長，重五鋝，謂之下制，下士服之。”云云，是也。一則案劍飾之貴賤，别階級之尊卑，如《詩傳》云：“天子玉琫而珧珌，諸侯璗琫而璆珌，大夫鐐琫而鏐珌，士珕琫而珧珌。”云云，是也。本書圖版九所載之銅劍，與繒書同坑出土。全劍長度，正與《考工記》中中制劍相符，惟劍莖中斷。其形制，則與他劍異，作扁形。上穿雙孔，其後在當日似有木柄之施設。（案《漢書・雋不疑傳》：“冠進賢冠，帶櫑具劍。”注：“應劭曰：櫑具，木標之劍，櫑落也，壯大也。”此劍莖後設木柄，或即櫑具劍之類。）琫係銅質，（案琫爲劍莖與劍身間之飾，俗稱劍鬲（格））劍莖即穿貫其中。是項施設，亦與《考工記》中“其莖設其後”之文正合。此項銅劍，在當時不僅制度規定嚴密，且對於鍊金、合金之術，亦有相當之研究。如《周禮·考工記》云：“凡鑄金之狀，金與錫，黑濁之氣竭，黄白次之；黄白之氣竭，青白次之；青白之氣竭，青次之，然後可鑄也。”云云。此項記載，即言提鍊青銅之火候層序，由混濁而轉入純淨也。又《吕氏春秋·别類篇》云：“金柔錫柔，合兩柔則爲剛，燔之則爲焯。”云云，此言合金之原理。又《考工記》云：“攻金之工，金有六齊。六分其金，而錫居一，謂之鐘鼎之齊；五分其金，而錫居一，謂之斧斤之齊；四分其金，而錫居一，謂之戈戟之齊；三分其金，而錫居一，謂之大刃之齊；五分其金，而錫居二，謂之削殺矢之齊；金錫半，謂之鑑燧之齊。”云云。文中所謂六齊（案齊蓋劑之省文）者，蓋即指六種器物金屬之成分配合而言。鑄器後，使能各勝其用也。綜合以上記載觀察，則當日冶金技術之精密，可想而知。宜乎此劍埋藏地中，經二千年之久，猶能鋒利如新，遠勝精鐵，良有以也！

（三）劍鞞（玉珌附）

劍鞞，亦長沙木椁冢出土，即前劍之鞞。（案鞞即劍室，詳後《劍鞞考》）木製，髹以黑漆，光澤可鑑。鞞口及末端，作蛇腹斷紋，中央純素，連珌共長二十二吋厚三分，寬一吋三分，末端稍殺。近鞞口四吋半，正中有直綫隆起，與劍脊同，餘均平扁，推其用意，蓋防繫劍絲組移動而設。[1] 珌係蒼玉質，飾於鞞末，寬厚與鞞等，長三分，末端平正，底面作橢圓形，與近代劍室形制迥異。考劍室，在周曰鞞，鞞下之飾曰珌，《詩》云：“鞞琫有珌”，即指是項劍鞞與珌而言。是項劍飾制度，在周代原有一定之規定，服用須案等級，觀《詩傳》曰：“天子玉琫而珧珌，諸侯璗琫而璆珌，大夫鐐琫而鏐珌，士珕琫而珧珌。”（案《説文》作“珕珌”）云云，可證。至於此項劍飾等級之分别．則視琫珌之貴賤，及施設地位之上下爲準則。如《説文解字》“珧”下，段注云：“案天子玉琫珧珌，備物也。諸侯璗琫（《爾雅》：“黄金謂之璗。”）璆珌，讓於天子也。璆，美玉也。天子玉上，諸侯玉下，故曰讓於天子也。大夫鐐琫鏐珌，銀上金下也。（《爾雅》：“白金美者謂之鐐，黄金美者謂之鏐”，故曰銀上金下也。）士珕琫珧珌，珧有玉珧之稱，貴於珕。（《東山經》：“嶧皋之水，多蜃珧”，傳曰：“蜃蚌屬珧玉，珧亦蚌屬。故珧有玉珧之稱，貴於珕也。”）自諸侯至士，皆下美於上，惟天子上美於下。”云云，可証。又“琫”下云：“鞞之言裨，刀室所以裨護刀者。漢人曰削，俗作鞘。琫之言奉也。奉，俗作捧。刀本曰環，人所捧握也。珌之言畢也，故刀室之末，其飾曰珌。”云云。段氏此項注解，辨别劍飾尊卑制度，至爲詳盡，且能確定琫、珌所飾位置，以決前人之聚訟。案前人注釋《詩》“鞞琫有珌”，對於鞞、琫、珌三者之形制，及所飾地位，大都各執一辭，互相聚訟。有謂鞞爲佩刀削上飾者，如《左傳》成二年：“藻率鞞鞛”，杜預注：“鞞，佩刀削上飾。”云云。有謂琫爲室口之飾者，劉熙《釋名》云：“室口之飾曰琫。琫，捧也，捧束〈束〉口也。”云云。有謂珌爲文飾貌、鞞非刀室者，《説文解字》“琫”下段注云：“戴先生疑‘瞻彼洛矣’之珌下飾，當爲鞞下飾，珌爲文飾貌。有珌，與有奭句法同。《説文》訓鞞爲刀室，誤也。”云云。前人此項注釋之錯誤，大都不明當時劍飾制度，及未得睹實物所致。今此劍鞞、琫、珌三者俱在，其所飾地位，一如段説，且此劍琫珌，飾用金玉，亦與《詩傳》“諸侯璗琫璆珌”之制相符，是則此劍爲當時諸侯所服用，殆無可疑。但考長沙沿革，在漢以前，并無封建，其地屬楚南服。如《方輿紀要》云：“長沙，《禹貢》荆州之域，春秋、戰國時屬楚。吴起曰：‘長沙爲三苗之國，左洞庭，右彭蠡。春秋時楚得其地，以爲南府，能雄長於江漢間。”云云。許慎云：“九江，即洞庭，沅、漸、潕、辰、潊、酉、澧、資、湘，九水皆合於洞庭中，東入江，故名九江。”或謂之五渚。《國策》：“秦破荆襲郢，取洞庭、五渚。”云云。《史記·貨殖傳》：“衡山、九江、江南、豫章、長沙，是南楚也。”云云，可証。楚僭王制，

---

〔1〕 原書漏標點，今補。

當時縣大夫，皆僭稱縣公，如《左傳》宣十一年："冬，楚子爲陳夏氏之亂，伐陳。……諸侯縣公皆慶寡人。"云云，杜注："楚大夫皆僭稱縣公。"云云。據此推求，則此項墓葬，或即當時楚縣公之墓，故殉葬佩劍，僭用諸侯之制，蓋可知也。

（四）劍櫝

劍櫝，亦長沙木椁冢出土。木質，有蓋，并高四吋半，寬二吋六分，長三十二吋。蓋面隆起，作半球狀，兩端稍殺，中央作觚形。此項施設，蓋取其便於握手也。案古代貯劍用劍櫝，其制載於經傳，如《禮記・少儀》云："劍則啓櫝蓋而襲之，加夫襓（案夫襓即劍衣）與劍焉。"可証。至櫝之形制，惟見於宋聶崇義《三禮圖》中，但聶所圖，與此櫝形制，絶不相符，由是証之，則聶圖之不足信也，明矣。

（五）木寓龍

木寓龍，亦木椁冢出土。象龍形，木質，髹漆，爪牙畢具，四足作攫拿之勢。外裹絲帛，上用朱、墨二色，繪成規矩圖案。惜入土年久，木質朽敗，經風後，髹漆剥落，不成龍形。案此項木龍形制，即《史記・封禪書》中所載之木寓龍，爲嬴秦祠畤所用之明器。如《史記・封禪書》云："秦兼天下，令祠官所常奉。惟雍四畤，上帝爲尊。故雍四畤，春以爲歲禱，因泮凍，秋涸凍，冬賽祠，五月嘗駒，及四中之月祠。春夏用騂，秋冬用騮。畤駒四匹，木寓龍欒車一駟，（李奇曰：'寓，寄也，寄生龍形於木也。'）木寓車馬一駟，各如其帝之色。"云云。至考祠畤用木寓龍欒車之意義，蓋當時理想，以爲神靈往返，必駕龍車，如《楚辭・九歌・東君》"駕龍輈兮乘雷"，又《河伯》"駕兩龍兮驂螭"，云云，可証。今此龍出自楚墓，是則當時用木寓龍祠畤之制，不限於嬴秦也，甚明。

長沙蔡烈婦傳

新化晏子後〔1〕

蔡烈婦，長沙靖港人。原姓丁氏，生四歲而孤，隨母改適黄，遂從黄姓，名茀蓮。年十九，歸於吾友長沙蔡季襄爲繼配。性淵懿貞淑，待前室子如己子，執事賓祭，恪如也。歸季襄二十年，生男子子二，曰修淳、修沛；女子子三，曰鈴儀、美儀、霞儀。季襄嗜考古，精賞鑑，所交多國内外知名士。上海淪陷，舉家仍流寓不得去。而季襄爲寇所屬目，慘被拷掠，瀕死者再。後徙蘇州，復還鄞縣，三十三年春，始展轉由閩間道歸長沙。流寓七載，烈婦日處憂患飢愁之境，中又殤其幼女霞儀，慘痛深，而所以慰藉其夫者，蓋無微弗至。俄寇犯長沙，罄室避走石林塘，又走興馬洲。洲當湘潭孔道，甫至，寇已陷湘潭矣。散寇徇興馬洲，烈婦偕女鈴儀趨蘆葦中匿，卒被鹵，至包公廟。季襄馳救不獲，遣其子修淳隨偵之。寇酋欲犯烈婦，烈婦知無可免，轉從容言笑以緩賊，伺得間，突赴庭前池水中死。鈴儀時與弟修淳，爲别寇所守，在坪口大樹下，見母赴池，即亦奮起奔入，既入水，猶呼母少待，兒同行也。季襄爲余言，後求得烈婦屍，貌如生，衣履盡濕，獨衷衣綰結處，不爲水所濡。嘻，亦異矣！烈婦死時，年三十有九，鈴儀僅十九歲，上海中華女中高材生云。

---

〔1〕晏子後，湖南新化人。據湖南省博物館藏蔡氏檔案，蔡季襄初識晏子後是在1944年他從長沙逃難到安化時。晏氏時任安化税捐處處長，喜歡收藏古書和文物。晏氏聽説蔡氏妻女遇難，主動寫了這篇《長沙蔡烈婦傳》。該文除收入《晚周繒書攷證》，還發表於安化出版的《民報》。1945年蔡氏回長沙後，與晏氏來往密切。1949後，晏氏以反革命罪在湖南新化被槍斃。

論曰：自抗戰來，我神聖莊嚴之中華疆土，虜騎縱橫所及，達二十有二行省。我禮義文明之黄炎裔胄之死於鋒鏑者，死於淫暴虔劉者，復不知有幾何萬人。而其中忠勇之士之死於義，貞女烈婦之死於所操持，英風正氣，瀰漫乎天地，凜然而足以表民族氣節，烺然而蔚爲家國之光者，又甯可紀極耶！季襄又云：同日死者，有朱烈婦，年二十餘，夫洲中舟子也。時已盛傳寇警，夫誡婦曰："若不幸與寇遇，女當遜志求免。斯世亂，人無女羞也。"婦怫然作色曰："君謂妾難一死邪?"翌日果爲一騎寇所掠，迫之，亦奮投池中。寇舍去，洲人來援，婦不顧，亶揮手謝曰："今日得死，猶清白身，若明日，恐不得死所矣。"力赴池心而没。夫蔡烈婦，不得不即死者也。朱烈婦，或可以不死，而竟死者也。蔡女鈴儀，乃殉其母以死，其烈而孝者也。嗚呼！我民族精神之不死，遂乃徵諸二三婦女，是其涵泳乎五千年以來禮義文明之中者，其效可謂烈哉！如三人者，可以傳矣！

二　發掘簡報一

說　明

中國的帛畫，目前年代最早的標本有兩件，一件是1949年陳家大山楚墓出土，一件是1973年子彈庫楚墓出土，出土地點都在湖南長沙舊城的東郊。前者出土後，一度歸蔡季襄收藏，1951年捐獻給湖南省文物管理委員會；後者是"文化大革命"中才發現，與子彈庫帛書同出一墓。

這件帛畫，上有擔繩，原來是用以懸掛。出土位置，則在椁室的蓋板與隔板之間。畫面上的人物，從類似的出土物分析，應即墓主本人的形象。墓主爲中年男性（屍骨鑒定，約40歲），作側立狀，面朝畫面的左方（面對西方），與陳家大山帛畫同。不同的是，他是乘龍，迎風淩波而前行（西行）。此龍，龍頭、龍尾上翹，有如舟船。墓主頭頂有傘，但不畫傘柄，虛懸傘蓋，蓋緣有三個隨風飄曳的穗子，用以表現風向和運動感；龍身下的魚和龍尾後的鳥則是用來表現水，非常生動。

新發現的長沙戰國楚墓帛畫

湖南省博物館

1942年9月，在長沙市城東南子彈庫的楚墓中因盜掘出土了一件珍貴的文物《繒書》[1]，後被帝國主義分子掠走了。1973年5月，湖南省博物館又對這座墓葬進行了科學的發掘和清理，除全面弄清了墓的形制、棺椁情況外，還獲得了一些重要文物[2]，其中最可喜的收穫是發現了一件稀有的藝術珍品人物御龍帛畫。

這幅帛畫是細絹地，呈長方形，長37.5、寬28釐米，右邊和下邊未加縫紉。最上横邊裹着一根很細的竹條，上繫有棕色絲繩。整個畫幅因年久而呈棕色。出土時平放在椁蓋板與外棺中間的隔板上面，畫面向上。

畫的正中爲一有鬍鬚的男子，側身直立，手執繮繩，駕馭着一條巨龍。龍頭高昂，龍尾翹起，龍身平伏，略呈一舟形。在龍尾上部站着一鶴，圓目長喙，昂首仰天。人頭上方爲輿蓋，三條飄帶隨風拂動。

---

〔1〕詳見安志敏、陳公柔《長沙戰國繒書及其有關問題》，《文物》1963年第9期，商承祚《戰國楚帛書述略》，《文物》1964年第9期。安文引《晚周繒書攷證》的記載：《繒書》"縱長十五吋，横長十八吋，墨書，字若蠅頭，筆劃匀整"。商文注說："帛書八折，並不等齊，當中部分折迹縱約十七點五釐米，横約十一點五釐米。"《繒書》文字內容，多記古史傳説及對天神的崇拜。

〔2〕清理出的文物，帛畫之外，尚有：陶鼎、陶敦、陶壺、陶匜、陶勺、木梳、木戈、漆角狀器、竹席、竹片、竹竿、玉璧、絹、方孔紗、幾何紋錦的殘片以及組帶、麻繩等。

畫幅左下角爲一鯉魚。畫幅中輿蓋飄帶、人物衣着飄帶和龍頸所繫繮繩飄帶拂動方向一致，都是由左向右，表現了風動的方向，反映了畫家狀物的細緻精確。而所繪圖象，除鶴首向右上方外，其餘人、龍、魚都是朝向左方。表現了行進的方向。整個帛畫的内容應爲乘龍昇天的形象，反映了戰國時盛行的神仙思想。

現試釋於下：

龍，在中國古代傳説中，人、神都可以乘龍到天上去或者遨遊太空。《楚辭》中提到龍的地方比比皆是。屈原《九歌》中的諸神上天下地都是乘龍，如大司命是“乘龍兮轔轔，高馳兮沖天”，湘君是“駕飛龍兮北征，邅吾道兮洞庭”，東君是“駕龍輈（舟）兮乘雷，載雲旗兮委蛇”。屈原在幻想超脱塵世，靈魂昇天時也是借助於飛龍馱載。“駕青虬兮驂白螭，吾與重華兮瑶之圃。”（《九章·涉江》）可見，龍，幾千年來爲我國神話傳説中最大的神物。

帛畫中龍不作騰雲駕霧、高揚在天之狀，而畫作舟形，似是在衝風揚波，這應與古代人想象的神仙世界有一定的關係。古代傳説中的神山多在海中，因此求仙登天必須經過蒼海。何以爲渡？一般的船不能勝此重任，只得以龍爲舟。這很容易使人聯想到在南方吴楚一帶流行了數千年的端午龍舟競渡的習俗。聞一多先生在《端節的歷史教育》中考證了其起源，認爲比屈原的時代早得多，是後人爲了表示對屈原的紀念，才把這古老的習俗附會到這位詩人身上去了。

鶴，中國古代傳説也賦予了它極大的靈性。“鶴鳴於九皋，聲聞於天。”（《詩經·小雅》）古代把鶴認作長壽的祥禽。同時，古代傳説中又有許多乘鶴或駕鶴的故事。人們稱仙人乘的車叫鶴馭、鶴駕，劉向《九歎·遠遊》中有“駕鸞鳳以上遊兮，從玄鶴與鷦明。孔鳥飛而送迎兮，騰群鶴於遥光”的詩句。長沙馬王堆一號漢墓帛畫即有與這幅帛畫所繪極相似的鶴的形象，同是長頸高足，仰首而鳴，馬王堆一號漢墓彩繪漆棺上也有仙人乘鶴在雲氣中飛騰的畫圖。這些文獻和實物雖然時代稍晚，但可證明在古代的傳説中鶴常被視作高踞於天國之中並供神人騎乘的神鳥。

鯉魚，揣測其用意：鯉魚是水中生物，用以表示龍是在江河湖海中翔遊。

因此，帛畫上龍、鶴、鯉或都是表示成仙登天的思想，它們緊緊地圍繞主題互相補充着發揮作用。

處於畫面中心位置的是人物。其神情瀟灑自若，身材修長，高冠長袍，腰間佩長劍。這種裝束就好像是屈原一些詩句的圖解：“帶長鋏之陸離兮，冠切雲之崔嵬”（《涉江》）。“高余冠之岌岌兮，長余佩之陸離。”（《離騷》）有人在注釋《楚辭》時釋“切雲”爲冠名，言其高大，那麼這畫中人所戴即應是這種“切雲冠”了。

這座墓清理時屍骨完整，是男性。據説在三十多年前盜掘時曾出土了一柄銅劍，形狀與畫中人物所佩相似。考慮到這幅帛畫在當時是作“引魂昇天”一類的用途，從馬王堆一號漢墓帛畫上老嫗與出土屍體形象相似的情況看，判斷這幅畫上人物是墓主人形象，應該不算穿鑿吧。再看畫上人物的裝束和墓的棺椁（一椁兩棺）制度，可以推測其身份是大夫一級的貴族。

戰國時期的楚國是巫風特别盛行的地方。“昔楚國南郢之邑，沅湘之間，其俗信鬼而好祀”（王逸《楚辭章句·九歌》），這個事實不僅在古代文獻中有大量反映，三十多年前在此墓中出土的《繒書》和稍後在長沙陳家大山發現的《晚周帛畫》更提供了可信的物證。

這幅帛畫與《晚周帛畫》時代大體相當，從共存的器物組合判斷，應是戰國中期的作品。《晚周帛畫》畫了一個兩手作合掌狀的細腰女子，還有代表吉祥的鳳和戰勝災難的夔；而這幅帛畫則畫了男子駕龍昇天。兩畫應是同一時代的姊妹篇。兩幅畫中人物無論就形象的塑造和人體部位比例來説，把握得都相當準確，技巧已相當成熟。只是《晚周帛畫》在技法上還相當古拙，且裝飾味濃；而這幅帛畫用筆是單綫勾勒，綫條雲流風動，相當瀟灑，毫不顯得板滯，若非長期藝術實踐積累，決不能達到如此的水平。設色爲平塗和渲染兼用。畫中人物略施彩色，龍、鶴、輿蓋基本上用白描，畫上有的部分用了金白粉彩，是迄今發現用這種畫法的最早的一件作品。因此，這幅帛畫的出土，爲先秦美術史的研究增添了非常珍貴的資料，是我國燦爛豐富的藝術遺産的一件稀有的瑰寶。

（《文物》1973 年第 7 期，第 3 ~ 4 頁）

三　發掘簡報二

説　明

1973 年，子彈庫楚墓的發掘，只有簡報發表。據筆者向參加該墓發掘的考古學家何介鈞、熊傳薪、周世榮、傅舉有等先生調查，該墓發掘是在馬王堆漢墓一號墓的發掘和三號墓的發掘之間，墓葬地點是由當年盜掘此墓的任全生、漆效忠、李光遠、胡德興等人指認。簡報後面的附録就是根據他們的回憶。

長沙子彈庫戰國木椁墓

湖南省博物馆

遵照偉大領袖毛主席“古爲今用”的教導，1973 年 5 月，我館在長沙市城東南子彈庫（現湖南林業勘查設計院内）發掘了一座戰國木椁墓。編號爲 73 長子 M1。該墓曾於 1942 年被盜，出土了有名的《繒書》（後被帝國主義分子掠走了）和一些漆器、木俑、兵器等。此次發掘，除進一步弄清了墓葬形制、棺椁結構外，還出土了一批文物，特別重要的是發現了一幅《人物御龍帛畫》。現將發掘情況報道如下：

一、墓葬形制

該墓構築在夾有大量白色斑塊的網紋紅土中，爲一帶斜坡墓道的長方形豎穴墓，方向 115°。墓口上有 1 米左右厚的封土。墓口長 3. 8、寬 2. 72 米。墓底長 3. 78、寬 2. 46 米。墓坑深 7. 42 米，四壁殘留有工具痕迹。墓道寬 1. 5 米，因未全部掘完，長度不明。坡度爲 23°，墓道底高出墓坑底 2. 77 米。

墓坑底部填有 39 釐米厚的青灰色膏泥（長沙俗稱青膏泥），黏性較大。其上置棺椁，棺椁四周直至墓壁均築有青膏泥，厚 34 ~ 40 釐米。棺椁上部的青膏泥厚 80 釐米，它與白膏泥一樣，有良好的隔絶氧氣的作用。青膏泥中可見大量的黄色硫磺顆粒。據説 1942 年盜掘時，曾有大量帶硫磺氣味的氣體冒出，用火柴燃點，火焰高達數尺。因此，此墓屬於長沙特有的“火洞子”墓。這次發掘時，在青膏泥中發現夾雜有樹葉、稻草、竹簽等物，仍保持着近於新鮮的顔色。椁蓋板剛揭去青膏泥時呈黄色，但接觸空氣後，很快就變黑了。青膏泥之上直至墓口共有 4. 8 米厚的填土，均爲洗砂土，即是原來作墓時挖掘出來的生土（網紋紅土），經過捶碎，重新填入的。在青膏泥上 65 釐米的高度有一條整齊的界綫，在其下的洗砂土中所含斑塊呈灰色，可能是受青膏泥的影響，在其上的洗砂土中所含斑塊爲白色。洗砂土層有明顯的夯築痕迹。夯層由下到上逐漸增厚，由 5 釐米到 20 釐米。夯窩爲圓形，直徑約 5 釐米。盜洞緊貼北壁，爲 1. 3 × 0. 78 米的長方形坑，邊緣離東壁 0. 7 米，由地表通過椁蓋板直至内棺之中。盜洞中土層嚴重擾亂，近椁蓋板處有盜掘時遺棄的部分文物。

二、棺椁葬具

棺椁共三層，即椁、外棺、内棺。椁之下有横列的兩根枕木，寬 30、厚 10 釐米，兩根枕木相距 1. 8 米（圖一、八）。

椁長 3. 06、寬 1. 85、高 1. 33 米。底板是由三塊厚 18 釐米的木板縱列以子口拼合構成，寬度（C1 ~ C3）爲 0. 57、0. 68、0. 49 米。每一面壁板都由兩塊立板組成，下板平壘於椁底板上。上壁板與下壁板之間以子口拼合。東西兩壁横檔住南北兩壁，並向外伸出 9 ~ 10 釐米。四壁之間以掛榫套合。椁蓋板爲厚 20 釐米的五塊横板一列平鋪，拼合方法與底板相同，寬度爲 0. 63、0. 66、0. 4、0. 7、0. 67 米（圖七）。椁蓋板與壁板在四角有拐角形套榫嵌接，榫頭、榫眼均很淺，僅 2 釐米。榫頭上刻着〈、二、三等記號，以便安接。椁蓋板四周無邊框。椁與外棺之間在頭端和北邊各有寬 0. 3、長 0. 9 米和寬 0. 27、長 2. 6 米的頭箱和邊箱，構成“曲尺”形（圖八）。邊箱緊貼外棺的一邊有上下拼合的立板，厚約 6. 5 釐米。隨葬器物大多放在邊箱裏。

在椁蓋板下面，是一層較薄的隔板（俗稱内板）（圖九），厚約 6 釐米，共七塊，一塊縱蓋在邊箱上，其餘六塊横列平鋪在頭箱和外棺蓋板上。寬度爲 0. 27、0. 45、0. 58、0. 46、0. 45、0. 38、0. 335 ~ 0. 36 米。拼合的方法與椁蓋、底部相同。

外棺長 2. 3、寬 0. 93、高 0. 87 米。足端和南壁緊貼着椁壁。底板、壁板厚均爲 11 釐米，四壁、底和蓋各均爲一塊整木。蓋板兩端 27 釐米處兩側有皮提手，呈環狀，質地鬆軟，其中一塊長 13、寬 4. 2 釐米。推測是埋葬時爲提放方便而設置的，其方法是在側邊鑿 25 × 4 釐米的方孔，將皮提手兩頭塞入，然後在當中塞一木塊，將提手楔緊，木塊與蓋側平齊。東端因盜洞破壞，僅見南側有同樣方孔和木塞，未見提手。檔板與壁板採用半肩透榫榫合而成，底板與壁板用銷榫合。

内棺長 2. 04、寬 0. 63、高 0. 61 米。緊緊套合在外棺之中。外髹黑漆，内髹紅漆。壁板厚 9. 5、底板厚 11、蓋板厚 9 釐米。壁板與底板、兩檔用燕尾套及馬牙榫加楔榫合，在兩側壁板之間，蓋與棺身用生漆膠合，在棺的外部緘以葛布，横緘三周，葛布之外，再塗黑漆，即棺束，寬度爲 3 ~ 4 釐米。因棺蓋板曾在盜掘時已被鑿開一個洞，所以棺内積有大量水和泥土，内棺底部墊有透雕的幾何紋花板，未加漆繪。厚約 4 釐米。雕花板上鋪“人”字形篾席，質地細薄，但已爛成碎塊，係作薦屍之用（圖二）。

棺内骨架保存完整，唯上半部（頭、手、肋、脊椎骨等）因盜掘時擾亂，位置有所變動，屍骨不少部位上還有乾縮的似肌肉碎塊附着。葬式爲仰身直肢。身長約 1. 7 米，經湖南醫學院鑒定爲男性，年齡約在 40 歲左右（圖三）。

三、隨葬器物

隨葬器物主要放置於頭箱和邊箱裏，因曾被盜掘，有的被盜走，有的被遺棄在盜洞近椁蓋板處，其餘均被移動了位置。殘存的器物有帛畫、陶器、漆木竹器、絲麻織物等（圖三）。現分述如下：

（一）“人物御龍帛畫”（見本刊 1973 年第 7 期圖版壹）

平放在椁蓋板下面的隔板上面，畫面向上（圖九）。它以絲織的絹爲地，呈長方形，長 37. 5、寬 28 釐米。畫上端横邊有一根很細的竹條，竹條長 30 釐米，近中部繫有一棕色絲繩，用於懸掛。畫的左邊和下邊爲虛邊。整個畫幅因年久而呈棕色，但質地仍然保存較好。

帛畫上畫有手執繮繩駕馭着巨龍的側身男子一人，上有華蓋，右有直立高昂的鶴，左下有魚。内容考證見《新發現的長沙戰國楚墓帛畫》一文（見本刊1973年第7期）。

（二）陶器

共9件。全爲泥質灰陶，火候較高。

陶鼎　3件。均已殘破。器形及大小基本相同。深腹，圜底，方耳，蹄形足。腹部有凸弦紋一道，蓋頂近平，上有三紐，器表有錫箔狀貼片。通高19、口徑15、腹徑19、足高11.8釐米（圖一〇）。其中一件出於盗洞内的泥土層中。

陶敦　2件。一件已無法復原。輪製，深腹，呈球形，上、下三紐成S形。腹下有凹弦紋一道，先刻劃凹弦紋，然後用手捏三紐正好將凹弦紋切成三段。器表有錫箔狀貼片，通高19、腹徑18.5釐米。較完整的一件下半部出於盗洞的近椁蓋板處，出土時内有經過燒灼的似小豬胛骨一塊（圖一二）。

陶壺　2件。一件基本完整，另一件僅存口沿殘片。輪製，口外敞，長頸，頸腹部有凹弦紋三道，圜底附圈足。蓋上有三個S形紐，器表有錫箔狀貼片。通高26.5、腹徑17釐米（圖四）。

陶匜　1件。輪制，圓形，流很小，口稍斂，腹較淺，假圈足極其低矮，器内敷白色陶衣，出於盗洞近椁蓋板處。口徑8.5、高3.5、流長1.2釐米（圖一三）。

陶勺　1件。柄已斷，簸箕形，有低矮的假圈足，出於盗洞近椁蓋板處。高3.5、口徑6.5釐米（圖一一）。

（三）竹木漆器

木梳　1件。背部呈弧形，下有15齒，其中一齒已殘。出於盗洞近椁蓋板處。長7.8、寬6、厚1.2釐米（圖一五）。

木戈　2件。均殘。其中一件僅存内，殘長12.5釐米。出於盗洞近椁蓋處（圖五）。

漆角狀器　1件。呈彎角狀，外塗黑漆，長約9釐米。出土於内棺内，可能是擾亂後進入内棺的，用途不明。

竹席　1件。採用“人”字形方法編織，出於内棺雕花板上面，已成碎塊。

竹片、竹簽　2件。一根置於外棺蓋板上，長10、寬約0.6釐米，素面無文。另一根置於隔板西端。長約45、寬0.8釐米。

玉璧　1件。質地青玉。兩面均爲穀紋，一面凸起，一面凹進，在肉及好的邊緣均刻劃弦紋一圈。放置在内棺蓋板頭端正中，出土時繫有棕色組帶（圖六、一四）。

（四）絲麻織物

係死者衣着殘片，一部分因盗掘而掏至邊箱内，破碎太甚，僅能收集若干殘片。現分述如下：

絹　殘片。呈棕色，一件殘長22、寬7釐米，爲普通平紋組織，每平方釐米經綫36枚，緯綫26枚。一件長3、寬1釐米，爲畦紋的平紋組織，經緯綫較細，似經加捻，每平方釐米經綫70枚、緯綫40枚，由經綫顯出畦紋。

方孔紗　殘片。一件長寬約3.2釐米，出於死者頭部，似藕絲色。平織，經緯綫很細，密度稀疏，每平方釐米45枚經綫和30枚緯綫。

幾何紋錦　殘片。黑棕色，二重經組織，花紋爲和幾何紋形。殘長約10釐米、寬7釐米。

組帶　2件。均爲絲質。一件繫在玉璧上，長22、寬8.5釐米，棕色，由合膠狀經絲斜編而成，不起花，每一組織點不像紡織物那樣一上一下，類似羅織物。另一件棕色，邊緣完整，寬 6、長 26 釐米，斜紋組織，編織法和玉璧上的織物一樣（圖一六、一七）。

麻繩　出土時置於外棺蓋板中部，作辮子形，殘長 90 釐米。

此外，還出土了一些麻織物。在内棺屍骨脚端，還發現似鐵狀物一塊。

四、结语

該墓雖在三十多年前被盜，但骨架仍保存完整，棺槨也未完全腐朽，特别是帛畫，質地還相當堅致，其原因主要爲青膏泥隔絶氧氣所起的防腐作用。

墓中出土的帛畫，是我國迄今出土的戰國時期第二幅帛畫，它對研究戰國楚國的社會思想和藝術技巧都具有重要的價值。從這次出土的“人物御龍帛畫”以及長沙馬王堆一號漢墓出土的彩繪帛畫所出土的位置，使我們對墓葬中的帛畫的用途有了進一步的瞭解，而且這幅帛畫對於進一步探討楚文化的淵源和發展，將有很大的助益。

墓中所出絲織品，雖殘破較嚴重，但對研究戰國時期紡織技術仍是非常有用的材料。

墓中有結構完整的棺槨，即一槨二棺，《莊子・天下篇》和《荀子・禮論篇》記載：“天子棺槨七重，諸侯五重，大夫三重，士兩重。”若案此制度，再結合帛畫上的男性肖像及其裝束來看，墓主人應爲士大夫一級的貴族。

關於墓葬的年代，此墓所出的鼎、敦、壺陶器，是戰國中期常見的器物組合，但根據陶敦器形扁圓，子母口很明顯的特徵，又是具有向後遞變的一種形制。又據 1942 年盜掘時曾參與其事的人説，頭箱内曾出土了泥金版，而長沙楚墓出土泥金版僅見於戰國晚期的墓葬。綜上所述，該墓的年代，約相當於戰國中晚期之交。

偉大領袖毛主席指出：在封建社會裏“只有農民和手工業工人是創造財富和創造文化的基本的階級”。墓中出土的帛畫充分地反映了我國古代勞動人民在繪畫藝術上的高超技藝，是我國古代藝術品的精品。同時通過墓葬的發掘也有力地揭露了封建貴族的腐朽生活和對勞動人民的殘酷壓榨與剥削。

附　録

根據這次發掘結果，並參照 1942 年盜掘時參與其事的人回憶，將該墓盜掘之前的隨葬情況補述如下。

頭箱内：北端鋪蘆葦席一塊，長約 40、寬約 20 釐米。席上置一三足木雕龍，髹黑漆，也就是“木寓龍”。南端有竹笥一個，長約 40、寬約 20 釐米。内盛未經燒製由青膏泥製作的泥金版數百塊。泥金版長約 3. 5、寬約 3 釐米，有無文字不明。《繒書》一端搭在三脚木寓龍尾部，一端搭在竹笥的蓋上。

邊箱内：東端有漆耳杯四件，木梳、木戈各一件，皮帶一根。中部放置陶器鼎、敦、壺各四個以及陶勺、匜各一，並有一徑約 24 釐米、高約 8 釐米的夾紵胎漆盤。西端有着衣木俑八個，高約 50 釐米。邊箱緊貼南壁有帶柄的戈、矛、劍各一，戈長約 1. 5 米，矛長約 2 米，劍長約 0. 7 米。劍裝在櫝内。

當時漆、木、竹器均保存甚好，銅劍鋒利發亮。

現附被盜前隨葬器物示意圖（圖六），以供參考。

（文字整理與繪圖：何介鈞、周世榮、熊傳薪）

（原載《文物》1974 年第 2 期，第 36 ~ 43 頁）

四　關於楚帛書流入美國經過的有關資料[1]

蔡季襄　遺稿

編者案：

有關楚帛書流入美國的時間和經過，在學術界有不同的說法。這次商志𩡝教授及親屬捐贈楚帛書殘片給湖南省博物館之時，一同送上了一份蔡季襄在1974年8月21日寫給商承祚先生的信和有關繒書的資料。爲了給學界提供一份原始材料，我們在刊登商志𩡝教授所作後記的同時，原文照刊蔡季襄的這封信和他所寫的這份“繒書資料”，希望這份資料的公布，能給學界一個有關楚帛書流入美國經過的較準確的說法。

錫永兄：

五月廿九接到你的來函未能即刻函復的原因，是爲你來函中要我寫一分（份）關於繒書的真實資料，並要我盡情回憶，不厭其詳。但此事事隔將近卅年，其中過程極爲複雜，同時有些時間和問題又憶記〈記憶〉不清楚，非得四處詢問不可。加之天氣炎熱，以致遲遲至今才將這份資料寫完寄上。但這份資料没有底稿，閱後請將原稿寄還，或另謄一分（份）給我，以備參考。但這分（份）資料，其中文字梗澀、辭不達意之處很多，希望予以斧正。托打聽沈筠蒼住址，我過河往公共汽車站詢問，俱稱不知，致再無他處可問，有負所托，乞諒原〈原諒〉，並致以

敬禮　附繒書資料和童恩正來函各一份

蔡季襄上

1974. 8. 21

繒書資料

我是1942年三四月由上海回到長沙。其時恰值瀏陽門外東站路唐茂盛古玩店店主唐鑒泉買了這幅戰國時的繒書。其時你委託你在長沙〔的〕友人沈筠蒼向唐購買，正在反復論價時，恰值我由上海回長，聞訊後，即向唐茂盛，以當時僞幣三千元，連同繒書的竹笈、漆盤、漆鞞、銅劍一併購回。當我購回的

〔1〕蔡季襄檔案屢次談到帛書流美的經過，這是公開發表的正式材料。此文原刊《湖南省博物館文集》第4輯（長沙：《船山學刊》雜誌社，1998年4月）第21～25頁。全文除編者案，没有一個標點，今爲標點，並做適當校改。需要糾正讀法的字，是用（）號括注；需要糾正寫法的字，是用〈〉號括注；脱漏的字，是用〔〕號補字。

時候，這幅繒折疊數層，原封未動，貯在竹笈的裏面，同時竹笈底下還有很多破碎不堪〔的〕繒書小塊，這幅完整的繒書上面還粘附着一層很厚的白膏泥和污穢，並含有很多的水分，同時繒書在墓中埋藏達兩千餘年之久，長期被水上（土）所浸蝕，以致色澤黑暗異常，質地完全腐朽，入手即碎，並且折疊數層，不容易揭開。經我想盡方法，首先將繒書放在一塊一英寸六十目的銅絲布上面，用汽油浸泡，然後將上面的泥土和污穢用毛筆洗滌乾淨，輕輕地將繒書一層一層展開，幸而没有很大的破損，再將繒書攤放在銅絲布上面，俟汽油揮發以後，再揭了下來。我便跑到三正街饒記裱畫店，請了一位老糊裱名工王某，托他染了一幅和繒書大小的舊絹，到我家中，花了半天功夫，才把這幅繒書裱好。在我買到繒書時，黄鐵厂並不知道，我並未和他商量過。至於您説“日人梅原末治説繒書後面還有幾個較大的字”，這完全〔是〕道聽途説，既然繒書後面有較大的字，爲什麼我在描摹文字時仔細地將繒書反復審視没有發現〔後來〕反而有文字呢？繒書又經過裱褙，他何〔以〕知道背面會有文字的呢？其説不攻自破。至於您説“繒書面積很大，竹笈容納不下”，你要知道，這幅書出土是折疊數層，面積很小，怎麼竹笈容納不下呢！今年《文物》第二期附注（録）謂帛書“一端搭在三隻腳的木寓龍上面尾部，一端搭在竹笥的蓋上”，[1]這完全是信口瞎説，並且出土的木寓龍係四足，並非三足。同時繒書在墓中如果如《文物》二期附録所説，又何必用竹笈貯藏呢？並且博物館同志在《長沙子彈庫木椁墓簡報》中所寫的附録和被盜前隨葬器物分布圖，可以説是畫蛇添足，極不科學的，徒然淆亂聽聞。玆將附録所載繒書在墓中“一端搭在三足木寓龍尾部，一端搭在竹笥上面”這完全聽了土夫子的胡説，今分作四點駁斥如下：

（1）1942 年長沙子彈庫發現繒書還是第一次，以前並不知道什麼叫做繒書和帛書，更不知道繒書的可寶貴，何況一班目不識丁的夫土子（土夫子——編者注），何以會知道此墓中會有繒書，而且把繒書“一端搭在木寓〔龍〕的尾部，一端搭在竹笥上面”的呢？並且繒書在墓中埋藏兩千多年之久，物質已經腐朽，入手即碎，它即係散開搭在木寓龍和竹笥上面，又如何有這樣技術把它折疊端正放在竹笥中的呢？此不合情理之一。（2）長沙一班（般）楚墓埋葬達 6 ~ 7 米之深，同時木椁蓋板厚重異常，盜墓者都〔是〕從蓋板打洞伸手鑽進去的，並且此項木椁墓室很矮，不能容一人起立，同時盜洞甚小，盜墓時僅能俯身將手伸入摸索，而且不見天日，黑暗異常，又何以知道搭在木寓龍和竹笥上面的就是繒書呢？即算就是繒書，被盜者一陣糊（胡）亂摸索，早已成齏粉，怎麼還能存在的呢？此不合情理之二。（3）據附記所云，繒書既然是展開搭木寓龍和竹篋上面的，何以我在購回時還是折疊端正，原封未動貯在竹笥內呢？並且當時繒書都是用篋貯藏的，如馬王堆三號漢初軑侯利蒼墓中出土的帛書，也是用漆篋貯藏的。此墓繒書既係展開放墓中，又必何〈何必〉置貯書的竹笈呢？以上駁斥三點，均足以證明附録所載完全是無稽説，無研究的價值。至於你説我來廣州是在 1952 年，恐怕是你記錯了。我來廣是 1951 年 5、6 月，其時上海福源齋古玩店派店夥毛純圻到長沙收買古物，買了我一隻漆盤（這只漆盤就是繒書一同出土的），要我到廣州取款，我才來廣州。你來函説柯强於 46 年到上海，“談妥帛書和一件漆盤共美金一萬元，他説帶錢不夠，先付一千元，餘九千由美國匯還。過了些時托人把漆盤還給你，錢一字不題（提）”。你所説的完全與繒書被柯强騙去的事實極不相符。這幅繒書是一九四六年四月我帶到上海，被上海金才記古玩店店主金從怡、店夥傅佩鶴，和禹貢葉叔重三個古董鬼，串通美帝强盜，以紅外綫照相爲名，被他們這班傢伙盜騙去的。今將被騙經過的情形詳述如下。

我自 1944 年 4 月因日寇逼長沙，當時僞政府勒令疏散長沙人口，我便帶了家眷由藍田到安化避難，至 1945 年長沙光復，我才回長沙。其時弄得我家破人亡，生活極端窘困。當我在上海時，金財（才）記

[1] 簡報附録的原文作：“《繒書》一端搭在三腳木寓龍尾部，一端搭在竹笥的蓋上。”無“上面”二字。

古玩店尚欠我法幣貳千元，我爲生活所迫，長沙又無處借貸，便凑了部分路費前往上海，向金才記索債。同時因繒書上面有許多文字模糊不明，想到上海用紅外綫把它攝製出來，或者可能顯出一部分，决意於1948年，我帶了這幅繒書和我寫的《繒書考證》，另外還帶兩件劫餘的漢器，我來到上海，住在三馬路吴宫飯店，並將兩件漢器賣與金才記。同時我將繒書給金才記店主金從怡看了，[1]托他和我找一家有紅外綫攝影的照相館拍製繒書。他滿口答應，並將欠款償還我。次日早晨，我剛剛從外面吃點心回來，茶房對我説："剛才有一位朋友來看你，見你不在家，他出外面大便去了，一刻就來。"他的雨衣還掛在衣架上，等了一刻，這位朋友來了，我一看，原來是金才記的店夥傅佩鶴，我本來認識的。傅和我見面以後，他便對〔我〕説："我今天我來會你，因爲有一位外國朋友因和你相識，要來看你，托我來先看一下。"我問他是誰，他説："你在長沙認識的美國人柯强。"我聽説是柯，便對傅説："如果是柯强，請你不要帶他到我這裏來，因爲他在長沙和〔我〕争購古物，我和他有意見，我不願見他。"當時傅聽了也没有説什麼，坐了一會就走了。次日我剛起床，傅佩鶴和柯一同來了。柯强見了我，親熱非常地對我説："聽聞你的夫人和小姐被日寇所迫，投水自殺，我聽了非常惋惜，因爲路遠没有送禮。"言時，便在身邊取出美鈔廿元説："這一點小敬意，請你哂納，權作奠儀。"我當時不肯接受，他便將鈔票放在桌上。他驟然看見放在桌上我帶去的《繒書考證》，他便拿了一本，看了一會，口中稱讚不止。後來看到摹本上面許多"□□"，他問我這些"□□"是什麼意思。我告訴他，因爲這幅繒書色澤黑暗，其中有部分文字看不清楚，便用這些"□□"來代替不明顯的文字，以免文義中斷。他聽了以後，便問我："這幅繒書你帶來没有？如果帶來了，你何不給我看看，我可以和你把上面那些不明顯的字迹用紅外綫照相，把它照清晰。"我當時怕他謀奪，便回復他没有帶來。他連稱可惜，坐了一會，他要我給他五本《繒書考證》，同傅佩鶴一同走了。隔了一天，柯强又同傅佩鶴來到我的寓所，柯强對我説："蔡先生，昨天我會見金才記金從怡，他説你的繒書給他看了，還托他找一家照相館，用紅外綫攝影，給繒書拍一張照片。蔡先生，你的繒書如已帶來，何不給我看看繒書文字模糊的情況，現在我家裏有兩部新式的紅外綫攝影機，如果你將繒書用紅外綫照相，我可以幫你的忙，將繒書上面模糊的文字通通可以把它清楚地照出來。"其時傅佩鶴在旁擁聳（怂恿），要我繒書給柯强看。我當時不可卻，只好依允，將繒書取出給柯强看了。柯强讚不絶口地説："蔡先生，你這繒書上面模糊的文字，我保證可以照出來，就請蔡先生帶了繒書同到我的寓所試拍一下，不知你的意下如何？"其時傅又在旁極力贊成，我便允許帶了繒書到柯强寓所去拍照，便同柯强和傅佩鶴一同乘車來到霞飛路公寓柯强的寓所。進門以後，他的房中果然擺有兩架機件複雜的照相機。柯指着對我説："這兩部都是美國最新式的紅外綫照相機。"他便在衣櫥内取出一個鏡頭裝在機上，然後將繒書玻璃版夾好，豎立桌上。他在照相機内看了半天，連連摇頭説："這個鏡頭不行，還是照不清楚，蔡先生請你自己看看。"我當時也看了一下，果然不大清楚。隨後傅佩鶴也看了一下，便對柯强："這又怎麼辦呢？"柯强説："辦到有辦法，不過要請蔡先生將繒書多留我這裏一天，我還有好友，他也是研究紅外綫攝影的，同時他有兩個好鏡頭，我今晚去借來並邀他到我家一同研究，無論如何，總可以把繒書照片攝製清楚。不知蔡先生意下如何？"我正在沉吟，傅佩鶴連忙插口説："蔡先生，你這幅繒書由於上面有些文字不清楚，不便研究，總歸是要用紅外綫照相的。同時上海上大馬路第一流王開照相館你也去問過，他不能攝製，現在柯先生這樣熱心和你去借鏡頭，找朋友和你攝製，也可以説特别幫忙的了，並且將繒書多留一天也没有關係。"我當時急於要將繒書清楚的文字顯出來，也就允許將繒書多留一天。柯

〔1〕 金從怡，回族，上海大古董商。其古董店名金才記，設於廣東路202號。1941年，太平洋戰争爆發後，金才記成爲上海最大的古董店。1949年，金氏逃往香港，在德輔道繼續經營。

强還不斷地說："蔡先生你放心罷，保證明天就可將繒書拍好。"於是我和傅佩鶴離開了柯强的寓所。次日，我邀同傅佩鶴往柯强寓所取回繒書，柯强見了我滿面笑容，對我說："蔡先生，我爲了這幅繒書，同我的朋友拍了一晚，因爲鏡頭不夠好，還是拍不清楚。恰巧今天清早有一位美國空軍上校和（去）舊金山來辭行，我將這幅繒書托他帶往美國拍制去了，大約在一星期之内就可將繒書和拍好照片一併寄回。"我當時聽説柯將繒書寄到美國去了，知道事情不妙，便氣憤地對柯强説："柯先生，你這種舉動太不〔合〕情理，你要知道物各有主，你要將繒書寄到美國去拍，且事先就須得到我的許可才能寄去，現你擅自將〔我〕的繒書寄到美國，我堅決不同意，你非得馬上把繒書退還給我不可。"柯强當時連連向我道歉，一面説："蔡先生，你不要生氣，因爲我急於想和蔡先生把繒書照片拍好，因今早恰巧我這位朋友來辭行，因不及通知蔡先生，便托他帶去了。好在只有一星期就可寄回，如果蔡先生不放心，我可以書一張契約給蔡先生，將繒書定一代價，如果繒書到期不寄回，或者往返途中發生事故，案照所訂代價賠償。暫付保證美金一千元，不知蔡先生意下如何？"當時傅佩鶴把我拉到房門外，輕輕地對我説："蔡先生，現在你的繒書已被他寄到美國去了，現在叫他拿什麼繒書還給你呢？現在美國佬是蔣介石的紅人，柯强又是美派來第一個接收上海〔的〕情報員，他在上海有權有勢，外國人是反（翻）臉無情的，俗語説得好，'好漢不吃眼前虧'，他現在允許立一張契給你，又給你一千元美鈔的保證，我勸你多得不如少得，少得不如現得，現在你暫時收了他一千美元的保證金、契約，如果他不寄還你的這幅，你可憑契約要他賠償繒書的代價。我也知道這幅戰國〔繒書〕是非常寶貴的古籍，關於代價多少，我的意思，暫定繒書代價一萬美元，如果他不將繒書寄還給你，你可向他索取繒書代價九千。是這樣，你又不吃虧，又不得罪人。你如果同意的話，我去〔找〕柯强商量。"我當時被傅佩鶴威嚇利誘之下，只得允許。傅佩鶴隨即進入房中，和柯强談了一會。柯强一口允許，但他説，他除了"柯强"二字以外，不會寫其他中國字，要我先寫一張契約底稿。我當時便寫了一張底稿，大致説："收到繒書一幅，暫定繒書代價美金一萬元，現交保證金一千美元，如繒書寄往美國征途中發生事故，或不寄還，案照繒書代價，除去保證金一千元以外，賠償美金九千元。此據。"下書年月日。傅佩鶴讀給柯强聽了，柯强很同意，他説："不須再謄了，我在下面簽字就行。"他就在契約的下面簽了"柯强"兩個中國字，又簽了英文，並在櫥内取出一千元美鈔，連同字據交給我。我只得收了，快快回飯店。隔了一星期，我便邀同傅佩鶴到柯强寓所索還繒書。柯强對我説："繒書尚未寄來，可能因這種照片難於攝製原故，蔡先生，請你不要性急，遲早總會寄來的。"從此，我隔了兩三天又去詢問一次，柯强有時答覆我已經寫信去問去了，或傭人回復不在家。是這樣，不知去了若干次。最後一次去詢問，柯强的傭人對我説："柯先生昨天他家裏打來一電報，説他的父親死了，他今天清早乘飛機回美國去了。"我問何時可回上海，傭人説，柯先生没有説。我至此才知道這幅書被這個强盜夥通（同）金從怡、傅佩鶴、葉叔重三個古董鬼，借紅外綫爲名盗騙去了。我爲了等候繒書的回信，在上海住了一個多月，弄得囊中金盡，再不能住下去了，只得垂頭喪氣回長沙。後來我還托長沙湘鄂印刷公司經理吴愛〈受〉泯〈珉〉的兒子吴柱存。他是柯强的學生，在美國哥倫比亞讀書。我寫了一封〔信〕給他，請他向柯强詢問繒書的下落。隔了很久，吴柱存回了我一封信，信的内容大致説，他會見了柯强，把我寄給他的信給柯强看了，柯强並不題（提）退還繒書一事，只説繒書價錢太高，他爲了這事，跑了很多圖書館和博物館，都嫌價錢太貴無受主，只有一家圖書館出了六千美元，還没有定妥，希望蔡先生將繒書價格降低才能售出等語。我當時看了吴柱存的信，非常氣憤，又寫了一封〔信〕寄給吴柱存，説我的繒書是在上海托他用紅外綫照相，被柯寄到美國去的，我並未托〔他〕將繒書賣掉，請你和他説，我的繒書無論如何不能賣掉，請他馬上寄還給我，我退還一千美元的保證金。後來吴柱存又回了我一封信，大致説，他近來事情很忙，同時柯强又住得很遠，因此"我和柯强很少見面"，並且會見了柯强，詢問此事，柯强含糊其辭，没有肯定的答覆，“對蔡先生所托的事恐怕不能辦到，請原諒”等語。我接到此信以後，〔才知道〕我的繒書就是這樣被這夥强盜盜騙去了。現在當事人傅佩鶴還在上海，吴柱存現在北京，還可以詢問。至於來函請我放一百〔个〕心，我對這繒書被騙事，除了1954年在審幹運動中就詳細交代過，1955年長沙省人民代表大會，我以列席代〔表〕身份，並將美帝文化强盜柯强盜騙我的繒書事件又向全國廣播過，同時事隔將近卅年，我有什麼不放心呢？至於這張柯强簽名的契約，在解放初我就交給省公安局和省副主席袁任遠、文管會主任委員陳浴新，都不接受，要我自己保存。後來省文化局派幹部蔣金財詢問這張契約，我便交給他轉交省文化局了。這就是從我購到繒書，和被美帝文化强盜盜騙詳細真實情形。後來我到廣州，和你説要和柯强打官司，因我爲了這幅繒書被美帝文化强盜柯强設計騙去，使我名譽受到極大的損失，因此想和柯强打官〔司〕追回這幅書，以表明我的心迹。

商志𩡝後記：

父親在《戰國楚帛書述略》説：“執筆爲文，緬懷帛書往事。”在文成後又在1974年5月去函當事人蔡季襄，請他寫一份關於帛書出土和流傳美國的資料。現將蔡氏的回函和手書“繒書資料”全文發表，以供關心帛書和研究帛書歷史的學者參考。

正如父親所言：“回憶工作過程，出現這樣或那樣的曲折與困難，而不是很順利的。”蔡季襄的信也説，“事隔近卅年，其中過程極爲複雜，同時有些時間和問題，又憶記不清楚，非得詢問不可。”例如父親説帛書是1942年9月出土，是年冬唐鑒泉來信以帛書求售，而蔡氏則云於1942年3、4月間從唐鑒泉處購得帛書，兩人所云略有出入，但帛書是1942年出土，從唐鑒泉處購得以及父親托沈筠蒼與唐反復議價的説法，卻是一致的。另外，父親説唐裁縫向沈筠蒼出示帛書時是小塊累累，並用白紙爲襯托而卷起；蔡氏卻謂竹笥底部有小片帛書而破碎不堪，兩者所述雖有差别，但言有小片帛書，殘碎過甚，卻又相同。還有蔡氏在“繒書資料”裏有一處云：“決意於1948年我帶這幅繒書”去上海，父親在“8”字之下寫一“？”號，並在其上用鉛筆寫“6”字，即父親認爲蔡是1946年攜帶帛書去上海的，此“8”實爲“6”之誤筆。因爲蔡於1945年長沙光復後回到長沙，時應當年下半年，由於“生活極端困難”，而去上海向金財記索取2000元法幣之欠債，其時間應爲次年4月，這是一；其二，蔡去上海向金從怡追回法幣2000元，亦應是1946年，因爲1948年已改用金元券；第三，柯强如爲美國派來上海之接受大員亦應是1946年，這也是接受大員横行不法的時期。至於“資料”所講當時擬以紅外綫拍攝技術來拍照帛書，是否記憶有誤，抑有其他原因，不便言明，應在此提及，以供智者分析；但從蔡季襄提供的“繒書資料”，足以説明兩個大問題：

第一部分關於帛書出土的情況：

1. 蔡季襄以法幣3000元從唐鑒泉手中購得帛書，時爲1942年3、4月間；在這之前父親正通過沈筠蒼與唐在反復議價。

2. 帛書折疊數層放於竹笥（笈）内，在竹笥底部尚有很多殘碎的帛書小塊。

3. 裱製帛書的是長沙三五街饒記裱畫店的老師傅王某。

4. 同帛書一齊出土並歸蔡氏所有的尚有漆盤、帶有漆鞞的銅劍。

第二部是關於帛書流落美國的情況：

1. 1946年4月蔡季襄攜帶帛書到上海，擬將帛書拍攝紅外綫照片，當時住在三馬路吴宫飯店。

2. 上海金才記古玩商店店主金從怡與店夥傅佩鶴、禹貢葉叔重與美國人前長沙雅禮中學教員柯强

（又譯爲柯克思、考克斯）串通，柯以能代拍攝紅外綫照片爲名，將帛書騙到在滬的住所，霞飛路公寓。

3. 柯强在未徵得蔡氏同意，以拍攝紅外綫爲藉口，擅自將帛書送去美國，並答允一週後送回上海歸還。

4. 在這種情況下，蔡被迫與柯强簽訂契約。契約規定，到期不歸還帛書，柯强應賠償美金一萬元。當時柯强先支付美金一千元做保證金，傅佩鶴在場爲證。

最後附帶説明的：（1）蔡信漏寫寄信的日期，"1974. 8. 21"是父親收到信之後寫上去的。

（2）原資料中附有童恩正給蔡氏信之抄本，因所詢問帛書的一些常識性問題，蔡已在"資料"中談及，故不録。

寫於中山大學，時爲1992年5月12日父親去世一周年

五　蔡季襄與柯强交涉的有關信件

信　一

（1946 年 7 月 18 日）

此項古代繒書，係弟與葉君公司。先生云，對於此書付款日期，限在兩月内一次付清。弟將此意以（已）函告敝友葉君，並請先生書繒書收據一帋。弟便交付敝友。此係弟信用關係，請原諒。

蔡季襄拜托
七月十八日

柯强先生

案：此信保存在芝加哥大學圖書館藏柯强檔案中。“柯强先生”不是寫在開頭，而是寫在信尾。“係弟與葉君公司”，意思是帛書爲蔡氏與葉君公司所有。“葉君”，疑即上海古董商葉叔重。[1] 葉是盧吴公司在上海的代理人，蔡氏蓋借盧吴公司的大名以自重。據柯强和蔡季襄回憶，他們在上海見面是 1946 年 7 月。這是兩人見面後不久的一份歷史文件。蔡氏在信中提到，柯强許諾“限在兩月内一次付清”，可見最初定下的付款日期是 1946 年 9 月。此信原來裝在印有“上海美商生利洋行（Vongehr-Low China Co., Inc）”字樣的空白信封内。信封内有 1946 年 7 月 22 日蔡氏老友羅伯昭（P. C. Low）的名片，[2] 以及羅氏以上海美商生利洋行經理身份寫給蘭德（Mr. Christopher Rand）的短信，目的是請此人替蔡氏辦理在美付款事宜。蘭德的地址就在上海，估計信是請人面交，故信封上既無收寄人姓名，也無收寄人地址。

信　二

（1946 年 11 月 6 日左右）

信封地址：
C. H. TSAI
No. 42 TERRACE No. 483

---

〔1〕葉叔重，江蘇吴縣人，上海禹貢古物流通社老闆，店在上海交通路（今昭通路）70 號。葉氏是盧吴公司在上海的代理人（另外兩個是張雪耕和戴福保）。盧是盧芹齋（C. T. Loo），吴是吴啓舟。葉氏是吴啓舟的親戚。1956 年，葉氏因走私文物獲刑，送青海勞改。刑滿釋放回上海，適值“文革”，不堪批鬥，逃回青海，死在青海。

〔2〕羅伯昭（1899～1976 年），原名文炯，號沐園，四川巴县人，上海实业家，美商生利洋行的上海經理。同時，他也是古物收藏家，尤以古幣收藏著名。1939 年，羅伯昭發起成立中國泉幣學社，印行《古泉學》雜誌，蔡氏參與其中，因而相識。

YU YUEN ROAD
SHANGHAI
CHINA

Mr. JOHN H. COX
USMCR
U. S. A.

柯强先生：

我到上海的時候，曾托 Mr. Samuels 拍發一電一緘催問書款，[1] 並寄來我此次帶來的漆器照片，想已收到。

後於 30/10 我又拍發一電報給你。3/11 日又寄上中文信一封，至今未見回信，深爲焦灼。今再將我帶來的漆器五件和上次繒書中的漆盤二隻一拼（併）拍照寄上，並附有簡單的説明。如先生認爲此項漆器有研究價值時，請即刻回信，以電報告知，以便保留，盼先生早日來上海。

前次之書款 U. S. ＄9000，至今已逾三月，我現在已將上海中國銀行（Bank of China）手續辦好，請先生將書款立刻由我國中國銀行匯款交上海愚園路愚園坊 42 号蔡季襄收（No. 42 Terrace, No. 483 Yu Yuen Road, C. H. Tsai）

因我急需錢應用也。祝
日安！

價值：A 奩 U. S. ＄4000
B 奩 U. S. ＄2000
C 奩 U. S. ＄2000
附 a U. S. ＄500
b U. S. ＄500

蔡季襄上

Addr: No. 42 TERRACE, No. 483 YU YUEN ROAD, SHANGHAI, CHINA

案：來源同上。原件未具日期，信封上的郵戳日期，發信地點上海所蓋是 6. 11. 35（意思是民國 35 年 11 月 6 日），中轉地點舊金山所蓋是 NOV. /25/1946，收信地點康涅狄格州諾格塔克市（Naugatuck）是柯强父母居住的地方，所蓋郵戳日期是 NOV. /29/1946，可見發信時間是 1946 年 11 月 6 日，收信時間是 1946 年 11 月 29 日。信中提到的七件漆器，包括三件漆奩、兩件漆盤和兩件不知名的器物。“上次繒書中的漆盤二隻”指《晚周繒書攷證》中的兩件漆盤。據蔡氏檔案，漆盤後來售於戴福保。

信　三

（1946 年 11 月 28 日左右）

信封地址：

[1] Samuels（原文作 Samuls，遺字母 e），猶太人，見於下面的信，或稱“昇茂”，或稱“賽麥爾”，柯强返美後，他租住柯强住過的房間。

C. H. Tsai
No. 42 Terrace 483
Yu Yuen Road
Shanghai
China

Mr. John H. Cox
USMCR
38Woodpaur Ave.
Naugatuck Connecticut
U. S. A.

Mr. Cox,

我於 17/10 到了上海，前次所欠書款 U. S. ＄9000，現在已將上海中國銀行手續辦好，請由貴國直接匯至上海中國銀行交（No. 42 TERRACE, No. 483 YU YUEN ROAD, SHANGHAI, CHINA）蔡季襄收。

30/10 曾拍了一個電報給你，想已收到。

前次書中的漆盤式隻已帶來了。

我此次帶來的東西很多，對於歷史、文化、美術上價值很大，有刻花畫彩大型漆奩三隻，花紋各别，美術價值極高，出土已有八年，完全乾燥，不含水分，永遠不會變相，開裂，又有鎏金蟠龍博山爐，龍形，非常雄偉等。如先生認爲有研究價值，請先生即刻來上海，我決定留以等待先生觀看。

書款何日匯來，我現在非常需要應用。請將匯款日期拍電報告我。

此祝　　（漆奩拍有照片，下次信裏寄給你）

日安！

蔡季襄上
Chi Hsiang Tsai

Addr: No. 42 TERRACE, No. 483 YU YUEN ROAD, SHANGHAI, CHINA

案：來源同上。原件未具日期，信封上的郵戳日期，發信地點上海所蓋是 27. 11. 46（第一個數字看不清，後面是 7，估計是 27），中轉地點舊金山所蓋是 DEC. /? /?、紐約所蓋是 12. 20/1946，收信地點諾格塔克所蓋郵戳日期是 DEC. /21/1946。可見發信是 1946 年 11 月 27 日，收信是 1946 年 12 月 21 日。在這封信里，蔡氏兜售的文物，除前信提到的幾件，又加了一件“鎏金蟠龍博山爐”。據蔡氏檔案，此爐後來售於“郭墨林之父”。[1] 信中提到，蔡氏再來上海是 1946 年 10 月 17 日。10 月 17 日後，蔡氏給柯强發過兩封電報、三封航空信。電報未見，11 月 3 日的航空信缺佚。這里的後兩信即航空信中的第二、第三封。

〔1〕 郭墨林，回族，其古董店叫聽濤山房，設在廣東路和河南路口。

六　蔡季襄托傅佩鶴與柯强交涉的有關信件

蔡季襄致某人信

（大約寫於 1946 年底）

……父親逝世，明日即欲還美。弟即以君之電文告彼。弟問他此次還美，何日還滬？彼言約十二月間還滬。弟再問他，蔡君之款，無需再托別人，君當可在美辦理？彼言君需在滬開一銀行往來，再電知柯君，則彼由美匯至滬銀行。再問此款在九月間可否收到？彼言候君之銀行手續辦妥，當可匯來，同時並囑弟通知君云云。季襄接信後，當即整裝赴申，即偕同顧〈傅〉君佩鶴往昇茂處接洽一切。並托其電致柯强，言季襄已來申，囑其將書款匯申。隨後，季襄又於 30/10 拍發一電，繼續又連發航空快信三件，催彼匯款來申，詎知候至一月之久，毫無回信往昇茂處。詢問彼，亦支吾其辭，推説彼處亦未接柯君回信，俟接到柯君回信，方有辦法……

案：此信保存在湖南省博物館藏蔡季襄檔案中。原稿殘缺，僅存兩紙。第一頁，前面至少還有一頁，故收信人不詳。第二頁，於“方有辦法”後絶筆，看來只是一篇已經作廢的草稿。[1] 1946 年，爲了催款，蔡氏曾先後給柯强發過兩封電報和三封航空信，毫無結果。信中提及傅佩鶴代蔡氏與柯强、昇茂交涉，也是如此。從信文内容推測，寫信時間當在 1946 年 10 月 30 日以後，而且還要加上一個月。“父親逝世”至“同時並囑弟通知君云云”是轉述傅佩鶴致蔡氏信，講他與柯强交涉事。“父親逝世，明日即欲還美”是柯强的謊言。事實上，據柯强家鄉的報紙 *Naugatuck Daily News* 1957 年 6 月 8 日記載，柯强的父親（N. Hadley Cox）是 1957 年 6 月 8 日上午去世。“君當可在美辦理”指 1946 年 7 月羅伯昭爲蔡季襄辦理在美付款事。看來，柯强不同意這一付款方式，堅持要在上海辦理，故 1946 年 10 月 17 日，蔡氏乃有滬上之行。“昇茂”即上 Samuels。

蔡季襄致傅佩鶴信

（1947 年 1 月 30 日）

佩鶴先生賜鑒：

來電已悉，甚感。柯强之事，弟在滬時，彼來函，約定以二月爲限，將手續弄清。弟決候至二月底，如再無消息，弟將該項繒書轉售与湖南省文獻委員會。此項繒書經湖南多數學者研究，認爲係楚國之史

---

〔1〕“方有辦法”後的空白處有一堆亂七八糟的字：“彼發”、“犯”、“彼”、“間接直接”、“金兵”、“恨金人勾引金兵犯帝”、“犯帝”、“朝”、“恨金人勾引把”、“兵千”、“朝不用”、“金人”、“犯帝京”、“往往”、“勾引金兵犯帝”、“兵帝京”、“此令”、“危困”、“大犯江”、“把大宋江山”、“英”、“宋的山宋”、“危困”，似是戲辭。

書，關係湖南文獻甚巨，聞弟回湘，均向弟索閱原書，致經弟婉轉回絶。刻湖南省政府對於有關湖南文獻之圖書及出土物大量收買，現並已撥款卅億萬元，作爲收購圖書、古物之用，對於弟之繒書尤爲急需收購，若弟一旦轉售与文獻委員會，則由湖南文獻委員會函達美政府，向柯君索取，屆時當無挽回之餘地。故此事兹請兄告知賽麥爾君，轉函柯君，毋怪弟言之不早也。諸費清神，容當後謝，並盼火速示复，至要至要！耑此

順候

春綏

弟蔡季襄叩，元月卅日

弟現已遷居南門外白沙街六十碼頭2號，

來示請寄此處爲盼。又及

外文獻委員會章程壹冊另函附上。

案：此信保存在芝加哥大學圖書館藏柯强檔案中。“賽麥爾君”即昇茂。

傅佩鶴致蔡季襄信

（1947年6月9日）

〔敬〕啓者，前奉之函，諒已收閱，傾（頃）接來電，敬悉一切。上星期一，“昇茂”去電話至美，柯强言定本月底在申付款，弟欲昇茂負責，彼不願負責。弟特此奉函，敬告一切。耑此順頌，即請

秋安！

傅佩鶴敬上　六月九日

柯强美國電話及地址：

Mr. John Hadley Cox Woodley - 6090 EXT 816

昇茂，譯音，係猶太人，在滬貿易，柯强友人，柯强返美，即以所居轉賃與彼，住上海霞飛路。

案：此信保存在湖南省博物館藏蔡季襄檔案中，係蔡氏過録，並非原件，蔡氏稱之爲“傅佩鶴約於一九四六年底來申付款之第二信”。[1] 從信尾日期判斷，此信反在下信之前。“上星期一”是1947年6月2日。

傅佩鶴致蔡季襄信

（1947年10月2日）

季襄先生大鑒：

〔1〕 吴柱存注：“根據上信看，此處應爲一九四七年。”

前奉壹緘，諒荷台閲。逕啓者，今接柯君由美來函云，囑弟於星期一（本月六日）打長途電話至美國接洽該款事。前柯君之漆盤兩隻，未知目下保留否？望即快緘復我，以便通話時告訴他一切。候六號通話後決定，即電報告閣下。對漆盤事存留否，望見信即電報告我。弟上海電報掛號“五二四五”，弟收可也，餘續詳。專此，即頌
大安！

弟傅佩鶴　卅六年．十．弍午後

案：來源同上。蔡氏稱之爲“傅佩鶴約於一九四六年底來申付款之第一信”。[1] 其實，從信尾日期判斷，此信反在上信之後。

傅佩鶴致蔡季襄信

（估計寫於1950年左右）

季襄先生台鑒：

敬覆者，頃由上海轉來閣下大札，敬悉種切，此函已由舍親回覆閣下，最好你去一掛號信於柯强，表明閣下意見，否則柯强完全拖延時日，彼又不與弟通信，致（至）於昇茂完全是衍言，此事弟也没有特殊辦法。今戴福宝（保）在鈕（紐）約，弟想由閣下去函至戴君，託彼直接仝（同）柯强談審。戴君美國地址，可向上海廣東路189號福源斋沈翰屏君問詢可也。閣下如起訴，今且慢行，迨戴君交涉後再作道理。令郎托弟代辦貨物，因弟在他鄉，暫無法代辦。煩請轉告爲盼，恕不另函，專此。

案：來源同上。原件未具发信人姓名，也没有發信人地址，但從内容判斷，應是傅佩鶴發自香港。“舍親”指金從怡。“他鄉”指香港。金氏是上海古董店金才記的老闆，1949年逃港，傅佩鶴隨往。“戴福寶”即戴福保。戴氏是上海古董店福源齋文玩號的老闆，亦於1949年逃港。他離開後，留滬舊店改名“福源齋寄售商店”，仍然從事文物走私。“沈翰屏”當是該店夥計。1955年8月，因走私文物案發，此店被政府查封。戴氏移居紐約爲1950年。據此估計，此信可能寫於1950年左右。

[1] 吴柱存注：“此處一九四六又係蔡算錯西曆，根據信尾日期，應係一九四七年。”

七　蔡季襄托吴柱存與柯强交涉的有關信件

一、柯强致吴柱存信

（1948 年 7 月 7 日）

原　文

2941Twenty-eighth Street N. W.
Washington, 8, D. C.

Mr. Wu Chu-Ts'un
Apartment 5
522 West 123 Street
New York, 27, N. Y.

Dear Mr. Wu:

I was delighted to receive your fine letter and to know that you are continuing your studies in English literature. As you know, that was my major interest in College and I took one year in graduate study at Yale following my return to this country. After that it was the Chinese Classics and Chinese Archeological and Historical studies which had more appeal.

As for the matter discussed in Mr. Tsai's letter I should like you to inform him that the matter has proved far more difficult than I had originally anticipated. I have shown the documents to all of the major museums and curators, but either they have very limited funds, or they are more interested in objects which they consider more artistic. I agree that the document is of great interest from the historical point of view, but that is a very different matter from actually being able to help Mr. Tsai dispose of the document. I have no intention of purchasing the document myself, but I am very glad to do all I can to help my friend Mr. Tsai. I confess I had thought it would be very easy in the first place, otherwise, I would not have given him one thousand dollars in trust which he told me he very desperately needed.

Please tell Mr. Tsai that I think there is a possibility that a library, instead of a museum or art collector, might be more interested. However, libraries generally have far less money available for purchases. I believe, although I do not know, that if this document were offered to a library such as Harvard, for a total price of about

$ 7, 500. 00 with the understanding that, of this amount $ 6, 500. 00 were to be paid directly to Mr. Tsai by whatever means and at whatever address he may stipulate and with the balance of $ 1, 000. 00 and no more, to be paid to me directly, (to clear up Mr. Tsai's debt to me), then I believe there is a strong likelihood that the matter can be solved. However, the trustees of the universities will not meet before the end of next September, in almost every case.

Therefore it is clear that although I am still willing to try to do my best, the matter is a very difficult one and takes a great deal of time and persuasion. I naturally would like to settle the matter as speedily as possible because I have urgent need of the thousand dollars which I lent to Mr. Tsai. I propose, therefore, that if the document cannot be sold by the end of this year (1948) at a price agreeable to the owners, that it will then be necessary to return the deposit of $ 1, 000. 00 U. S. in return for the unsold document.

Lastly, please tell Mr. Tsai, that I have not forgotten him for one moment and that I regret that if, in the attempt to be of aid to him, I have in anyway incurred his displeasure. He must realize that the matter is not only difficult, but that it is necessarily a matter on which immediate decision by interested parties cannot always be given. For example, continual correspondence took place with one institution for a period of over eight months before the final decision was made. In the case of another institution, I was forced to travel four times to see the director personally.

Please tell Mr. Tsai, that I should be very anxious to hear from him concerning three points:

(a) Whether the document may be offered at a total price of $ 7, 500. 00 to be paid directly to China and not to me, and the deposit of $ 1, 000. 00 to be rounded to me.

(b) If this is not satisfactory, what arrangement would be more satisfactory? I frankly do not believe that it will be easy to obtain even this price, but I prefer to keep the price too high rather than to let it drop too suddenly.

(c) Ask Mr. Tsai to give, in English, the name of the person to bank to whom the money is to be paid directly. It will be necessity for Mr. Tsai also to furnish this statement in written form, together with a statement of the price of the document, in order that I may show this statement to the institution purchasing the document. This written statement should also indicate precisely the amount to be paid directly to him and the amount to be paid to me. The institution which purchases the document will then send a statement of the total price paid for the document to Mr. Tsai for his signature, in order to indicate proper receipt of funds.

I hope, Wu Chu-Ts'un, that all of this translation will not prove too much of a burden to you and I appreciate very much your help in this matter, I am enclosing air mail stamps to cover the cost of registered air mail.

Very sincerely

John Hadley Cox

If you come to Washington, please call me at Adams-4268, I should be very happy to see you.

譯　文

西北 28 街 2941 號

華盛頓特區第 8 區

吴柱存先生
5 公寓
西 123 街 522 號
紐約第 27 區，紐約州

親愛的吴先生：

我很高興收到你的來信，得知你仍在攻讀英國文學。你知道，那也是我上大學時的主要興趣所在。回國後，我在耶魯大學讀了一年研究生。後來，中國古典、中國考古和中國歷史對我更有吸引力。

至於蔡先生來信所議之事，我希望你告訴他，事情遠比原先預期的情況要困難得多。我已把那件帛書拿給所有大博物館和他們的部門負責人看過，然而他們要麼經費有限，要麼對他們認爲更有藝術味道的東西更感興趣。我同意，從歷史的觀點看，這件帛書更有意思，但這跟是不是有助於蔡先生賣掉此物完全是兩碼事。我不打算爲自己買這件帛書，但我樂於盡一切可能幫助我的朋友蔡先生。我承認，一開始我把事情想得太容易，否則我不會預付他一千美元，他告我説，他急需這筆錢。

請告訴蔡先生，我想還有一種可能，不是博物館或藝術品收藏家，而是圖書館，對它更有興趣。可是，圖書館用於採購的錢一般更少。雖然我不知道是不是行，但我相信，如果把帛書報價給某個圖書館，比如哈佛大學的圖書館，總價約 7500 美元，那麼很可能問題就解決了。我理解，在這筆錢中，無論用什麼方式，無論在什麼地點，他可隨便挑，6500 美元直接付給蔡先生，剩下 1000 美元直接付給我，正好兩清（了結我墊付的押金），如果這樣的話，我相信非常可能這件事就會得到解決。然而幾乎毫無例外，九月底前，各大學的校董是不聚頭的。

因此，事情很清楚，雖然我仍願意盡力而爲，但這事很難，我得花大量時間，費很多口舌。我當然希望盡快解決此事，因爲我也急需我借給蔡先生的那一仟塊錢。所以我提議，如果今年（1948 年）年底，帛書仍不能案物主的報價售出，到時必退還帛書，也退還那 1000 美元的押金。

最後，請告訴蔡先生，我一刻也没忘記他，而且爲了幫他，如果我在任何方面引起他的不快，我深感歉疚。他得明白，這件事不僅很難，而且要想讓有意購買此物的機構立刻拍板簡直不可能。比如你得跟一個機構連續通信八個多月，才能等到他們作決定，而另一個機構呢，又不得不親自拜訪它的負責人，前後跑四趟。

請告訴蔡先生，我很想聽聽他關於下列三點的意見：

（1）帛書是否可以報價 7500 美元，6500 美元直接寄中國，不必經我，押金 1000 美元轉我。

（2）如果這樣還不滿意，什麼安排更滿意？坦白地説，就連拿到這麼一個價格，我也不相信是容易的事，我寧願維持這一價格，也不願因要價太高而帶來暴跌。

（3）請蔡先生用英文把收款人姓名開給銀行，以便銀行直接把錢付給他。而且蔡先生必須提供書面説明，説明帛書值多少錢，以便我拿這個説明給購買帛書的機構看。這個書面説明要把直接給他多少錢，給我多少錢，準確無誤地寫明白。然後購買帛書的機構再把寫明帛書總價的説明寄給蔡先生，讓他簽字，表示款項收到無誤。

吴柱存，我希望上述内容的翻譯不會給你造成太大負擔，並且我很感謝你在這件事上給我的幫忙，隨信附上航空郵票，以償航空掛號的郵資。

柯强敬上

如來華盛頓，請打電話：Adams - 4268，我會非常高興見到你。

案：此信保存在湖南省博物館藏蔡季襄檔案中。1947 年 12 月，蔡季襄托吴柱存帶信到美國。1948 年 6 月 23 日，吴柱存將蔡信譯成英文，連同中文一起寄給在華盛頓國會圖書館的柯强，蔡信措辭嚴厲，指責柯一直不理不睬。此信是柯强第一次回信。

二、蔡季襄致吴柱存信

（1948 年 8 月 9 日）

信封上的發信人地址：
S. S. TSAI
10 Guang Fuh Lee
Changsha, Hunan

信封上的收信人地址：
Chu Ts'un Wu
Apt. 5, 522 W. 123rd St.
New York 27, N. Y.
U. S. A.

柱存吾兄大鑒：

敬覆者，前次吾兄赴美，便托兄致珂强君一函，[1] 催詢繒書款項，候至三月之久，[2] 未見珂君覆函，弟於此種情形之下至爲忿恨，正擬赴京滬，委托律師，向法院起訴，及向美大使館、領事館分途交涉，整裝待發，而吾兄之台函忽至，捧讀之餘，得悉吾兄已代爲向珂君交陟（涉），[3] 並承示知珂君答覆各點，深爲感謝。但珂君此項舉動未免太不誠實，本擬不加以接受，但礙于吾兄之熱心幫助和情面不能拒絕。[4] 兹將各點分條答附（覆）於下，萬懇吾兄繼續向其交涉，一切費心，容後圖报：

（1）價目減低至柒仟五百美元，不能再減 US $ 7, 500. 00。

[1] 珂强，即柯强。
[2] 吴柱存注："我係 47 年底見蔡，48 年七月才寄信給蔡，應爲六個多月之久。"
[3] 吴柱存注："我只受蔡之托，把中文信譯成英文寄珂，並未另作交涉。"
[4] 吴柱存注："我只受託翻譯兩信，並未進行交陟（涉），也未從中調處或討價還價，從珂强信中可以看出來，如果蔡季襄留了我給他的信，更能證明此點。此處'不能拒絕'完全是蔡的遁詞。"

（2）交款期限最遲至本年（一九四七年）九月底。[1] 如再拖延，除決向法庭起訴追回價款外，並須得賠償弟由長赴申一切往返償失。[2] 案此項價款，去年珂君曾電話告彼在滬友人昇茂（譯音）約同年九月底在申付款，并由經手人傅佩鶴來函告知。及弟於時來申，而珂君又無消息，是以又無結果。玆外隨函附上當時傅君約弟來申取款之信二封，以證明珂君之無信用。

（3）減低價款，正式文件如何書立，請兄全權代弟辦理，委託書即以弟之來函留存兄處作爲證明。[3]

（4）珂君親筆簽好之契約及隨書贈珂之漆盤弍隻，俟書款交清後應交與何人收受，請珂君親自來緘指定。

（5）此項價款之交割，以大額美國鈔票爲原則，不得以任何物質、外匯或國幣折算，屆時請以電告弟來申當面交割較爲妥當。

總之，珂君對弟完全一味欺騙，試問此事拖延至兩年之久，至今未見彼之隻字言及此事，其恐留迹在弟處之痕迹顯然，即其居地亦祕不告知。如此事此次再無結果，弟除向法院起訴外，決將珂君騙取繒書情事在京滬報端及再版拙著《晚周繒書攷證》中加以宣佈。屆時對於彼之名譽不利，弟決不負任何責任。乞兄順中告知珂君。是所至禱，餘容後敘。

順頌

台安！

弟蔡季襄頓首（蓋章）卅七．八．九．

外附傅君信兩封。[4]

通訊處：長沙市光復里拾號。

案：此信保存在湖南省博物館藏蔡季襄檔案中，係外調材料，由吴氏提供。

三、吴柱存致蔡季襄信

信　一

（1948 年 7 月 16 日）

信封上的地址：

來信寄

Chu-Ts'un Wu

Apt. 5 522 W 123 St.

New York 27, N. Y.

---

〔1〕 吴柱存注："一九四七年顯然是蔡季襄算錯了西曆，信是"卅七"年寫的，是一九四八年。"

〔2〕 吴柱存注："償係損字之誤。"

〔3〕 吴柱存注："當時我決定只幫蔡翻譯，不負其他任何責任，決不考慮代立正式檔的辦法，同時此檔必須蔡親筆寫出簽字蓋章，旁人亦決不能代寫，代寫了也不會生效，故對此未加理睬。"

〔4〕 吴柱存注："兩信係蔡抄録，并非原函。"

U. S. A.

Mr. C. S. Tsai
10 Pa-Ko-Yuan
Changsha, Hunan
China

中國
湖南長沙
（白果園）
光復里
拾號
蔡季襄先生啓

吴柱存寄
自紐約。
卅七、十七。

季襄先生賜鑒：

柱自一月離長後，曾在京、滬、青島一帶留居三月餘，四月廿七日，始乘戈登將軍號離滬，五月十二日抵美，十八日來紐約，刻已入哥侖比亞大學英國文學系繼續研究工作。前託代爲交陟（涉）“繒書”事，因原開地點係珂强君從前之地址，至此打聽，始知早已遷移。得新地址後，即去函交涉，並將先生原信逐句譯成英文寄去，日前已得回音，答復要點如下：

一、繒書至今未能售出，以前以爲售出甚易，返美後始知極爲困難，因各博物館均不能出此高價。有一處曾書信往返八個月，仍無結果。有一處，珂君曾親乘火車趕往交涉四趟，亦不成功。

二、珂君謂彼時刻不忘，蔡先生亦不忘此事，並已盡力幫忙，但因此反使蔡先生對彼不滿，衷心非常難過。

三、目前想找一圖書館承受此書，但價格須減低。

甲、價目減至美金柒仟伍佰元正（整）。

乙、陸仟伍佰元正（整）交蔡君收，壹仟元正（整）交珂君收，歸還以前珂君所交之壹仟元定洋。

四、如果上項數目能夠同意，則應由蔡君書立正式文件説明上列甲乙兩項，以便向買主交陟（涉）時作爲証據。

五、交蔡君之款爲何交法，另須載明。

六、圖書館須九月開會，九月以前亦無法賣脱。

七、如上項辦法賣主不能同意，蔡先生有何妥善辦法？珂君認爲欲賣七仟五百元已屬不易，與其定得高跌得快，不如定低一點爲好。

八、如果兩方價格不相當，交易不成功，至一九四八（卅七年）年底尚未賣出，則蔡先生將美金壹仟元退還，珂君亦將繒畫原物奉還。

以上答覆請仔細研究後速復，以便繼續代爲交涉。此事如果切實磋商，總有辦法。珂君與柱有師生之誼，且出身耶魯大學，與雅禮關係亦深。柱抵此後，結識中外友人極多，珂君當不能再拖延也，惜柱太忙，無法去找珂君面談爲憾。

草頌

近安！

吴柱存

卅七年七月十六日

敬上　紐約

案：來源同上。

信　二

（1948年9月24日）

信封上的地址：

Chu-Ts'un Wu
Apt. 5 522 W 123 St.
New York 27, N. Y.
U. S. A.

Mr. S. S. Tsai
10 Guang-Fu-Lee
Changsha, Hunan
China

中国湖南
长沙
光復里拾號
蔡季襄先生收

吴寄自紐約
卅七、九、廿四。

季襄先生賜書：

八月九日手示早已收到，惟課程太繁，且曾與柯强君書信往還交涉，遲未作復，柱復趁假期赴華府與柯君面談一次，九月二十一日面晤後，所得結果如下：

一、首先仍開價壹萬元，漸漸減低，減至七千五百美元爲止。

二、請親筆用中文寫一文件蓋章，説明此事已由壹萬元減至七千五百元，其中六千五百元由先生本人收，其餘壹千元由柯强收（此文件由柱代筆，至爲不妥。柯强之意，蓋亟欲收回其墊付之壹千元）。

三、六千五百元交先生收者，可否用下列兩種辦法之一：

甲、開先生台（抬）頭之支票一紙，直寄先生在上海兑錢。

乙、用先生名義在美國開一銀行户頭，錢即存在美國，存摺寄交先生。

四、上海現不准使用美鈔，先生是否另有妥善辦法？

關於上列數項請速見覆，此事柱本只負翻譯之責，先生是否願意減價，價款如何匯撥，均完全由先生作主負責，將來究竟有無結果亦不可知，柱只能盡力幫忙也。

敬請

秋安！

吴柱存謹上

卅七年九月二十四日

紐約

案：來源同上。

附：1956年2月5日，吴柱存回憶（摘録）

1947年12月，我離開長沙到上海候船出國的前幾天，蔡季襄從我親戚那裏得知我要上美國讀書，又知道我是雅禮畢業的，一定認識珂强，所以跑來找我，託我帶一封中文信去美，叫我設法打聽珂强的住址，把信譯成英文交珂，絶對没有談及報酬或其他任何條件。

……

1948〔年〕5月，我抵美國紐約。

1948〔年〕6月13日，在耶魯大學中國留學生陳能寬家吃飯（有照片記了日期）。同桌有雅禮中學校長勞啓祥，我順便問勞珂强住址，他告我珂在華盛頓國會圖書館研究中國春秋戰國的文學。

1948〔年〕6月23日（信件登記上有日期），我將蔡季襄信譯成英文，連同中文一起寄華盛頓國會圖書館珂强。

我記得蔡信的内容是：

“珂强先生：你替我出售繒書，很久没有消息，又不告訴我出賣的情況，這樣的行爲是很不對的。你如果接信後再不理睬，我就向中美兩國政府去控告，並且要向國際宣佈你是騙取我的東西。”

信的字句，我記不清，總之説得很厲利（害），指斥珂不講信用，説珂大概已賣出此古畫，把錢吞掉了。

1948年7月7日，珂强自華盛頓寄來復信。

……

1948〔年〕7月17日（根據我的信件登記），我將珂强信中主要各節譯成中文，寫一信給蔡季襄，我希望蔡仍保有此信可以對証。

1948〔年〕8月16日，收到蔡季襄的回信（我現有此信，茲照抄如下）：

……

1948年9月20日，我會見了珂强，48年中國留美學生外匯斷絶，生活非常困難。“第二屆自費留學同學會紐約分會”推派游補鈞、伍明遜、宋樂岩和我四人於九月十九日到華盛頓會合，華盛頓中國學生代表馬伯樂等三人往當時國民黨大使館交涉外匯。我便抽空上國會圖書館去找珂强，十一年不見，珂已不認識我，説大約記得面貌，我把上述蔡季襄來信内容告訴珂，珂强拿起一張白卡片，寫了下面的話，請我有空時轉知蔡季襄，卡片上寫的是：

1. 仍舊試著要價 $ 10, 000。

2. 如果必要，將以總價 $ 7, 500 出售（6, 500 給他， $ 1, 000 給我，歸還我的預付款。）

3. 寄來用中文寫的正式檔，説明付款是（1）開一張銀行支票，上寫他的名字，郵寄給他呢；（2）還是他希望在這裏的銀行開一個户頭；（3）還是他希望以朋友、他自己或任何名義作存款。[1]

我現尚留有此卡片。

珂强邀我在國會圖書館對面小餐館裏吃了一餐午飯，我們在一起大約有一小時半，除開始見面談了蔡季襄外，以後談的是珂强研究“楚辭”、我研究十九世纪英國文學的事，没有一句話談到國内外政治情況，吃完飯分手，我於下午返紐約，此後從未再見到珂强。

1948年8月24日（我的信件登記上有日期），我寫了信給蔡季襄，内容我記不太清，大約是把上面所述卡片上各點翻譯給蔡。

從此再也没有接到過蔡季襄的信了。

1948年十二月二十日，柯强寄我一張賀年片，我也回寄一張賀卡，没有信。

1949年，無論蔡或珂都無消息，我也未寫信。

1950年6月，我離紐約往三藩市候船回國以前寫信給各地朋友，告訴他們我要回國的消息，也寫了一信寄國會圖書館珂强，説我經過半工半讀的堅（艱）苦辦法，完成了學業即將回國。珂回了一信，説他已完成研究，在密歇根大學當副教授。此信一時找不着，我記得他談到想看一看我寫的關於美國詩人沃兹沃斯的論文，他似乎説了一句：“記得蔡季襄想辦報，需要印刷機器，將來可用出售繒書的錢買一些印刷機運回中國。”不過這一句話是不是在這封信裏提的，還是那次見面時説的，我已記不清楚，不能肯定，但繒書究竟下落如何，他没有提過這一點倒是肯定的，記得清的。另外我記得珂强説過，他花了好幾百元保險費，把繒書交什麼地方保險，又説過出外交涉售賣時花過多少多少路費，坐飛機去交涉出售繒書花多少錢等語。

〔1〕 吴柱存注：“（3）這一條珂寫後又用鉛筆劃掉。”

八　舒爾特斯帶帛書入美之經過

説　明

這裏的五封信是由賽克勒基金會慷慨提供。[1] 它們對瞭解子彈庫帛書流入美國的經過至關重要。舒爾特斯（Frederic D. Schultheis，1907～1980年），1929年畢業於西雅圖華盛頓大學。1934～1938年在北京華北協和華語學校工作。1938～1941年任教於華盛頓大學。1942～1946年服務於美軍情報部門。戰後，一度重返華盛頓大學任教。1947～1954年，中國内戰和朝鮮戰争期間，則服務於美國國務院，被美國國務院派往東亞。他是受柯强委託把子彈庫帛書從中國上海帶到美國堪薩斯交給史克曼（1906～1988年）的人，[2] 即蔡季襄屢次提到的"美國空軍上校"。1967年底，賽克勒醫生爲瞭解子彈庫帛書的來歷，曾向舒爾特斯詢問求證。舒爾特斯寫了三封信，每封信皆署姓名，賽克勒醫生的回信則不具姓名。我們從舒爾特斯的自我介紹可以瞭解到，原來他和柯强、史克曼都曾經是二戰期間在華服役的美軍情報人員，因工作關係彼此認識。二戰結束後，帛書由柯强交舒爾特斯，舒爾特斯交史克曼，良有以也。

（一）舒爾特斯致賽克勒

原　文

22 November 1967.
Dr. Arthur Sackler.
130 East 59th Street,
New York, N. Y.

Dear Sir:

I am sending you under separate cover and on tape some comments on your Ch'u document from Changsha. These are details that may be unknown to you. I hope that you find them of interest, make whatever use of them you wish. I

［1］ 這批歷史文件是由夏德安教授電郵寄示，我的譯文曾請夏德安教授、馬克夢教授、來國龍教授和田天博士校閲，謹致謝忱。

［2］ 史克曼（Laurence Chalfant Stevens Sickman），曾在哈佛大學師事華納（Langdon Warner）、伯希和（Paul Pelliot），學習亞洲藝術。1930～1935年，以優異成績獲哈佛燕京學社奬學金，遊學中國。回國後，在新建的納爾遜-阿特金斯藝術博物館當東方部主任。二次大戰期間，服務於美軍第十四航空隊的情報部門，军銜是少校。戰後，重返納爾遜-阿特金斯藝術博物館，先後任副館長、館長。

may say that circumstantial evidence leads me to believe the scroll authentic, from the northern suburbs of Changsha where it was found by a reputable dealer who, prior to World War II, had made other finds in vicinity.

I regret having to send the details by tape, but I find typing quite a chore in my present state of health.

Yours truly,

F. D. Schultheis〔1〕

F. D. Schultheis

3440 North Edison St.,
Arlington, Virginia.
22207.

譯　文

1967年11月22日

亞瑟·賽克勒醫生
東59街130號
紐約市，紐約州
尊敬的閣下：

今以録音帶並另函寄上我對您藏長沙楚帛書的看法。〔2〕這些細節也許您還不知道。但願您能感興趣，隨心所欲利用它。我敢説，這批手卷是可靠的。有旁證令我相信，它們出自長沙北郊，由一位可靠的古董商發現。二次大戰前，他在附近也有一些發現。〔3〕

抱歉，因爲身體不好，打字太麻煩，我只好用録音帶寄上這些細節。

您忠實的

F. D. 舒爾特斯（簽名）

F. D. 舒爾特斯

愛迪生北街3440號
阿靈頓市，弗吉尼亞州22207
附：舒爾特斯備忘録

原　文

Memorandum

From: F. D. Schultheis　　November 1967
To:　Dr. Arthur Sackler　　Subject: The Ch'u Scroll from Changsha

In late June 1946 I received orders transferring me from headquarters, United States Forces, China Theater, to the

〔1〕 這一行是手寫簽名。

〔2〕 這裏的Ch'u document from Changsha，即通常説的長沙楚帛書（Ch'u Silk Manuscript from Changsha）。

〔3〕 子彈庫帛書的發現地點不在長沙北郊，而在長沙東南郊。這裏，舒爾特斯説長沙楚帛書是發現於長沙北郊，下備忘録説得更具體，是在日軍擴建的長沙機場附近，他的消息並不可靠。

continental Air Force, headquarters at Colorado Springs in the United States. I had been in China for over four years as chief of the Strategic Intelligence Section in the A-2 Section of the 14th Air Force, then as commander of a field intelligence organization, and finally as chief of the Intelligence Division, G-2 Section, U. S. Forces, China, where I served as a staff officer to Gen. Albert Wedemeyer.

A few days after I received my transfer orders, I was visited by 1st Lt. John Hadley Cox, a Marine Corps officer assigned to OSS China. I had known Cox before the war when he was on the faculty of Yale in China at Changsha. I also knew that during the war he had served for a brief period, perhaps several brief periods, in and around Changsha, as a liason officer.[1] This, of course, was before the Japanese occupation of Changsha. Cox told me that he had recently purchased some Chinese antiques of immense archaeological interest. He asked me if I would lend him several hundred dollars to complete his down payment to the dealer who held these objects and if I would carry them with me on my return to the United States by Army transport. Incidently,[2] I knew the dealer personally, having bought some pottery from him before the war for the museum at the College of Chinese Studies in Peking.

When Cox appeared the next day with his collection and showed it to me, I agreed his proposal. The collection as I recall it consisted of two wicker baskets, both in very bad condition, having dried out. Both of these had held scrolls, calligraphy written on silk. The dealer, who was also the finder, had mounted one of them on a scroll. This is the one now in your possession. The other one he had left in its wicker container, it had dried out and was now in tiny fragments. The collection also included a jade, or perhaps a bronze, sword, the seal of a king of Ch'u, and a lacquer box also slightly damaged from dissication.[3] Cox told me that the dealer had happened on the tomb where these objects were stored by accident. The tomb had been uncovered when the Japanese enlarged the Changsha air field. Incidently, there should be in the files of the Air Force aerial photographs showing the field as it was before and after enlargement so that the exact spot of the tomb might very nearly be located. The tomb, according to Cox, had been under water, the water table at Changsha being only a few feet below ground level in the vicinity of the airport. The long submergence of these objects accounted for their state of preservation when found.

I brought the objects to the States by transport and took them through customs as Chinese antiques, value unknown. As soon as possible, when on leave, I took them to the William Rockhill Nelsan Museum in Kansas City where I showed them to my friend, Laurence Sickman. I left them with him. Sickman was tremendously interested in the scroll and the objects. I was finally discharged from the Army in 1945 in mid-September. I immediately rejoined the faculty of the University of Washington where I had been and continued to be Associate Professor of Chinese and Chinese History and head of the Far Eastern Department. In June 1947 I left the University and joined the Department of State. I was immediately assigned overseas in eastern Asia where I remained for some seven years.

In about 1956 quite by chance I ran into Cox on the street in Washington, D. C. , where I was then serving. He invited me to a cocktail party at his home and later to have luncheon with him. On both occasions he spoke at great length about the Changsha find. He told me he was writing a book on the artifacts and the scroll and he also stated that he was greatly indebted to me. Shortly thereafter I received a letter from him telling me that he intended to reward me or rather repay me by giving some shares of Great Northern Railway stock. I do not recall how many shares were involved. We

〔1〕 liason officer 是 liaison officer 之誤。

〔2〕 incidently 是 incidentally 之誤，下同。

〔3〕 dissication 是 desiccation 之誤。

lunched again soon after and he asked me if I was satisfied with his offer. I told him that I was and that I thought that I would probably sell the stock since I had a son in a university and could use some additional cash. Cox then flew into a rage and withdrew his offer, saying he was giving me this stock because it would increase greatly in value. His whole manner was, as I had often noted before, quite irrational. I calmed him down as best I could and told him I thought he owed me nothing. We parted on that note and I never saw him again. A year or two later a mutual friend told me that Cox was in an asylum for treatment of some mental disorder. Another friend, who was in a position to know, told me that Cox never paid the Shanghai dealer, Changsha Shanghai dealer, now in Hong Kong, the amount he owed him.

I do not consider that I have any claim on Cox, nor on the Changsha finds, as I have called it. I am glad to see that it is in good hands and I am sure that it will be made available for study and that we shall learn a great deal of pre-Imperial China from it.

It occurred to me that these facts might be unknown to you and might be of interest to you, hence my effort at recording what I recall of my connection with the scroll. I regret that I must send this to you on tape but I am recovering from a serious illness and am unable to use the typewriter for more than a few moments.

F. D. Schultheis

譯　文

備忘録

寄信人：F. D. 舒爾特斯　　　1967 年 11 月

收信人：亞瑟・賽克勒醫生　　主題：長沙楚手卷〔1〕

1946 年 6 月下旬，我接到命令，命我從美軍中國戰區司令部調往美國科羅拉多州斯普林斯市的美國大陸空軍司令部。我在中國有四年多，先在美軍第十四航空隊 A-2 分部的戰略情報處當負責人，後任野戰情報組織的指揮官，最後任美軍情報部 G-2 分部負責人，作爲艾伯特・魏德邁將軍的下屬軍官,〔2〕 在中國工作。

我收到調令没幾天，有個海軍陸戰隊的中尉柯强來看我，他是美國战略情报局派駐中國的官員。〔3〕戰前我就認識他，當時他是雅禮協會派駐長沙的教員。我知道，戰爭期間，作爲一名聯絡官，他在長沙和長沙附近工作過一小段或幾小段。當然，這是日本占領長沙之前的事。柯强告我説，他剛買了點兒考古價值很高的中國古物。他問我是不是可以借給他幾百美元，以凑够首付的款項，付給拥有這批古物的古董商，並且趁我回國，從軍隊渠道托運，幫他把這些古物帶回美國。凑巧，我認識這位古董商。戰前，我從他手裏，爲北京漢語學校的博物館買過一些陶器。〔4〕

〔1〕 長沙楚手卷（The Ch'u Scroll from Changsha），指子彈庫帛書。

〔2〕 阿爾伯特・科蒂・魏德邁（Albert Coady Wedemeyer，1897 年 7 月 9 日～1989 年 12 月 17 日），美國陸軍上將，盟軍中國戰區第二任參謀長。

〔3〕 美國战略情报局，中情局（CIA）的前身。原文 OSS 是 Office of Strategic Services 的縮寫。

〔4〕 北京漢語學校，指華北協和華語學校（North China Union Language School）。這所學校是對傳教士、外交官、商人和漢學家進行培訓的學校，1910 年開辦，原址在北京朝内大街 81 號。

第二天，柯强帶着他的藏品來，向我展示，我同意他的提議。我記得，這些藏品包括兩個編織盒，晾乾後保存狀况极差。[1] 這兩個盒子盛着手卷，文字是寫在絲綢上。那位古董商兼發現者把其中一件裱成手卷。這就是現在歸您所有的那件東西。另一件已經晾乾，碎成小片，還留在編織盒内。藏品中還包括一柄玉劍（也許是銅劍）、楚王印和一件晾乾後有點殘破的漆盒。柯强告我説，這位古董商凑巧碰上這座墓，墓裏正好有這些東西。這座墓是日本人擴修長沙機場時被挖開。順便説一句，空軍檔案裏應該有航拍照片，可以顯示機場擴建前和擴建後的地面狀况。因此，這座墳墓的具體位置幾乎可以確定。據柯强説，這座墳墓一直泡在水里，長沙的地下水位，在機場附近距地面只有幾英尺。这批文物長期泡在水里，因此出土時保存良好。[2]

我把這批文物托運回美國，並以中國文物、價值不詳的名義通關。一有假期，我就儘快把它們帶到堪薩斯城的納爾遜博物館，拿給我的朋友史克曼看。我把它們留在史克曼處，他對手卷和這些文物興趣盎然。1945 年 9 月中旬，我終於退伍。很快，我就重返華盛頓大學任教，[3] 繼續當我的副教授和遠東系主任，教中文和中國歷史。1947 年 6 月，我離開這所大學，進了國務院。很快被派往東亞，在東亞待了約七年。

1956 年前後，我偶然在華盛頓特區的街上撞見柯强，當時我在那兒上班。他邀我參加他家的鷄尾酒會，後來我們又一起吃午飯。兩次見面，他都滔滔不絶，大講長沙發現。他告我説，他在寫一本關於這些文物和手卷的書，並且欠我情。没過多久，他來信説，他有意分一部分大北方鐵路的股份給我，用來報答我，或者更準確地説，是來還債。[4] 我記不清他答應分我多少。後來不久，我們又一起吃午飯，他問我對他給的數是否滿意。我説滿意，但我覺得我得把這些股票賣了，因爲我有個兒子在讀大學，可能需要更多現金。當時，柯强勃然大怒，收回他的允諾，他説他之所以分給我這些股份，全是因爲這些股票看漲。當時他那副模樣，正像以前我就領教過的，簡直不可理喻。我竭力勸他冷静，跟他説，我覺得他什麽也不欠我。我們就此分手，再也没見過面。一兩年後，我們倆共同的一個朋友告我説，他因精神錯亂，正在一家精神病院接受治療。另一位知情的朋友説，柯强欠着那位上海古董商、長沙上海古董商的錢，從來没還。[5] 這位来往長沙上海間的古董商現在在香港。[6]

正如我已講明，我不認爲我對柯强有什麽要求，或對這些長沙發現的东西别有所圖。我高興的是，終於看到這些東西找到了合適的主人，這肯定會有利於研究，讓我們從中學到很多中國前帝國時期的知識。

我想，這些事實或許你還不知道，或許你會有興趣，因此我將盡力把我能想起的我跟這件手卷有關的事録下來。因爲大病初愈，我用打字機寫不了幾分鐘，很抱歉，我只能用録音帶把它寄給你。

舒爾特斯

---

〔1〕 指竹笈的蓋、器。

〔2〕 日軍使用的長沙機場是大托鋪機場。大托鋪機場在長沙市天心區，位於長沙城以南。

〔3〕 華盛頓大學（University of Washington），西雅圖華盛頓州的州立大學。

〔4〕 大北方鐵路（Great Northern Railway），連接温哥華和西雅圖的鐵路。

〔5〕 這裏既提到“上海古董商”，又提到“長沙上海古董商”，似語存猶疑。“上海古董商” 應指上海古董行金才記的老闆金從怡和他的夥計傅佩鶴。舒爾特斯以爲柯强是從上海古董商的手裏買帛書。其實，柯强與蔡季襄之間的交易是由傅佩鶴從中牽綫，金從怡和傅佩鶴並不是帛書的主人。

〔6〕 1949 年，金從怡和傅佩鶴從上海逃到香港。

（二）賽克勒醫生致舒爾特斯信

原　文

November 28, 1967
Prof. F. D. Schultheis
3440 North Edison Street
Arlington, Va. 22207

Dear Prof. Schultheis:

Your letter and tape were received with the deepest appreciation. They add to the contributions you have already made to the preservation of a historic document.

The events surrounding the discovery of the Ch'u Silk Manuscript have been confused in as much as the prior owner never published a detailed account of the find or the circumstances surrounding it. During our studies of the manuscript, Noel Barnard of Australia, who was working on its decipherment, made contact in New York with a Chinese who claimed to have been present at the time of the find. In fact, he indicated he was with his father when they were digging in Changsha and that he was let down into the tomb where the manuscript was found. This, I am informed, was in the 1930's. Noel Barnard recorded his version of find. I subsequently met the gentleman and queried him from different perspectives as to the details relating to the find. My background is that of psychiatry and research in experimental medicine and therefore I always seek internal consistency. I had difficulty in establishing consistency in the report made retrospectively in regard to an event which was indicated to have occurred at an individual's eleventh year of age. Aside from the fact that there was significant discrepancy as to what was found in the tomb, according to what Noel Barnard was either told or heard, and what was then told me, another discrepancy existed. This gentleman is reported to have said the document was folded and lying between two planks. Your report of the document's having been folded in a wicker box coincides with a report that has appeared in the Chinese literature. The measurement of the document and its folds suggest it could have been so contained. The precise definition of the surroundings of the find may be critical in regard to the dating of the document. I would appreciate your dating of the time of the find by the dealer at Changsha.

We have transcribed your tape. It would be most helpful if we could preserve your tape for the Columbia University Recorded Archives. You might wish to redictate it from our transcription of your tape, which is enclosed.〔1〕

If there are any other historic archaeologic archives that you may have or which you know we could obtain,〔2〕 I would be very much interested in seeing if they could be made available to the University.

My primary interest is the interdisciplinary approach in science and also art history and archaeology. Towards this end we are encouraging the application of modern technology and scholarship. The symposium on the Ch'u Silk Manu-

〔1〕 redictate 是 redact 之誤。
〔2〕 archaeologic 是 archaeological 之誤。

script and Diffusion of the Pacific Basin will be published in one or two volumes (next year, I hope) and perhaps it might be of interest to include a more formal statement derived from your tape as part of the proceedings. If this would meet with your approval, I would communicate with Noel Barnard toward this end. I regret that at the moment we cannot have the pleasure of meeting personally but hope this will soon be possible. May I extend my best wishes for a rapid improvement in your health and for the hope that you will feel free to keep in touch with me either by letter or tape.

Most cordially,

K.[1]

譯 文

1967 年 11 月 28 日
F. D. 舒爾特斯教授
愛迪生北街 3440 號
阿靈頓市，弗吉尼亞州 22207

親愛的舒爾特斯教授：

尊信及録音帶收到，不勝感謝。您已經爲保存歷史文件做了很多貢獻，這些材料是錦上添花。

由於楚帛書以前的主人對它的發現和相關情況没有公佈任何細節，與楚帛書發現有關的事件一直處於撲朔迷離的狀態。在我們研究帛書的過程中，澳大利亞的巴納在考釋帛書的文字，他在紐約跟一個中國人取得聯繫。這個中國人自稱，帛書發現時，他一直在現場。他説，事實上他是跟他父親在長沙挖墓，而且是他鑽進帛書發現的墳墓。我聽説，這一時間是 1930 年代。巴納記録了他的這種説法。後來我在紐約見過這位先生，並從不同角度就有關發現的各種細節向他質詢。我的學術背景是精神病學，並從事實驗醫學的研究，因此總是追求内在關聯的一致性。此説是一个人對他十一岁時碰到的事件進行追憶，我很難在其中建立這種一致性。其實不僅關於墓中有什麽東西，他的説法明顯自相矛盾，而且據他告巴納或巴納聽説，以及他告我的情況，還有其他一些矛盾存在。據説，這位先生説，帛書是折疊起來放在兩層槨木之間。但你的説法是，帛書是折叠起來放在一个編織的盒子中，這與中文文獻的説法是吻合的。帛書的尺寸和折痕足以説明，它可能就是這樣放在盒子裏的。如何準確判斷與帛書發現有關的情況，對帛書斷代至關重要。我很欣賞您對長沙古董商這一發現的斷代。

我們把您的録音帶轉寫成文字稿。如果我們能把您的録音帶在哥倫比亞大學存檔，用處最大。也許您希望整理我們的文字稿，我們將隨信附上。

如果您還有其他與考古有關的歷史檔案，或知道什麽我們可以獲取的檔案，只要可供哥倫比亞大學利用，我也非常樂於看到。

我的頭號興趣是跨學科的科學研究，也包括藝術史和考古。爲了達到這一目標，我們將鼓勵現代技術與學術的應用。關於楚帛書及其在太平洋地區之影響的會議，我們會以一卷或兩卷本發表（但願

[1] K 是打字者名字的縮寫。

明年能出版）。如果您能根據録音帶整一份更正式的説明，收入集中，當作會議論文集的一部分，恐怕會很有意思。若能俯允，我將與巴納通信，朝這方面努力。非常抱歉，目前我們還没有機會見面，但願不久能實現。請允許我表達我最良好的祝願，願您早日康復，並隨時與我聯繫，無論用信件還是録音帶。

最誠摯的

K

（三）舒爾特斯致賽克勒醫生信

原　文

30 November 1967.
Dr. Arthur M. Sackler,
130 East 59th Street,
New York, N. Y.

Dear Sir,

I am pleased that you have found my notes on the Ch'ang-sha find useful. I shall only be too glad to expand on my earlier comments if I can recall anything pertinent that may be of value.

I find it difficult to accept "…the 1930's…" as the date of the original find. For one thing, I was in China from 1934 thru 1936 and heard no rumor of any such find. During this period I visited Yale-in-China, at Ch'ang-sha, where there were many ardent ameteur archaeologists among the American members of the faculty among my friends.[1] None of them mentioned anything of the sort. Also, I was on very close terms with James Mellon Menzies, of Ch'i-lu University at Tsinan in Shantung, whom I visited several times. Menzies was the first to identify the locale of the "Waste of Yin," and corresponded with most of the leading Chinese archaeologists. He would almost certainly have mentioned such a find to me, and it is extremely likely that he would have heard of it, had it taken place. It just could not have been kept secret in those days. The Anyang and Chou-kuo-tien explorations were under way and archaeology was very much in the air. If Menzies had not heard of a Ch'ang-sha find, two other close friends would almost certainly have done so, Dr. William B. Pettus, president of California Colleges in China, more familiarly known as "the North China Language School", or Dr. Jon C. Ferguson,[2] then curator of the National Museum in Peking. Both of these men were ardent collectors and had connections with the Chinese archaeological community and with dealers throughout the country. I find it impossible to believe that a small art dealer in Ch'ang-sha could make such a find in the 30's and keep in hidden until 1945.[3]

I can see nothing wrong with Cox' statement to me that the dealer from whom he bought the objects found them when the Japanese enlarged the Ch'ang-sha airfield. This would be sometime between 1942 and 1944. Cox was in the ar-

〔1〕 ameteur 是 amateur 之誤。
〔2〕 Jon 是 John 之誤。
〔3〕 in 是 it 之誤。

ea at the time, and he knew the dealer from pre-War days. The dealer, a very small merchant in terms of his business, would naturally turn to Cox. There is a possibility that this may be settled once nad for all.[1] Mr. Walter Hochstdater[2], 325 East 57th Street, New York, 22, N. Y. told me a year or so ago that he knew the dealer who sold to Cox and inimated that he was then in Hong Kong.[3] I have known Hochstadter for over twenty years and have always found him knowledgeable and thoroughly reliable.

As to the condition of the documents when found, I brought one to this country that was mounted as scroll. Cox told me that this had been done by the dealer soon after finding it. I brought another that was folded and encased in a wicker basket. I also brought the basket in which the first had been found. The unmounted piece of silk was reduced to iny fragments.[4] I left both baskets and scrolls with Lawrence Sickman, at the William Rockhill Nelson Galleries in Kansas City, Mo. together with a jade (or bronze?) sword, the seal of the Ch'u monarch that had been found in the same tomb as the manuscripts and a lacquer box.

I shall use the copy of my tape as the basis for a memorandum, undertaking the obviously necessary editorial changes 1.[5] I can either send it to Barnard though you,[6] or directly to him with a copy to you, as you may prefer. Doak Barnett is my wife's youngest brother and I took an M. A. in Chinese at Columbia in 1930. Had it not been for the depresssion,[7] I should have made it a Ph. D. ! So, I feel as though I have a certain relationship with the University.

Incidentally, I know of several cases during the second World War in China where airfield building and extension uncovered artifacts of considerable archeological interest. Ch'ang-sha does not stand alone in this regard.

If I can be of further service to you, please do not hesitate to call on me.

Sincerely,
F. D. Schultheis[8]
F. D. Schultheis

3440 North Edison Street,
Arlington, Virginia,
22207
Thank you for the reproduction of the scroll.
FDS[9]

譯　文

1967年11月30日

---

〔1〕 nad是and之誤。
〔2〕 Hochstdater是Höchstädtes之誤，下同。
〔3〕 inimated是intimated之誤。
〔4〕 iny是tiny之誤。
〔5〕 1，似爲衍文。
〔6〕 though是through之誤。
〔7〕 depresssion是depression之誤。
〔8〕 這一行是手寫簽名。
〔9〕 這兩行是手寫。FDS是F. D. Schultheis的縮寫。

亞瑟·賽克勒醫生
東59街130號
紐約市，紐約州

閣下：

我很高興，您覺得我就長沙發現寫的東西還有點用處。如果我能想起任何與此有關尚有價值的事，我很樂意擴展我的議論。

我覺得，把長沙發現的年代定在1930年代很難讓人接受。首先，我從1934年到1936年一直待在中國，根本就没聽説過任何有關這類發現的傳言。這段時間裹，我去過長沙雅禮學會，在美國的教職員工中，在我的朋友中，有很多熱心的業餘考古愛好者，他們都没提到過這類事。還有，我跟山東濟南齊魯大學的明義士相交甚篤，好幾次去看他。他是判明殷墟位置的第一人，並跟大多數中國傑出的考古學家有通信來往。假如他聽説過什麽，而且果真有什麽事發生，他肯定會跟我提起。那時候，這樣的事根本保不住密。當時，安陽和周口店的考察正在進行，人人都在談考古學的事。如果説明義士没聽説過長沙的發現，那我的另外兩個好朋友，他們如果聽説，也肯定會告訴我。一位是威廉·佩特斯，他是加州大學中国學院（更爲人們熟知的名字是“華北协和華语學校”）的院長。另一位是福開森，當時他是北京的國家歷史博物館的鑒定委員。〔1〕這兩位都是熱心的古物收藏家。他們跟中國的考古學界和全國的古董商都有聯繫。我覺得，30年代，一個長沙的小古董商能有這等發現，而且一直隱瞞到1945年，這是無法讓人相信的。

我看，柯强跟我講的話一點都没錯。他説，賣東西給他的古董商是在日本人擴建長沙機場時發現這些東西的。這一時間恐怕在1942～1944年之間。當時，柯强恰好在那一帶，並且在戰前就認識這位古董商。這位古董商在他那一行里只不過是個小商人，當然會找柯强兜售。他們的交易很可能是一次搞定。一年前或更早一點兒，紐約州22區紐約市東57街325號的侯世泰先生告我説，〔2〕他認識這位賣東西給柯强的古董商。這位古董商暗示，當時他在香港。〔3〕我認識侯世泰先生已有二十多年，一向認爲他很有知識，完全值得信賴。

至於帛書發現時的保存狀況，我帶回這個國家的帛書，有一件已裝裱成手卷，柯强跟我説，這是那位古董商剛一發現就馬上裝裱。我帶回的另一件是摺疊存放在一個編織盒内。我把這個盒子也帶回來了，原來放着第一件帛書。那件未裝裱的帛書已經碎裂成許多殘片。我把盒子、手卷，連同一柄玉（或青銅?）劍和楚王印都留給了密蘇里州納爾遜博物館的史克曼。劍和楚王印是跟帛書、漆盒發現於同一墓中。

我會以録音帶的文字記録爲基礎寫一份備忘録，當然得作必要的校改。我可以通過您寄給巴納，或直接寄他並抄送您，悉聽尊便。鮑大可是我妻子最小的弟弟，〔4〕而我在1930年從哥倫比亞大學拿到過一

〔1〕福開森（John Calvin Ferguson，1866～1945年），美國教育家、收藏家和社會活動家，在華57年，創辦匯文書院（南京大學前身），曾任南洋公學（上海交通大學前身）監院。這裹的“北京的國家博物館”指1914年在北京故宫成立的古物陳列所。1927年，古物陳列所文物鑒定委員會成立，福開森是委員之一。“鑒定委員”，原作curator，用於博物館，多指部門負責人，這裹是據文義翻譯。

〔2〕侯世泰（Walter Höchstädter），美國古董商，1914年生於德國克倫巴赫，20世紀30年代移民美國，2007年卒於澳大利亞墨爾本。《蔡季襄檔案》四次提到此人，或作“侯世泰”，或作“侯士泰”，並有一封他1947年3月20日寫給蔡季襄的信（見材料六）。

〔3〕侯世泰認識的古董商是傅佩鶴，傅佩鶴於1949年逃往香港。舒爾特斯分不清蔡季襄和傅佩鶴，把二人混爲一談。

〔4〕鮑大可（A. Doak Barnett，1921～1999年），美國著名中國問題專家。

個漢語的碩士學位。如果不是因爲經濟大蕭條，説不定我還會拿一個博士學位呢！所以，我覺得我跟哥大有不解之緣。

順便説一下，我知道在中國有好幾個例子，都是第二次世界大戰中因爲修飛機場才有重要考古價值的文物出土，長沙絶非孤例。

若能繼續爲您效勞，請隨時吩咐。

您忠實的

F. D. 舒爾特斯（簽名）

F. D. 舒爾特斯

愛迪生北街 3440 號

阿靈頓市，弗吉尼亞州 22207

多謝手卷複製本。

舒爾特斯（簽名）

（四）賽克勒醫生致舒爾特斯

原　文

December 4, 1967

Prof. F. D. Schultheis

3440 North Edison Street

Arlington, Va. 22207

Dear Prof. Schultheis:

Many thanks for your letter of November 30th. I will record the information you have added and will also arrange to inform Noel Barnard.

You mention that you left the baskets, the sword and seal with Larry Sickman.[1] Were they also the property of Cox?

Once again, many thanks for your letter. I tried to phone you but we could not find a telephone listing.

Cordially,

K

譯　文

1967 年 12 月 4 日

〔1〕 Larry 是 Lawrence 的愛稱。

F. D. 舒爾特斯教授
愛迪生北街 3440 號
阿靈頓市，弗吉尼亞州 22207

親愛的舒爾特斯教授：

多謝 11 月 30 日來信。我會記下您補充的信息，并安排人通知巴納。
您説您把書笺、劍、印留給了史克曼。它們也是柯强的東西嗎？
再次謝謝您的來信。我想給您打電話，但找不到電話號碼。

誠摯的

（五）舒爾特斯致賽克勒醫生

原 文

9 December 1967

Dr. Arthur M. Sackler,
130 East 59th Street,
New York, N. Y.

Dear Dr. Sackler:

This is in reply to your letter of 4 December. All of the articles that I brought from China and left with Sickman—the mounted scroll, the empty basket from which it had come, the basket containing the damaged second scroll, the sword, the seal and the lacquer box-were, as far as I knew, the property of Cox. He was to pick them up, or offer them to Sickman for sale, when he (Cox) returned to the United States. I brought no other articals of archaeological or artistic interest with me when I returned from China in 1946.[1] I have only Cox' word that these articles "belonged" to him. I had no reason to doubt what he told me.

My telephone number is 703 (area code) -538-4575. As a matter of curiosity, I have just looked for Cox' number in the Maryland suburban telephone directory. I found a John Hadley Cox listed at 20 Hesketh-the address where my wife and I once visited him. The telephone number is 703 (area code) -656-5300. Incidentally, I have no intention of getting in touch with him!

Sincerely yours,
F. D. Schultheis.[2]
F. D. Schultheis

---

〔1〕 articals 是 articles 之誤。
〔2〕 這一行是手寫簽名。

3440 North Edison Street,
Arlington, Virginia.
22207.

I don't think that I have told you that I met Sickman for the first time during the war (WWII), when he was assigned as my deputy in the Strategic Intelligence Div. , A-2 section, Hq. , 14th U. S. A. A. F, I have not been in touch with him since 1953, when I gave his museum a Chinese painting.〔1〕

譯　文

1967 年 12 月 9 日

亞瑟・賽克勒醫生
東 59 街 130 號
紐約市，紐約州

親愛的賽克勒醫生：

謹覆 12 月 4 日來信。我從中國帶回留給史克曼的全部文物：裝裱過的手卷，手卷所出的空書笈，書笈中殘破的第二手卷，以及劍、印和漆盒，就我所知，都是柯强的東西。他回美國時，會把這些東西取走，或交史克曼，託他兜售。1946 年，我回美國時没有帶回任何有考古價值或藝術價值的東西。我只是听柯强説，這些東西“屬於”他。我没有理由懷疑他告我的話。

我的電話號碼是 703（地區號）-538-4575。出於好奇，我剛好在馬里蘭州的電話簿上找到柯强的門牌號。柯强的名字是列在赫斯基思 20 號——我太太跟我在這一地址拜訪過他。他的電話號碼是 703（地區號）-656-5300。順便説一下，我可不打算跟他聯繫。

您忠實的
F. D. 舒爾特斯（簽名）
F. D. 舒爾特斯

愛迪生北街 3440 號
阿靈頓市，弗吉尼亞州 22207

我不記得有没有告訴過您，我跟史克曼頭一回見面是在第二次世界大戰中，當時他被任命爲我的副手，服務於美國陸軍航空隊第十四航空隊總部的戰略情報處，即 A-2 分部。1953 年以後，我跟他一直没有聯繫，那年我給他的博物館送過一幅中國畫（手寫）。

〔1〕 這幾行字是手寫，寫在信紙右邊的空白處。

九　賽克勒先生的遺願

（摘自《畫室》雜誌的兩篇文章）[1]

説　明

亞瑟·姆·賽克勒（Arthur M. Sackler，1913～1987年）醫生是美國著名的精神病學家、醫學出版家和藝術品收藏家。1940年代，他的收藏品是以文藝復興時期和印象派、後印象派的繪畫爲主。1950年以來，他的興趣轉向亞洲，特别是中國。

他是紐約猶太人。過去，他的藏品主要集中在紐約大都會博物館（Metropolitan Museum）。1987年以來，他的亞洲藝術品始移藏於史密森學會（Smithsonian Institution）的賽克勒美術館（Sackler Gallery）。[2]

1966年以来，子彈庫帛書中保存最完整的一件就是他的藏品。

圖貳·九·一　賽克勒医生

賽克勒醫生收藏的子彈庫帛書，如上所説，來源很清楚，原本是蔡季襄的藏品，1946年才流美。無論其交易過程如何，協定的内容準確無誤：帛書是由柯强代售於美國，定價10000美元，押金1000美元，餘款9000美元，要待帛書售出後才付給蔡氏。[3]

1946～1949年，柯强（John Hadley Cox）向美國各大博物館和圖書館兜售文物，主要是賣這件帛書，其他殘片和書笈是留在福格博物館。他一再聲明，他是替朋友賣東西，"分文不取"。[4]但這樁買賣並不順利，即使把價格壓到7000美元，也賣不出去。當時，在美國的文物市場上，誰也不認識這件獨一無二的稀世珍寶，誰也没有認識到它的文物價值，更不要説研究價值，留下的只是懷疑和不屑。

1949～1964年，柯强曾把這件帛書，連同他在長沙獲得的一部分文物，一起借存於紐約大都會博物館，但1964年4月10日，借存合同到期，柯强取回這批文物時，他卻把他自己的文物，連同這件帛書，一起賣給了紐約古董商戴福保。[5]蔡氏没有從柯强處得到過一分錢。

---

〔1〕《畫室》（Studio）是一本用多種文字出版，以藝術、設計爲主題的國際雜誌（月刊）。這個增刊是爲紀念1987年5月26日賽克勒醫生逝世和1987年9月28日華盛頓賽克勒美術館開幕特意加印的專號。

〔2〕Smithsonian Institution，是美國國家博物館的總稱，地點位於美國華盛頓特區中心草坪的四周，通常譯爲"史密森學會"。

〔3〕參看本書《相關文獻》部分：蔡季襄《繒書資料》。湖南省博物館藏蔡季襄檔案也有很多記載。

〔4〕見賽克勒美術館藏1949年10月25日柯强致普瑞斯特（Alan Priest）信。

〔5〕戴福保（1910～1992年），字潤齋，無錫人，1930～1949年在上海經營古董買賣，店名福源齋，設於廣東路189號。1949年移居香港。1950年移居紐約。在西方古董業很有名，西人呼爲J. T. Tai。

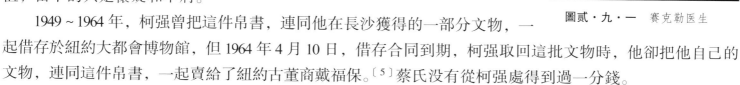

1964～1966年，這件帛書曾一度在戴福保手中。[1]但戴氏只是替賽克勒醫生買文物的中間商。他想把這件帛書扣下，留作自己的收藏，結果被賽克勒醫生的朋友辛格醫生發現。辛格醫生打电話，告知賽克勒醫生。賽克勒醫生迅速赶來，才用50萬美元買下這件帛書。

於是，這件帛書成了賽克勒醫生的藏品。

1967年8月21～25日，美國哥倫比亞大學藝術史—考古系召開“中國古代藝術及其在環太平洋地區的影響”討論會，帛書第一次向世人亮相。

1980年1月，蔡季襄卒於湖南長沙。同年，賽克勒醫生把一件頤和園的寶座歸還中國。

1985～1987年，賽克勒醫生先後捐建了三座以他的名字命名的博物館，對他的藏品做了最後的安排。

1985年，他在哈佛大學捐建了第一座賽克勒博物館，供哈佛大學藝術史系收儲福格博物館的亞洲文物。

圖貳·九·二　華盛頓賽克勒美術館

1986年，他在北京大學捐建了北京大學賽克勒考古與藝術博物館（1986年奠基，1993年開館），供北京大學考古系（現已更名爲考古文博學院）收儲北京大學考古系的發掘品和收藏品。

1987年，他在華盛頓特區史密森學會總部的院子裏，挨着弗利爾美術館，捐建了賽克勒美術館，供史密森學會收儲他借存紐約大都會博物館的亞洲文物。

賽克勒醫生卒於1987年5月26日，他没有看到後兩座博物館的開館。

1987年，賽克勒美術館開館，《畫室》雜誌爲慶祝此事，特意出了專號。其中有兩篇文章都提到了賽克勒醫生的遺願。他説，他一定要把這件文物送歸中國。

原　文

1. Lois Katz, “The Arthur M Sackler Collections,” *Studio* , Volume 200, Supplement 1 (1987), pp. 30-61.

Another bold purchase was the Chu silk manuscript (Figure 2), the earliest known Chinese painted manuscript so far. It is a page from a magico-religious document from the Zhou-period State of Chu, written and painted on silk about the fifth or fourth century B. C. Subsequent to its purchase by Dr. Sackler it became the focus and subject of a number of scholarly articles by Dr. Noel Barnard, Department of Far-Eastern History, the National University of Australia. Although the manuscript was offered to many museum curators before its purchase by Dr. Sackler, they were reluctant to purchase it because of its authenticity. Dr. Sackler was fascinated by implications of this painted manuscript page and sponsored a symposium to discuss it and relate to a broader spectrum of Pacific art. A three-volume publication *Early Chinese Art and Its Possible Influence in the Pacific Basin* (1967) was the result of that symposium. Scholars from many disciplines related it to cultures of the Pacific rim presented papers on the art of various peoples which might be considered comparable to the images painted on the Chu silk manuscript. I remember John Pope, former director of the Freer Gallery, Washington

〔1〕饒宗頤曾在戴氏處見此物，見氏著《楚繒書十二月名覈論》，《大陸雜誌》第30卷第1期，1965年1月，第1頁。又日本平凡社1965年版的《書道全集》所附帛書照片，上面印的帛書主人是戴氏。

D. C. telling me how sorry he was that he had not purchased the manuscript page when it was offered to the Freer. He thought Dr. Sackler was extraordinary in his perception of its importance and in daring to buy it.

When Dr. Sackler went to China for the first time in 1974 or 1975 with a group of American doctors and other professionals he expected to be an anonymous member of a group. This was not to be the case, however, as I assured him it would be, since his collection was well known to the Chinese and the Chu silk manuscript was particularly important to them. Dr. Sackler was amused when he related to me the discreet comments and questions to him while he was touring China. Many of his Chinese guides asked him whether he knew the American collector who owned the Chu silk manuscript. Dr. Sackler replied he thought he know him. Although the Chu silk manuscript will be seen on exhibition at the Arthur M. Sackler Gallery, Washington D. C. , Dr. Sackler promised to return it eventually to the People's Republic of China. (pp. 38-39)

譯　文

1. 摘自卡莰《賽克勒的收藏》,《畫室》,第200卷（增刊1）,1987年,第30~61頁。

另一次大膽買下的東西是目前中國最早的彩繪帛書。它是一幅大約公元前5~前4世紀的文獻,書寫和圖繪在絲綢上,出自周代楚國,帶有巫術和宗教性質。自從賽克勒把它買下來,它就成了澳大利亞大學東亞歷史系的巴納博士一批學術文章的焦點和主題。雖然在賽克勒醫生買下之前,帛書曾求售於一些博物館的部門主管,但因爲此物十分罕見,真僞難斷,他們誰都不肯認購。這件彩繪帛書的內涵使賽克勒醫生十分着迷,他贊助召開了一個學術研討會,把帛書與太平洋藝術的大背景連在一起討論。三卷本的《中國古代藝術及其在環太平洋地區的影響》一書就是這一研討會的結果。與太平洋文化有關,訓練背景不同的學者,就不同民族的藝術是否與帛書有可比性,向會議提交了論文。我記得,華盛頓弗利爾美術館的前館長波普（John Pope）曾跟我説過,他真遺憾,當年帛書求售於弗利爾美術館,他怎麼没把它買下來。他覺得,賽克勒敢於買下這件東西,真可謂獨具慧眼。

1974或1975年,賽克勒醫生第一次去中國,他是與一個由博士和其他專業人士組成的團體同行。[1]當時,他想當個默默無聞的成員,可是並不成功。他的藏品在中國太有名,特别是楚帛書,對中國人太重要,所以我跟他説,這絶不可能。賽克勒醫生後來跟我開心地説起,他在中國旅行時,人家老是小心地跟他指指點點、問東問西。他的好些中國嚮導都問他,是不是認識那個擁有楚帛書的美國收藏家。賽克勒醫生説,“我想我認識他”。儘管楚帛書將在華盛頓的賽克勒美術館亮相,但賽克勒醫生卻承諾過,它最終將會回到中華人民共和國。(38~39頁)

案：作者是大都會博物館負責賽克勒藏品的部門主任。此文是賽克勒美術館開館的宣傳品。

原　文

2. Miranda McClintic, “The Arthur M Sackler Gallery at the Smithsonian Institution, Washington D. C. —A new

〔1〕 參看：http: //www. sackler. org/china/amsmsh/htm: Sackler's Biography。案：此説有誤,賽克勒醫生第一次訪華在1976年。

museum of Asian and Near-Eastern Art," *Studio* , 1987 Vol 200, Supplement 1: Internal of the Creative Arts and Design, pp. 70-76.

The single most famous object in the collection is the Chu silk manuscript from the fifth to fourth centuries BC whose historical importance is so great that Dr. Sackler loaned it, because he felt that the manuscript should one day return to China. (p. 72)

譯　文

2. 摘自麥克林蒂克《華盛頓史密森學會賽克勒美術館：一座新建的亞洲、近東藝術博物館》，見《畫室》，第 200 卷（增刊 1），1987 年，第 70 ~ 76 頁。

（賽克勒）最著名的收藏品是公元前 5 ~ 前 4 世紀的楚帛書。它的歷史重要性是如此之大，以至賽克勒醫生只肯把它借給賽克勒美術館。因爲他覺得，早晚有一天，這件帛書得送回中國（第 72 頁）。

案：此文也是賽克勒美術館開館的宣傳品。

悼郭沫若

(1978 年 9 月 13 日)

說　明

2016 年 9 月 30 日，羅泰教授來信：

李零你好！

今天，我剛剛譯完你書中有關賽克勒醫生遺願的部分。

看來，沒有人給你傳達過賽克勒醫生親自發表的說法。它是 1978 年清清楚楚地表達在一篇紀念郭沫若的短文裏。原件發表在他自己出版的雜誌上，後來被收集在一本賽克勒基金會送給關係密切者的書裏（書店裏恐怕沒有賣的），我手頭恰好有一本，現把相關部分複印寄上。有關楚帛書的一部分在第 155 頁的第二、三段及最後一段。

總結賽克勒醫生的意思，他 1978 年第一次去中國的時候希望和郭沫若見面，希望跟他直接談送還帛書的事。郭氏當時病情已重，未能見面，這個機會就錯過了。但賽克勒在他的紀念文章裏仍然表示，希望將來把帛書送還中國，以便發展兩國人民之間的友好關係。

我覺得這件材料比起 Studio 的兩篇小文章更重要，應該包括在你的書裏。不知你覺得怎樣？

祝國慶愉快！

羅泰

Arthur M. Sackler, M.D.

ONE MAN AND MEDICINE

Selected Weekly Columns from the International Publisher of Medical Tribune (1972 – 1983)

INTRODUCTION BY LOUIS LASAGNA, M.D.

EDITED BY JOY HURWITZ

MEDICAL TRIBUNE, INCORPORATED
NEW YORK

圖貳・九・三　雜誌書影

原　文

A Tribute to Kuo Mo-jo

Arthur M. Sackler, M. D.

It was with deep sorrow that I learned of the death of Kuo Mo-jo. When I was in China, about 16 months ago, I was asked if there was anything in particular their officials could do for me. I said, "Yes I would like to meet with Kuo Mo-jo."

Who was Kuo Mo-jo?

Let me say that he was a physician and a rare genius whose path I have had the good fortune and privilege to cross.

Kuo Mo-jo was born about 1892 in a small town of southwest Szechwan, the fifth of eight children of a wealthy landlord family. He was destined to become one of the leaders of the Peopled's Republic of China. Of all the intellectuals and other leaders of the Chinese Communist movement, he was the best traveled and most widely educated. When he was only 15 years of age he began his studies in Japanese and English and, as brilliant a student as he was, he was also even then a rebel, in that he was prepared to protest against unfair school conditions.

In 1914, when Kuo Mo-jo was 22, he began his studies in medicine in Japan. He attended medical schools there for nine years. The length of his studies appears to have been related to the extensive range of his other interests and his extracurricular activities. He was then already busily writing poetry; his first book of poetry was published in Shanghai in 1919.

Like MaoTse-tung, who was one of his greatest admirers (even as he was Mao's closest personal friend), and like Cho En-lu, Kuo Mo-jo had a deep appreciation for many contributions of the United States and the American people to the traditions, the culture, the technology, and the advancement of so much that is good and great in world history. In fact, it is reported that Walt Whitman "may have been as influential as the May Fourth Movement [in 1919] in opening Kuo Mo-jo's eyes to the terrible realities of the Chinese situation" at that time.

In the years that followed, Kuo Mo-jo was busily publishing novels, plays, essays and autobiographies—a good part of his writing was autobiographical. He gave the world probably the most detailed record or account of any leader of the Peopled's Republic of China.

In 1937, after having spent 10 years in archaeologic research in Japan, he left his Japanese family and children to return to China to work with the Nationalists out of the wartime capital of Chungking throughout the Sino-Japanese war.

The range of his interests and the scope of his work are reflected in his contributions in the field of poetry, drama, history, fiction, archaeology, and paleography. His literary output was one of the most prolific of all writers of the 20th century. It included translations not only of Karl Marx and the poems of Rabindranath Tagore, but also Upton Sinclair. He was involved in the early relationships of the People's Republic with Russia, signing agreements for joint research in science with Soviet Russia, and also with other Communist countries.

Kuo Mo-jo was not only one of the most multilingual but also one of the most widely traveled of the leaders of the People's Republic of China. In addition to his long stay in Japan, he was familiar with other areas. In 1964 alone, he visited 19 countries.

Even though Kuo Mo-jo identified himself as a Marxist as early as 1924, he was not a Communist Party member until 1958. At the time of the proclamation of the People's Republic in 1949, he was a symbol of the non-Communists in the government, holding the post of Deputy Prime Minister responsible for the Ministries of Culture, Information, and Public Health. In 1951, he was awarded the Stalin Peace Prize, but it was only in 1969 that he became a member of the Chinese Communist Party's Central Committee.

Kuo Mo-jo was held in such high regard by Mao Tse-tung that Mao dedicated a poem to him. This poem is in one of the brief anthologies of Mao's work that is required reading for all Chinese Communist Party members. This did not save Kuo from criticism during the Cultural Revolution. During this period, he engaged in "self-criticism" and, according to the *Biographical Dictionary of Chinese Communism*, published by the Harvard University Press, he "made more than one 'confession' in which he condemned himself for … shortcomings." That work also commented on his ability to adopt "changing prescriptions for the 'correct' literary posture of the moment."

Why did I want to see Kuo Mo-jo?

Well, it's a little complicated. Perhaps I should fill you in a bit. I was in China when I requested a visit with Kuo. I was asked to write him a note. I did so. At that time, I suggested that I would like to meet with him (he was the head of the Academy Sinica) in order to set up an international medical conference, possibly one on nutrition to be held in Peking.

There was another reason, too. I was told then that Kuo was not well; the report of his recent death bears out that he had been in poor health for the last two years. The intermediaries who were to deliver my letter to Kuo Mo-jo, after reading my communication, asked me, "Do you have anything else you want to take up with him?" Yes I did, and I told them it was a "personal" message.

The personal message I wanted to convey to Kuo Mo-jo was of particular interest to him; it might also interest you. My message related to an ancient Chinese document—the most important object in my collections and a most precious relic in Chinese cultural history—the Ch'u Silk Manuscript. Kuo Mo-jo, to whom Mao had already dedicated a poem, was a paleographer interested in the translation of ancient writings and inscriptions. Kuo, who had himself written and dedicated a poem to a similar precious "silk with painting," was deeply interested in my manuscript of the Ch'u state of China of almost 2,500 years ago.

I had hoped that my relic the "silk with writing" would "find its way" back to China, that upon a suitable historic occasion my Ch'u Silk Manuscript would be placed in the hands of Kuo Mo-jo by an American as a tribute from our people to the people of China who over the years have held so many of the previous tenets of American history as valid truths for all of mankind.

Illness and death intervened.

I shall miss meeting Kuo Mo-jo, the Chinese "Renaissance man." It would have been a good and great occasion.

My hope remains that the act of friendship, for which I wanted to be with him, may still be fulfilledand that a historic relic of ancient China may still bring our peoples closer together.

(Joy Hurwitz ed., *Arthur M. Sackler, M. D. One Man and Medicine*, selected Weekly Columns from the International Publisher of Medical Tribune (1972-1983), New York Medical Tribune, Inc. pp. 153-55.)

譯　文

頃聞郭沫若去世，我深感悲痛。大約 16 個月之前，我在中國，中國官員問我，是否有什麼事需要特別交辦。我說："是的，我想見郭沫若。"

郭沫若是什麼人？

我說，他是個醫生，罕見的天才，他的人生道路，我也有幸穿越。

1892 年，郭沫若出生於四川西南小鎮上一個富裕的地主家中，全家八個子女，他排行老五。命中注定，他將成為中華人民共和國的領導人之一。在所有中國知識分子和共產主義運動的領導者中，他到過的地方最多，受教育的範圍最廣。只有 15 歲大，他就開始學日文和英文，不僅學業相當出色，而且是個叛逆者，時刻準備反抗學校中的不公。

1914 年，郭沫若 22 歲，開始留日學醫。他在醫學院學了九年。時間這麼長，顯然跟他涉獵廣泛，有許多其他興趣，熱衷課外活動有關。從那時起，他就投入寫詩。他的第一本詩集，1919 年在上海出版。

像毛澤東（即使成了毛的密友，郭依然最崇拜毛）和周恩來一樣，郭沫若對美國和美國人民深懷感激之情，感謝他們在世界歷史上對傳統、文化、技術和進步有如此優秀和如此偉大的諸多貢獻。事實上，據說當時，惠特曼（Walt Whitman）"像五四運動（1919 年的）一樣感染了郭沫若，讓他大開眼界，看到了中國時局的惡劣"。

在隨後的歲月裏，郭沫若頻頻發表小說、戲劇、散文和自傳。自傳是其作品中很出色的部分。在中華人民共和國領導人留給世人的傳記中，他的自傳或許最詳盡。

1937 年，為了參加民族主義者在陪都重慶的抗戰工作，在日本做考古研究達十年之久后，他拋妻棄子，返回中國，一直到中日戰爭結束。

他的興趣範圍和著作領域反映在他對詩歌、話劇、歷史、小說、考古和古文字等領域的貢獻上。他是 20 世紀最高產的作家之一。他不僅翻譯過馬克思的書、泰戈爾的詩，還翻譯了厄普頓・辛克萊（Upton Sinclair）的作品。他曾參與中華人民共和國與蘇聯的早期外交活動，簽署過中華人民共和國與蘇聯和其他共產黨國家科研合作的協議。

在中華人民共和國的領導人中，郭沫若不僅是精通語言最多的人，也是到過地方最多的人。除去瞭解他曾長期居住的日本，他還熟悉其他地區。光是 1964 年，他就訪問過 19 個國家。

雖然早在 1924 年，郭沫若就自奉為馬克思主義者，但 1958 年以前，他一直不是共產黨員。1949 年，中華人民共和國宣佈成立時，他是政府官員中非黨人士的象徵，擔任負責文化、信息和公共衛生的副總理。1951 年，他就獲得過斯大林和平獎，但 1961 年，他才成為中國共產黨中央委員會委員。

郭沫若深受毛澤東賞識，以至毛專門給郭沫若寫過一首詩。這首詩曾被收入黨員必讀的毛澤東選集，但並未使郭在"文化大革命"中免受批判。"文革"中，他做過自我批判，據哈佛大學出版社出版的《中國共產主義傳記詞典》，他"不止一次寫悔過書，在悔過書中為自己的錯誤痛責自己"。該書還評論過他"緊跟形勢、隨時表態、與世俯仰的應變能力"。

為什麼"我"要見郭沫若？

啊，這個問題有點複雜。也許我應多說幾句。我提出見郭時，正好在中國。我被要求寫封短信。我照辦了。當時我提出，我想見他（他是中國科學院院長）是為了在北京開個國際醫學會議，很可能是關於營養學方面的。

還有另一個原因。後來我被告知，郭的身體不太好。他最近去世的消息也證實，兩年來他的身體一直很糟。負責給郭沫若遞信的人讀完我的信，問我説，“你還有什麼事要我們溝通嗎?”有，的確有。我跟他們説，這可是個“私密的”消息。

我想遞給郭沫若的這個私密消息，是個讓他倍感興趣，恐怕也讓你們有興趣的消息。我的消息跟一件中國文書即楚帛書有關。它是我最重要的藏品，也是中國文化史上最珍貴的文物。郭沫若，毛都給他寫過詩，是個熱衷考釋古代文字和銘文的古文字學家。他主動為同樣珍貴的“楚帛畫”寫過一首詩，對我這件 2500 年前的中國楚帛書非常感興趣。

我一直希望我這件文物，“帶字的絲綢”，能夠“物歸原主”，重返中國，一直希望在一個合適的場合，由一個美國人，把我的楚帛書交到郭沫若手裏，作為我國人民獻給中國人民的禮物。多年來，中國人民一直尊奉美國歷史世代相傳的諸多信條，認為它們代表了全人類的普適真理。

疾病和死亡干擾了此事。

我錯過了與郭沫若這位中國“文藝復興大師”的會面。這该是一個多么美好多么偉大的機會呀。

但我仍然希望，希望這個友好舉動能夠夢想成真（正是為此，我才希望與他見面），希望用一件中國古代的歷史文物把中美兩國人民拉得更近。

原載 Joy Hurwitz ed. , Arthur M. Sackler, M. D. *One Man and Medicine*, selected Weekly Columns from the International Publisher of Medical Tribune (1972-1983), New York Medical Tribune, Inc. pp. 153-55.

十　辛格醫生的回憶

楚帛書
——爲《亚瑟・賽克勒醫生紀念集》而作，1987 年

說　明

保羅・辛格（Paul Singer，1904 ~ 1997 年）是美國著名收藏家。1993 年 3 月 1 日，我在他位於新澤西的寓所拜訪過他，看過他的精彩收藏，並向他當面請教過賽克勒醫生收藏子彈庫帛書的前後經過。他把這篇文章送給我。

這篇遺稿，原文注明是爲《亞瑟・賽克勒醫生紀念集》而作，寫於 1987 年。賽克勒醫生卒於 1987 年 5 月 26 日。此文結尾說，賽克勒醫生很可能會參加北京大學賽克勒考古與藝術博物館的開幕儀式，顯然賽克勒醫生仍然在世。照此推算，此文必寫於 1987 年 1 月 1 日至 5 月 26 日之間。

文中涉及三個重要人物，一是柯强（John Hadley Cox），二是巴納（Noel Barnard），三是賽克勒。他講柯强，語多微詞，因爲關係遠，在文中一律稱姓（Cox）；講巴納，非常尊重，因爲關係近，往往直呼其名（Noel）；賽克勒，和辛格是同裔同行，又兼同好，兩人都是猶太人，都是精神病大夫，都是紐約地區中國文物收藏家，關係不比尋常，在文中也多半稱名（Arthur）。這裏統一用他們的姓來翻譯。

圖貳・十・一　辛格醫生像

辛格對子彈庫帛書在中國的“身世”不太瞭解，基本上是轉述巴納的說法，但他的回憶對瞭解子彈庫帛書在美國的“經歷”卻很有幫助。

原　文[1]

Prepared for Festschrift in honor of Dr Arthur M Sackler, 1987

THE CH'U SILK MANUSCRIPT

Dr. Paul Singer

In 1934 a group of about ten people, possibly one family, and including a couple of teenage boys, went on one of their grave robbing jaunts in the city of Ch'ang-sha, once the capital of the State of Ch'u, now the capital of Hunan Province. The grave goods were a bit disappointing in number but in good condition since the grave was one of those often found in the area protected by a layer of lime-mixed clay around it. One of the boys, by lifting a damp wooden plank from a stack of them in one corner, picked up a piece of material that had the appearance of slimy leather-goat skin they conjectured—and apparently folded.

It is fascinating to join Noel Barnard in the speculation of how the object came to be left in the location where it was found. Had it been an integral part of the grave goods one would assume that it would be prominently displayed, most likely rolled up as a scroll and not folded up eightfold in the obscure location it was found. Had it been taken along by the foreman in charge of the grave construction as a bit of reading matter like a magazine, folded up, laid down and forgotten when the tomb chamber was closed up? Can we assume such a degree of literacy by a worker of the 5th to 4th century B. C. ? Can we assume such casual use at that time when this is the only such object so far discovered in all the intensive excavating now proceeding in China? The answer eludes us.

Unfolded and dried the object revealed itself as silk with characters and pictures drawn on it, and the grave robbers went about looking for a customer. The buyer was a tailor by the name of T'ang Chien-ch'uan, who passed it on to the American John Hadley Cox in 1937. The deal may have involved only a deposit of some money or a full purchase, but when Cox later attempted to sell the object he always maintained that he had absolutely "no financial interest in one penny profit from the piece" suggesting that he acted as a middleman. Cox had been a teacher at the Yale-in-China school at Ch'ang-sha in 1936-37 and when land-leveling outside the city and excavations opened many tombs, he purchased everything he could afford to acquire with the money he could raise. His purchases were brought to this country in 1937 and deposited at Yale where an exhibition of a small portion of the material was held in 1939 entitled "An Exhibition of Chinese Antiquities from Ch'ang-sha", accompanied by a little catalogue. The manuscript was not in evidence. Much of the Cox material entered the Yale museum by donation and purchase with dates of these acquisitions from 1940 to 1950.

The manuscript was then offered to a number of museums in the USA—the Freer, the Museum of Fine Arts in Boston, and possibly others）—and it, with a number of other objects of bronze, would finally appear at the Metropolitan Museum of Art in 1945. The asking price was $ 7, 500. Negotiations between Alan Priest, the curator, and Cox continued for years. Mr. Cox pretended in his correspondence that he knew the contents and meaning of the manuscript, re-

[1] 據作者所贈稿。

ferred to it as "The Codex", and claimed that his friends in China made insistent demands for its return. Priest, convinced of its importance, wanted to buy it but could not persuade the trustees and the purchasing committee.

Sometime in the fifties I was making my weekly rounds of dealers in New York City when Frank Caro, the successor to C. T. Loo, appeared in his gallery after I had been there for a short time and explained that he had been to the Metropolitan Museum of Art for an appraisal. I asked and he said that it was for an ancient piece of silk with writing and painting on it and that he had told them "the object has no commercial value" .

Cox disappeared for a number of years due to prolonged illness and when he reappeared the manuscript left the Metropolitan Museum of Art on April 13, 1964.

In 1949-50 a two-volume work on Ch'ang-sha by Chiang Hsuan-yi appeared that mentions the existence of the manuscript. Western authors who published Ch'ang-sha material in the early fifties appear unaware of its existence. Some other Chinese authors appear aware of its existence and one scurrilous article by one Shang Ch'ang-tse (*Wenwu* 1964, 9; 8-10) gives such a distorted history of it that one tends to think that he talks about another object altogether.〔1〕

The Freer Gallery had taken photos of the object while it was under purchase consideration and made prints and enlargements available to a number of scholars: Jao Tsung-yi, Hayashi Minao, Sueji Umehara and Noel Barnard and the writings of these and many others unleashed a flood of papers.

Noel Barnard becomes now the main figure in our story. An Australian, connected with the Australian National University, Canberra, he published in 1961 a book: "Bronze Casting and Bronze Alloys in Ancient China" .〔2〕While suspected by some scholars, but not further pursued by them, he proved in a profound study the fact that the early archaic bronzes of China had all been cast in clay molds and not as previously assumed by the lost wax technique. When it comes to Chinese bronze studies this piece of research stands barely behind the amazing study by Max Loehr in 1951 that gave us the sequence of the creation of the Shang Dynasty bronzes. It was apparently the study of bronze inscriptions that led Barnard into this field, and here is a Westerner whose ability to interpret ancient Chinese characters is unquestionably not surpassed if even equalled by any scholar in the field, be he Chinese, Japanese or Western.〔3〕Many publications have over the years appeared from his busy pen. The Ch'u silk manuscript would become this man's project until all its mystery would be solved. Here was the oldest manuscript written in ink and color on silk that the Chinese earth had divulged. Barnard got the Metropolitan Museum of Art to provide him with photographs, then with infrared film photos and finally pictures taken with a just discovered type of aerial photography film, and his studies, in contrast to the previous hand-copied ones that usually revealed about 400 characters were made on a total of 921 legible characters. In 1971 appeared Barnard's second paper on the manuscript based on the new studies after his first paper on the subject had been published in 1958.

A letter written by Noel on July 16, 1971 asked me whether I would consent to let Professor Junro Nunome of Kyoto have samples of the Warring States Period silks from Ch'ang-sha in my collection for his studies of the silk the manuscript was made of. I complied and the follow-up study of the manuscript published in 1972 contains the work of Nunome who also sent me a separatum. In the introduction Noel has this to say: "However, the decision to revise and enlarge the survey superseded such vague plans following the very generous donation of seven specimens of silk fabric and

〔1〕 Shang Ch'ang-tse，是 Shang Ch'eng-tso（商承祚）之誤。
〔2〕 原稿如此，此句中的書名不用斜體。
〔3〕 equalled 是 equaled 之誤。

cord for laboratory examination by Dr. Paul Singer, an eminent collector of Chinese objects d'art and the author of several scholarly articles centred around artifacts in his interesting collection. There are probably few private collectors of Chinese art who have demonstrated so truly genuine and sympathetic an attitude to serious scholarship embracing the fields of study represented by individual items amongst their treasures. I should like to record here, therefore, the gratitude of both professor Nunome and myself to Dr. Singer for his kind cooperation. I should further go on record, I believe, that the seven silk samples were despatched to me within twenty four hours of the arrival of a copy of the first version of the present survey and my covering letter to Dr. Singer asking if he would be able to contribute samples to further Professor Nunome's researches.[1] Within my own experience such prompt attention is rare. It is largely due to Dr. Singer's encouragement, not only in quick despatch of the silk samples but also in respect to the quantities provide, that the present survey succeeds in offering so much more representative a view of Chan-kuo period, silk fabrics".[2]

In 1964 Mr. Cox reappeared on the scene. He removed all the objects still belonging to him in Yale storage and the unsold Metropolitan Museum of Art material and sold it all to Mr. J. T. Tai, a New York City dealer.

On one of my above - described rounds I went down to Mr. Tai's basement section of his gallery and found myself surrounded by a host of Ch'ang-sha objects. Mr. Tai informed me that I could not acquire any of them since they had been sold to Dr. Sackler. I heard a strange noise apparently coming from the adjacent storage area and when he did not explain went into the room where I was confronted with the manuscript in its newly acquired box and humidifying apparatus that had made the noise. I asked whether this too had been acquired by Arthur and was told that Mr. Tai did not want to sell the object. I vigorously remonstrated against this attitude and told him that his customers would take it very badly if he in his capacity as a dealer turned private collector. I pointed out that his great colleagues in the field had never permitted themselves such a mistake and that he too should not do this. He replied that if he were to sell it his price would be half a million dollars, which meant that I had not spoken for myself. I left the premises, went to the nearest phone, called Arthur, told him to hop into a taxi, get to Tai's place and buy the manuscript. It was the only piece of advice of buying an object that I ever gave to Arthur, although the rumors had been around for years that I functioned as a sort of eminence grise behind Arthur's collecting activity. Arthur was his own man. He did quote me often as having said on the phone: "If you were to dump your whole present collection into the Hudson, it would not matter as long as you were the owner of this piece of silk". He bought it and I felt justified that the manuscript had finally landed in the best possible hands. I admit to some bad conscience about my pressing of friend Tai since I knew that he had collected paintings and calligraphy for years and never shown such material to a customer and never sold one. His wanting to add the manuscript to his hoard was acceptable and only when I found out that he had withheld a number of Cox objects from the allegedly total sale to Arthur did I feel better about it. The last evidence of this retention appeared in June 3, 1985 auction sale at Sotheby's, NYC, (Nos 26, 27, 28).

Arthur proceeded as I had expected. In conjunction with Columbia University he arranged at his cost a symposium built around the Ch'u silk manuscript, held August 21-25, 1967, at which a total of 27 scholars from around the world read papers. A three-volume account: "Early Chinese Art and its possible influence in the Pacific basin" was published in 1972 by Sackler's Intercultural Arts Press, run by a Mr. Salmen and under the auspices of Columbia University with Noel

---

〔1〕 despatched 是 dispatched 之誤。

〔2〕 despatch 是 dispatch 之誤。

Barnard as Editor.〔1〕

What happened between 1967 and 1972 is one of the most appalling chapters in the history of Arthur's connection with the arts. I knew only that the relationship between Arthur and Noel had broken down and for the first time attempted to heal rift, but was no more successful as I was later when I played the same role between Arthur and Metropolitan Museum of Art. On May 3, 1977 Noel dispatched a letter to me that consisted of four and a half tightly typewritten pages and inserts of four more long letters he had written to people involved in affairs. It contained his story of treatment he had received from the Intercultural Arts Press, how his function as editor had been usurped and his protestations ignored and that as far as he was concerned Arthur himself was the person responsible for it all. Appeals to Arthur had met no response. I assume that Arthur felt that he should stand by his, even if incompetent, organization and also not jeopardize his relationship with Columbia University. Noel quoted what he considered other instances of mistreatment of scholars by Arthur and threatened to give public evidence of Arthur's conduct to the world of Chinese Art. Although some juicy invectives are part of the letter together with its threats it appears that Noel thought the matter over, calmed down and chose only one move of retaliation. When the final volume of the study of the manuscript appeared in May 1973, "The Ch'u Silk Manuscript-Translation and Commentary", a work of 312 pages, the manuscript does not have an owner. The name Sackler does not appear.

Arthur did not give the object to the Smithsonian when he made his magnificent donation. He planned to return it to China and give it to the Chinese people, perhaps on the occasion of the opening of the Sackler museum on the grounds of Beijing University. I am certain that his wish will be carried out and perhaps the old man shall be there to witness this great ceremony.

譯　文

1934年，有一夥人在長沙從事盜墓活動。他們很可能是一家子，大約十個人，包括兩三個十來歲的半大小子。長沙一度是楚國的首都，現在是湖南的省會。雖然這次盜掘，所得甚少，令他們失望，但因爲那一帶的墓是用灰漿封墓，所出之物的保存狀況卻很不錯。其中有個孩子，從牆角一摞濕漉漉的木頭中抬起一根，因此撿到一件外觀好像滑溜溜的皮子，明顯是折疊起來的東西。他們猜想是羊皮。

這件東西怎麼會在這個地方發現，跟隨巴納的想象，我們不免浮想聯翩。如果帛書是隨葬品的一個重要組成部分，你會覺得，它應該像卷軸一樣，擺在非常顯眼的地方，而不是八摺疊放，放在某個不起眼的地方。但如果它是被修墓的工頭隨身攜帶，有如雜誌，是本折疊起來的讀物，又會不會是封閉椁室時被遺棄在墓中？我們能説，一個公元前5～前4世紀的工人有這麼高的識字水平嗎？我們能説，這件在所有發掘（數量龐大，現在仍在中國進行的發掘）中獨一無二的東西，在當時只是曇花一現嗎？答案令人捉摸不定。

案：以上是據巴納引用的所謂“盜墓者説”，見 Noel Barnard, *The Chu Silk Manuscript, Translation and Commentary,* Studies on the Ch'u Silk Manuscript, Part 2, *Monographs on Far Eastern History* 5, Canberra: Australian National University, 1973. pp. 1-3。此説並不可靠。“公元前5～前4世紀”，是巴納的斷代。其實，這個斷代並不準確，我們從發掘簡報看，應作“約公元前4～前3世紀”。

---

〔1〕 原稿如此，此句中的書名不用斜體。

盜墓者展開這件東西，晾乾它，發現是塊絲綢，上面有字有畫，所以到處尋找買主。買主是個裁縫，名叫唐鑒泉。1937 年，他把帛書轉讓給美國人柯强。這一交易，可能是先付押金，也可能是一次付清，但後來柯强打算賣帛書時，他總是堅稱，他絶没有“從這件東西獲取分文之利”。這也就是説，他只充當中間人。1936 ~ 1937 年，柯强任教於長沙雅禮中學。當時，城外在平整土地，很多古墓被挖開，他傾其所有，購入一切他買得起的東西。1937 年，他把他買的東西帶回我國，寄存於耶魯。1939 年，他在耶魯辦過一個叫“長沙出土中國文物展”的展覽，展出過他的一小部分藏品，隨展有本小小的圖録，其中没有帛書。柯强送展的文物，多半捐給或賣給了耶魯博物館，入藏時間爲 1940 ~ 1950 年。

案：這也是據巴納説，見*The Chu Silk Manuscript*，*Translation and Commentary* , Studies on the Ch'u Silk Manuscript, p. 12。巴納説，帛書流美是 1938 年，此説亦誤。柯强説，他絶對没有“從這件東西獲取分文之利”，見弗利爾—賽克勒美術館藏 1949 年 10 月 25 日柯强致普里斯特信。

後來，帛書曾在美國的若干博物館（弗利爾美術館、波士頓美術館，可能還有其他一些博物館）兜售。1945 年，它和一批青銅器終於來到大都會博物館，報價是 7500 美元。博物館的一個部門主管普里斯特（Alan Priest）和柯强討價還價多年。[1]柯强在信中假裝，好像他很瞭解帛書的内容和意義。他把帛書叫 Codex（聖典），並稱他在中國的朋友一直在催他歸還帛書。普里斯特深知它很重要，確實想買，但無法説服董事會和徵集部。

案：柯强與普里斯特討價還價事，見弗利爾—賽克勒美術館藏柯强致普里斯特信（1949 年 10 月 25 日、1950 年 1 月 19 日、1950 年 8 月 30 日）和普里斯特致柯强信（1949 年 10 月 28 日、1951 年 4 月 19 日、1963 年 6 月 26 日）。

五十年代有一陣兒，我經常到紐約古董商的店鋪走動。有一回，我在盧芹齋（C. T. Loo）的繼承人卡羅（Frank Caro）的店裏待了一陣兒，他來了。他説，他剛去大都會博物館給文物估價。我問是怎麼回事，他説是給一件帶文字和圖畫的絲綢估價。他告他們説，“這東西没什麼商業價值”。

由於疾病纏身，柯强好些年不曾露面。1964 年 4 月 13 日，帛書離開大都會博物館，他才出現。

1949 ~ 1950 年，蔣玄佁寫了部兩卷本的講長沙的書，它提到帛書。五十年代早期，西方作者講長沙，顯然都不知道天下還有此物。有些中國作者似乎也知道帛書之存在。如商承祚寫過一篇罵人的文章（《文物》1964 年第 9 期，8 ~ 10 頁）。他把帛書的歷史糟蹋得不成樣子，讓人覺得完全是講另一件東西。

案：辛格醫生對商承祚的評論亦出巴納。商承祚説，帛書是被“美帝國主義分子柯克思（M. John Cox）用卑鄙無恥的手段到上海誆騙掠奪至華盛頓，諱莫如深的密藏於耶魯大學圖書館，後來佛立亞博物館將之拍成照片，也不外傳”（商氏所説“柯克思”即柯强，“佛立亞博物館”即弗利爾美術館）。這種説法不夠準確。他的説法，對西方讀者很刺激。巴納反唇相譏，説弗利爾博物館曾把帛書照片提供給許多學者，怎麼能説秘不示人，就連商氏的照片也是得自“帝國主義”之手。參看氏著：*The Chu Silk Manuscript, Translation and Commentary,* Studies on the Ch'u Silk Manuscript, pp. 4-6。

〔1〕 部門主任，原文是 curator，普里斯特的實際職務是大都會博物館的亞洲部主任。

爲了兜售，柯强請弗利爾美術館給帛書拍過照片，洗印放大，供若干學者利用：饒宗頤、林巳奈夫、梅原末治、巴納（Noel Barnard）。這些人的作品和其他文章，勢如潮湧，越來越多。

現在，巴納成了我們故事的主要人物。1961 年，這位任教於堪培拉澳大利亞國立大學的澳大利亞人寫了一本書，《中國古代的青銅鑄造和青銅合金》（*Bronze Casting and Bronze Alloys in Ancient China* ）。雖然有些學者也懷疑過，中國的青銅器是否全由失蠟法鑄成，但未作進一步論證。巴納在一本深刻的著作中證明，中國早期的銅器都是出於範鑄，而不像以前認爲的那樣，是用失蠟法鑄成。研究中國銅器，此書僅次於羅樾（Max Loehr）之説。1951 年，羅樾寫了本了不起的著作。它告給我們商代銅器的演進序列。巴納研究帛書，顯然是從金文入門。他是西方人，但釋讀中國古文字卻能力超强，在這個領域中，無論跟誰比，中國學者也好，日本學者也好，西方學者也好，都毫不遜色。多年來他筆耕不輟，出版了很多書。他把楚帛書當一個大工程來做，務求把所有謎團全都解開。山川效靈，地不愛寶，這可是我們見到的墨色俱全，年代最古老的帛書。巴納是從大都會博物館得到照片，先是他們提供的用紅外綫膠卷拍攝的照片，後是他們提供的用剛剛開發的航拍膠卷拍攝的照片。他的書辨認出 921 個字，大異於先前的摹本。先前的摹本，一般只有 400 個字。1971 年，他以最新研究爲基礎的第二篇論文問世。在此之前，他也寫過這個題目。他的第一篇論文發表於 1958 年。

1971 年 7 月 16 日，巴納有一封信來，問我是否同意，把我收藏的長沙出土的戰國絲織品，送給京都大學的布目順郎教授，供他研究帛書的材料構成，我答應了他。下引他的研究楚帛書的著作出版於 1972 年，其中就有布目氏的工作。布目氏也給我寄了抽印本。巴納在該書導言中提到此事。他説：“不過，我還是決定，根據保羅・辛格醫生慷慨捐助的樣品，修正擴大我的研究，以代替過於粗疏的計劃。他捐助的是七枚供實驗室檢驗的絲綢和繩子。辛格醫生是中國藝術品的著名收藏家和若干學術文章的作者。這些文章是講他收藏的某些有趣文物。中國藝術品的私人收藏家，很少有人對嚴肅的學術表現出如此的真誠和同情，更何況是研究其珍藏中的個別文物。我應把布目氏和我對辛格醫生的感謝銘記於此，感謝他的善意配合。不僅如此，我把本書第一稿寄給他，附言求助，問他是不是可以把他的七枚絲綢樣品送給布目教授做進一步研究，他一收到，在 24 小時内，就用快遞把樣品寄來了。就我的經歷而言，如此及時的關注實屬罕見。我非常感謝辛格醫生的鼓勵，不僅感謝他航郵之快，也感謝他提供樣品之好，使本書對戰國絲織品的看法更有代表性。”

> 案：1971 年 7 月 16 日巴納致辛格信，見弗利爾—賽克勒美術館藏原件。1972 年巴納出版的書即 *Scientific Examination of an Ancient Chinese Document as a Prelude to Decipherment, Translation, and Historical Assessment- The Ch'u Silk Manuscript, Revised and Enlarged,* Studies on the Ch'u Silk Manuscript, Part 1, Monographs on Far Eastern History 4, Canberra: Australian National University, 1972.

1964 年，柯强先生再次登場。他提走了耶魯庫房中仍然歸他所有的東西和他在大都會博物館中没有賣掉的東西，把它們全部賣給了一個紐約的中間商，戴潤齋（J. T. Tai）先生。

如上所説，每周一次，我都要逛逛古董店。我照例來到戴先生店鋪的地下室，發現我身邊全是長沙貨。戴先生跟我説，這些全都賣給了賽克勒醫生，你什麽也别想要。這時，我聽見一種奇怪的聲音似乎從隔壁的庫房傳出。我没等他解釋，就進了那間屋子，迎面看見的正是楚帛書。帛書放在一個新來的盒子裹，聲音來自加濕器。我問，這是否也是賽克勒醫生定的東西。戴先生説，他可不想賣這件東西。我反對他的做法，跟他説，如果他不好好當他的中間商，卻悄悄當起收藏家，買主一定會嗤之以鼻。我向他指出，他這一行，但凡有頭有臉的人，都絕不允許犯這類錯誤，他自己也不應該這麼幹。

圖貳·十·二　戴福保

他回我説，如果要他出手，非 50 萬美元不可。這也就是説，我没法自己應這個價。我離開他的屋子，跑到最近一個電話亭，給賽克勒撥了電話，叫他趕緊打一輛出租車上戴的店來，將這件帛書買下。這是我勸賽克勒買下的唯一一件東西，儘管多年來，一直有一種流言，説賽克勒買東西，我是幕後操縱者。不錯，他老引用我在電話上説的那句話，“只要擁有這件帛書，哪怕你把你現有的藏品全都扔進哈德遜河也算不了什麼”，但賽克勒是個有主見的人。他把帛書買下來，我覺得真是得其所哉。我承認，我對我的老朋友戴先生施壓讓我有點良心不安，因爲我知道，他收字畫有年，從不示人也不賣。他想把帛書加進他的寶藏本來也無可厚非，只是當我發現，他明明説他替賽克勒醫生買下的是柯强的全部藏品，但卻從中扣了一部分，我才釋然。他這麼幹，有最新證據，見 1985 年 6 月 3 日紐約索斯比的拍品（編號 26、27、28）。

案：這段話講到賽克勒買進帛書的前後經過，以及帛書的價格，非常重要。

不出所料，賽克勒又有舉動。1967 年 8 月 21 ~ 25 日，他與哥倫比亞大學合作，由他出錢辦了一個圍繞楚帛書的討論會。會上有來自世界各地的 27 位學者宣讀論文。1972 年，一部三卷本的《中國古代藝術及其在環太平洋地區之影響》，以哥倫比亞大學的名義，由巴納主編，並請一個叫薩門（Salmen）的人操辦，在賽克勒跨文化藝術出版社出版。

1967 年和 1972 年間發生的事，在賽克勒染指藝術的歷史上是最可怕的一幕。我只知道賽克勒和巴納徹底鬧翻。一開始，我還想幫他們修復裂痕，但毫無成效。這正像後來我想爲賽克勒和大都會博物館居間調停，同樣也無濟於事。1977 年 5 月 3 日，巴納給我發了一封快信，信是用打字機打出，密密麻麻，長達四頁半。信封裏還塞着四五封給其他人的信，他們都是捲入此事的人。信中備述跨文化出版社如何虐待他，他的主編身份被剥奪，他的抗議被無視，反正在他看來，責任全該由賽克勒來負。賽克勒對他的控訴毫無回應。我猜，賽克勒大概覺得，不管他手下的機構如何不中用，他也得站在他們一邊，同時也不要危及他和哥倫比亞大學的關係。巴納還列舉了一些在他看來屬於賽克勒虐待學者的其他例子，揚言要把賽克勒對中國藝術界幹的事公之於眾。儘管他在信裏罵不絶口，虚聲恫嚇，但他明白，事情已經過去，他冷靜下來，想了另一招報復賽克勒。當他的《楚帛書譯注》（他論楚帛書的最後一卷）於 1973 年 5 月面世時，這本長達 312 頁的著作竟没寫收藏者之名，賽克勒的名字根本没出現。

案：我核對過弗利爾—賽克勒美術館藏巴納致辛格信，“1977 年 5 月 3 日，巴納給我發了一封快信”，通信日期實爲 1974 年 5 月 3 日；“信封裏還塞着四五封給其他人的信”，則包括：（1）巴納致某編者信（無收信人姓名，也無日期）；（2）巴納致哥倫比亞大學藝術史與考古系主任（或代主任）布倫德爾（Brendel）教授信（1970 年 10 月 14 日）；（3）西雅圖華盛頓州立大學東亞語文系司禮儀（Paul L-M Serruys）教授致巴納信（1971 年 4 月 7 日）；（4）巴納致哥倫比亞大學藝術史與考古系弗雷澤（Douglas Fraser）教授信（1971 年 3 月 4 日）。

賽克勒把他的大批文物捐給了史密森學會（Smithsonian Institution），但並没把這件文物送給它。他打算把它歸還中國，送給中國人民，也許就在北京大學賽克勒美術館開館的那一刻。我斷定這一願望會實現，也許這位老人將親臨盛典，目睹這一偉大時刻。

案：這段話很重要。賽克勒醫生在世時曾多次表示，他一定要把帛書歸還中國。可惜的是，賽克勒醫生辭世在 1987 年 5 月，而北京大學賽克勒考古與藝術博物館開幕在 1993 年 5 月，前後相距有六年之久，他没有看到北京大學賽克勒考古與藝術博物館的開幕，帛書也没有回到中國。

十一　柯强的回憶

説　明

柯强（John Hadley Cox，1913～2005 年），把子彈庫帛書帶到美國的人。

1935 年，柯强畢業於耶魯大學，隨後受雅禮學會（Yale in China）派遣，到長沙雅禮中學任教。

1937 年，抗日戰爭爆發，柯强離開中國。

1939 年 3 月 26 日～5 月 7 日，柯强在耶魯大學美術館舉辦長沙出土文物展，展出他在長沙搜集的文物。

1945 年 8 月 15 日日本投降前，柯强受美國海軍情報機關派遣，以海軍陸戰隊中尉（First Lieutenant，U. S. Marine Corps）的身份潛入上海，住霞飛路畝司康公寓 17 號 1206 室。

1946 年 6 月前後，柯强與蔡氏有滬上之議，帛書因而流美。

1964 年，柯强把子彈庫帛書中的完帛售於紐約古董商戴福保。

1992 年，柯强把子彈庫帛書中的殘帛和竹笈匿名捐獻給弗利爾—賽克勒美術館。

2005 年，柯强卒於拉斯維加斯。

圖貳・十一・一　柯强像

芝加哥大學圖書館藏柯强檔案中的短札

原 文

Mr. Mortimer Graves of the American Council of Learned Societies has suggested that the text and its illustrations should be subject of a special study by a symposium of American scholars, each specializing in some one aspects of the text. This is almost necessary, as there is perhaps no one scholar, unless it be Bernard Karlgren, who could handle the epigraphic, syntactic, and historical problems involved. Even if this noted Swedish philologist were to prepare the text for publication, however, it would still seem desirable to have certain American specialists - say Derk Bodde, for example prepare the interpretation of the religious and philosophical features of the text.

The text was first reported to have been destroyed in the Japanese bombings at Changsha. However, it turned up in Shanghai, undamaged, in July 1946. It was the property of three Chinese dealers, and after a long period of negotiations, it was finally possible to get them to allow the document to be brought to this country.

譯 文

美國學術委員會的格雷夫斯先生（Mr. Mortimer Graves）已經建議，此書的文字和圖畫應是一次學術研討會的主題。參加會議的美國學者，每人可以專攻一個方面。事情恐怕不得不如此，因爲恐怕没有哪一位學者足以勝任它所涉及的文字問題、句法問題和歷史問題，除非他是高本漢。但即使由這位著名的瑞典考據家負責出版，也最好請一位美國專家，比如卜德（Derk Bodde），由他闡釋此書的宗教特點和哲學特點。

最初的報道是，此書在日本對長沙的轟炸中已經被毁。但 1946 年 7 月，它卻完好無損地出現在上海。這是三個中國古董商的東西，經過長時間的討價還價，他們才最終同意，讓人把它帶到這個國家。

案：這是一份打印件，没有抬頭，没有落款，推測是柯强所寫，寫作時間不詳，推測約在 1966 ~ 1967 年左右，很可能與賽克勒基金會爲楚帛書籌辦的討論會有關。這里值得注意的是，它提到帛書出現於上海的時間是 1946 年 7 月，與蔡季襄回憶他與柯强在上海見面的時間完全吻合。“三個中國古董商”，疑指蔡季襄、葉叔重、傅佩鶴。1946 年 7 月 18 日，蔡季襄致柯强信説“此項古代繒書，係弟與葉君公司之物”，而傅佩鶴是帛書交易的中間人。

李零致柯强

（1993 年 1 月 22 日）

ARTHUR M. SACKLER GALLERY

SMITHSONIAN INSTITUTION · WASHINGTON, D. C. 20560

January 22, 1993

Mr. John Hadley Cox
Desert Inn Villlas, #201
356 East Desert Inn Road
Las Vegas, Nevada 89109

Dear Mr. Cox,

Let me begin my introducing myself. I am an Associate Professor in the Department of Chinese Language and Literature at Beijing University. For five months (January 1-May 31) I will be at the Smithsonian Institution as a Research Fellow, studying the Changsha Codex - sometimes referred to as the Chu Silk Manuscript. My advisors are Dr. Thomas Lawton and Dr. Jenny F. So.

During the past few years, beginning in 1980, I have written extensively about the Changsha Codex. My publications on the subject include a book and three articles. Some of my thoughts on the Codex are included in *New Perspectives on Chu Culture during the Eastern Zhou Period,* a volume containing papers and the discussion of a symposium held at the Sackler Gallery in 1990.

The history of the Changsha Codex is of special interest to me. Since you had the good fortune to be in Changsha during the period when the Warring States period tomb was opened and the Codex removed, I would be grateful for an opportunity to talk with you about the original find and about the subsequent disposition of the Codex.

If it is convenient for you, I would welcome an opportunity to visit you in Las Vegas. My schedule is flexible and, if you agree, I could plan to spend a day or two exchanging ideas and discussing the Changsha Codex with you at some time during February.

While I do speak some English, I must admit I am not fluent. Therefore I would ask your indulgence in permitting me to invite my friend and colleague, Dr. Lothar von Falkenhausen, to accompany me. Dr. von Falkenhausen is a distinguished scholar of Chinese culture who is currently teaching at the University of California at Riverside. He would be an excellent translator.

Should a date in February prove to be inconvenient for you, please feel free to suggest an alternative time. I certainly would do everything possible to organize my schedule around a date that is most suitable for you.

I look forward to hearing from you.

Sincerely yours
Li Ling
Research Fellow

譯　文

賽克勒美術館
史密森學會，華盛頓特區 20560 號

1993 年 1 月 22 日

柯强先生
沙漠旅館路别墅 201 號
東沙漠旅館路 356 號
拉斯維加斯，内華達州 89109

親愛的柯强先生：

請允許我自我介紹：我是北京大學中文系的副教授，將以史密森學會研究員的身份在這裏作五個月的研究，研究長沙聖典——有時指楚帛書。我在這裏的指導者是羅覃博士（Dr. Thomas Lawton）和蘇芳淑博士（Dr. Jenny F. So）。

1980 年以來，我寫過不少關於長沙聖典的東西。關於這個題目，我寫過一本書、三篇文章。我對長沙聖典的想法見於《東周楚文化討論會》一書。此書爲一卷本，收有 1990 年在賽克勒美術館舉辦的這次討論會的論文。

我對長沙聖典的歷史特别感興趣。鑒於這座戰國墓，墓室初啓、聖典新出之際，您正好在長沙，如果有機會跟您談談聖典如何出土、如何易手，我將非常感謝。

假如方便，我想找個機會去拉斯維加斯拜訪您。我的時間很隨便，如果您同意，我想在二月找個時間，花一兩天的工夫，跟您交换一下彼此的想法，並且討論一下長沙聖典。

雖然我能講一點英語，但我得承認並不流利。所以，我想求您俯允，我將邀請我的一位朋友和同行，羅泰博士（Dr. Lothar von Falkenhausen），與我一同前往。他是研究中國文化的傑出學者，現在在加州大學河濱分校教書。此人是很好的翻譯家。

如果二月不方便，請隨便選其他日子。我會調整我的時間，儘量把會面安排在對您最方便的日子。

盼覆。

李零
史密森學會研究員

案：1993 年，我到弗利爾—賽克勒美術館研究子彈庫楚帛書。1 月 22 日，在羅覃博士的建議下，我曾寫信給柯强，希望與他見面。但他接信後，並不回信給我，而是寫信給羅覃博士，懷疑我是中國政府派來調查他的，大發雷霆，拒絶與我見面。這裏，我説的“一本書、三篇文章”都是我的中文著作。我想，他未必找得到。所以，我提到了我在《東周楚文化討論會》一書中的討論。那篇短文被翻成英文，他好找也好讀。我寫這封信時，當時還不知道，子彈庫帛書出土時，柯强早已離開長沙。“長沙聖典”是柯强的叫法，爲了溝通彼此，我在信中特意用了他的叫法。

羅覃致李零信

（1993 年 6 月 11 日）

ARTHUR M. SACKLER GALLERY
SMITHSONIAN INSTITUTION · WASHINGTON, D. C. 20560

June 11, 1993

Professor Li Ling
Department of Chinese Language and literature
Peking University
Beijing 100871
People's Republic of China

Dear Professor Li,

By this time, you should be back in Beijing and enjoying the summer weather. During my brief visit to the campus of Peking University to take part in the opening ceremonies for the new Sackler Museum, I noticed how pleasant the hot, yet dry, climate is as compared with the summer heat in Washington, D. C.

When I returned to my office, I found a letter from John Hadley Cox waiting on my desk. Mr. Cox sent me a copy of his application for a Bollingen Foundation grant, originally submitted in 1962. In that statement, Mr. Cox provides some of his thoughts on the Ch'u Silk Manuscript and he thought you might want to read them.

In his letter to me, Mr. Cox emphasized his belief that it is possible to discern a tortoise on the Ch'u Silk Manuscript that constitutes a thirteenth figure-with a corresponding text-on the Codex. Should you have any questions about these interpretations, may I suggest that you write directly to Mr. Cox. Throughout the summer he can be reached at the following address:

John Hadley Cox
Ocean Club, Tower II, #1611
3100 Boardwalk
Atlantic City, New Jersey 08401.

With best regards,

Yours sincerely,
Thomas Lawton
Senior Research Scholar

譯　文

賽克勒美術館
史密森學會，華盛頓特區 20560 號

1993 年 6 月 11 日

李零教授
中文系
北京大學
北京 100871
中華人民共和國

親愛的李教授：

現在，想必你已回到北京，正在享受夏天的氣候吧。爲了參加新賽克勒博物館的開館儀式，我曾在北京大學的校園作短暫訪問。我發現，這一陣兒，天氣雖熱，但很乾，比起華盛頓的溽暑難消要舒服多了。

回來後，我在我辦公室的桌上發現一封柯强的信，信中附有一份 1962 年他寫給伯靈根基金會的申請書。在他的申請説明中，柯强先生講到他對楚帛書的看法，他覺得你可能希望瞭解他的想法。

在他給我的信裏，柯强主要强調的是，他看出楚帛書上有一隻烏龜，它很可能是這部聖典的第十三個神物，而且附有相應的文字。如果你對這些解釋有疑問，我建議，你不妨直接給柯强先生寫信。整個夏天，你都可以按下述地址給他寫信。

John Hadley Cox
Ocean Club, Tower II, #1611
3100 Boardwalk
Atlantic City, New Jersey 08401

祝好！

你的
羅覃
資深研究員

案：北京大學賽克勒考古與藝術博物館的開館儀式是在 1993 年 5 月 27 日。羅覃博士的這封信寫於他返回美國之後。他把柯强寄給他的電傳和 1962 年柯强向伯靈根基金會申請贊助的信一起寄給我，供我參考。我認爲，柯强對楚帛書的看法基本上没什麼學術價值，但他的電傳提到 1945 年他到上海與蔡季襄見面，還是重要的歷史記録。

電傳：柯强致羅覃

（1993 年 4 月 30 日）

Landmark
Pharmacy

252 CONVENTION CENTER DRIVE
CORNER CONVENTION CENTER & KISHNER DRIVE
PHONE (702) 731-0041
LAS VEGAS, NEVADA 89109

FAX (702) 796-9424

FAX COVER SHEET

TO: Dr. Thomas Lawton
Freer Gallery of Art
Washington D. C. 20560
FROM: John Hadley Cox
DATE: April 30, 1993
TIME: 13: 24
TOTAL PAGES INCLUDING THIS PAGE: 11pages
COMMENTS:

Dr. Thomas Lawton from John Hadley Cox

356 DI RD[1]
LV NV 89109[2]
April 30, 1993

〔1〕 RD，是 road 的縮寫。DI，是 Desert Inn 的縮寫。
〔2〕 LV NV，是 Las Vegas 和 Nevada 的縮寫。後面的數字是郵政編碼。

Dear Tom,

I am very grateful to you for sending me Ts'ai's report of 1944 on the discovery of the Ch'ang-sha Codex. When I arrived in Shanghai in 1945 before the Japanese surrender, we were so involved with Germans who had continued their activities against us, even after the surrender of their own government, so involved with KMT efforts to preserve Japan[ese] forces on Chinese soil to forestall the Communists, so involved with the general chaos in a leaderless city, that it was many months before I even heard of the report, let alone got to see a copy in the hands of a dealer who had been attempting to sell it on the open market for some time. There was nothing secret about its existence but it was not until I was later able to see Mr. Ts'ai himself + urged him to seek means to get the document out of Shanghai where hostilities seemed more than likely, that I obtained several copies to send to the Freer, Metropolitan, + other institutions. I am thus ashamed to have to ask you for a copy myself.

By the way, didn't the original have some drawings of the figures on the codex? Whoever ran off the xerox of the xerox didn't include any. Or am I just imagining this report did ersan rendition of 4 trees and accompanying figures?〔1〕

In looking for Larry Sickman's letter affirming the fundamental importance of my discovery of 13th figure on the document + my discovery of the meaning + purport of the divination text in ascertaining the true purpose + function of the codex, I find that he too needed a little encouragement! I attach a copy for the Changsha Codex study notes + for your use, Li Ling, + any other scholars consulting the Sackler Gallery records.

Sincerely,

John

譯　文

藍馬克藥店

會議中心路 252 號
會議中心路與基什納路交叉的街角
電話：（702） 731-0041
拉斯維加斯，內華達州 89109

電傳號：（702） 796-9424

電傳封面

收信人：羅覃（Thomas Lawton）博士
弗利爾美術館
華盛頓特區 20560

〔1〕 ersan，疑是 erase 之誤。

發信人：柯强（John Hadley Cox）
日期：1993 年 4 月 30 日
時間：13 點 24 分
總頁數（包括此頁）：11 頁
內容：

柯强致羅覃

沙漠旅館路 356 號
拉斯維加斯，內華達州 89109

1993 年 4 月 30 日

親愛的湯姆：

多謝您寄我 1944 年蔡氏關於長沙聖典發現的報告。1945 年，我到上海時，日本人尚未投降。當時，我們被德國人纏住，他們的政府已宣佈投降，但軍隊還在負隅頑抗；我們也甩不掉國民黨的麻煩，國民黨想把中國地面上的日軍儘量保留下來，阻止共軍接收；我們還得窮於應對一城之中的群龍無首、混亂不堪。因此，過了好幾個月，我才聽說這一報告，更何況我是在一個文物販子手中看到一本，他想在公開的市場上把它賣掉。雖然在我見蔡先生之前，帛書的存在早就不是秘密，但戰事一觸即發，我還是勸他趕緊把帛書帶出上海。後來，我搞到幾本報告，把它們寄給了弗利爾、大都會和其他機構。說起來真不好意思，我現在居然還從您這兒爲自己討書。

另外，聖典原件上没有神物圖像嗎？不知是誰複印時把它漏掉了。或許這只是我的想象，這一報告把帛書上的四棵樹和神物圖像給删掉了？

爲了弄清帛書的真實目的和它的功用，我在找史克曼（Larry Sickman）的信，[1] 它可以證實，我在帛書上發現第十三個神物、發現這篇占卜文獻的意義和目的有多重要。我發現他也需要一點兒小小的鼓勵。今附上一篇我研究長沙聖典的札記，供你們、李零和其他學者查閲賽克勒美術館的記録時用。

你的約翰

案：這封信是他第一次間接回答我的問題。它提到“我是 1945 年日本投降前到上海”。日本投降是 1945 年 8 月 15 日。得此可知，他到上海是在這一日期之前。信中説，柯强得到幾本報告，把它們寄給了弗利爾美術館、大都會博物館和其他機構。蔡氏後來説，“他要我給他五本《繒書考證》”，可見他得到的是五本報告。見《湖南省博物館文集》第 4 輯（長沙：《船山學刊》雜誌社，1998 年 4 月）第21～25 頁：《關於楚帛書流入美國經過的有關資料》：蔡季襄《繒書資料》。

---

〔1〕 史克曼（Larry Sickman，1906～1988 年），納爾遜美術館的老館長，美國著名的藝術品鑒賞家，柯强把子彈庫帛書帶到美國，最初就是通過他，安排檢驗，聯繫買賣。

十二　子彈庫帛書在美的借存記録

1946 年 8 月 6 日，子彈庫帛書，包括裝裱過的完帛、所有殘片和貯藏帛書的書笈，被送抵美國，放在納爾遜美術館。

1946 年 9 月 16 日 ~ 1949 年某日子彈庫帛書的殘片曾被放在一個紙盒中，送抵哈佛大學福格博物館。紙盒盒蓋現藏芝加哥大學圖書館的柯强檔案中，上面貼有福格博物館的兩個標籤。這兩個標籤下有蓋登斯（R. J. Gettens）手寫的四行字：This box opened for/inspection by JHC（柯强名字的縮寫——零案）and RJG（蓋登斯名字的縮寫——零案）/for first time at Fogg/Sept. 20 1949，似乎這個紙盒第一次被打開是 1949 年 9 月 20 日。[1] 但有文件表明，1947 年 1 月 7 日，福格博物館應史克曼之請，將子彈庫帛書（可能祇是其中的完帛）移送弗利爾美術館。[2]。

1949 年 8 月 12 日，福格博物館再次爲子彈庫帛書辦理借存手續。1949 年 9 月 20 日的所謂“第一次開驗”，恐怕只是再次辦理借存手續後的第一次開驗。

1949 年秋，柯强將子彈庫帛書中的完帛和他的一批文物借存於大都會博物館。[3] 其他殘片和書笈仍然借存於福格博物館，直到 1969 年 6 月 13 日。[4]

1964 年 4 月 10 日，子彈庫完帛在大都會博物館的存期已滿，柯强把帛書取出，售於紐約古董商戴福保。[5]

1965 年，子彈庫完帛歸賽克勒醫生所有。[6]

1987 年 9 月 28 日，賽克勒醫生在華盛頓捐建的賽克勒美術館開幕，子彈庫完帛被借存於弗利爾—賽克勒美術館，一直到現在。[7]

1992 年 6 月 12 日，留在柯强手中的子彈庫殘帛和貯藏帛書的書笈，以匿名捐獻的名義入藏弗利爾—賽克勒美術館，一直到現在。[8]

---

〔1〕見《哈佛大學麥克努斯檔案答夏德安問》。

〔2〕見《弗利爾美術館退還子彈庫帛書的收據》。案：子彈庫完帛最早的照片就是攝於弗利爾美術館。

〔3〕見賽克勒美術館檔案：大都會博物館東方藝術部主任普里斯特（Alain Priest）與柯强的通信。其中 1950 年 1 月 19 日柯强致普里斯特信提到這件帛書借存於大都會博物館的時間是 1949 年秋，估計應在 1949 年 9 月 20 日後（即帛書再次借存於福格博物館第一次開驗後）。

〔4〕見《哈佛大學麥克努斯答夏德安問》。

〔5〕見前《辛格醫生的回憶》。

〔6〕見前《辛格醫生的回憶》。

〔7〕見前《賽克勒醫生的遺願》。

〔8〕見後《子彈庫帛書殘片和竹笈入藏弗利爾—賽克勒美術館的文物接收表》，以及芝加哥大學圖書館藏柯强檔案：1992 年 5 月 27 日羅覃致柯强信和同日柯强寫給賽克勒基金會和弗利爾—賽克勒美術館的備忘録。

（一）納爾遜—阿特金斯藝術博物館給舒爾特斯的收據

說　明

此件是由賽克勒基金會慷慨提供。[1] 據舒爾特斯回憶，柯强委託他從上海帶到堪薩斯的文物一共是六件，除子彈庫帛書的完帛、殘片和盛放帛書的竹笈，還有“一柄玉劍（也許是銅劍）、楚王印和一件脱水後有點殘破的漆盒”。這六件文物，前三件比較清楚，後三件恐怕與子彈庫楚墓無關，這里登記的文物只有五件，没有“楚王印”。

一、史克曼致賽克勒信

原　文

WILLIAM ROCKHILL NELSON GALLERY OF ART

Office of LAURENCE SICKMAN DIRECTOR	The William Rockhill Nelson Trust ATKINS MUSEUM OF FINE ARTS 4525 OAK STREET KANSAS CITY, MISSOURI 64111	UNIVERSITY TRUSTEE: MILTON McGREEVY MENEFEE D. BLACKWELL CLIFF C. JONES, JR

5 December，1967

Dr. Arthur Sackler,
461 East 57th Street,
New York, New York.

Dear Dr. Sackler,

It is perfectly evident that my memory is rapidly deteriorating. Perhaps because we were only considering the acquisition by purchase of the lacquer box, the other objects completely escaped my recollections.

I am enclosing now for your files a Xerox of our receipt made out to Mr. Schultheis.

I have been unable to lay my hand readily on the Fogg receipt, but in the event they cannot find their file copy, I will make a further search.

〔1〕 這一歷史文件是由夏德安教授電郵寄示，謹致謝忱。

It is, of course, of considerable importance to be informed about any related material, and I hope you will be able to track it all down.

With all good wishes.

Sincerely yours,
Larry Sickman[1]
Laurence Sickman
Director

LS: jf
Enc.[2]

譯　文

史克曼館長辦公室

納爾遜藝術博物館
納爾遜信托基金會
阿特金斯藝術博物館
橡樹街 4525 號
堪薩斯城，密蘇里州
64111

大學基金會：
麥格里維
梅尼菲・D. 布萊克維爾
小柯利福・C. 瓊斯

1967 年 12 月 5 日

亞瑟・賽克勒醫生
東 57 街 461 號
紐約市，紐約州

圖貳・十一・二　史克曼像

親愛的賽克勒醫生：

事情太明顯，我的記憶越來越差。也許因爲我們一門心思只在買那件漆盒，其他東西完全記不清了。

今寄上一份我們開給舒爾特斯的收據的複印件，供您存檔。

我還無法馬上找到福格博物館的收據，但如果他們找不到文件的副本，我會繼續找一下。

當然，摸清有關材料是相當重要的事，但願您能把問題搞個水落石出。

祝好！

您忠實的
拉里・史克曼（簽名）
勞倫斯・史克曼館長

〔1〕這一行是手寫簽名。
〔2〕LS 是 Laurence Sickman 的縮寫，jf 是史克曼秘書名字的縮寫，Enc 是指 Enclosed 的縮寫，指附寄下述收據。

LS: jf

Enc.

二、收據

原　文

William Rockhill Nelson Gallery of Art

Atkins Museum of Fine Arts

4525 Oak Street

Kansas City 2, Missouri

August 6, 1946

Mr. F. D. Schultheis

203 Hartsdale Road

White Plains, New York

The following objects have been received,

18-46.[1]

As approvals:

No.	Object
	5 Chinese objects, all late Chou Dynasty, as follows:
1	Manuscript with painted decorations, fragmentary silk mounted on modern silk; rolled.
1	Manuscript, on silk, in very fragmentary condition.
1	Bamboo container for manuscripts, fragmentary condition.
1	Lacquer box with lid. Top decorated with three birds in red on black, inside pattern in reverse colors. Fragile condition, part of rim of box detached.
1	Lacquer case for sword, in two parts, both fragile. Bronze sword. Bronze fitting and jade pommel.

Reconstructed chart of mounted manuscript & two typewritten pages of description.

At Fogg. Sickman has Fogg receipt.[2]

Hugh J. Smith, Jr.

Registrar

〔1〕這裏的數字是手寫，18-46 是注冊號，意思是 1946 年的 18 號。

〔2〕此行是手寫。

譯　文

納爾遜—阿特金斯藝術博物館
橡樹街 4525 號
堪薩斯城 2，密蘇里州

1946 年 8 月 6 日

F. D. 舒爾特斯
哈茨代爾路 203 號
白原，紐約

下列器物收訖

18 - 46（手寫）

同意

編號	器物
	中國器物五件，全部爲晚周器物，列具如下：
1	彩繪帛書，破損絲織品裱在現代絲織品上，卷狀。
1	帛書，寫在絲綢上，破損嚴重。
1	盛放帛書的竹笈，破損嚴重。
1	帶蓋漆盒。蓋頂繪三鳥，外壁黑地紅彩，内壁紅地黑彩。漆盒嚴重變形，口沿部脱落。
1	漆劍鞘，碎成兩半，嚴重變形。青銅劍、銅飾件和玉劍首。

帛書裝裱復原圖和兩頁打字説明。

在福格博物館。史克曼有福格博物館的收據（手寫）

小休・J. 史密斯
登記人

（二）芝加哥大學圖書館藏帶福格博物館借存標籤的紙盒盒蓋上的文字

説　明

這個紙盒的盒蓋是芝加哥大學圖書館藏柯强檔案的一部分，上面貼有福格博物館的兩個標籤和該館負責驗收的工作人員蓋登斯（R. J. Gettens）手寫的文字。這兩個標籤，一個印有借存號 7460. 3，後來打叉，表示作廢，年代在前；一個印有借存號 8580. 2，年代在後，屬於兩次登記。前者有蓋登斯手寫的 9. 16 和 Nelson Gall.，表示 1946 年 9 月 16 日借自納爾遜美術館；後者有他手寫的 T 和 Cox，T 加在 LOAN 前，表示暫借（temporary loan），Cox 表示借自柯强。據哈佛大學的記録，子彈庫帛書曾兩次借存於該校的福格博物館，第一次是 1946 年 9 月 16 日 ~ 1949 年某日，第二次是 1949 年 8 月 12 日 ~ 1969 年 6 月 13 日。

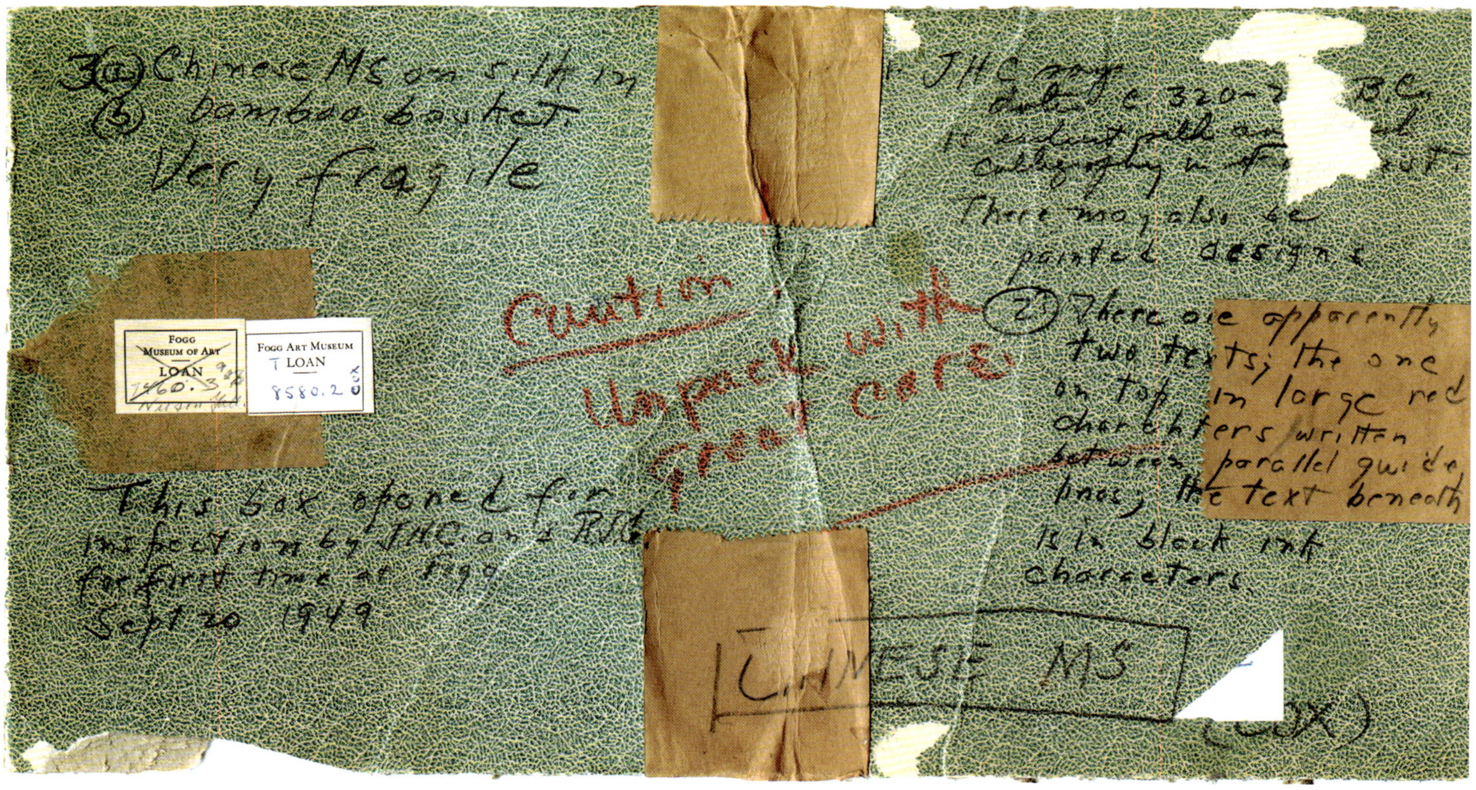

圖貳·十一·三　紙盒盒蓋上的文字

原　文

3. (a) Chinese MS on silk in
(b) bamboo basket.
Very fragile

Fogg　　Fogg Art Museum
Museum of Art
LOAN　　T LOAN
7460. 3　9. 16　8580. 2　Cox
Nelson Gall.

This box opened for
inspection by JHC and RJG
for first time at Fogg,
Sept. 20 1949.

1. JHC says
dated c. 320-221 B. C.
is earliest silk ancient
calligraphy in the Far East.
There may also be
painted designs.

2. There are apparently
two texts; the one
on top in large red
characters written
between parallel guide
lines, the text beneath
is in black ink
characters.

Chinese MS (Cox)

譯　文

3. (a) 寫在絲綢上的書，放在
(b) 竹笈内。
非常脆弱。

福格美術博物館　　福格美術博物館
借存號　　暫存號
7460. 3　9 月 16 日　8580. 2　柯强
納爾遜美術館

此盒由柯强和蓋登斯
首次開驗於福格博物館，
時爲 1949 年 9 月 20 日。

1. 柯强説，
年代約爲公元前 320 ~ 前 221 年，
這是遠東最早寫在絲綢上的古代字迹。
此書很可能還帶圖畫。

2. 看來有兩件帛書：
上面一件爲紅色大字，寫在欄格内；
下面一件用黑墨寫成。

中國帛書（柯强）

附：哈佛大學麥克馬努斯答復夏德安問（2013 年 10 月 16 日）

原　文

Dear Professor Harper,

I am following up regarding your inquiry into the box marked with Fogg Museum loan tags. The tags reflect two temporary loan (TL) numbers for the same object, registered as Chinese Manuscript and silk (red) in Chinese Bamboo Basket by the museum. Our records indicate that the object was here as TL7460. 3 from September 16, 1946 to an unknown date in 1949, and again as TL8580. 2 from August 12, 1949 - June 13, 1969. Unfortunately, we have been unable to locate additional provenance information.

The writing on the box does appear to be in Gettens' hand, but we were not able to find any correspondence between Gettens, Cox, or Sickman regarding the manuscript. I hope this information proves useful, and please do not hesitate to contact us if you have additional information.

Best Regards

Brooke McManus, Archives

譯　文

親愛的夏德安教授：

承詢紙盒帶福格博物館標籤事，謹覆如下。這些標籤是該博物館用來登記放在中國竹笈中的中國帛書和絲綢（紅色），上面有同一文物的兩個暫存號。我們的記録是，暫存號 TL 7460. 3 是 1946 年 9 月 16 日至1949 年某日該物借存於此的標誌，TL 8580. 2 是 1949 年 8 月 12 日 ~ 1969 年 6 月 13 日該物再存於此的標誌。但不幸的是，我們無法進一步斷定它的來龍去脈。

盒蓋上的字出自蓋登斯（Gettens）之手。但我們找不到蓋登斯、柯强或史克曼討論帛書的任何通信。我希望這一信息還有點用，如果您有更多信息，請隨時與我們聯繫。

祝

好！

布魯克・麥克馬努斯，檔案部

（三）弗利爾美術館退還子彈庫帛書的收據

（1947 年 12 月 9 日）

原　文

December 9, 1947

RECEIVED from Freer Gallery of Art, December 9, 1947, the following object sent to the Gallery on January 7, 1947, by the Fogg Museum of Art at the request of Mr. Laurence Sickman of the Nelson Gallery of Art, Kansas City, Missouri:

1 Chinese Manuscript with provisional reconstruction said to have been made in China.

____

John Hadley Cox

譯　文

1947 年 12 月 9 日

1947 年 12 月 9 日，今收到福格博物館應密蘇里州堪薩斯城納爾遜美術館史克曼先生之請於 1947 年 1 月 7 日送到弗利爾美術館的下述文物：

據説在中國臨時復原的中國帛書一件。

____

柯强

案：此件保存在芝加哥大學藏柯强檔案中。這是弗利爾美術館把子彈庫帛書退還給柯强的收據，簽名處没有簽名，文件上方有手寫的 Copy for Mr. Cox（柯强存底）。“在中國臨時復原”指在中國已被裝裱。

（四）柯强從大都會博物館取走其借存文物的文件

一、大都會博物館關於柯强提取文物的備忘録

原　文

The Metropolitan Museum of Art
Interdepartmentmental Memorandum

To: Mr. Wilkinson
From: Marcia C. Harty　　　　1964 年 4 月 10 日

Re：Mr. Cox's Chinese Objects

Yesterday afternoon Mr. Lippe told Mr. Cox that we would return his pieces that have been here since 1949 on examination to him this morning. These objects are very important, and desired for our collections.

This morning Mr. Rorimer wanted to see them, but was unable to do so. While people were trying to find him, Harry Parker took Mr. Cox on a tour of the new building projects, and finally brought him to this department.

Mr. Cox was very understanding, although he had stayed in New York in order to pick up his objects this morning, when Mr. Parker told him that for our insurance coverage, we could not release the objects without the Registrar's signature.

We are to phone Mr. Cox on Monday if we have been able to get your signature in the meantime, and he will come back from Washington and pick them up.

Mr. Cox said he would probably give some of them to Yale. I asked him if he wouldn't leave them here on special loan arrangements so that we could exhibit them when the Far Eastern galleries are opened, but he seemed determined to take them away as soon as possible.

譯　文

大都會藝術博物館
各部門間的備忘録

收信人：威爾金森
發信人：瑪莎·C. 哈蒂　　1964年4月10日

主題：柯强先生的中國文物

昨天下午，利皮先生跟柯强先生説，今天上午，我們要把他1949年借我們做檢驗用的文物還給他。這些文物非常重要，值得我們收藏。

今天上午，羅里莫爾想去看這些東西，但没能看成。大家正在找柯强，派克帶柯强參觀了正在修蓋的新建築，最後把他帶到了我們部。

今天上午，儘管爲了提取文物，柯强先生仍然滯留紐約，派克先生跟他説，由於保險還没到期，没有登記室簽字，我們還不能讓他提取，他很理解。

星期一，我們給柯强先生打電話説，只要到時能得到他的簽字，他就可以從華盛頓回來拿東西。

柯强先生説，他會把一些東西送到耶魯。我問他是不是可以簽個借據，把這些東西留下來，等我們的遠東館開門，我們可以辦展覽，但他主意已定，非把東西儘快拿走。

二、柯强從大都會博物館提取文物的收據

原　文

The Metropolitan Museum of Art

To The Registrar　　Date: April

Expect☐
Collect☐　　From: Name　　Mr. John Hadley Cox　　Delivery or (Date
Collection (Time

Deliver To☐　　Complete Address　　20 Hesketh Street
Chevy Chase 15, Maryland

The Following objects　　2 standing figures with detachable arms
Valuation $　　2 bronzes mirrors
Carved lacquered wood monster with 3 sets of horns and base
One ms. on silk

For☐　Gift☐　Special Loan☐　Purchase☐　Examination☒

Via　Express☐　Parcel Post　Messenger　(Theirs☒　(Ours☐　Truck☐　Station Wagon☐　(theirs☐　(ours☐　foreign Shipment☐

Charges Collect☐ Prepaid☐

Insurance and Transportation

Transit insurance to be placed	by	M. M. A. ☐ Sender ☐	Premium to be paid	by	M. M. A. ☐ Sender ☐

If purchased, transportation and insurance to be deducted from Purchase Price☐

If returned, M. M. A. to insure and pay☐ Ship collect☐ or Ship prepaid☐

M. M. A to insure and bill☐

Department Far East Signed F. Chow

譯　文

大都會藝術博物館

收信人：登記室　　日期：1964 年 4 月 13 日

發信人：柯强

運到地址的全稱：　20 Hesketh Street

Chevy Chase 15, Maryland

下述文物，價值 $：　立俑二，手臂可拆卸。

銅鏡二。

漆木鎮墓獸，帶三副角、一個座。

帛書一，寫在絲綢上。

用於：檢驗

誰運：他們

部門：遠東藝術部　　簽名：F. Chow

案：原文未填的項目省略不譯。

(五) 賽克勒基金會關於楚帛書的記録

2014年12月2日，夏德安教授向賽克勒基金會詢問賽克勒醫生買進帛書的時間，賽克勒基金會的答復是，他們的檔案記録是：

John Hadley Cox Collection

J. T. Tai & Co, Inc. New York, March 31, 1965,

Dealer # YT - 4848

Arthur M. Sackler Collections

Else Sackler from the Estate of Arthur M. Sackler, 1996

The Arthur M. Sackler Foundation, 1997

1. 前三行是説，此物舊藏柯强，1965年3月31日由戴潤齋的古董行代購，他的注冊號是YT - 4848。

2. 後三行是説，此物爲賽克勒藏品，1996年由埃爾斯・A・賽克勒繼承，1997年歸賽克勒基金會所有。

（六） 柯强向弗利爾—賽克勒美術館捐獻帛書殘片的記録

説 明

2001 年 9 月 1～7 日我和白榮金先生應弗利爾美術館實驗室主任賈寶（Dr. Paul Jett）博士邀請，前往華盛頓，與大都會博物館的紡織品保護專家金蒂尼（Christine Giuntini）研究進一步揭剥，經賈寶博士允許，複印了這份記録。

在這份登記表上，捐獻者要求爲其身份保密，但是誰都知道，這位捐獻者毫無疑問是柯强。

原 文

Office of the Registrar
Arthur M. Sackler Gallery

RLS1992. 22
Loan number
TUN LN3: LRN 2047[1]

Acquisition Consideration Form

Artist/classification　　　　　　　　　　Life dates

Bamboo Case with Two Manuscripts　　　Late Eastern Zhou (5th - 3rd centuries B. C.)

Title/subject　　　　　　　　　　　　　Date of work

China, Changsha, Hunan Province

Country/region/city

This is offered as an anonymous gift.

Special conditions

Assessments and comments:

〔1〕 TUN LN3: LRN 2047 是器物號，手寫。

Due to the extremely fragile nature of the object no incoming examination or enumeration of parts

Registrar

have been made - its composition is unknown. The anonymity of is part of gift agreement.

3EY6/12/92〔1〕

Conservator〔2〕

Checked in Friday, June 12 and photographed. Boxed up in two solander boxes and brought over

to Freer by Rocky Korr Monday, June 15. T. Chase June 17, 1992

Curator

Director

Approved　　　　　　　　　　Date

Denied　　　　　　　　　　Date

Please return this form to the Office of the Registrar

SI - 3846　5 - 15 - 87

譯　文

賽克勒美術館登記室

借存號：RLS1992. 22

器物號：TUN LN3：LRN 2047

考慮接收表

作者/類別：

名稱/主題：竹笈和兩件帛書。

時間：東周晚期（前 5 ~ 前 3 世紀）。

國家/地區/城市：中國湖南長沙。

材質/技術/格式：竹質，寫在絲綢上。

〔1〕 日期和鐘點是手寫，加在這段話的頁邊。

〔2〕 下面的話是手寫。

特殊條件：此物是匿名捐獻。

評估：由於該物極其脆弱，收入時未做檢查和清點——它的構成還很不清楚。爲捐獻人的身份保密是捐獻協議的一部分。1992 年 6 月 12 日下午 3 點。

登記者：

文保專家：6 月 12 日，星期五，收進並拍照。6 月 15 日，星期一，帛書被裝進兩個索蘭德盒，[1] 由柯爾（Rocky Korr）移送弗利爾美術館。齊思（T. Chase），1992 年 6 月 17 日。

研究室主任：

館長：

同意：　　　　　　　　日期：

不同意：　　　　　　　日期：

〔1〕 索蘭德盒（solander box），瑞典博物學家索蘭德（Daniel Solander，1733～1782 年）發明，本來用以盛放植物標本，後多用以盛放書畫類的散頁。這兩件盛放帛書殘片的盒子是布面裱糊，帶可以平行滑動的玻璃蓋。

十三　27位國際學者聯名致畢齊信

原　文

Princeton University　East Asian Studies
211 Jones Hall
Princeton, New Jersey 08544-1008
Tel: 609-258-4276
Fax: 609-258-6984

Dr. Milo Cleveland Beach
Director
Freer and Sackler Gallery
Smithsonian Institution
1050 Independence Ave.
Washington, D. C. 20560

October 22, 2000

Dear Dr. Beach,

We, scholars of Early Chinese civilization and its textual heritage, presently assembled at Princeton University for the International Conference on Text and Ritual in Early China, would like to address you an urgent request.

Since 1992, your institution has been in possession of a sizeable convolute of Warring States period silk manuscripts that was found at Changsha in 1942 in the same tomb as the famous "Chu Silk Manuscript" formerly in the collection of the late Dr. Arthur M. Sackler. Except for a small fragment in the collection of the Hunan Provincial Museum, which was recovered from the same tomb in the course of later scientific excavations, all the manuscripts formerly in that tomb are now in the United States, where they were brought in 1946 by Mr. John Cox. They constitute the earliest Chinese silk manuscripts [that include those] found in 1973 at Mawangdui, also at Changsha.

In 1993, Professor Li Ling of Peking University spent five months at your Institution at the invitation of Dr. Jenny F. So. Together with Dr. W. T. Chase, Dr. John Winter, and Ms. Mary Ballard, he participated in a first attempt at unfolding the manuscript convolute, which is in extremely fragile condition. The project succeed[ed] in detaching a certain amount of the inscribed material, perhaps as much as two thirds, in disjointed fragments. Professor Li established a preliminary reconstruction showing how these fragments originally cohered, indicating that the contents pertain to several layers of previously [independent texts that are] of great importance to the study of pre-imperial Chinese intellectual history. Nevertheless, Professor Li's work remains unpublished pending the unfolding of the remainder of manuscript material; in fact, even the existence of a "Second Chu Silk manuscript" is currently not widely known. Before returning to China, Professor Li laid down his recommendations as to how to continue the work in the work in an extensive memorandum addressed to you and to Dr. So. In view of the considerable technical difficulties encountered by your institution's staff, he suggested that your Institution proceed in collaboration with specialists from the Institute of Archaeology of Chinese Academy of Social Science, who have gained important experience in the course of their work on the conservation of the Mawangdui Silk Manuscripts. At the recommendation of the late Professor Wang Xu, the foremost expert on such work, he secured the willngness of Professor Wang's Former assistant, Mr. Bai Rongjin, a highly qualified specialist at the Institute of Archaeology, to collaborate with the effort. Professor Li was assured at the time that your Institution was extremely interested in pursuing the work on the manuscript in a speedy manner, and that his proposals would be studied and followed up.

We note with dismay that, despite the assurances given to Professor Li, no progress has been made on the further unfolding and eventual publication of the silk manuscript over the last seven years. Given the extreme importance of the manuscript, the speedy completion of conservation and publication effort is of great concern to the scholarly community at large. As members of that part of the community that is immediately concerned with these manuscripts and the subject matter treated therein, we therefore urge you finally to take the measure necessary to assure that the manuscript be unfolded, deciphered, conserved, and published without further delay. We feel that the participation of Chinese scholars in this effort is warranted both by the nature of the task at a hand, and for symbolic reasons. In this connection, we also endorse Professor Li's suggestion that the publication take the form of a comprehensive report of all the finds made in the tomb yielding the silk manuscript, including those in the possession of your institution and those now held by the Hunan Provincial Museum. We believe that such an international collaborative effort would bring to a satisfactory and, in a scholarly sense, highly meaningful closure an ethically problematic episode in the history of archaeological exploration in China.

Thank you for your consideration.

Sincerely yours,
Sarah Allan, Dartmouth College
Harold D. Roth, Brown University
Michael Nylan, Bryn Mawr College

Constance Cook，Lehigh University
Robert Eno，Indiana University
小南一郎，京都大学
Michael Puett, Harvard University
David Schaberg, University of California, Los Angeles
Ulrich Lau，University of Heidelberg
Mark Edward Lewis, Cambridge University
Robin D. S. Yates, McGill University, Quebec, Canada
K. E. Brashier, Reed College
Victor H. Mair, University of Pennsylvania
Martin Kern，Princeton University
Joachim Gentz，Heidelberg, Germany
Gilbert L. Mattos，Seton Hall University
Yuri Pines，the Hebrew Univ. of Jerusalem
Lothar von Falkenhausen，University of California, Los Angeles
Thomas A. Wilson，Hamilton College
David N. Keightley，University of California, Berkeley
Robert W. Bagley，Princeton University
Susan Naquin，Princeton University
Yang Lu，Princeton University
Mu-chou Poo（蒲慕州），Acadmica Sinica
Christoph Harbsmeier, Oslo University
William G. Boltz, University of Washington，Seattle
Paul R. Goldin, University of Pennsylvania

Please reply to Professor Martin Kern at the address given on the letterhead, with electronic copies to the signatories to the following address (略)

譯　文

普林斯頓大學　東亞學系
琼斯廳 211
普林斯頓，新澤西 08544-1008
電話：609-258-4276
電傳：609-258-6984

弗利爾—賽克勒美術館館長畢奇博士
史密森學會

獨立大道 1050
華盛頓特區 20560

2000 年 10 月 22 日

親愛的畢齊：

我們，研究早期中國文明及其文獻遺産的學者，現在齊聚於普林斯頓大學，參加早期中國文獻和禮儀的國際會議。我們想向您表達我們的急切請求。

1992 年以來，貴學會擁有一批 1942 年出土的戰國時代的帛書。[1] 它們與已故賽克勒醫生收藏的那件著名的楚帛書本來出於同一座墓。湖南省博物館收藏的一枚碎片也是在後來的科學發掘過程中，從這座墓葬中發現[2]。除了這一片，先前發現的所有帛書現在都在美國。它們是由柯强（John Cox）先生於 1946 年帶到美國。它們屬於中國最早的帛書。這些帛書是 1973 年發現於馬王堆，[3] 同樣在長沙。

1993 年，北京大學的李零教授，應蘇芳淑博士邀請，在貴學會工作過五個月。他和齊思（W. T. Chase）博士、温特博士、巴拉德女士一起，參加過揭剥帛書的最初工作。帛書極其脆弱。接下來的工作是把帶字的碎片分離出來。它們在帛書殘片中可能占到 2/3。[4] 李教授對帛書做了初步復原，用以説明這些殘片原來怎麽疊放，指出寫在不同層次上的内容對研究帝國時代以前的學術史有重大意義。儘管，李教授的工作仍然留下了一些從未公布有待揭開的帛書，但就連“第二帛書”存在也並非廣爲人知。李教授回中國前，在一份内容豐富的備忘録中，就如何繼續展開工作，給您和蘇芳淑博士留下他的建議。鑒於貴學會的工作人員遭遇到不可忽視的技術困難，他建議，貴學會馬上與中國社會科學院考古研究所的專家進行合作。他們在保護馬王堆帛書的過程中得到過重要的經驗。已故的王㐨教授在這方面是最傑出的專家。在他的推荐下，李零徵得王教授生前的助手白榮金先生同意，參與合作。白先生是考古所非常合格的專家。當時，李零教授相信，貴學會肯定很有興趣，會儘快推進帛書的工作，並且他的方案會被研究和遵循。

我們心情沮喪地向您指出，你們没有履行先前對李零教授的承諾。七年過去了，你們在繼續揭剥和最終出版帛書方面毫無作爲。由於帛書太重要，趕緊完成它的保護和出版，是學術界非常關注的事情。作爲學術界的部分成員，我們對這批帛書和如何整理帛書的事極爲關切，因此我們敦促你們，再也不要耽擱，最終採取必要的手段，確保帛書的揭剥、釋讀、保護和出版。我們認爲，中國學者對這些工作的參與，既是當下任務的性質所要求，也有象徵的理由。與此有關，我們全力支持李零教授的建議，即帛書的出版，最好採用綜合報告的形式，既包括墓中出土的帛書，也包括墓中的所有發現，既包括你們的藏品，也包括湖南省博物館的藏品。我們相信，從學術的意義上講，這種國際合作將是皆大歡喜，也爲中國考古探險史上於德有虧的故事畫了句號。

謝謝您的關注。

---

〔1〕 Institution，指 Smithonian Institution，通常譯爲史密森學會——零案。
〔2〕 這一殘片是 1942 年盜掘所出，1997 年 11 月 10 日商承祚先生捐獻給湖南省博物館，不是 1973 年重啓子彈庫楚墓才發現——零案。
〔3〕 這批帛書的出土地不是馬王堆，而是子彈庫——零案。
〔4〕 不是有字的帛書殘片約占全部帛書殘片的 2/3，而是當時已經揭開的帛書殘片約占全部帛書殘片的 2/3。

簽名：
艾蘭（Sarah Allan），達特茅斯學院。
羅浩（Harold D. Roth），布朗大學。
戴梅可（Michael Nylan），布林茅爾學院。
柯鶴立（Constance Cook），理海大學。
伊思泊（Robert Eno），印第安那大學。
小南一郎，京都大學。
普鳴（Michael Puett），哈佛大學。
史嘉柏（David Schaberg），加州大學洛杉磯分校。
勞武利，海德堡大學。
陸威儀（Mark Edward Lewis），劍橋大學。
葉山（Robin D. S. Yates），加拿大魁北克的麥基爾大學。
白瑞旭（K. E. Brashier），里德學院。
梅維恒（Victor H. Mair），賓州大學
柯馬丁（Martin Kern），普林斯頓大學。
根茨（Joachim Gentz），德國，海德堡。
馬幾道（Gilbert L. Mattos），西東大學。
尤锐（Yuri Pines），耶路撒冷，希伯來大學。
羅泰（Lothar von Falkenhausen），加州大學洛杉磯分校。
威爾遜 (Thomas A. Wilson)，哈密爾頓學院。
吉德煒（David N. Keightley），加州大學伯克利分校。
貝格利（Robert W. Bagley），普林斯頓大學。
韓書瑞（Susan Naquin），普林斯頓大學。
陸揚，普林斯頓大學。
蒲慕州，中央研究院。
何莫邪（Christoph Harbsmeier），奥斯陸大學。
鮑則嶽（William G. Boltz），西雅圖，華盛頓大學。
金鵬程（Paul R. Goldin），賓州大學。

回信請寄函首柯馬丁教授的地址，以及下述簽名者的電郵地址。（略）

第叁部分　相關照片

一　長沙

圖叁・一・一　天心閣

圖叁・一・二　天心閣

圖叁・一・三　化龍池

圖叁・一・四　耕耘圃

圖叁・一・五　耕耘圃

二　長沙：雅禮大學、雅禮中學和湘雅醫院

圖叄・二・一　雅禮協會：1901年2月10日成立於這一房間裏

圖叄・二・二　葆耐、席比義

圖叄・二・三　雅禮大學

1906年11月16日，雅礼大学预科开学典礼全体师生合影
Faculty and students of the Yale Mission's preparatory school on Nov. 16, 1906.

圖叄・二・四　雅禮大學开學典禮

圖叄・二・五　雅禮大學學生

圖叁·二·六　雅禮中學的教员

圖叁·二·七　雅禮11班

圖叁·二·八　雅禮遷沅陵

圖叁·二·九　雅禮中學故址

圖叁·二·一〇　湘雅醫院故址

三　1930 年代的長沙盜墓

圖叁·三·一　盜墓現場

圖叁·三·二　盜墓現場

圖叁·三·三　“土夫子”

圖叁・三・四　“土夫子”

圖叁・三・五　木椁墓

圖叁・三・六　木椁墓

圖叁・三・七　洞室墓

圖叁・三・八　洞室墓

圖叁・三・九　柯强，立於被盗墓前

四　蔡季襄和他的家人

配偶

1. 徐氏（？～1929年）。
2. 黄茀蓮（？～1944年）。

子女

1. 長子：蔡修涣（？～？），徐氏所出。
2. 長女：蔡鈴儀（？～1944年），黄氏所出。
3. 次子：蔡修淳（1928年～），黄氏所出。
4. 三子：蔡修沛（1931年～），黄氏所出。
5. 幼女：蔡美儀（？～？），黄氏所出。

圖叁·四·一　蔡季襄和蔡美儀夫婦

圖叁·四·二　蔡修淳

圖叁·四·三　蔡修沛夫婦

圖叁·四·四　蔡美儀

圖叁·四·五　蔡美儀

圖叁·四·六　蔡修淳和蔡美儀夫婦

五　上海：明霞村 5 號，1937 ~ 1943 年蔡季襄住過的地方

圖叁・五・一　襄陽南路

圖叁・五・二　明霞村 5 號舊址

圖叁・五・三　蔡季襄舊宅

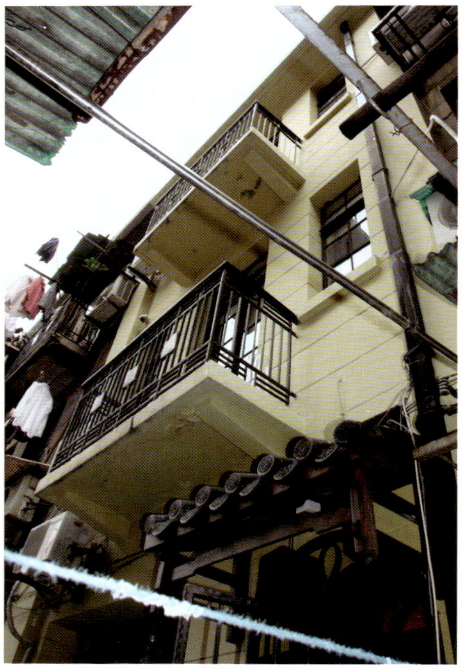

圖叁・五・四　蔡季襄舊宅

圖叁・五・五　蔡季襄舊宅

六　上海：吴宫大酒店，1946 年蔡季襄住過的地方

1946 年蔡季襄住的吴宫大酒店，酒店裏的介紹是，1920 年代，蘇州有馬氏兄弟來上海做買賣，於 1931 年建吴宫旅舍，後被日機轟炸炸毀，然後又重建。

圖叁・六　吴宫大酒店

七　上海：戩斯康公寓，1945～1946 年柯强住過的地方

戩司康公寓

民國 24 年（1935 年）由萬國儲蓄會出資，賚安洋行設計，中法營造廠承建，坐落在今淮海中路 1202 號、1220 號。當時命名戩司康公寓（I. S. S. Gascogne Apartment），1953 年改名爲勤工公寓，1954 年改稱淮海公寓。公寓由前後兩座大樓組成。沿街一座是五層大樓，建築面積 3318 平方米，底層是店面用房，樓上是住宅，兩間一套，每層六套，共 24 套。後面一座是主樓，13 層，建築面積 9062 平方米，户型以二三室爲多，是上海建築標準較高的公寓之一。

圖叁·七·一　戩斯康公寓（老照片）

圖叁・七・二　柯强寓所外觀

圖叁・七・三　柯强寓所樓道門

當年，John H. Cox 留下名片，頭銜是美國海軍陸戰隊中尉（First Lieutement），他的住址是霞飛路 1206 號：

Gascogne Arts 17#

1206 Avenue Joffre

Shanghai

Tel: 75718

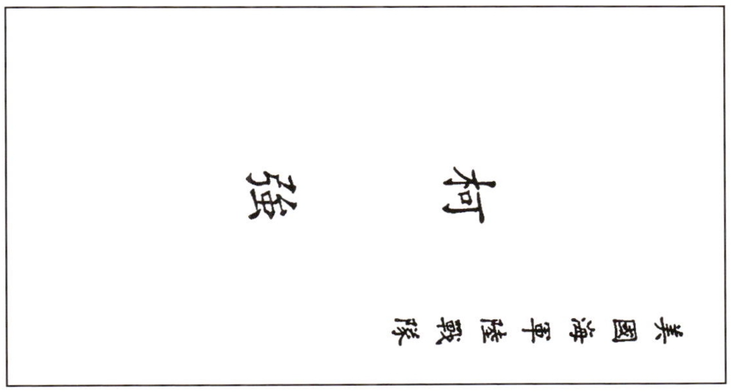

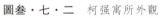

Dear Mr. Hsiao Tsa-fêng:
I have this excellent opportunity to send you my very best regards through our mutual friend, Mr. TSAI.
John H. Cox
I recollect Changsha & the hours I spent there as among my happiest. I hope that we
FIRST LIEUTEMENT
U. S. MARINE CORPS

shall before long have a chance to meet again. Meanwhile my very best to you & to your family.
Sincerely, John.
柯 强
Gascogne Apts. #17
1206 Avenue Joffre
Shanghai
美國海軍陸戰隊

Introducing Mr. TSAI, a friend of mine when I was at Yale-in-China, Changsha, who may have some things of mine to leave in safe keeping pending my return. Please give Mr. Tsai a receipt if he wishes one. J.H.C.
John H. Cox
FIRST LIEUTEMENT
U. S. MARINE CORPS

柯 强
美國海軍陸戰隊

Dear Mr. Chien -
How are you? I remember well the many pleasant hours we spent together in Changsha.
John H. Cox
Mr. Tsai will tell you of events in Shanghai. Meanwhile my very best wishes to you & your son & family -
John H. Cox.
FIRST LIEUTEMENT
U. S. MARINE CORPS

My best wishes & pleasant remembrances.
柯 强
柯强
MR. TANG
美國海軍陸戰隊

Telephone 75718
John H. Cox
1206 Avenue Joffre
Apt. #17
FIRST LIEUTEMENT
U. S. MARINE CORPS

柯 强
Gascogne Apartments, #17
1206 Avenue Joffre.
Shanghai
美國海軍陸戰隊

圖叁·七·四　柯强留下的名片

八　李零

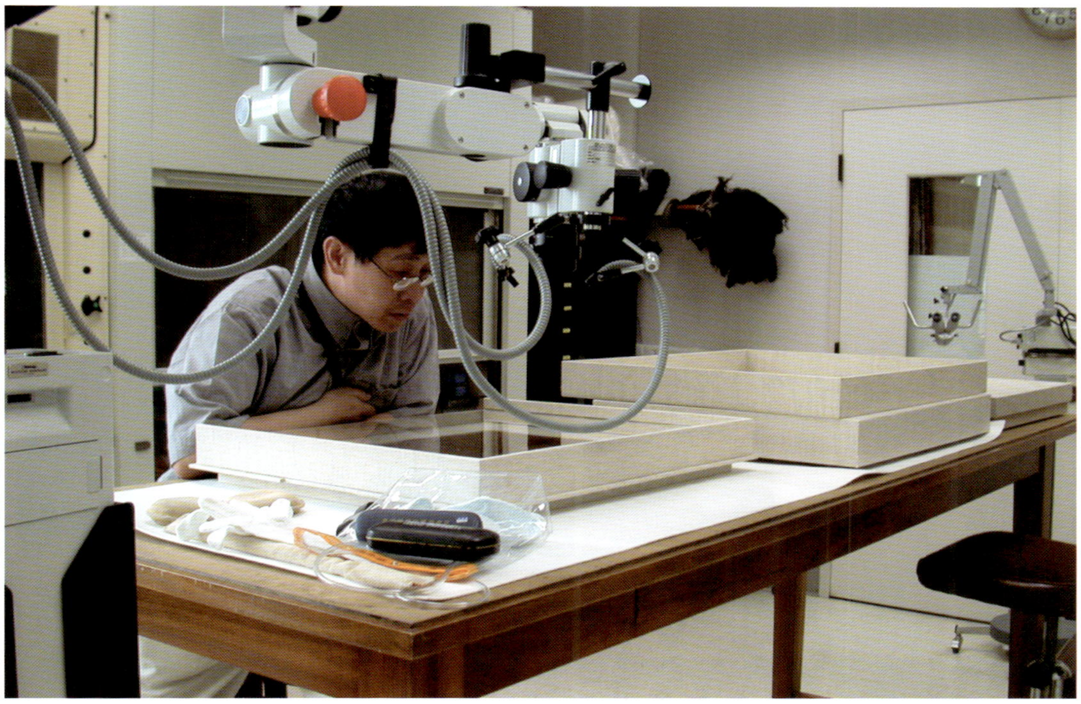

圖叁·八·一　李零，攝於弗利爾美術館實驗室

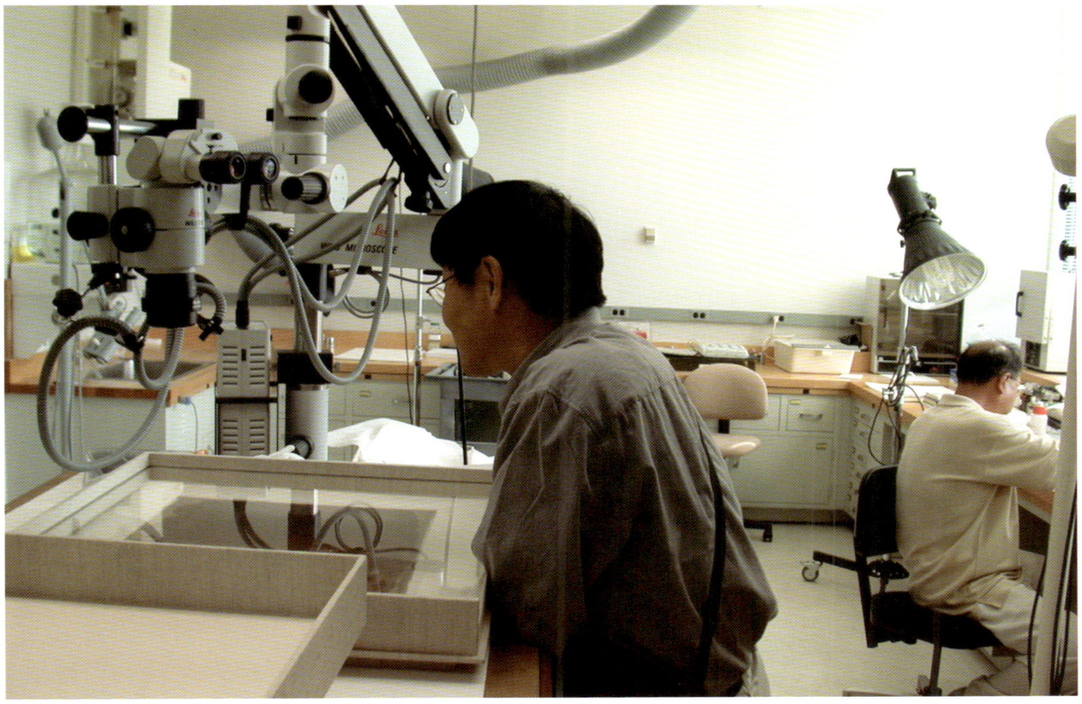

圖叁·八·二　李零，攝於弗利爾美術館實驗室

九　白榮金

圖叁・九・一　白榮金，攝於華盛頓大草坪

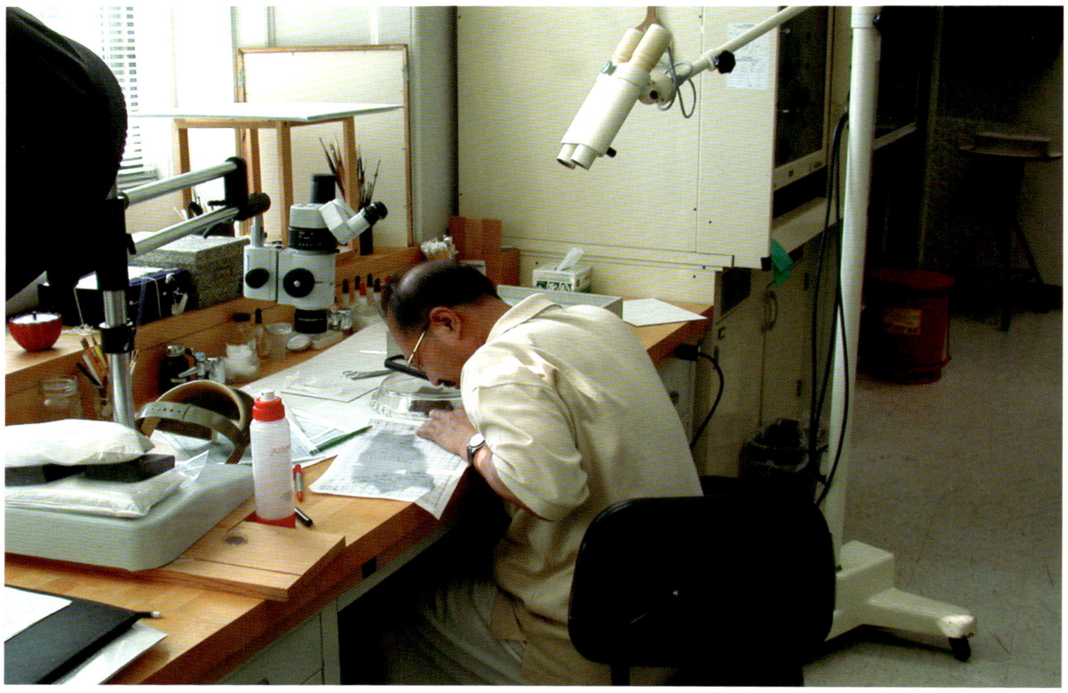

圖叁・九・二　白榮金，攝於弗利爾美術館實驗室

第肆部分　楚帛書年表

説　明

這個年表是以 1897 年作爲起始年代，而以 2013 年作爲結束年代。它涉及兩個並不十分出名但很有戲劇性的歷史人物：蔡季襄和柯强。

1897 年是蔡季襄的生年，2005 年是柯强的卒年。他們的故事，恩恩怨怨，又牽出許多其他人物，有些在中國，有些在美國，從頭到尾，前後長達百餘年。

2009 年，所有與子彈庫帛書有關的當事人相繼謝世，帛書的真相已經水落石出。我把這個故事一直講到最近。

這是我親身參與其中的歷史。年表只是這個故事的基本綫索。

子彈庫出土的文物，有些在中國，有些在美國，只有把所有文物整合在一起，我們才能對子彈庫楚墓有一個完整的印象。

同樣，與子彈庫帛書有關的歷史也是如此。

這是一個破碎的故事。

下述年表分左右兩欄，左欄是與中國有關的大事，右欄是與美國有關的大事，我試圖把這個破裂的故事，重新璧合在一起。

這只是一滴水，卻可照見太陽。

我們不難發現，哪怕一件小小的文物，也依然折射着中國歷史的落日餘暉，淒美，動人。

楚帛書大事年表

(1897 ~ 2013 年)

中國	美國
1897 年，蔡季襄生於湖南長沙。	1897 年
1898 年 6 月 11 日 ~ 9 月 21 日，戊戌變法。	1898 年
1899 年	1899 年
1900 年 8 月 17 日，八國聯軍佔領北京城。	1900 年
1901 年	1901 年 2 月 10 日，耶魯大學雅禮協會（Yale in China）在美國成立。
1902 年	1902 年
1903 年	1903 年
1904 年	1904 年
1905 年，蔡季襄在家讀私塾。	1905 年
1906 年	1906 年 11 月 16 日，雅禮協會創辦的雅禮大學在長沙西牌樓建校。
1907 年	1907 年
1908 年	1908 年
1909 年	1909 年
1910 年	1910 年
1911 年 10 月 10 日，武昌起義（辛亥革命）。	1911 年
1912 年，吴受琚創辦湘鄂印刷公司（今長沙白果園街 35 號）。蔡季襄入金庭學校讀書。	1912 年
1913 年	1913 年 4 月 6 日，柯强（John Hadley Cox）出生。
1914 年	1914 年
1915 年，蔡季襄輟學從商，在長沙當學徒。	1915 年
1916 年	1916 年，雅禮大學遷往長沙麻園嶺。
1917 年	1917 年
1918 年	1918 年
1919 年 7 月 14 日，吴受琚印刷的《湘江評論》創刊，毛澤東撰《發刊詞》。	1919 年
1920 年	1920 年，雅禮大學增設中學部。
1921 年，蔡季襄與吴受琚辦《明星報》。	1921 年
1922 年	1922 年
1923 年	1923 年
1924 年	1924 年
1925 年	1925 年
1926 年 7 月 11 日，北伐軍攻佔長沙。	1926 年 5 月 5 日，雅禮大學停辦。

中國

1927年4月11日，葉德輝在長沙被革命群眾處決；5月21日，國民黨在長沙清共（馬日事變）。蔡季襄避居上海，在五馬路開商店，前後三年。

1928年

1929年

1930年1月，蔡季襄回到長沙。

1931年

1932年1月28日，第一次淞滬戰爭爆發。

1933年

1934年

1935年，長沙城四郊修國防公路，多有古墓發現，“土夫子”異常活躍。

1936年，蔡季襄到上海賣文物。

1937年7月7日，抗日戰爭爆發；8月13日，第二次淞滬戰爭爆發。其後，蔡季襄繞道香港，再次到上海賣文物，住法租界拉都路明霞村5號，長達七年。

1938年10月，商承祚《長沙古物聞見記》在成都出版；11月13日，長沙城毀於文夕大火。

1939年

1940年

1941年

1942年，楚帛書出土，盜掘者爲任全生、漆效忠、李光遠、胡德興，出土地點爲長沙東南郊子彈庫。

1943年，蔡季襄被日本憲兵隊拘押，托古董商金從怡疏通，請日人富崗重德、法國公使馬傑禮（Roland Jacquin de Margerie）保釋。冬，舉家逃回長沙。

1944年4月，日军攻長沙，蔡季襄舉家避居石林塘；5月6日，在興馬洲遭遇日寇，妻黄茀蓮、女蔡鈴儀自沉；8月，蔡季襄在安化寫成《晚周繒書攷證》。

1945年1月，《晚周繒書攷證》在漣源縣藍田鎮出版；8月15日，日本投降。其後，蔡季襄回到長沙。

美國

1927年

1928年7月10日，雅禮大學的中學部改名爲“長沙私立雅禮中學校”（即後來的雅禮中學），9月8日復校，大學部併入華中大學。

1929年

1930年

1931年，雅禮中學改名爲“湖南私立雅禮中學校”。

1932年

1933年

1934年

1935年，柯强從耶魯大學畢業，受雅禮學會派遣，任教於雅禮中學。

1936年

1937年，柯强離開長沙。

1938年，雅禮中學校舍被焚，遷往湖南沅陵。

1939年3月26日~5月7日，柯强在耶魯大學美術館舉辦長沙出土文物展。

1940年

1941年12月8日，美國對日宣戰。

1942年

1943年

1944年

1945年，日本投降（8月15日）前，柯强受美國海軍陸戰隊派遣，抵達上海，住霞飛路畝司康公寓17號1206室。

中國

1946 年，蔡季襄到上海，住吴宫大酒店。

1947 年，蔡季襄到韶關賣文物。蔡氏委託立約經手人傅佩鶴與昇茂交涉，請柯强於 9 月底之前付款，反復致電去信，均無結果。

1948 年，蔡季襄到廣州賣文物。

1949 年 5 月，上海解放；8 月，長沙解放。10 月，中華人民共和國成立。12 月，中國與美國斷絶往來。蔡季襄到上海賣文物。

1950 年 4 月，戴福保派毛純圻、鍾植之到長沙，與蔡季襄接洽，商購文物；12 月，蔡季襄被湖南省公安局逮捕關押。

1951 年 2 月，蔡季襄捐獻文物 500 餘件，由湖南省文物管理委員會保釋；3 月，蔡季襄參加省文管會；10 月，夏鼐率中國科學院考古研究所湖南調查發掘團在長沙發掘。

1952 年

1953 年，蔡季襄調到湖南省博物館籌備處工作。

1954 年

1955 年

1956 年，湖南省博物館正式開館。

1957 年，《長沙發掘報告》出版。

1958 年

1959 年

1960 年，李學勤考證，帛書十二月名即《爾雅》十二月名。蔡季襄退休。

1961 年

1962 年

美國

1946 年 2 月，雅禮中學遷回麻園嶺。6 月左右，柯强在上海與蔡季襄會面，借帛書照相，托人把帛书帶往美國。蔡氏無奈，與柯强立約，委託柯强代售帛書於美，要價 10000 美元，柯强預付押金 1000 美元成交。1946 年 8 月，舒爾特斯（Frederic D. Schulteis）受柯强委托，把帛書帶到美國，交給納爾遜—阿特金斯美術館的史克曼（Laurence Sickman）。他在上海霞飛路的寓所被轉賃於猶太人昇茂（Samuels）。

1947 年，1 月 7 日，福格博物館應史克曼之請，把帛書寄往弗利爾美術館，進行拍照，12 月 9 日才寄回福格博物館。

1948 年 5 月 12 日，吴柱存（吴受珉子，柯强的學生）赴美留學。蔡氏托他帶信，斥柯失信，云再不回信，將與中美政府交涉，訴諸法律。7 月 7 日，柯强覆吴，請吴轉告蔡氏，帛書行市不利，非壓至 7500 美元，絶無希望，年底如未成交，將退還原物，索回押金。

1949 年，柯强將子彈庫完帛借存於大都會博物館，存期 15 年；殘片和書笈借存於福格博物館。

1950 年

1951 年

1952 年

1953 年

1954 年

1955 年

1956 年

1957 年

1958 年

1959 年

1960 年

1961 年

1962 年

中國

1963 年

1964 年，商承祚《戰國楚帛書述略》發表。

1965 年

1966 年 5 月，“文化大革命”開始。

1967 年，嚴一萍考證，楚帛書中間八行開頭的神話人物是伏羲、女媧。

1968 年，金祥恒考證，楚帛書中的伏羲，是假“雹戲”爲之；饒宗頤《楚帛書疏證》發表。

1969 年

1970 年

1971 年

1972 年

1973 年 5 月，湖南省博物館在任全生等人的指認下，重啓子彈庫楚墓。參加發掘者有何介鈞、周世榮、熊傳薪、傅舉有。《長沙楚墓帛畫》出版。

1974 年，《長沙子彈庫戰國木椁墓》發表。

1975 年

1976 年 10 月，“文化大革命”結束。

1977 年

1978 年

1979 年 1 月 1 日，中美正式建交。

1980 年 1 月，蔡季襄去世。同年夏，李零撰《長沙子彈庫戰國楚帛書》。

1981 年

1982 年

1983 年

1984 年

美國

1963 年

1964 年 4 月 10 日，柯强取走他借存於大都會博物館的文物（包括楚帛書），把它售於了紐約古董商戴福保（蔡季襄的老友）。戴氏是替賽克勒醫生（Dr. Arthur M. Sackler）買文物的中间商。

1965 年

1966 年，辛格醫生（Dr. Paul Singer）在戴福保的古董店看他替賽克勒醫生買下的上述文物，發現戴氏將帛書藏於另室，趕緊打電話叫賽克勒醫生前來，買下楚帛書。

1967 年，大都會博物館將帛書拍成紅外綫照片。8 月 21 ~ 25 日，美國哥倫比亞大學藝術史和考古系，由賽克勒基金會贊助，舉辦“中國古代藝術及其在太平洋地區的影響”學術研討會，出版論文集三卷。

1968 年

1969 年 6 月 13 日，柯强取走他借存於福格博物館的帛書殘片和書笈。

1970 年

1971 年，賽克勒醫生請巴納博士（Dr. Noel Barnard）研究楚帛書。

1972 年，巴納博士據大都會博物館的紅外綫照片，出版《楚帛書釋讀、翻譯和歷史考證前的科學鑒定》。

1973 年，巴納博士據大都會博物館的紅外綫照片，出版《楚帛書譯注》。

1974 年

1975 年

1976 年

1977 年

1978 年

1979 年 1 月 1 日，美中正式建交。

1980 年 10 月，舒爾特斯卒。

1981 年

1982 年

1983 年

1984 年

中國

1985 年，李零《長沙子彈庫戰國楚帛書》在中國大陸出版；饒宗頤、曾憲通《楚帛書》在香港出版。

1986 年 6 月，湖南省文物考古研究所成立。

1987 年

1988 年

1989 年

1990 年

1991 年，李零《楚帛書與式圖》、《楚帛書目驗記》發表。8 月，借便開會，李零在長沙調查，拜訪何介鈞、胡德興、漆效忠、王宗石。

1992 年，商志醰《商承祚教授藏長沙子彈庫帛書殘片》發表。

1993 年

1994 年，李學勤《簡帛佚籍與學術史》第二篇《楚帛書研究》在臺灣發表。李零釋出帛書中的“熱氣寒氣”，論二氣即陰陽二氣。

1995 年

1996 年

1997 年 11 月 10 日，“紀念商承祚先生誕辰 95 週年學術討論會暨楚帛書捐贈儀式”在湖南省博物館舉行。

1998 年，蔡季襄遺稿《關於楚帛書流入美國經過的有關資料》發表。

1999 年

2000 年

美國

1985 年

1986 年

1987 年 5 月 26 日，賽克勒醫生在紐約去世。9 月 28 日，賽克勒醫生捐資修蓋的賽克勒美術館在華盛頓開幕，他收藏的子彈庫帛書被借存於賽克勒美術館。

1988 年

1989 年

1990 年 4 月 27 ~ 28 日，李零參加賽克勒美術館舉辦的“東周楚文化討論會”，目驗展出的楚帛書。

1991 年

1992 年 6 月 12 日，柯强將他手中的帛書殘片和書笈匿名捐獻給弗利爾—賽克勒美術館。

1993 年 1 ~ 5 月，李零應弗利爾—賽克勒美術館亞洲部主任蘇芳淑博士邀請，前往華盛頓，與巴拉德（Mary W. Ballard）女士合作，揭剥帛書殘片，研究這批殘片，並在美調查。4 月 22 日，李零在賽克勒美術馆演講:《楚帛書的再認識》。5 月 27 日，北京大學賽克勒考古與藝術博物館正式開館。

1994 年 3 月 10 日，巴拉德寄帛書殘片的幻燈片給李零，與李討論揭剥（通信五次）。

1995 年，巴拉德與李討論揭剥（通信三次）。

1996 年，巴拉德與李討論揭剥（通信兩次）。

1997 年

1998 年

1999 年

2000 年 10 月 20 ~ 22 日，李零去普林斯頓大學參加“古代中國的文獻和禮儀”會議。21 日，與會的 27 位國際學者聯名致函弗利爾—賽克勒美術館館長

中國	美國
	畢齊（Dr. Milo C. Beach），呼籲重啓帛書殘片的揭剥。
2001年	2001年9月1～7日，李零、白榮金應弗利爾美術館實驗室主任賈寶（Dr. Paul Jett）邀請，前往華盛頓，與大都會博物館的紡織品保護專家金蒂尼（Christine Giuntini）研究進一步揭剥。
2002年	2002年
2003年	2003年
2004年	2004年
2005年	2005年7月29日，柯强卒。
2006年	2006年
2007年	2007年10月21～26日，李零和芝加哥大學的夏德安（Donald Harper）教授去華盛頓目驗揭剥封存的帛書殘片。
2008年	2008年
2009年6月1～7日，李零與夏德安教授在長沙考察。	2009年
2010年，李零開始撰寫《子彈庫帛書》。	2010年
2011年	2011年
2012年	2012年5月，柯强遺物中的書信、手稿、照片和中文書由他的外孫女埃敏海澤（Ms. Stephanie Eminhizer）捐獻給芝加哥大學圖書館。
2013年	2013年5月18日～6月10日，李零訪美，在芝加哥閱讀芝加哥大學圖書館藏柯强檔案。

子彈庫帛書

CHU SILK MANUSCRIPTS FROM ZIDANKU, CHANGSHA, HUNAN PROVINCE

李零　著

（下）

文物出版社

子彈庫帛書

下編

第伍部分　帛書圖版

說　明

子彈庫帛書，絕大多數都在美國華盛頓的弗利爾—賽克勒美術館，分六個盒子存放：

完帛，即所謂「第一帛書」（這裏的《四時令》），是單獨放在一個盒子裏。

殘帛，即所謂「第二帛書」（其他帛書殘片），是放在其他五個盒子裏。每個盒子上都貼黃條，上面有臨時編號：

Temporary #

S 1992.84.1（R）4/20/07

我们從這一標簽看，帛書殘片的入藏時間是一九九二年，殘片的封存時間是二〇〇七年四月二十日。

帛書殘片是用有機玻璃板封存。

第一個盒子是放小塊的有機玻璃板。

第二個盒子也是放小塊的有機玻璃板。

第三個盒子是放大塊的有機玻璃版，一塊是《攻守占》的兩個殘片，一塊是標 #3 的帛書塊。

第四個盒子是放 001 和「main piece of MS」，以及八塊碎皮子和竹編書篋。

第五個盒子是放帛書和書篋的殘渣：殘渣是分裝在三十五個有機玻璃盒裏。

這批帛書，主要包括：

（1）楚帛書之一（完帛），賽克勒基金會收藏。其內容是按四時講一年十二月的時令宜忌。書題未見，今據內容，擬補爲《四時令》。這篇帛書，靠近乙篇下方和丙篇《玄司秋》章的部分有另一帛書的紅色反印文，巴納稱爲「第二帛書」。現在，由於下述帛書發現，「第二帛書」的叫法已失去意義。這裏的圖版包括彩色照片和黑白數碼照片各一套。彩版見石川九楊《書の宇宙》，東京：株式會社二玄社，一九九七年二月十日，二二一—二二五頁；黑白版是由弗利爾—賽克勒美術館提供。

（2）楚帛書之二（第一組殘片），弗利爾—賽克勒美術館收藏。其內容是按五行講一年十二月的時令宜忌。書題未見，今據內容，擬補爲《五行令》。這裏的圖版是由弗利爾—賽克勒美術館提供。

（3）楚帛书之三（第二组残片），弗利爾—賽克勒美術館收藏。其內容是按東、南、西、北四個方向講攻城守城的宜忌。书题未见，今據內容，擬補爲《攻守占》。這裏的圖版是由弗利爾—賽克勒美術館提供。

（4）其他残片（第三组残片）。弗利爾—賽克勒美術館收藏的其他殘片，包括殘片中未能揭開的部分。這裏的圖版是由弗利爾—賽克勒美術館提供。

（5）商承祚收藏的帛書殘片，共十四片。其中較大的一片已捐獻湖南省博物館，有紅外綫照片；其他十三片，則保留在他留下的一張老照片上。這裏的圖版是由湖南省博物館提供。

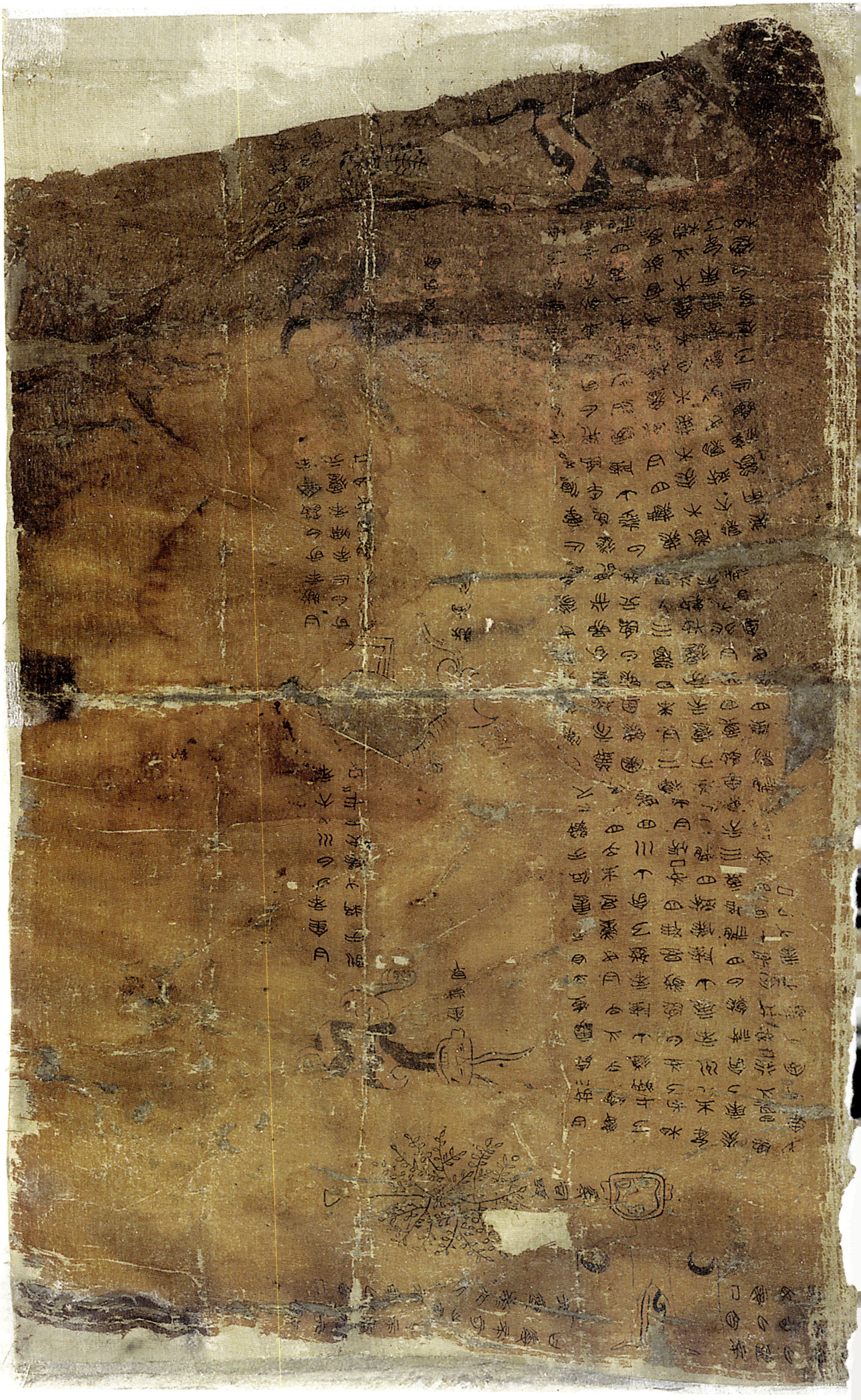

《四時令》(賽克勒基金會 2012 年提供)(約 85/100)

一　四時令

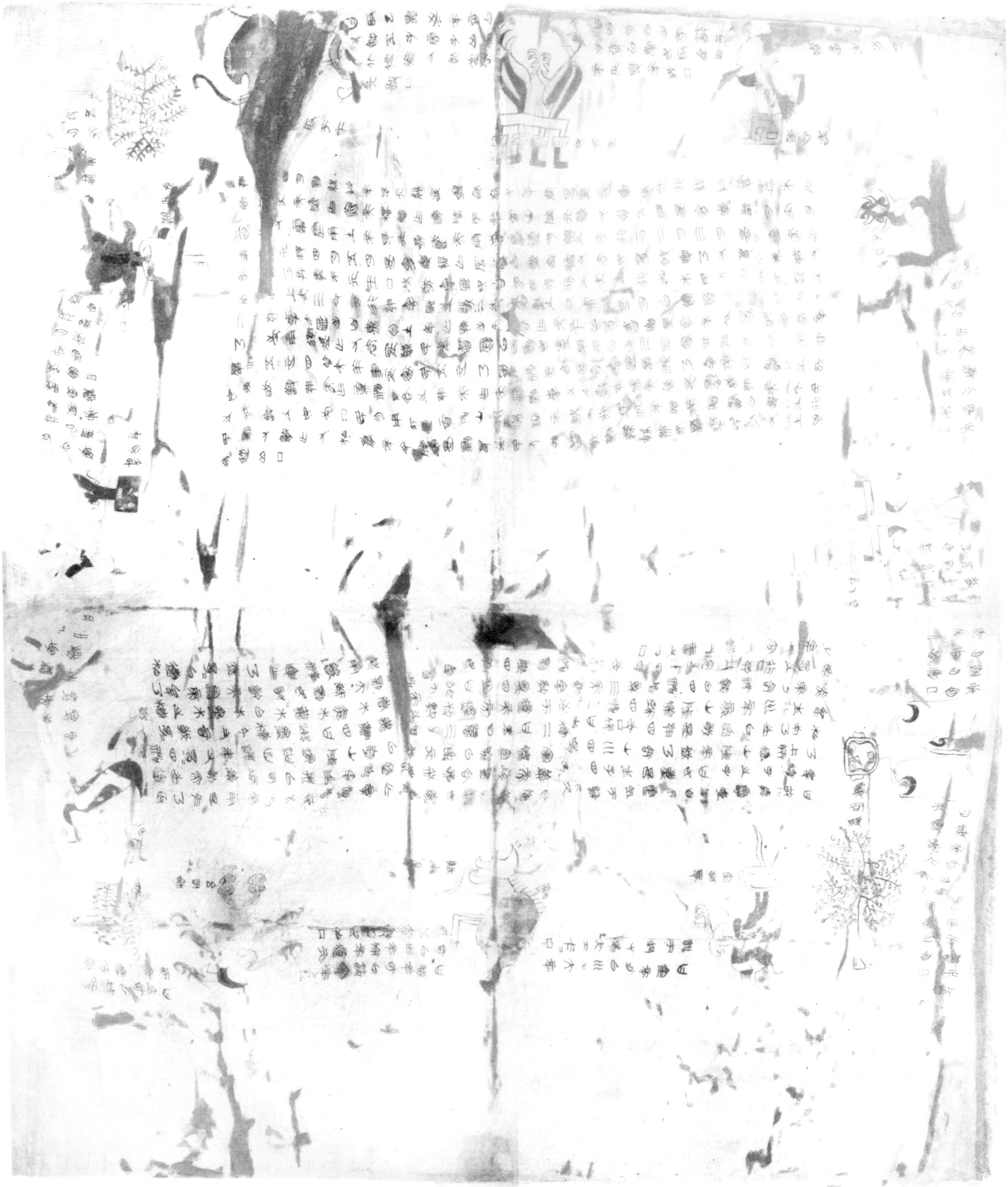

《四時令》(弗利爾—賽克勒美術館 2012 年提供。另見下册封三附圖一)

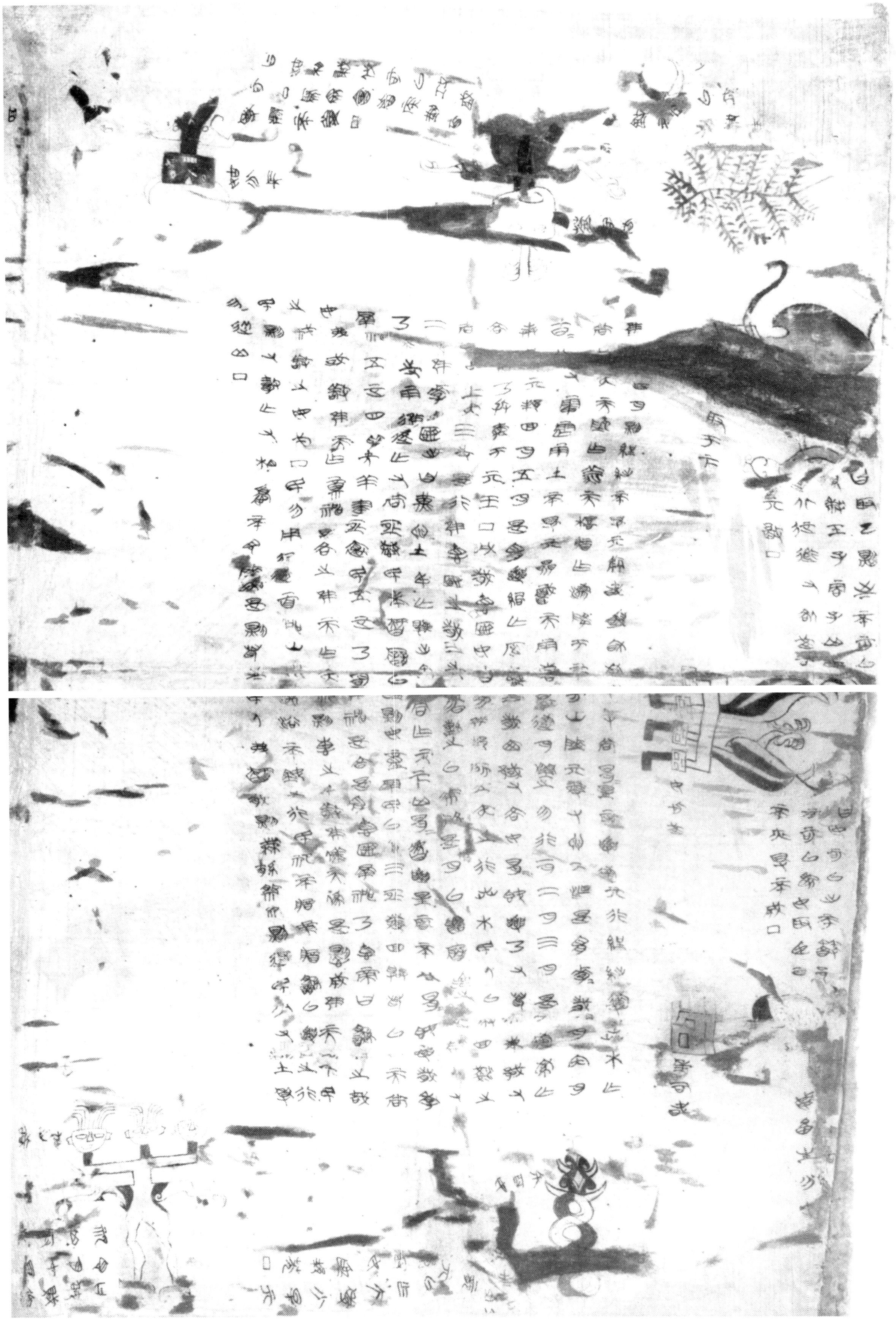

《四時令》(弗利爾—賽克勒美術館 2012 年提供)右半

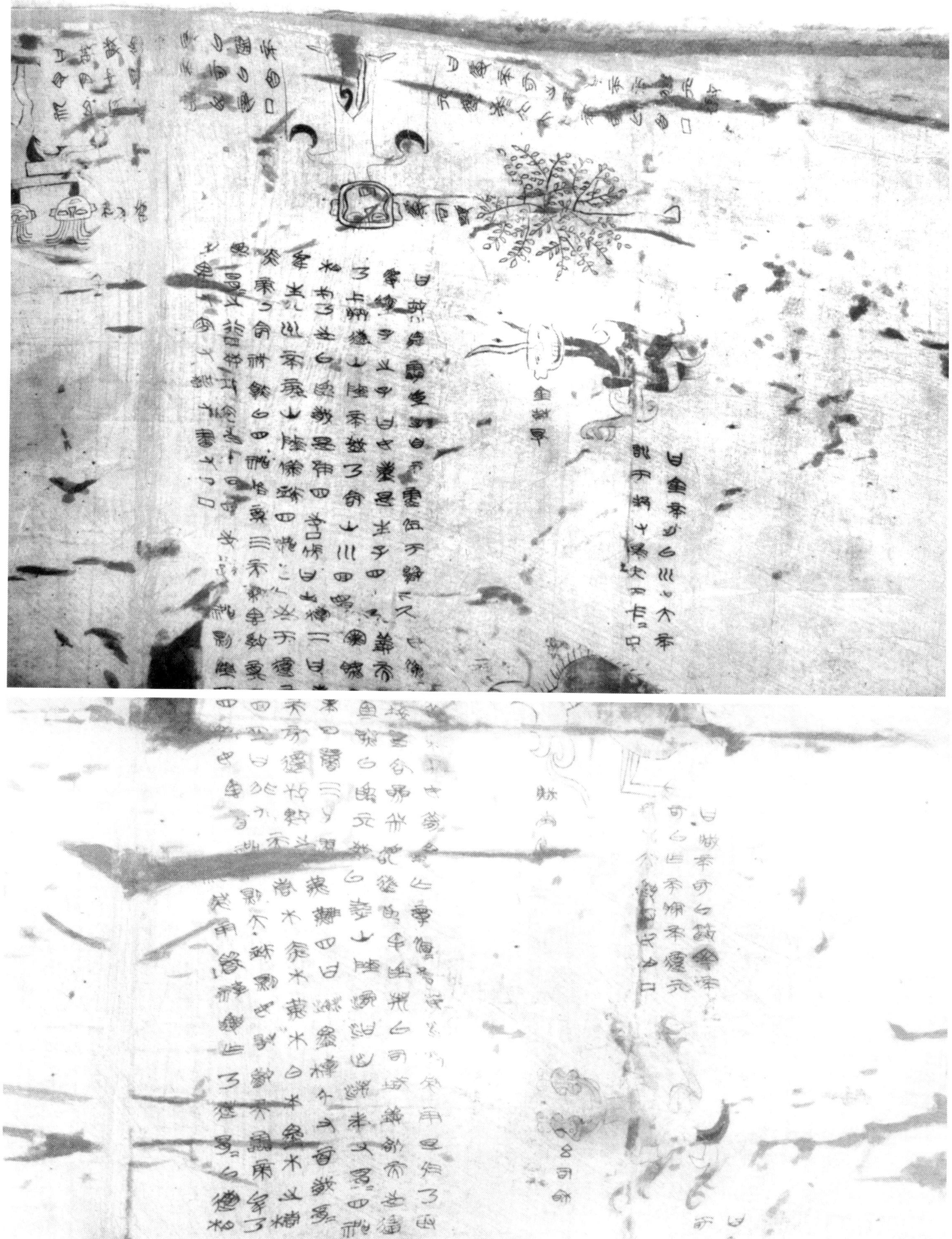

《四時令》(弗利爾—賽克勒美術館 2012 年提供)左半(旋轉 180°)

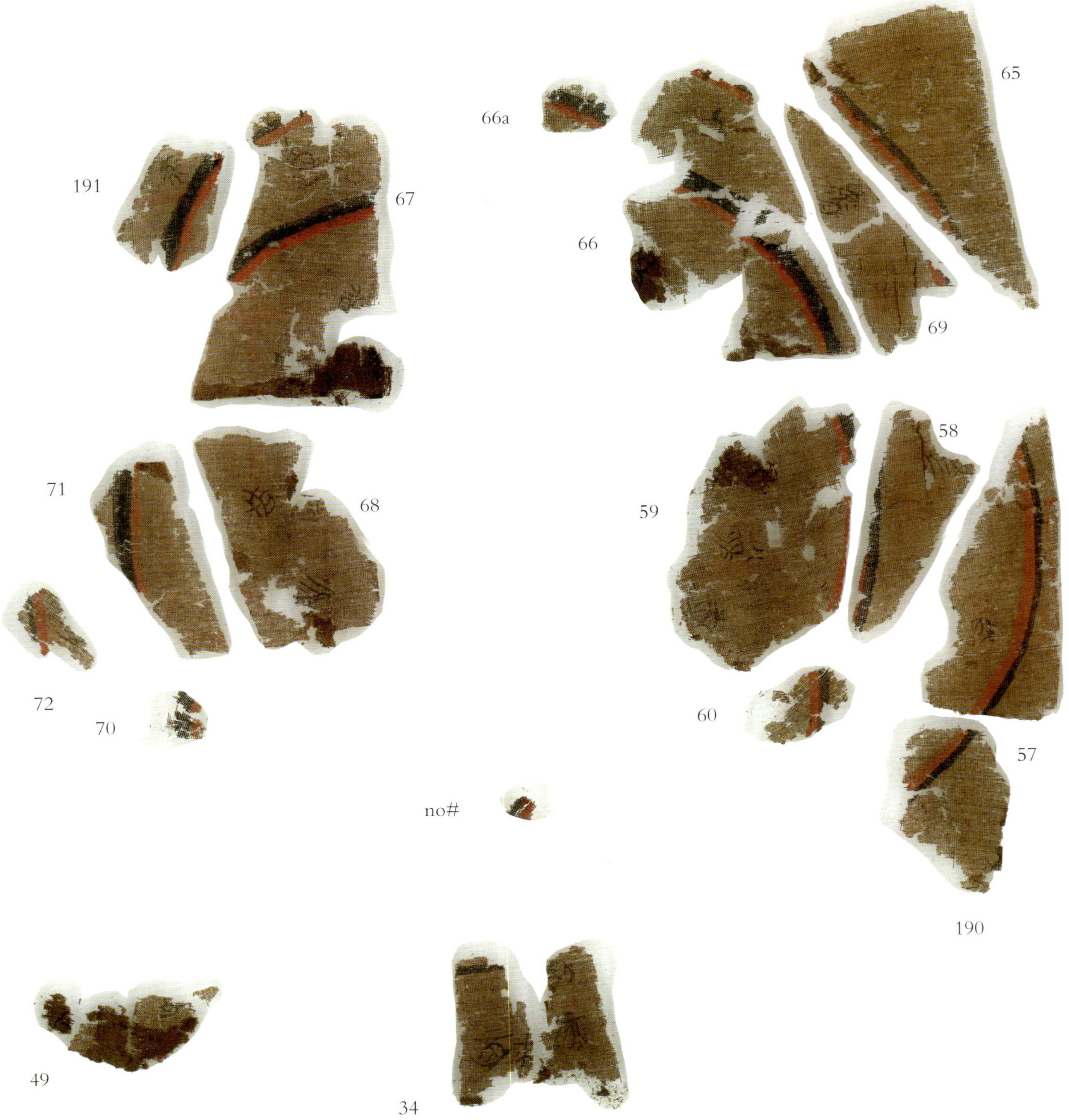

W1:1(191+67,71+68,72,no#,70,66a,34,66+69+65,60+58+57+190)
(帛書殘片 W1:1 放大比例爲 1.25/1。以下凡未標注縮放比例的,皆爲 1.5/1)

W1:1 背面

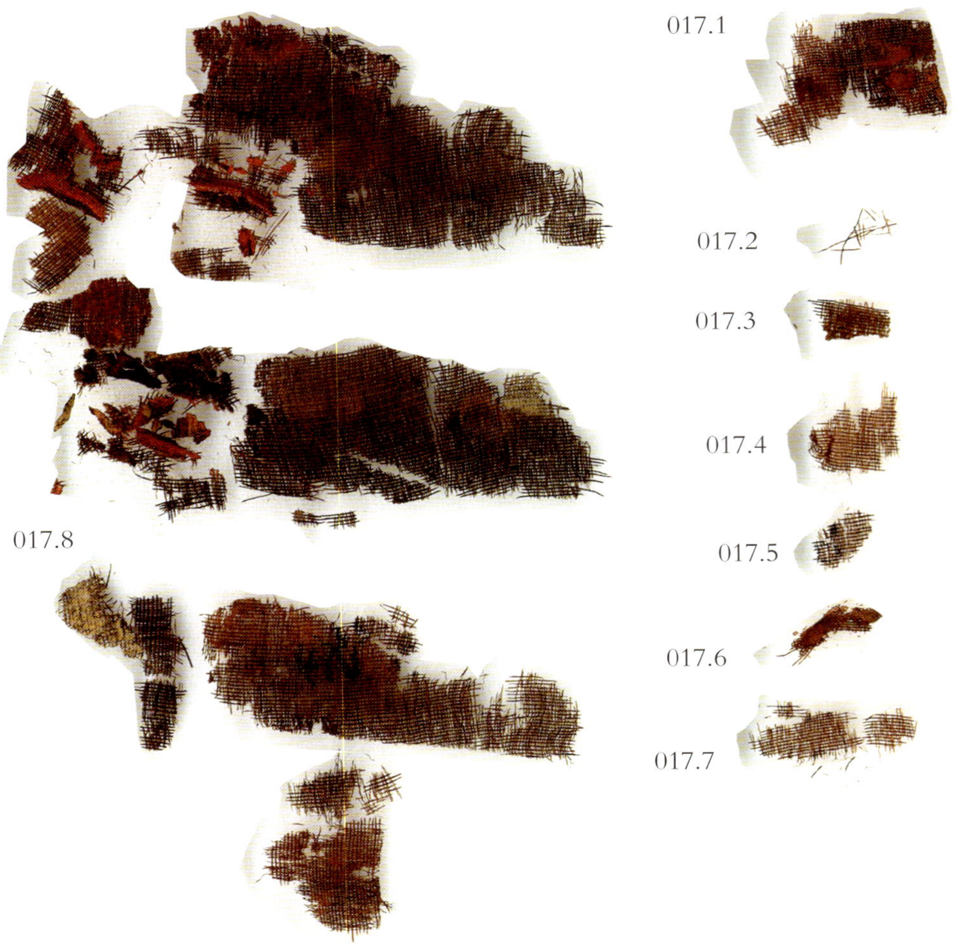

W1:2（017.1~017.8）

W1:3（25，29）

73

82

W1:4(73,82)

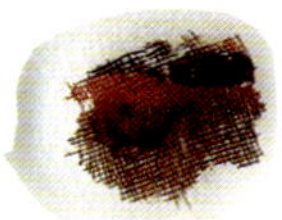

81a

W1:5(81a)

94

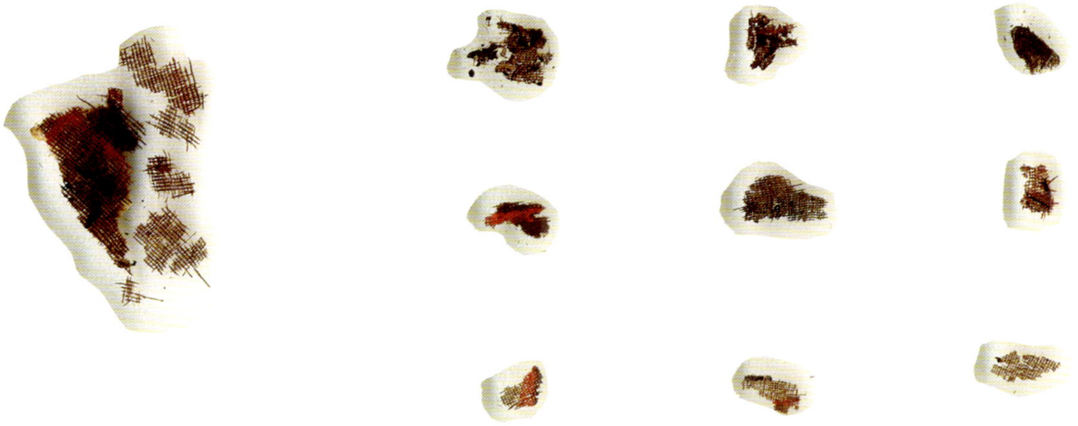

W1:6(94)

107

W1:7(107)

186

186a

W1:8(186+186a)

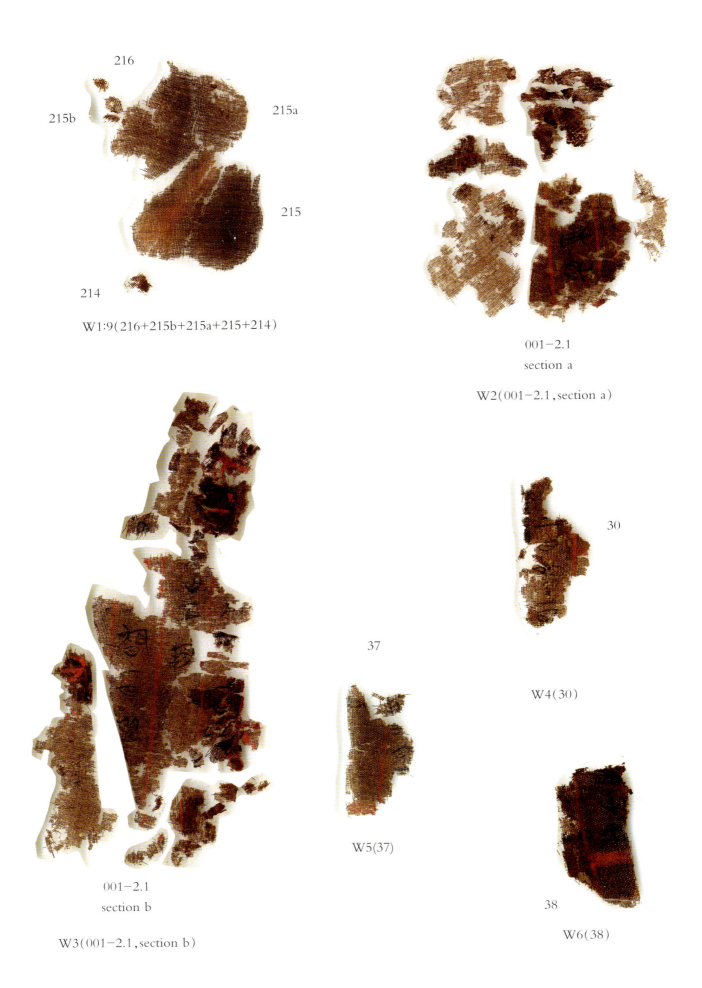

216

215b

215a

215

214

W1:9(216+215b+215a+215+214)

001−2.1
section a

W2(001−2.1, section a)

001−2.1
section b

W3(001−2.1, section b)

30

W4(30)

37

W5(37)

38

W6(38)

56

78

77

W7(56+77+78)正

W7(56+77+78)背

61

W8(61)

62

W9(62)正

W9(62)背

74

W10(74)正

W10(74)背

75

85

W11(75+85)

W12(75背+85背)

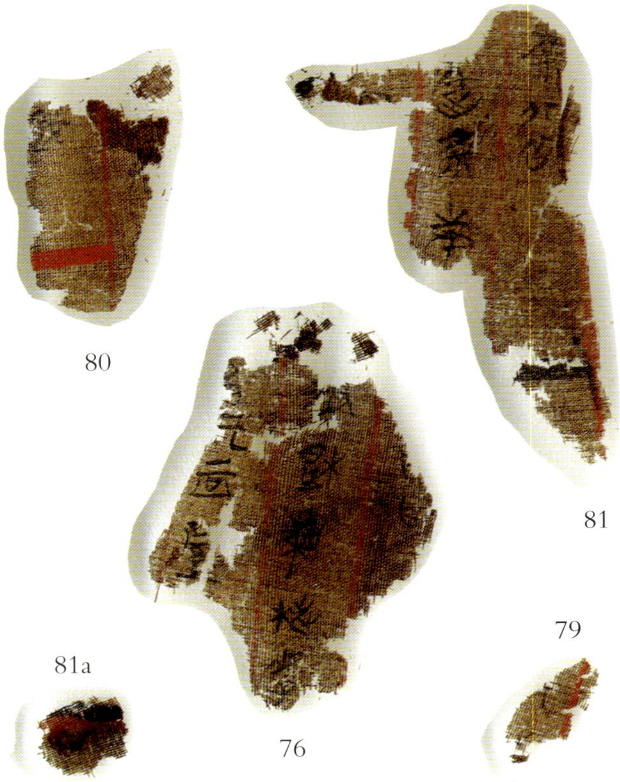

W13(76)　W14(79)　W15(80)　W16(81)

W13(76)背　W14(79)背　W15(80)背　W16(81)背

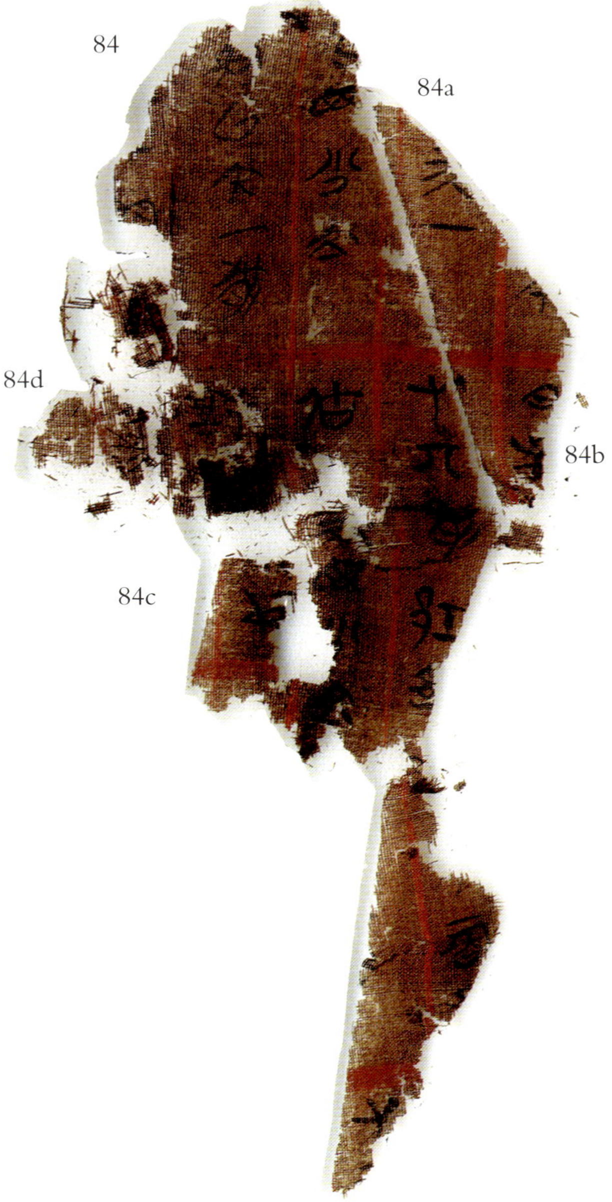

W17(84+84a+84b)　W18(84c)　W19(84d)

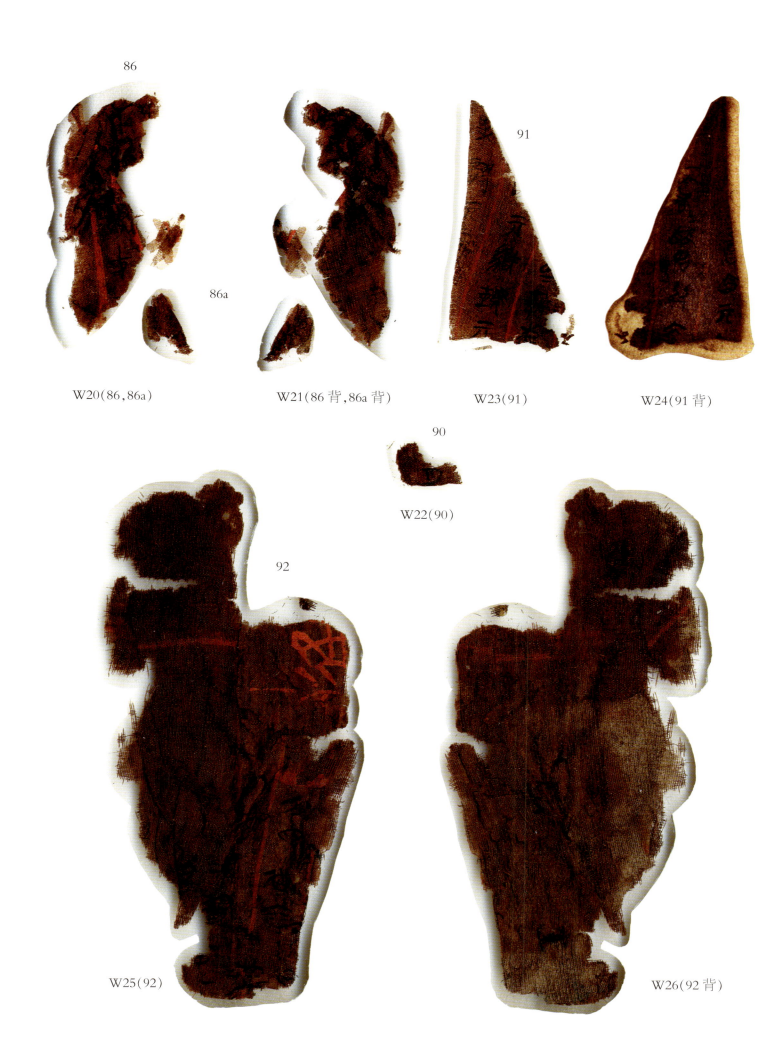

86

86a

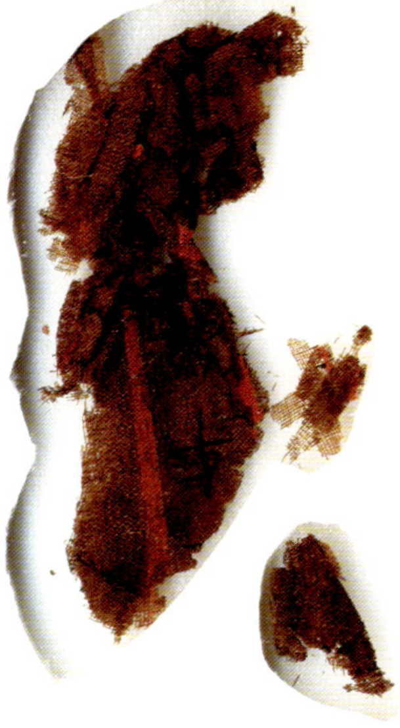

W20(86,86a)　　W21(86 背,86a 背)

91

W23(91)

W24(91 背)

90

W22(90)

92

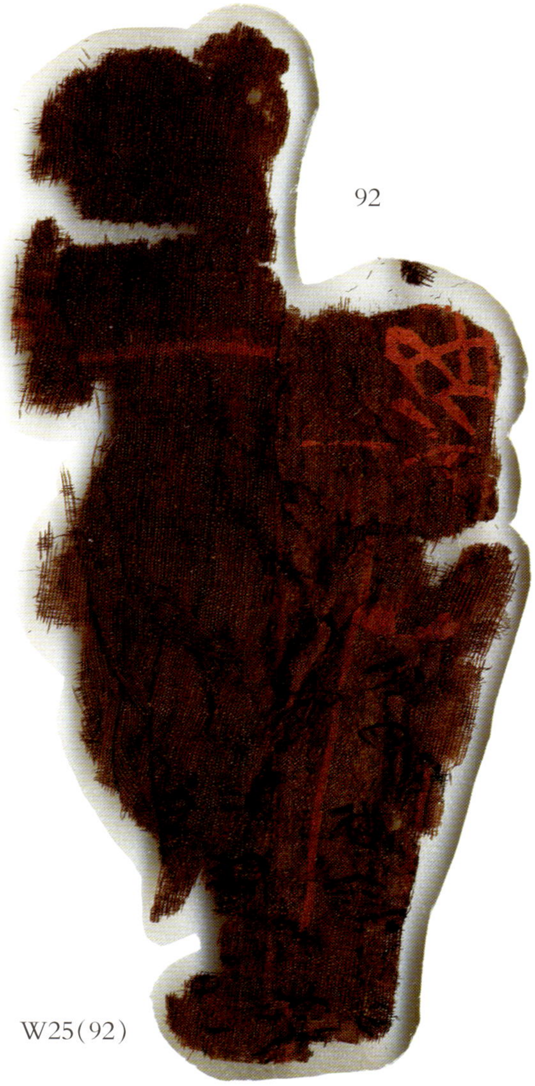

W25(92)

W26(92 背)

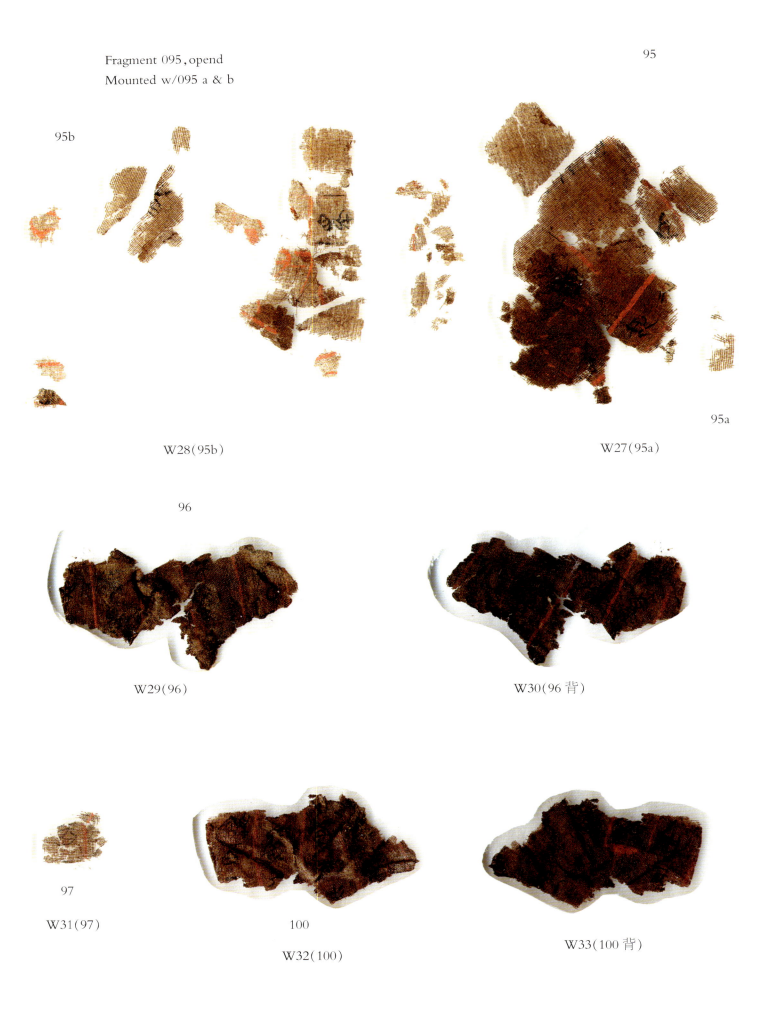

Fragment 095, opend
Mounted w/095 a & b

95

95b

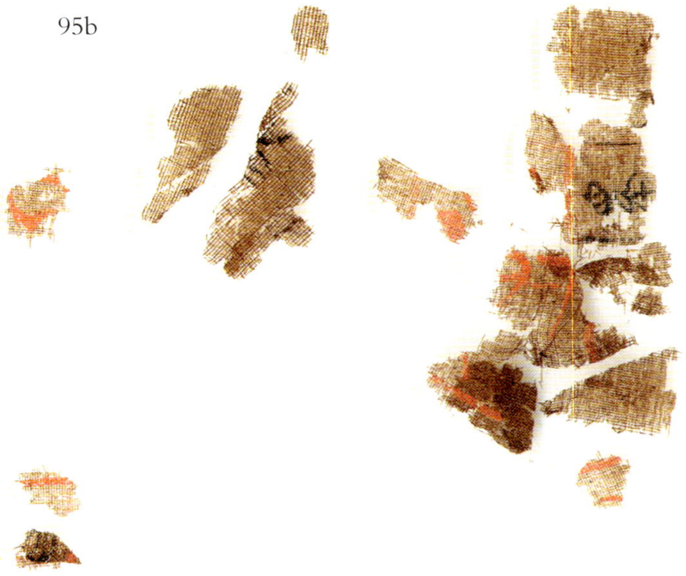

95a

W28(95b)

W27(95a)

96

W29(96)

W30(96背)

97

W31(97)

100

W32(100)

W33(100背)

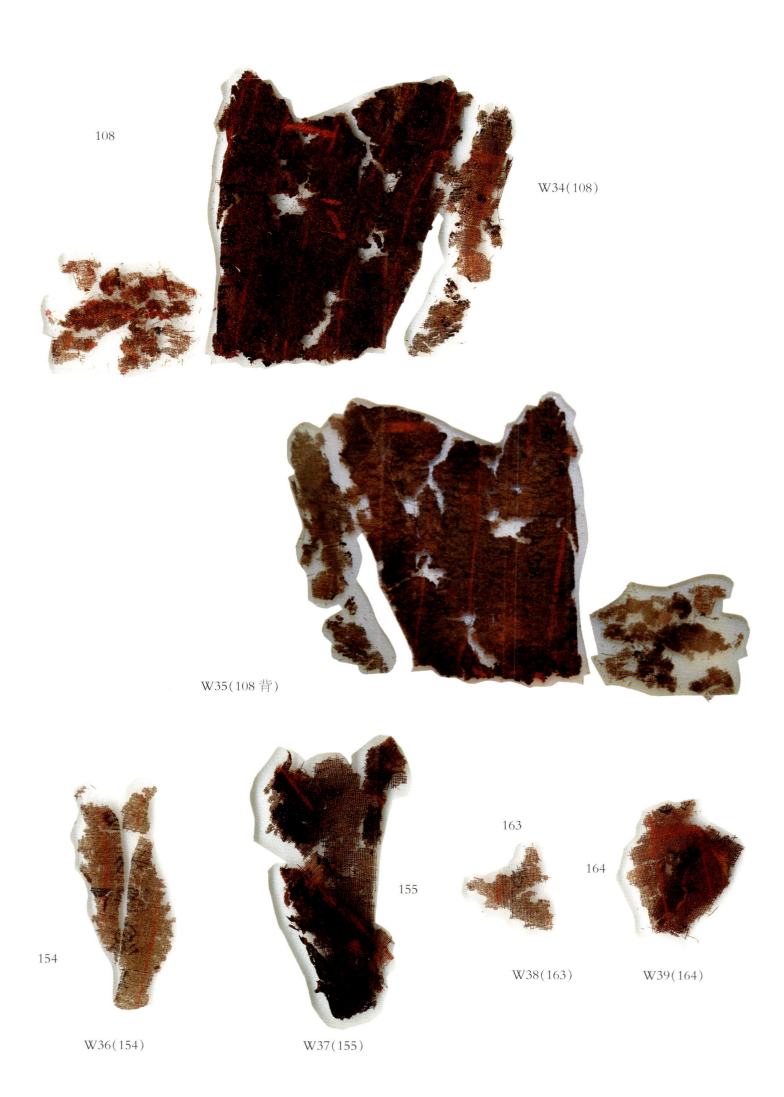

108

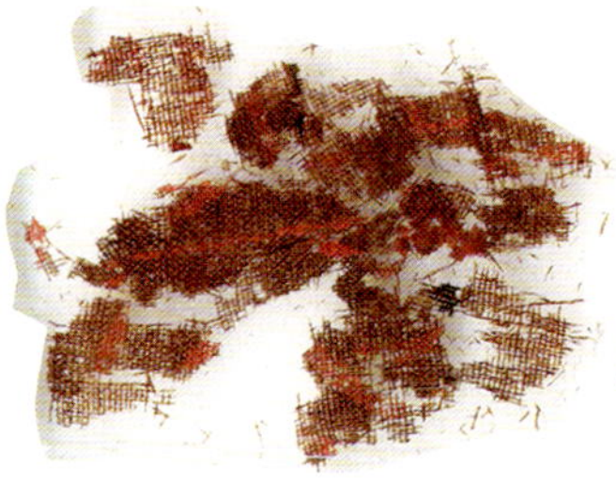

W34(108)

W35(108背)

154

W36(154)

155

W37(155)

163

W38(163)

164

W39(164)

226a

226

W40(226,226a)

227

228

229a

229b

W41(227,228,229a,229b)

233

W42(233)

234

W43(234)

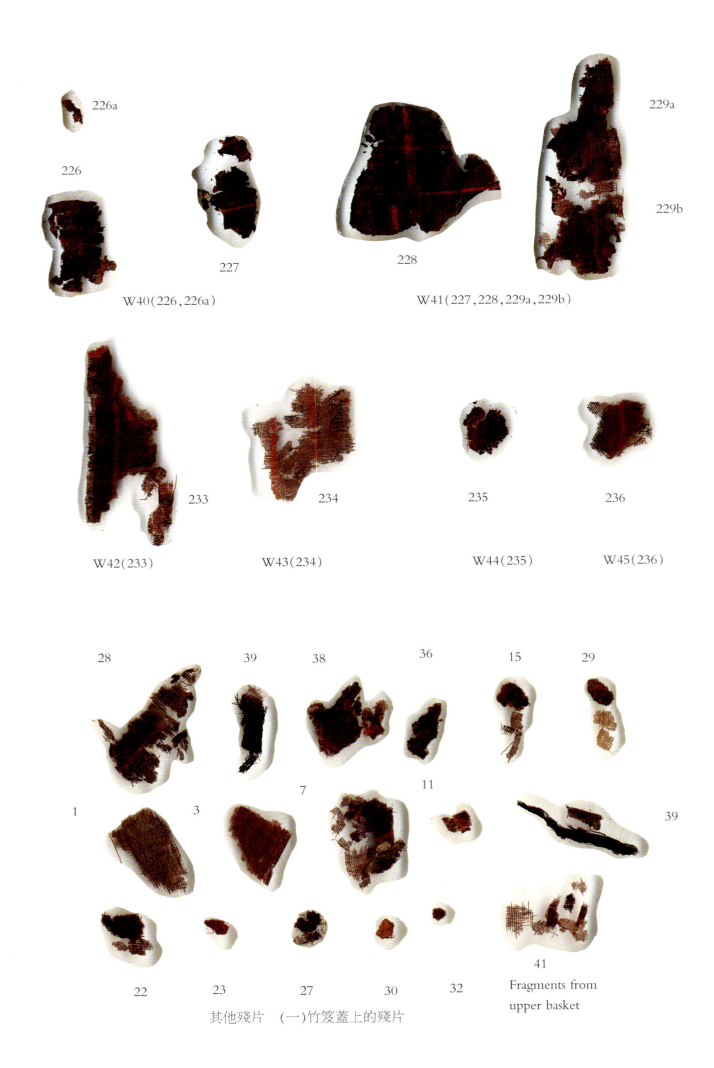

235

W44(235)

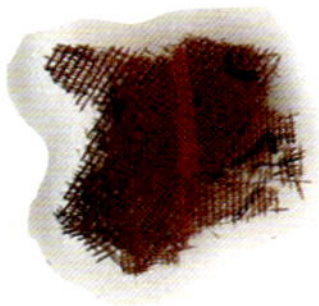

236

W45(236)

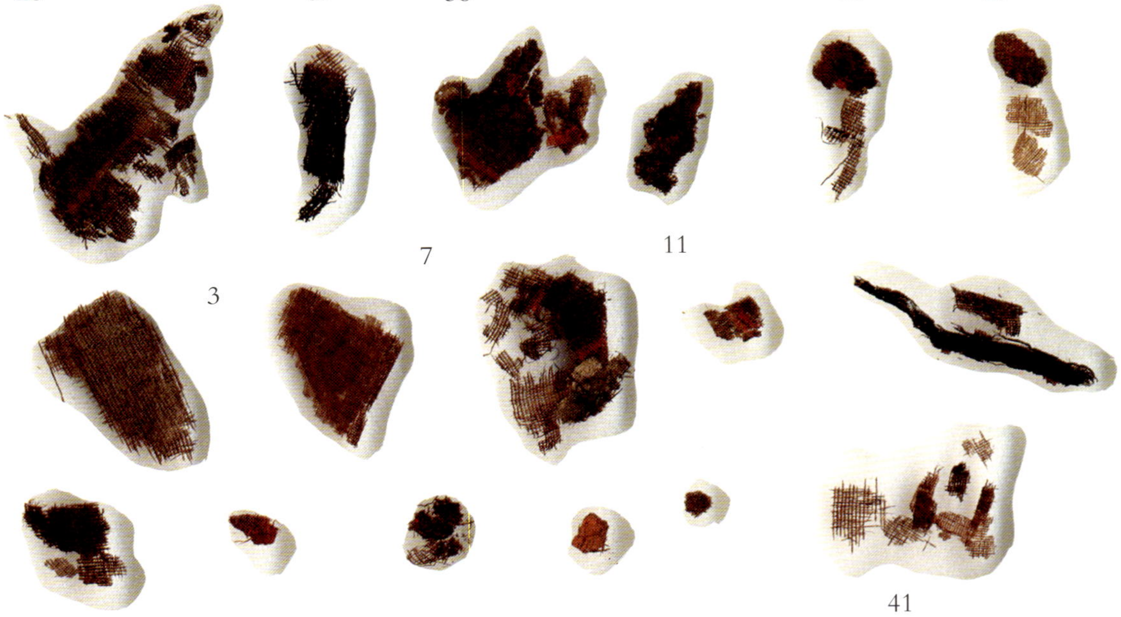

28 39 38 36 15 29

1 3 7 11 39

22 23 27 30 32 41

Fragments from upper basket

其他殘片　(一)竹笈蓋上的殘片

9a 10b 11

9b

10a

其他殘片 （二）(1-2)

13 182

其他殘片 （二）(3)

45 46 47 83

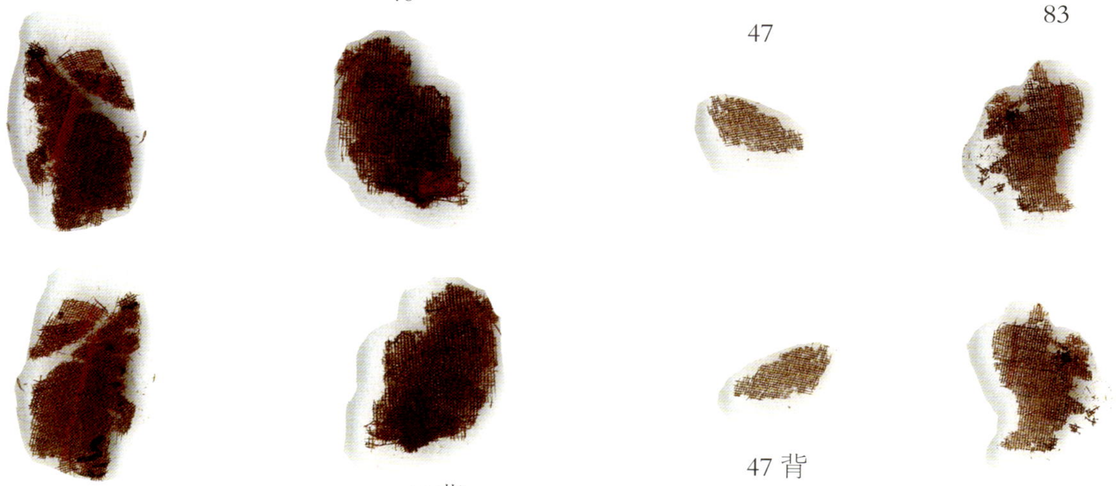

45 背 46 背 47 背 83 背

其他殘片 （二）(4)

97

97 背

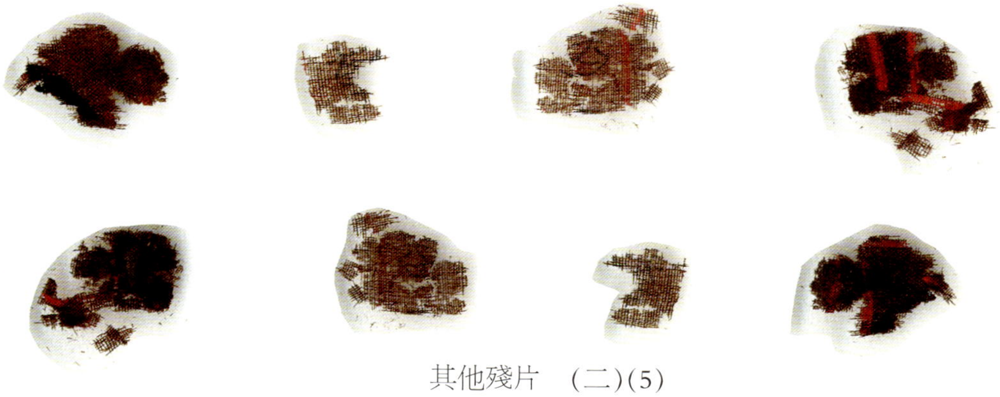

其他殘片 （二）(5)

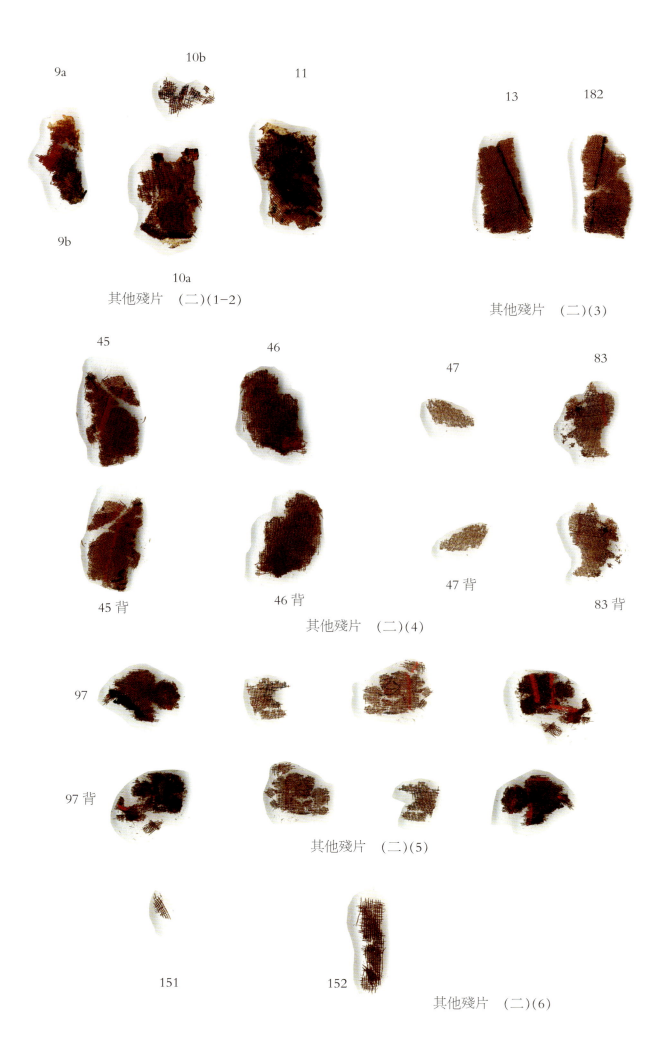

151 152

其他殘片 （二）(6)

218

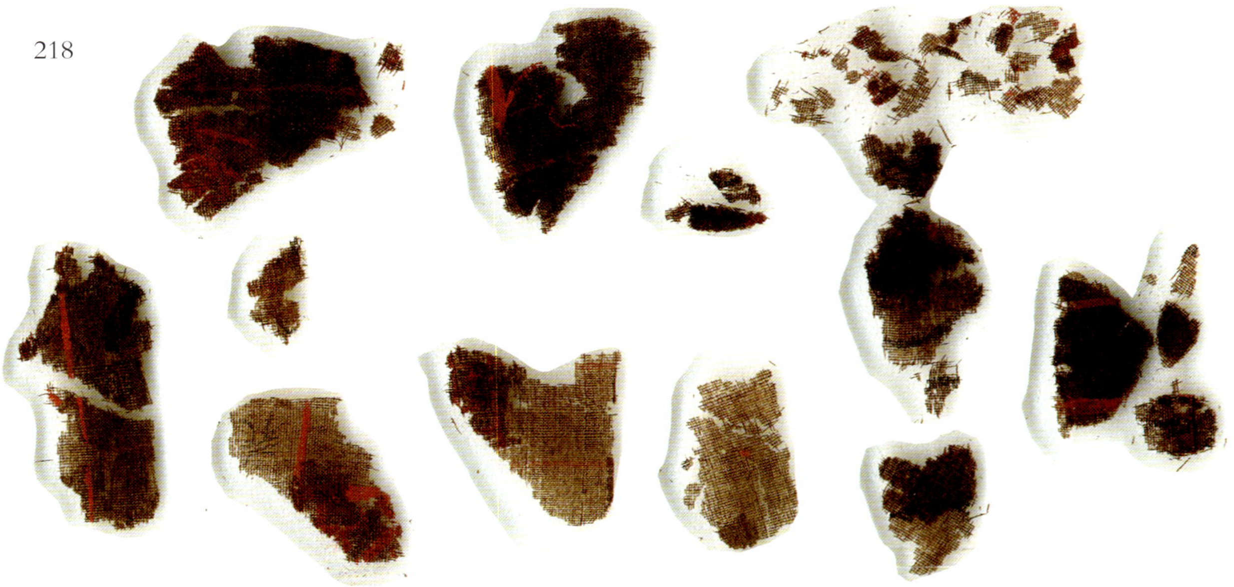

其他殘片 （二）(7)

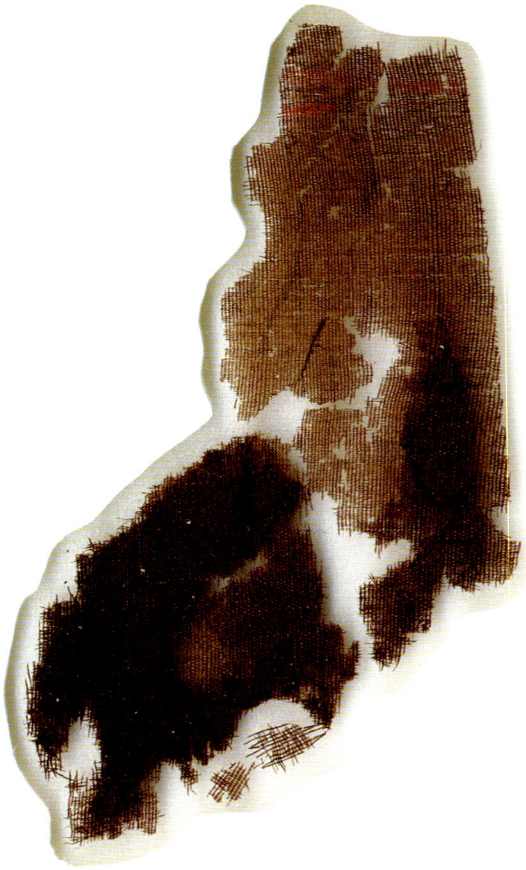

153 其他殘片 （二）(8)

160 160a 161

其他殘片 （二）(9)

125a 125

存疑

G1（1/1）

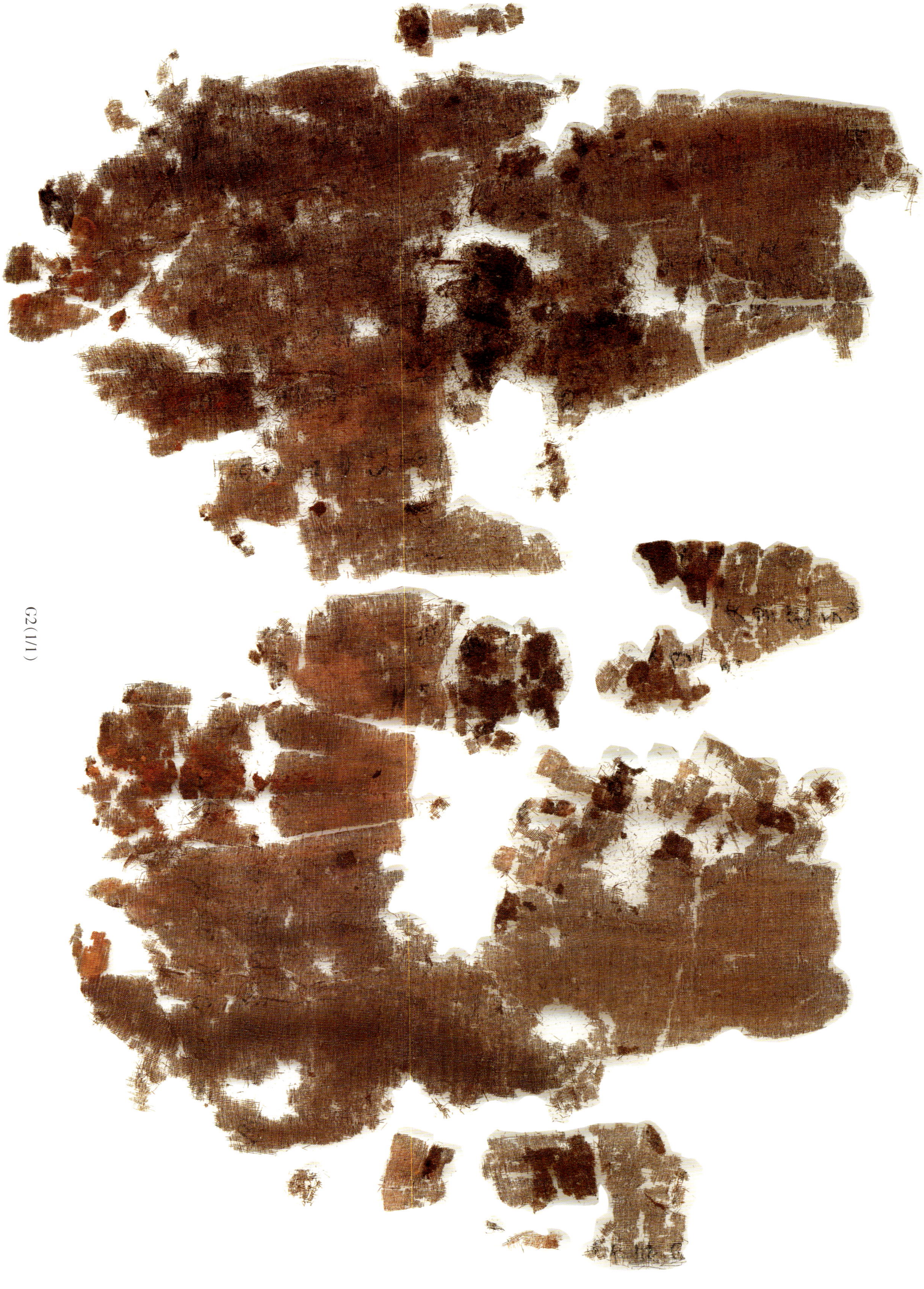

G2(1/1)

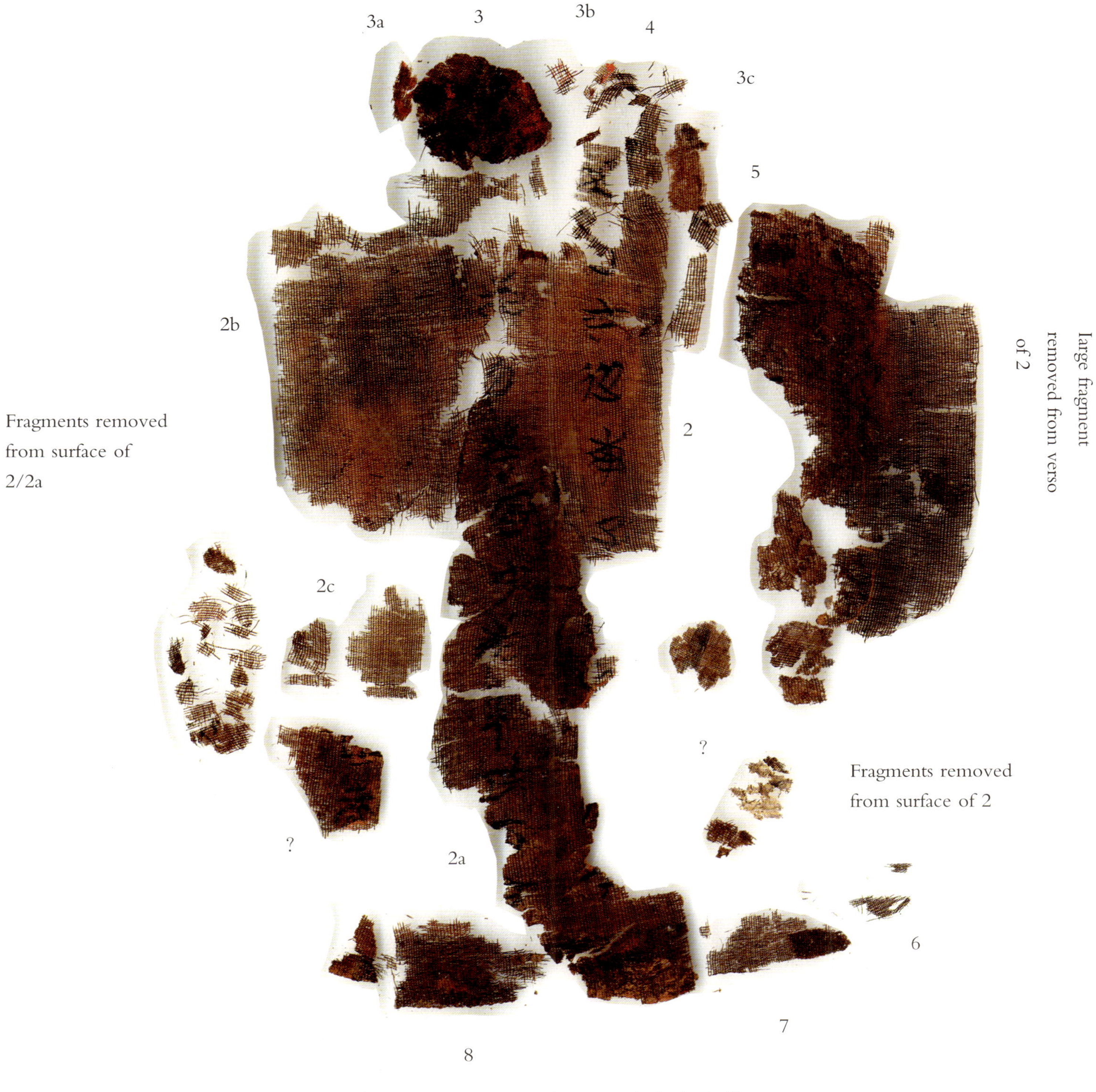

G3(2+2a+2b+2c+?+3a+3b+4+3c+5+?+6+7+8)

42

G4(42)

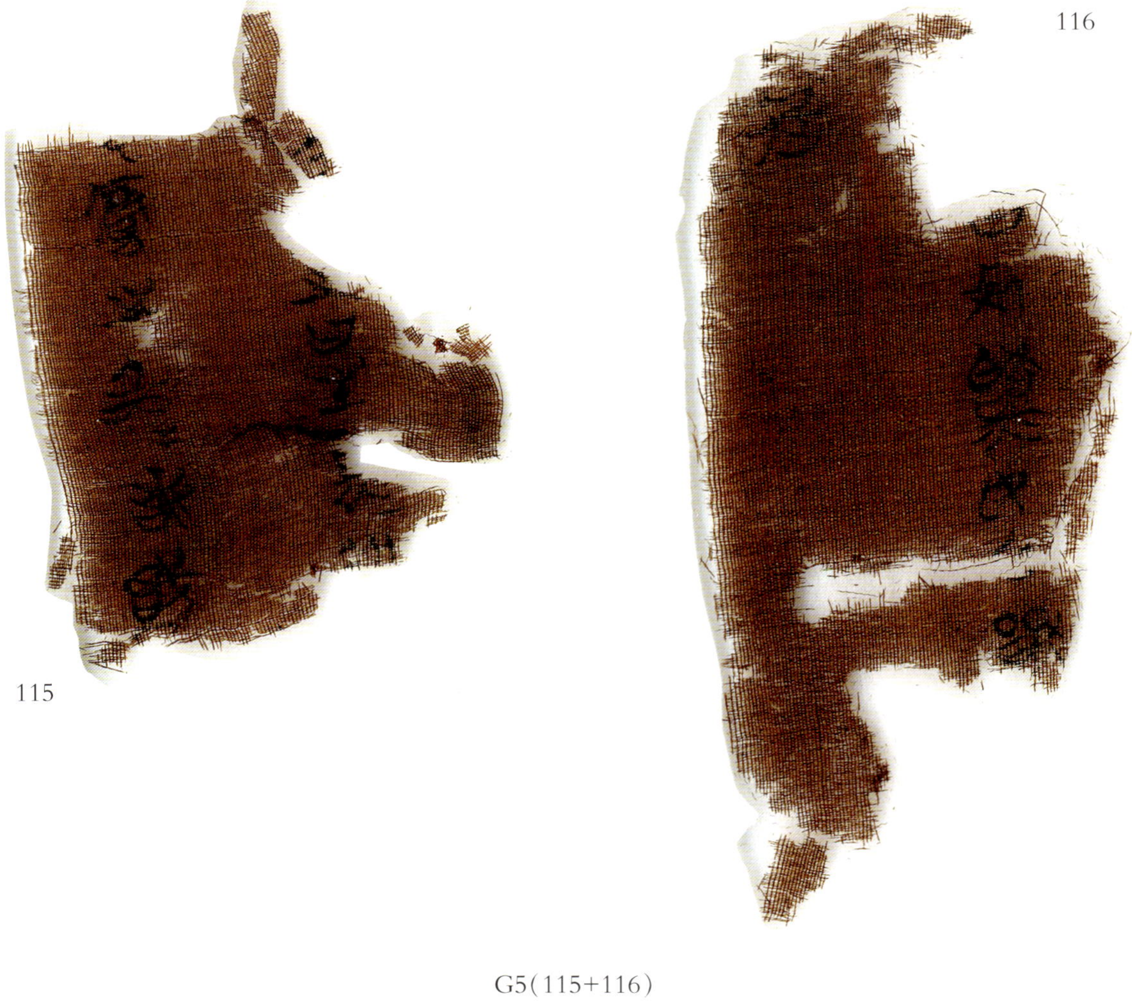

116

115

G5(115+116)

93

93a

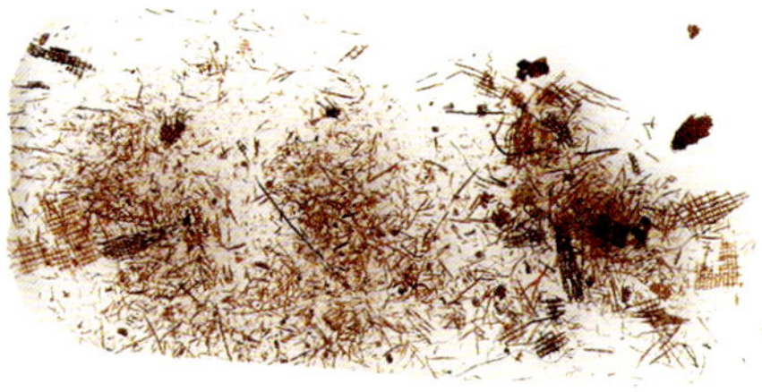

Fragments from the underside of fragment 093

G6(93,93a附)

131

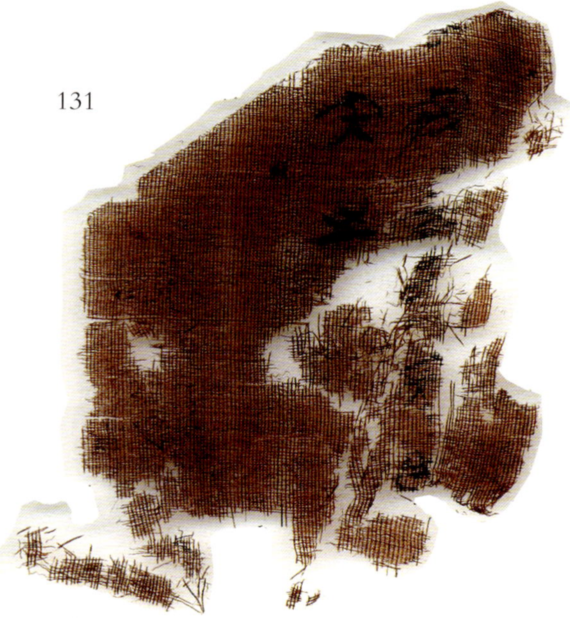

131a

G7(131,131a附)

1

removed from
001. see doc.
from June 2001

G8(1)

G9(1背)

135

16

G10(16)

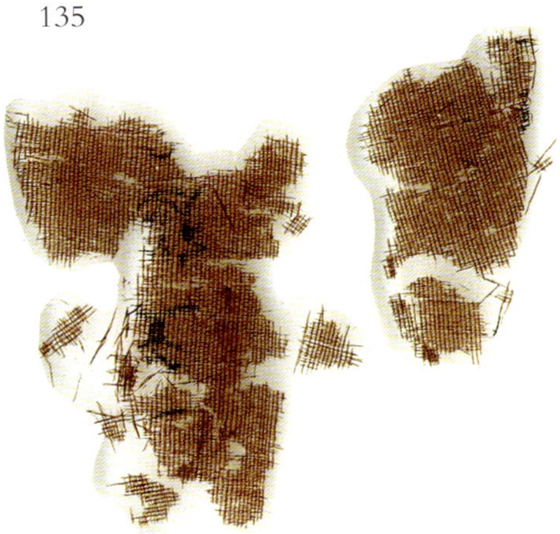

G11(135)

150

G12(150)

140

G13(140)

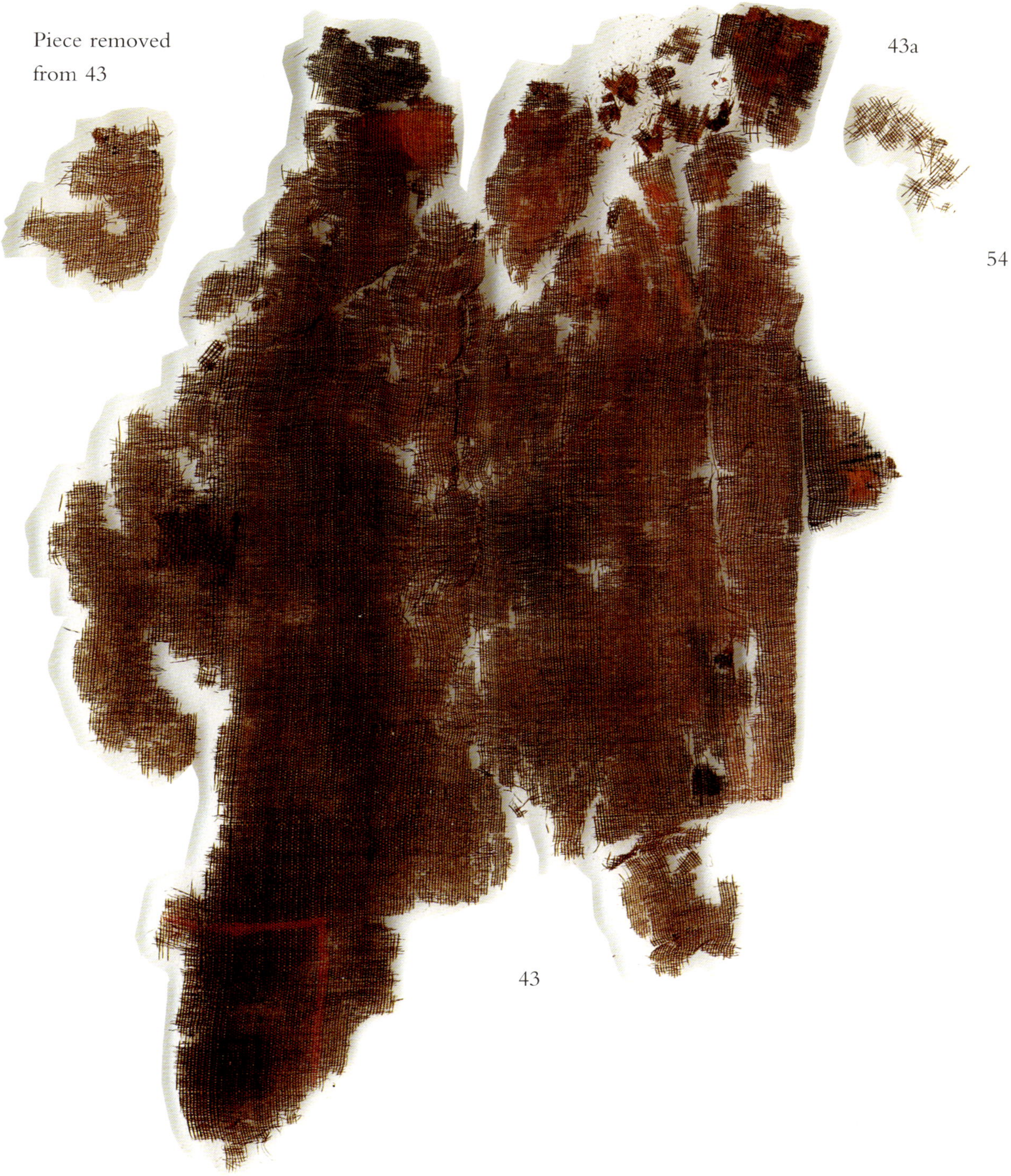

G14(43)

Separated fragments originally removed as a second layer from 001

G15

unID piece near 001 in IR photo 3/2001

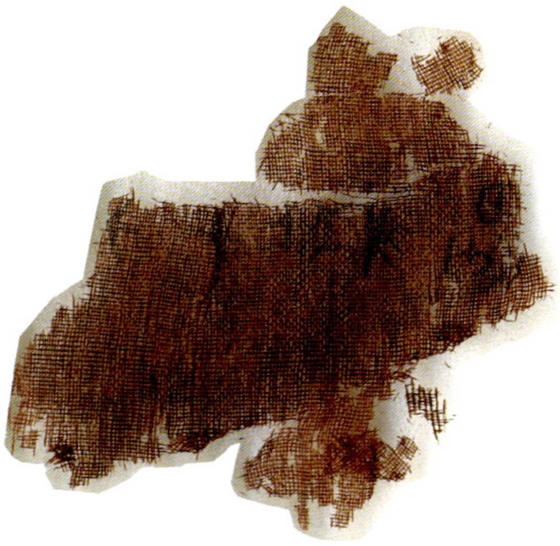

存疑

001-2.1
section c

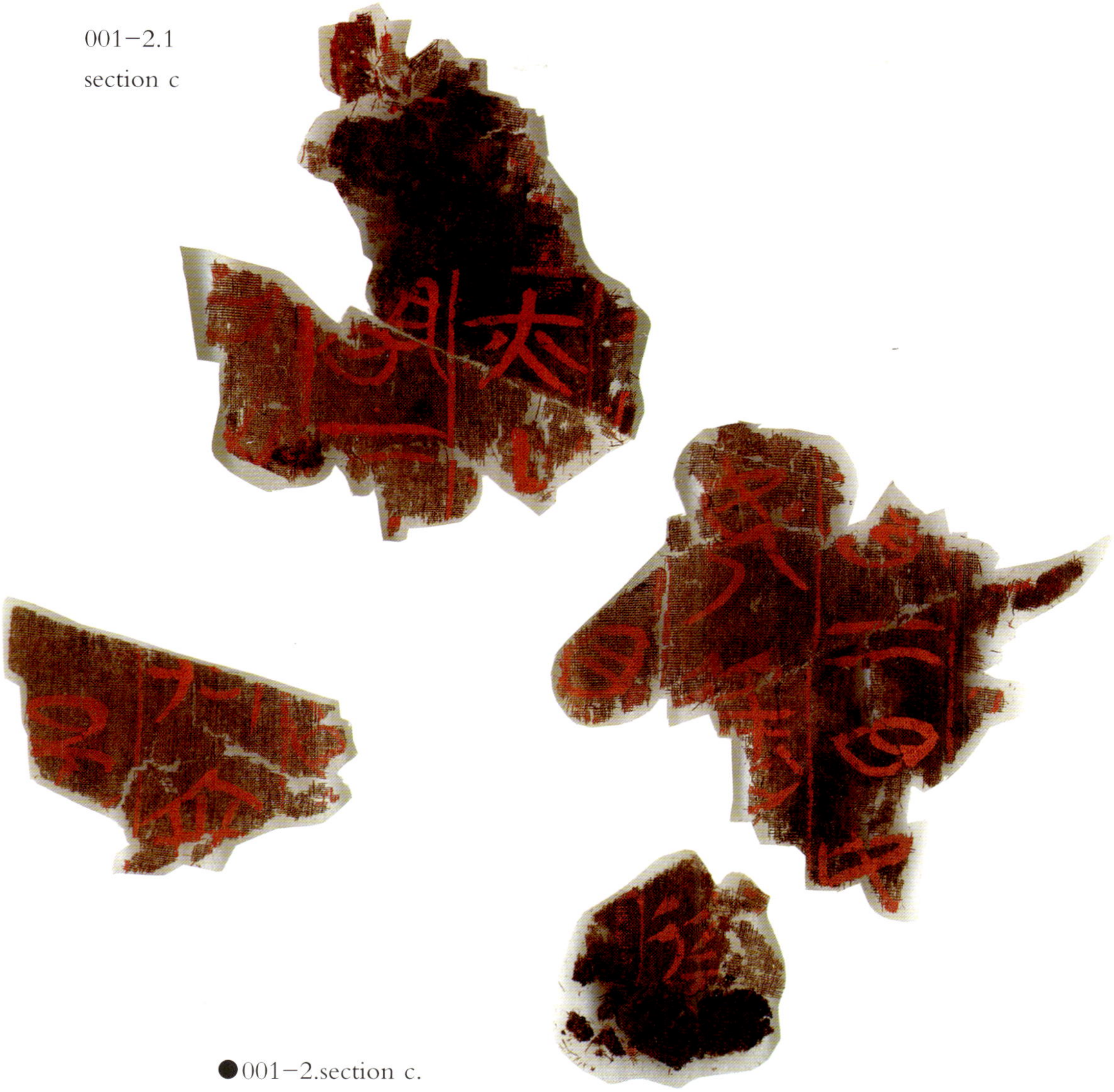

●001-2.section c.

●220(219附)

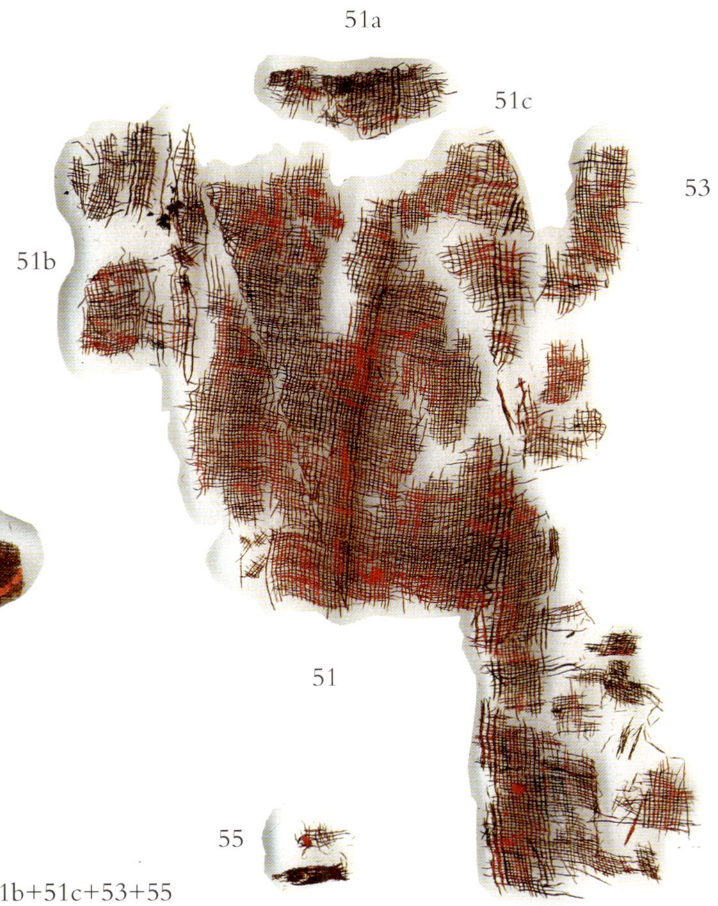

●51a+51b+51c+53+55

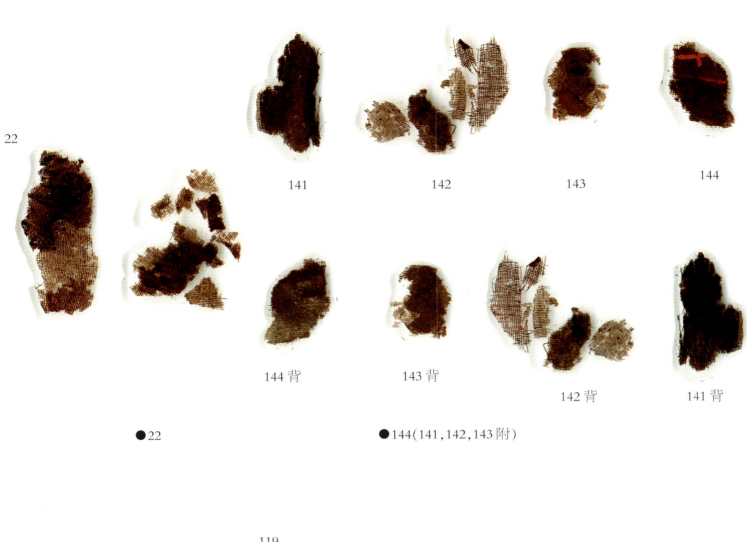

22

141

142

143

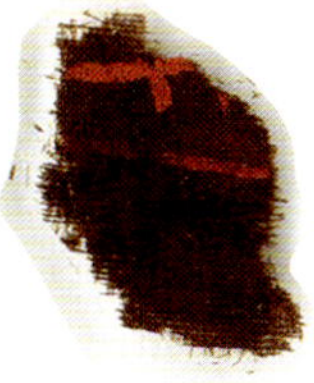

144

144背

143背

142背

141背

●22

●144(141,142,143附)

119

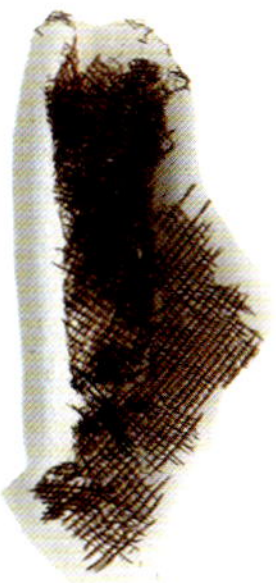

121

117

118

119a

120

123

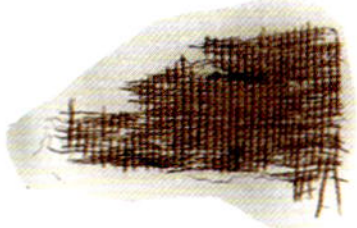

122

●120(117,118,119,119a,121,122,123附)

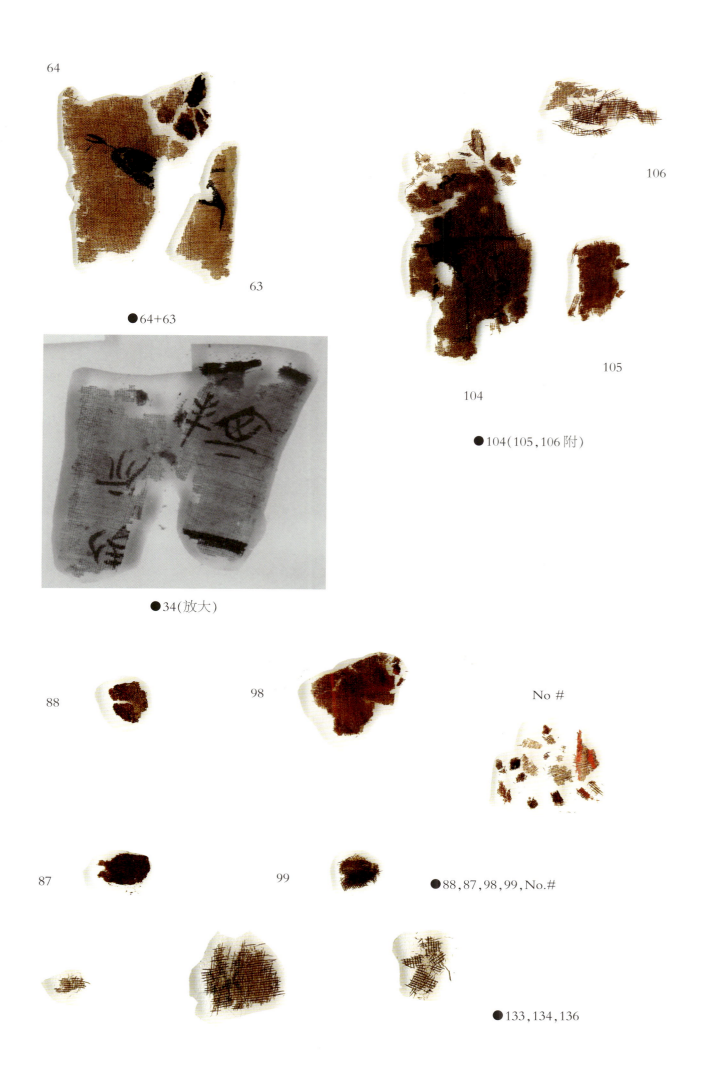

64

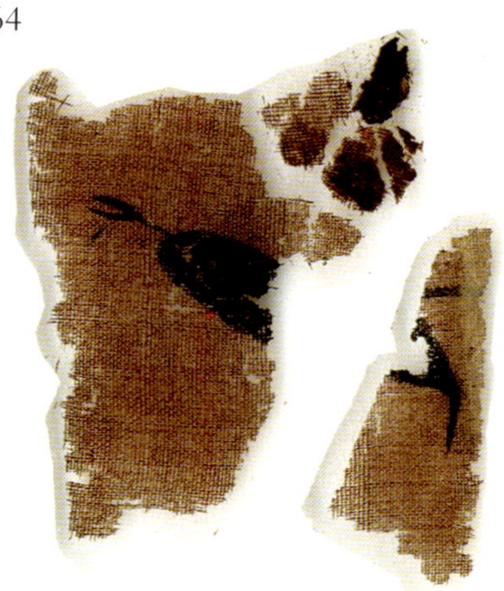

63

●64+63

●34(放大)

106

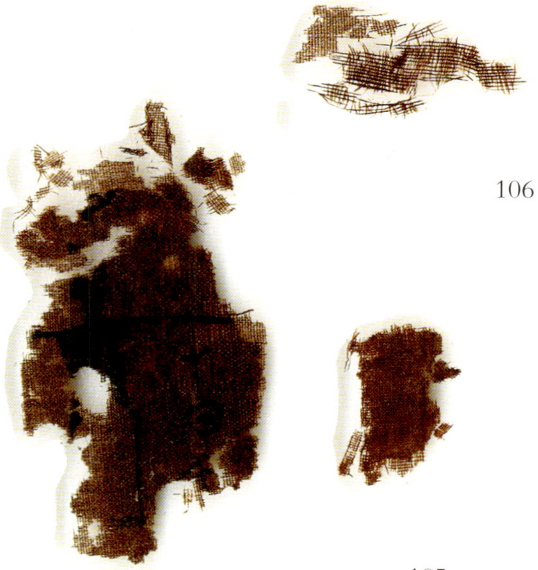

105

104

●104(105,106附)

88

98

No #

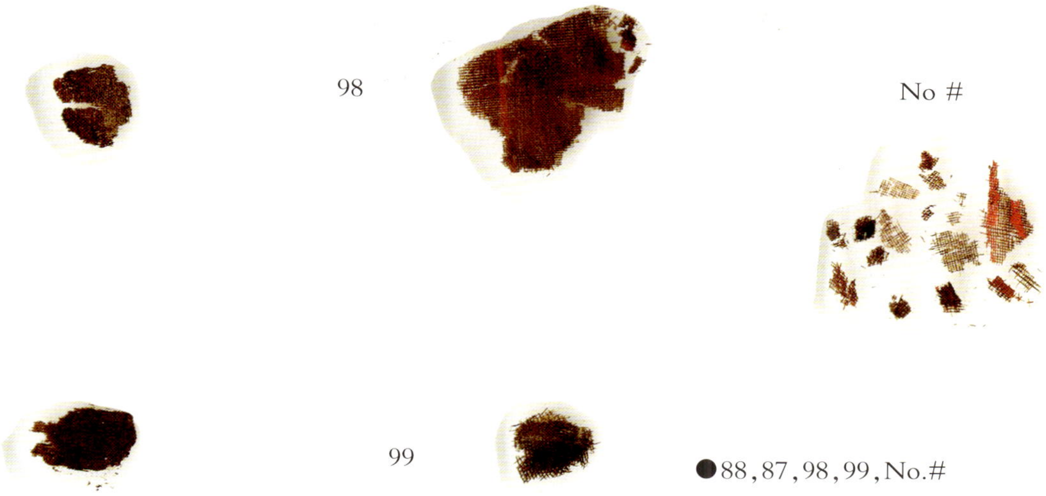

87

99

●88,87,98,99,No.#

●133,134,136

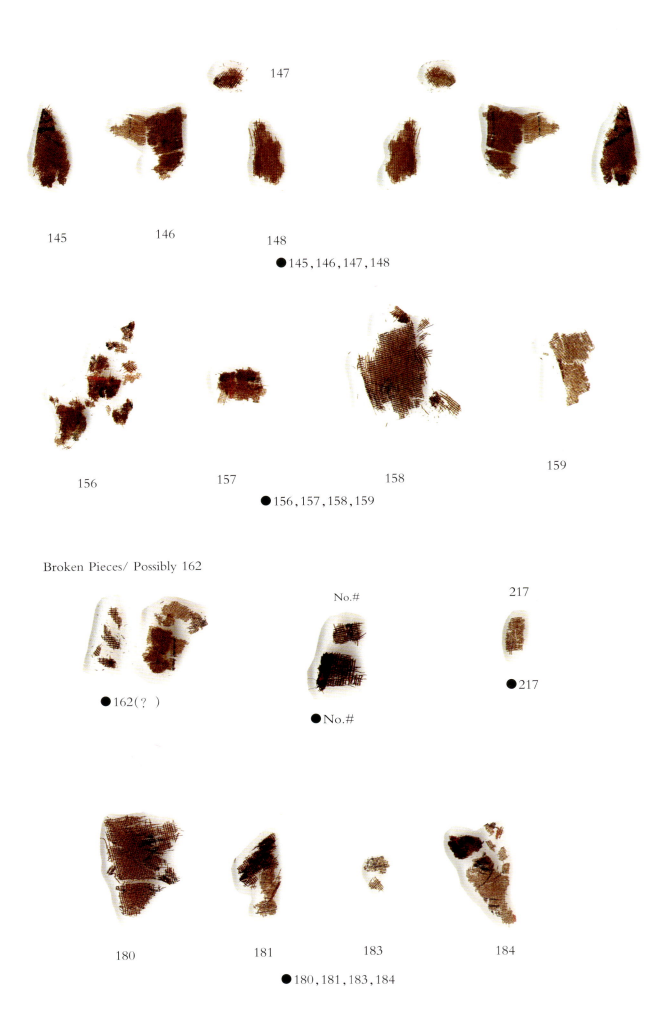

147

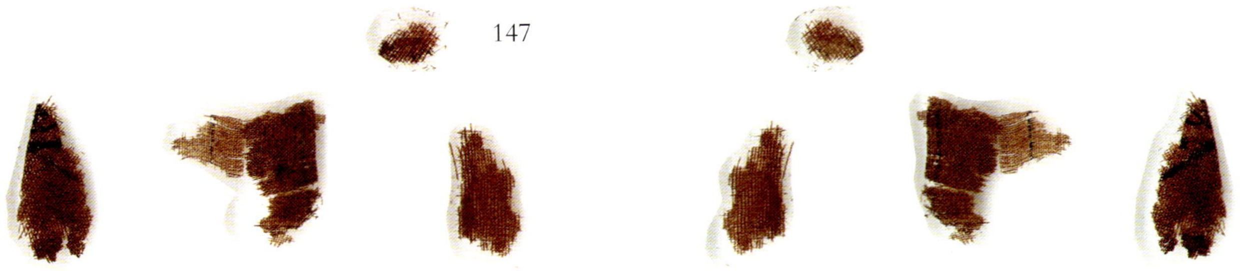

145 146 148

●145，146，147，148

156 157 158 159

●156，157，158，159

Broken Pieces/ Possibly 162

●162(？)

No.#

●No.#

217

●217

180 181 183 184

●180，181，183，184

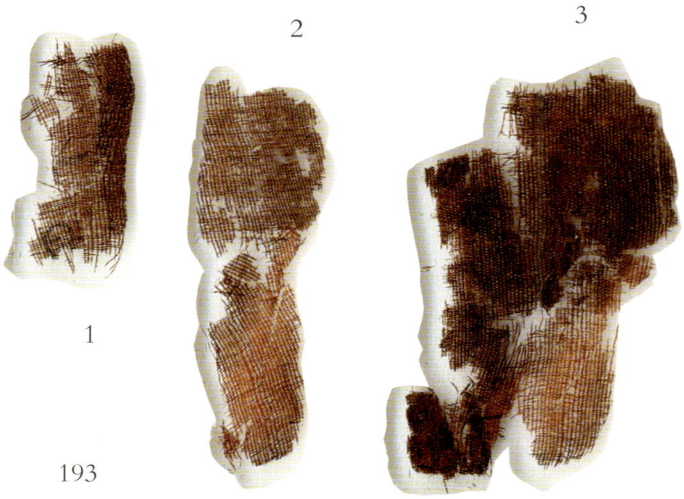

●193：1、2、3

●192

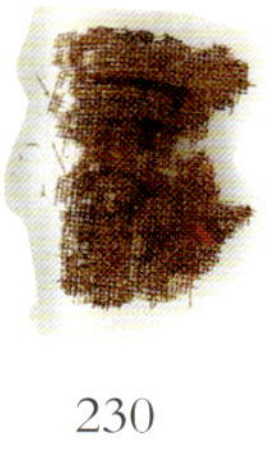

●230

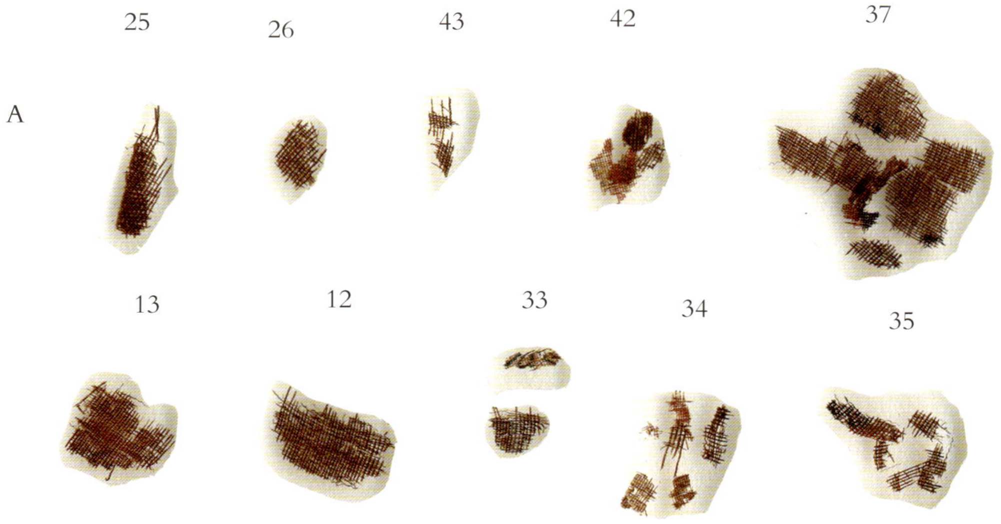

●A 组(25，26，43，42，37，13，12，33，34，35)

Fragments from upper basket

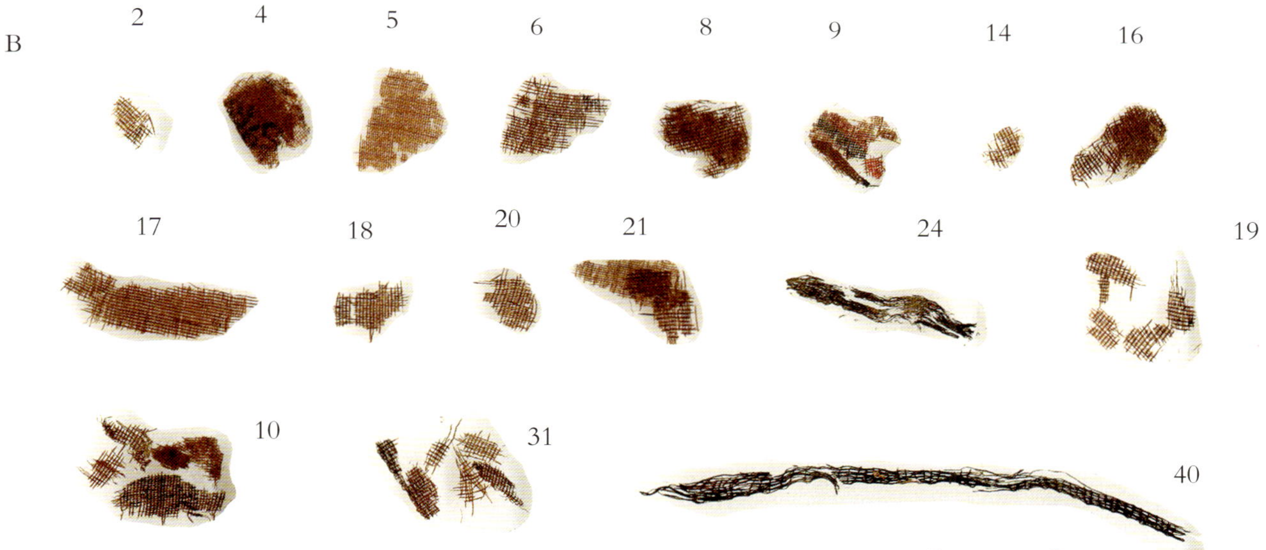

●B 组(2，4，5，6，8，9，14，16，17，18，20，21，24，19，10，31，40)

Fragments from upper basket

第一個帛書塊(1/1)

第一個帛書塊背面(1/1)

第二個帛書塊

第三個帛書塊

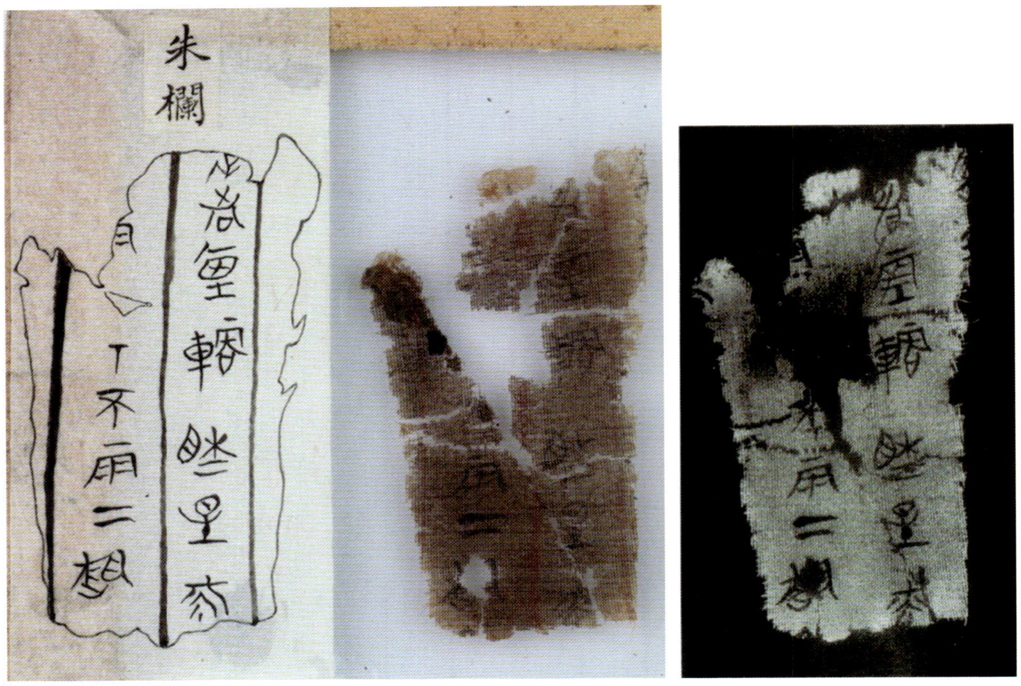

商承祚藏帛書殘片

商承祚藏帛書照片(尺寸不詳)

第陆部分　帛書釋文

一　四時令

説　明

中國古代供人選擇時日的曆書分兩種，一種是時令或月令（「時」是四時，「月」是十二月），一種是日書。時令或月令以時或月爲單位，日書以日爲單位。子彈庫帛書的前兩種就是屬於時令或月令。

時令或月令分兩種，一種按四時劃分，一種按五行劃分，前者是四時令，後者是五行令。此篇與《禮記·月令》、《呂氏春秋》十二紀，以及《大戴禮·夏小正》、《淮南子·時則》屬於同一類（下稱《月令》類的時令書），但非常簡短，明顯屬於四時令，今據内容試題爲《四時令》。

《四時令》是抄寫在一件四十七乘三十八點七釐米的絲綢上。四十七釐米是帛書緯綫的長度，三十八點七釐米是帛書經綫的長度，前者是幅寬，後者是幅長。

古代帛書，整幅帛的幅寬大約爲四十六至四十八釐米，相當古尺二尺；半幅帛的幅寬大約爲二十三至二十四釐米，相當古尺一尺。〔一〕這件帛書是寫在二尺帛上，經過兩次折疊，形成兩套折痕。第一套折痕把帛書分成四區八塊，每塊約十一點七乘十九點三釐米，是最初的折痕；第二套折痕把帛書分成四區十二塊，每塊約七點八乘十九點三釐米，是後來的折痕。

帛書分甲、乙、丙三篇。甲、乙兩篇在帛書中間，互相顛倒，只有文字，没有圖。我把長篇叫甲篇，短篇叫乙篇。丙篇在外，附有兩套圖。一套是彩繪的十二月神圖，十二月神居四邊，每邊三個；一套是四木圖，四木居四隅，用不同顔色繪成：春爲青木，夏爲赤木，秋爲白木，冬爲黑木。圖和文字是緊密結合在一起，無法分開。

《四時令》的圖文佈局體現的是陰陽交錯、四時流轉，如「循環之無端」（《孫子·勢》），所以是轉圈畫，轉圈寫，轉圈讀。過去，大家爭南北上下何爲正，其實全是無謂之爭。楚帛書的佈圖順序和閲讀順序，只和循環起點有關，和朝哪邊看無關。方向正反是取決於觀察者的視角，一要定位，二要定向。而帛書卻没有固定視角。〔二〕

〔一〕戰國和漢代的一尺大約爲二十三釐米或比二十三釐米多一點。馬王堆帛書分兩種，一種是幅寬二尺（約四十八釐米寬）的帛，一種是幅寬一尺（約二十四釐米寬）的帛。

〔二〕關於這件帛書的圖式設計，學者一直有不同意見，我自己的觀點也屢有修正。臺灣學者黄儒宣對此有所辯難，有所總結。參看氏著《〈日書〉圖像研究》第四章：《〈楚帛書〉表示時空的圖式》，上海：中西書局，二〇一三年十二月，二〇一—二三六頁。案：馬王堆漢墓一號墓的T形帛畫是葬儀用具，與此没有可比性。馬王堆帛書《禹藏圖》等圖是書籍插圖，與此也没有可比性。黄文説，這些證據足以説明，帛書的書寫順序與經緯方向無關，帛書一定以上南下北爲正，内文順序一定是先短後長，予不敢同。這裏應當説明的是，我之所以强調帛書的經緯方向，並不是要爲帛書找出一個正確的擺放位置，而是要找出帛書從什麽地方起筆，從什麽地方開始讀。我要强調的是，它是從留白處的對面開始寫，好像卷軸横舒，要順經綫的方向從右往左寫，留白一定是在起筆處的反方向。你把正月畫在左下也好，畫在右上也好，都無法改變它是從這裏開始抄，開始讀。

中國古代的書寫順序，一般是先上後下，先右後左。我分析，帛書是從帛幅的右側，即緯綫的右端開始寫，類似卷軸舒卷的一般方向：

（1）先抄丙篇的春三月。

（2）抄完春三月，再抄左邊的甲篇。甲篇靠近春三月，與春三月書寫方向一致。

（3）左旋，轉過來，再抄丙篇的夏三月。

（4）左旋，轉過來，再抄丙篇的秋三月。

（5）抄完秋三月，再抄左邊的乙篇。乙篇靠近秋三月，與秋三月書寫方向一致。

（6）左旋，轉過來，最後抄丙篇的冬三月。

由於帛書本身略呈長方形，整個頁面的佈局卻基本上是正方形，其抄寫順序是從帛幅右側的春三月開始，貼着帛書的一側寫，所以秋三月所在的另一側有一道留白。這道留白的存在很重要，它可以證明，这篇帛書的内文和外文都是從東方開始寫，然後向南轉，然後向西轉，然後向北轉，轉圈書寫。圖也是按這個順序畫出來的。

這三篇文字應該怎麼讀，是先内後外，還是先外後内，一般都認爲是先内後外，我也認爲是先内後外。但中間兩篇，是長篇在前、短篇在後，還是短篇在前、長篇在後，一向存在爭論。很多人都認爲短篇一定在前，長篇一定在後，我不這麼看。我的讀法是長篇在前，短篇在後。

理由有三：

第一，帛書佈局是仿天道左旋，從東到南到西到北，即從寅位開始，到丑位結束，構圖類似太極圖的陰陽魚。〔一〕甲篇與丙篇的春三月爲同一方向，代表東、南，代表陽；乙篇與秋三月爲同一方向，代表西、北，代表陰。四時之序，東、南當然在西、北前。

第二，帛書三篇，無論内外，都是轉圈讀，應當理解爲一種螺旋形的圓圖。這種構圖都是從内向外作螺旋形旋轉。〔二〕如果我們先讀甲篇，再讀乙篇，再讀丙篇第一章、第二章、第三章……順序轉下去，閱讀最順。

第三，一歲分爲四時，四時分爲十二月。甲篇講歲，乙篇講四時，丙篇講十二月，就是按這個順序講（從大往小講）。從内容上看，從邏輯關係看，《歲》篇在《四時》前，《四時》在《十二月》前，更爲合理。

據上所述，我理解，帛書的閱讀順序應當是這樣：

（1）先讀内文，再讀邊文。

（2）内文，先讀長篇，再讀短篇。

〔一〕中山王墓出土的六博棋局是用二紅二灰四塊石板拼成，就是呈陰陽魚式的結構。參看：李零《入山與出塞》，北京：文物出版社，二〇〇四年，第一七八頁。

〔二〕有兩個可供比較的例子，一是睡虎地秦簡《日書》的《視羅圖》，見睡虎地秦墓竹簡整理小組《睡虎地秦墓竹簡》，北京：文物出版社，一九九〇年，第二二三、二五〇頁；二是馬王堆帛書《物則有形圖》，見陳松長《馬王堆帛書『物則有形』圖初探》，《文物》二〇〇六年第六期，第八二—八七頁。

（3）最後讀邊文。邊文，從《取於下》開始，到《荃司各（冬）》結束。

這三篇短文各自獨立，並不是一氣呵成、文義連貫的三篇。古書很少這樣寫，但其謀篇佈局卻體現了某種分工：甲篇講歲，乙篇講四時，丙篇講十二月，合而觀之，包含了某種邏輯關聯。

今據文義題篇，甲篇曰「歲」，乙篇曰「四時」，丙篇曰「十二月」。這三篇短文，每篇有章號爲隔，又分若干章：甲篇分三章，乙篇分三章，丙篇分十二章，下面的注釋是分章注釋。

帛書經裝裱，帛幅經緯發生扭曲，有些字被撕裂，拼接或有不當，各家對各篇各章的行款結構、每行容字，理解不太一樣。巴納（Noel Barnard）根據帛書經緯綫試作復原，是有益的嘗試。這裏的行款就是參考巴納對帛書經緯和行款的理解而略有修正。〔一〕以下釋文請參看摹本（見下册封三附圖二）。

甲篇：《〔歲〕》

甲篇，中心話題是「歲」。歲字在全篇一共出現過六次：第一章兩次，第二章三次，第三章一次。這裏的篇題就是拈歲字爲題。它分三章，第一章解釋「李歲」，第二章講「凡歲德匿」引起的災異，第三章講「民人弗知歲」的危害，每章都與「歲」有關。

此篇，重點是講側匿，以及由側匿所生的災異。前人以爲此篇是講天象，但今日重新核實，所考星名（如天棓、李星、歲星、參星）並不可靠，文中除泛言的「日月星辰」，没有任何特定的星名，也没有什麼彗孛雲霓。

一

隹（惟）□□□，月則經（羸）絀，不得〔亓〕㝗（當）；㫢（春）頣（夏）昧（秋）各（冬），□又（有）〔變〕尚（常）；日月星唇（辰），𤔔（亂）遊（失）亓行。經（羸）絀遊（失）〔行〕，卉木亡一尚（常），〔是謂〕夭（妖）。天陛（地）乍（作）恙（祥），天棓（澍），晒（將）乍（作）瀉（湯），降于亓〔四〕方。山陵亓𤔬（廢），又（有）𤋡（泉）𠂤淴，是胃（謂）孛（李）。孛（李）戢（歲）□月，内（入）月二七日□，□又（有）霋雹（霜）雨土，不得亓參職。天雨□□□，是遊（失）月，閏之勿行。一月、二月、三月，是〔謂〕遊（失）終亡，三奉□□亓邦；四月、五月，是胃（謂）𤔔（亂）絽（紀）亡，𠂤□望（？）。〔亓〕戢（歲）：西䣄（國）有吝，女（如）日月既𤔔

〔一〕參看：Noel Barnard, *The Scientific Examination of Chinese Document as a Prelude to Decipherment, Translation, and Historical Assessment–The Ch'u Silk Manuscript, Revised and Enlarged*, Canberra: Department of Far Eastern History, Research School of Pacific Studies, and Institute of Advanced Studies, the Australian National University, 1972, p.146.

（亂），乃又（有）𡕒方（？）；東𨛭（國）又（有）四咨，〔天下〕乃兵，𡧊（害）于亓王。■

【注釋】

隹□□□ 「隹」讀「惟」，後面三字殘缺，第四字與日字的形狀有點像。

月則縕絀 讀「月則贏絀」。第三字，同《説文解字·糸部》縕字的或體。此字相當盈或贏字。《管子·幼（玄）官（宮）》和《幼（玄）官（宮）圖》有所謂三十時節，其中之小郢當讀小盈，相當二十四節氣的小滿。小滿見《淮南子·天文》。盈改滿，是避漢惠帝諱。贏絀，古書多見，如《荀子·非相》「緩急贏（贏）絀」、《呂氏春秋·執一》「長短贏絀」、馬王堆帛書《稱》「贏絀變化」、《鶡冠子·世兵》「蚤（早）晚絀贏（贏）」皆其例。贏是有餘，有所超出；絀是不足，有所降退。古書又有贏縮，如《國語·越語下》之「贏縮轉化」。《史記·天官書》：「歲星贏縮，以其舍命國。所在國不伐，可以罰之。其趨舍而前曰贏，退舍曰縮。」贏絀與贏縮義近，但未必是通假關係，絀是透母物部字，縮是生母覺部字，聲音有點遠。贏縮是天文術語。

不得〔亓〕𡐈 讀「不得其當」。第三字殘，只剩兩道横畫，今據殘劃補亓字；第四字，上从尚，下从示。下文常作尚，與此不同，這裏讀當，指月之行度，進退失當。

𡕩頣昧各 讀「春夏秋冬」。四時之名，楚文字一般都這樣寫，但夏字還有从日从虫的寫法。

□又〔變〕尚 讀「□有變常」。第一字缺。第三字殘，下从又，疑即楚文字常見的變字（假弁字爲之）。《申鑒·雜言下》：「君子所惡乎異者三：好生事也，好生奇也，好變常也。」帛書此章多言災異。所謂災異，災是災害，異是反常。災異之異就是屬於變常。

日月星唇 泛指天象。日是太陽，月是月亮，星是列星，辰是躔次。《史記·天官書》把天宇分爲五區：太一、天一和北斗等星，有如錶盤上的錶針，居中宮；二十八宿等星，有如錶盤上的刻度，分居東、南、西、北四宮。這些都是有固定位置、大體不變的恒星。講完這些，司馬遷才講五星、日月。五星即歲星、熒惑、填星、太白、辰星。這些星是行星，轉一圈用多少年，基本上是固定的。日月也是行天之星。這裏的「星」是星體本身，可以指所有星官。「辰」則是日月所會，即日月行天所經過和停留的地方，有如旅館或驛站，古人也叫次、舍、宿、房（參看《周禮·春官·馮相氏》「二十有八星之位」賈公彥疏）。二十八宿就是配合十二辰，起這樣的作用。

𨝐遊亓行 讀「亂失其行」。「遊」，舊釋逆，一九九五年整理上博楚簡，我才發現這是楚文字的「失」字。〔一〕日月星辰，有行有舍，行有行度，舍有舍次，失行失舍，都屬於反常，古人認爲，必有凶咎。「失行」是古代天文學的常見術語。

緹絀遊〔行〕 讀「贏絀失〔行〕」，第四字缺，據文義、殘劃補「行」字。案：「贏絀」、「失行」，都是重復上文。

卉木亡尚 讀「草木無常」。「卉」，今讀 huì，但古書多用爲草，與草字没多大區别。《詩》、《書》皆有草字，也有卉字。如《書·禹貢》之「島夷卉服」，就是説島夷之俗以草爲衣；《詩經》，卉字四見，一曰「卉木萋萋」（《小雅·出車》），二曰「卉木萋止」（《小雅·杕杜》）、三曰「百卉具腓」（《小雅·四月》）……

〔一〕李零《讀〈楚系簡帛文字編〉》，中國文物研究所編《出土文獻研究》第五辑，北京：科學出版社，一九九九年（寫於一九九六年），第一四二頁。案：楚文字的失字寫法比較怪，趙平安認爲此字是從甲骨文的𨑥字演變而來，見氏著《戰國文字中的「遊」與甲骨文「𨑥」爲一字説》，《古文字研究》第二二輯，北京：中華書局，二〇〇〇年，第二七五—二七八頁。

月》），四曰「山有嘉卉」（同上），用法也與草字同。《爾雅·釋草》：「卉，草。」郭璞注：「百卉總名。」《説文解字》往往把從同一形旁或聲旁分化的字强行分配，各自定音，各自定義，固化爲不同的字，其實與古文字的實際用法並不一定吻合。如《説文解字》卷一下有屮、艸、卉、茻四字，都是偏旁用字。許慎以一屮爲屮，表示「艸木初生」，讀若徹；二屮爲艸，表示「百卉」，讀若草；三屮爲卉，表示「艸之總名」，讀若匯；以四屮爲茻，表示「衆艸」，讀若莽。但典籍所見屮、艸，卻與草字無別；茻字，見於古文字的偏旁，也與艸旁無別。許慎定音，可能是根據漢代方音。《方言》卷十：「卉、莽，草也。東越、揚州之間曰卉，南楚曰莽。」《文選》卷五左太沖《吴都賦》「卉木跃蔓」，劉良注：「卉，百草總名，楚人語也。」其實屮、艸、卉、茻都是草字的古體，只是繁簡不同而已，漢代讀音才分化。草是今體，源出秦文字，其實是借皂莢字爲之，漢承不廢，今草行而屮、艸、茻廢，卉字只當花卉之卉（其實花卉就是花草）。

〔是謂〕夭　讀「〔是謂〕妖」。「是」字有上部殘劃，「謂」字缺，今據文義、殘劃補「是謂」。

案：古人所謂妖，如妖災、妖祥、妖孽、妖怪、妖邪，都是泛指災害，細分則有六種：

（1）天妖，是天災。如《呂氏春秋·先識》和《説苑》的《敬慎》、《權謀》都有這個詞，就是指各種天災（注意：天象有所謂「妖星」），《詩·小雅·正月》和《史記·天官書》亦作「天夭」。

（2）地妖，是土地不合物宜，特别是違反莊稼和牲畜的生長規律。如《左傳》宣公十五年：「天反時爲災，地反物爲妖，民反德爲亂，亂則妖災生。」

（3）人妖，是人禍引起的災難，如《韓詩外傳》卷二第六章：「夫萬物之有災，人妖最可畏也。曰：何謂人妖？曰：枯耕傷稼，枯耘傷歲，政險失民，田穢稼惡，糴貴民饑，道有死人，寇賊并起，上下乖離，鄰人相暴，對門相盜，禮義不脩，牛馬相生，六畜作妖，臣下殺上，父子相疑，是謂人妖。妖是生於亂。」

（4）畜妖，是家畜引起的災難，《漢書·五行志下》把「六畜之妖」叫「禍」。上引《韓詩外傳》卷二第六章已提到。

（5）蟲妖，是動物引起的災難，《漢書·五行志下》叫「孽」。古人所謂蟲，可以泛指一切動物，倮蟲是人類，毛蟲是哺乳動物，鱗蟲是魚類，羽蟲是鳥類，介蟲是帶殼的動物。《左傳》莊公十四年：「初，内蛇與外蛇鬥于鄭南門中，内蛇死。六年而厲公入。公聞之，問于申繻曰：『猶有妖乎？』對曰：『人之所忌，其氣焰以取之，妖由人興也。人無釁焉，妖不自作。人棄常則妖興，故有妖。』」《禮記·月令》提到「介蟲爲妖」：「季冬行秋令，則白露早降，介蟲爲妖，四鄙入保；行春令，則胎夭多傷，國多固疾，命之曰逆；行夏令，則水潦敗國，時雪不降，冰凍消釋。」

（6）草妖，《漢書·五行志中》的定義是「凡草物之類謂之妖」。這裏的「妖」屬於第六種。《説文解字·示部》有祆字，字同妖，許慎的解釋是「地反物爲祆也」，其説出自《左傳》宣公十五年。《説文解字·虫部》有蠥字，許慎引《衣服歌謠》：「草木之怪謂之祆，禽獸蟲蝗之怪謂之蠥。」合於《漢書·五行志中》的定義。班固、許慎的定義，當然是漢代的説法，但今得帛書之證，可知戰國已有這種説法。

天陛乍羕　讀「天地作祥」。上文所謂「妖」，這裏所謂「祥」，都屬於「異」。《漢書·五行志中》有「五事咎徵」七，曰妖、孽、禍、痾、眚、祥、沴，是對「異」的詳細分類。「凡草物之類謂之妖。妖猶夭胎，言尚微。蟲豸之類謂之孽。孽則牙孽矣。及六畜，謂之禍，言其著也。及人，謂之痾。痾，病貌，言濅深也。甚則異物生，謂之眚；自外來，謂之祥，祥猶禎也。氣相傷，謂之沴。沴猶臨莅，不和意也。」這七種反常，妖是草妖，害初起；孽是蟲妖，害始萌；禍是六畜之妖，害始重；痾是人病，害最深。這四種是一類。另一類是與五行相配的災害，曰眚、祥、沴。眚是異物生。眚生於内，祥自外來，後者是前者的徵兆，二者俱以五色稱。沴是五行病某氣，而爲另一氣所克。妖、祥，古書常連言，呼爲「妖祥」。

天梪　讀「天澍」，猶言「天雨」（下文有「天雨」）。「梪」同梪，其右旁，豆下加口，仍是豆字（如同丙加口仍是丙）。這兩個字，舊以爲星名。學者的思路總是往星名聯想。饒宗頤釋「天棓」，以爲天棓星，〔一〕我曾指出，棓字本應从否，與此不合。〔二〕李學勤根據我的隸定，把第二個字讀爲柱，比前者進了一步，但尚未擺脱此篇以天象爲主的思維導向，仍把這兩個字解釋成天柱星。〔三〕這裏我想提出一種新的思路。案：楚文字的梪字，當爲樹字（見下篇《五行令》W13（76））。樹从尌，尌是立鼓，樹是立木，皆有立義，今字加木以别之；以讀法論，聯繫上下文，應讀天澍，澍是大雨，恰與下「將作湯」合。澍與注，音義俱近。今語「大雨如注」就是澍字的本義，因爲與水有關，所以加了水旁。唐《碧落碑》以侸爲注，〔四〕字亦从豆。侸字，《説文解字·人部》訓爲「立也」，表示樹人。柱、拄也都有立義。這是一組形音義相關的字。《説文解字·水部》：「時雨澍，生萬物。」段玉裁《説文解字注》作「時雨也，澍生萬物者也。」王筠《説文解字句讀》作「上古時雨，所以澍注萬物者也」。《淮南子·泰族》：「若春雨之灌萬物也，渾然而流，沛然而施，無地而不澍，無物而不生。」《論衡·雷虚》：「説雨者以爲天施氣。天施氣，氣渥爲雨，故雨潤萬物，名曰澍。」古書中的澍字都是表示下雨。

洒乍湯　讀「將作湯」，指將會下大雨。《書·堯典》孔穎達疏引《謚法》：「雲行雨施曰湯。」《漢書·天文志》：「四星若合，是謂大湯。」晉灼注：「湯，猶蕩滌也。」《漢書·五行志中》把大雨列入與木行有關的「貌之不恭」，屬於五行災異之一象。

降于亓〔四〕方　指天降大雨，遍及四方。第四字缺，據文義補「四」字。

山陵亓變　讀「山陵其廢」，指山陵崩墮。《漢書·五行志下》把地震、山崩列入與土行有關的「思心不睿」。

又肙氒淵　讀「有泉氒淵」，疑指泉水噴湧，但第二字不能直接釋爲泉，下文第二章的「黄淵」也是如此。案：兩周金文中的「淵」字，一般寫法，上面是一横，左右和下邊有三個表示旋轉的斜角，像水流在溪谷中旋轉，如金文「肅」字所从的𣶒就是這樣寫。〔五〕這個字與古文字中的泉字明顯有别。中山王譽大鼎有句名言：「與其溺於人也，寧溺於淵。」語出《大戴禮·武王踐阼》，淵字同此，可見這裏的第二字毫無疑問是淵字。〔六〕楚文字的淵字有兩種寫法，一種是像這裏，兩條曲綫圍着水字，仍有早期的筆意；一種作囦，把圍水的兩條曲綫改成方圍，則是簡化的寫法，《説文解字·水部》淵字的古文就這樣寫。楚文字另有泉和湶字，見上博楚簡《容成氏》簡33、《周易》簡46。〔七〕這種寫法的泉字，和商周时期的泉字不一樣，和小篆的寫法也不一樣，疑假㐱或沴字爲之。《正始石經》以砯爲泉，〔八〕就是因爲沴可讀砯（《漢書·五行志中》「五事咎徵」之七的「沴」即這樣讀）。泉與淵，寫法不同，但古書經常通假，如《淮南子·天文》「日入于虞淵之汜」，《藝文類聚》卷一、《初學記》卷一引「虞淵」作「虞泉」；《史記·封禪書》「湫淵，祠朝那」，《漢書·地理志》安定郡朝那縣有「湫淵祠」，《説文解字·水部》湫字、《水經注·河水二》作「湫泉」。唐避高祖諱，也以泉代淵。這裏是借淵爲泉。第四字，從文義看，肯定與泉湧有關。

〔一〕饒宗頤《楚繒書疏證》，《歷史語言研究所集刊》，第四〇本上，臺北：歷史語言研究所，一九六八年，第一二—一三頁。
〔二〕李零《長沙子彈庫戰國楚帛書研究》，北京：中華書局，一九八五年（寫於一九八〇年），第五三頁。
〔三〕李學勤《「梪」字與真山楚官璽》，《國學研究》第八卷，北京：北京大學出版社，二〇〇一年十月，第一七三—一七五頁。
〔四〕徐在國《傳抄古文字編》，北京：綫裝書局，二〇〇六年，下册，第一一〇七頁。
〔五〕容庚《金文編》，北京：中華書局，一九八五年，第二〇一頁：〇四七六。案：史牆盤「淵哲康王」的「淵」字仍保留此字輪廓，省去水字。參看容庚《金文編》，第七三五頁：一八一五。
〔六〕《武王踐阼》的這段話，上博楚簡有之，「淵」字的寫法有點怪，上从宀（楚文字中的宀，下面或有一横），下从水。
〔七〕李守奎等《上海博物館藏戰國楚竹書（一—五）文字編》，北京：作家出版社，二〇〇七年，第五一二、五一六頁。
〔八〕徐在國《傳抄古文字編》，下册，第一一四〇頁。

關。古人講山崩，涉及川，總説川塞；涉及泉，總説泉湧，此字不是湧字的借字或異體，就是表達類似意思的字。這個字，目前仍屬孤例，我懷疑，此字从水从濕，相當汩字。〔一〕它可能與三個字有關：一爲㕡，許慎的解釋是「水流也，从川曰聲」（《説文解字·川部》）；二爲淈，許慎的解釋是「淈，濁也，从水屈聲，一曰滒泥，一曰水出皃（貌）」（《説文解字·水部》）；三爲汩，許慎的解釋是「治水也，从水曰聲」（《説文解字·水部》）。許慎把它們分爲音義不同的三個字（㕡，今讀yù；汩、淈，今讀gǔ）。段玉裁《説文解字注》謂㕡與汩不同，《廣韻》合一非，但古書卻每每混用。《莊子·達生》有表示泉涌的汩字，作「與齊（臍）俱入，與汩偕出」，意思是鑽進旋渦的中心，又從迴旋的水流鑽出。郭象注：「回伏而湧出者，汩也。」司馬彪注：「湧波也。」朱駿聲《説文通訓定聲》引此，謂此字假借爲㕡，王叔岷認爲相當淈字。〔二〕《爾雅·釋水》有三種泉，上湧叫「濫泉」，下流叫「沃泉」，側出叫「氿泉」。《廣雅·釋水》，「濫泉」叫「濆泉」。「濆泉」也叫「直泉」或「湧泉」。山崩泉湧，是古人常説的災異，如《漢書》的《元帝紀》、《京房傳》、《師丹傳》都提到這類災異。《漢書·五行志上》把山崩泉湧列入地震類的災害。

是胃李　讀「是謂李」。「李」是楚李字，舊釋皆誤。這個字是由鄭剛首先釋出，但學界不予采信，甚至拒絕發表。〔三〕我曾多次指出，鄭説甚確，並以《五行令》W13（76）和上博楚簡《容成氏》的辭例支持鄭説，〔四〕楚文字的李和秦文字的李不同，是以來爲聲旁，不是从木从子，而是从來从子。李和來，皆來母之部字，可以通假。賴从來聲，古代从賴得聲的字又與厲、戾相通，〔五〕厲、戾都是來母月部字。《史記·老子韓非列傳》：「老子者，楚苦縣厲鄉曲仁里人也。」正義：「厲音賴。《晉太康地記》云：『苦縣城東有瀨鄉祠，老子所生地也。』」錢穆説：「老子居厲，居賴，皆涉萊音而訛……《史》又云老子姓李氏，萊李亦聲近。」〔六〕下文也有這個字，作「～戕（歲）□月」、「隹（惟）～德匿」。這個字應該怎麽讀，要看上下文。值得注意的是，「山陵亓𡢁（廢），又（有）淵（泉）乍（作）湣，是胃（謂）李（李）」，與上文「䋎（贏）絀遊（失）〔行〕，卉木亡尚（常），是〔謂〕夭（妖）」是類似表達。從文義揣測，這裏的「李」應與「妖」類似，疑讀「厲」或「戾」。《漢書·孔光傳》「六沴之作」，顔師古注：「沴，惡氣也，音戾。」

李戕□月　讀「李歲□月」。第三字缺，可能與「李」類似，也是凶咎。

内月七日□　讀「入月七日□」，末字可能是表示凶咎。案：日書講每月日數，常順數其數，附吉凶字。如睡虎地秦簡《日書》甲種：「鼠襄户，見之，入月一日二日吉，三日不吉，四日五日吉，六日不吉，七日八日吉，九日恐。廿二日廿三日吉，廿四日恐，廿五日廿六日吉，廿七日恐，廿八日廿九日吉。」（簡一二八正貳—一二九正貳）《漢書·律曆志下》有「推入月日數」。

□又雺雲雨土　讀「□有雺霜雨土」。第一字缺，從文義看，也可能是「乃」字。第三字，舊釋電，我已指出，應釋雺。〔七〕雺字，見於上博楚簡《周易》

〔一〕李零《長沙子彈庫戰國楚帛書研究》，第五四頁。
〔二〕王叔岷《莊子校詮》，北京：中華書局，二〇〇七年，第七〇三—七〇四頁。
〔三〕鄭剛《戰國文字中的「陵」和「李」》，中國古文字研究會第七次年會論文（長春，一九八八年），收入氏著《楚簡道家文獻辨證》，汕頭：汕頭大學出版社，二〇〇四年，第六一—七五頁。
〔四〕參看：李零《包山楚簡研究（文書類）》，收入《李零自選集》，桂林：廣西師範大學出版社，一九九八年，第一三六頁；《讀〈楚系簡帛文字編〉》，第一四八—一四九頁；《郭店楚簡校讀記（增訂本）》，北京：北京大學出版社，二〇〇二年（寫於一九八八年），第四六、第六五頁；上博楚簡《容成氏》注釋，收入馬承源主編《上海博物館藏戰國楚竹書》（二），上海：上海古籍出版社，二〇〇二年，第二七三頁。
〔五〕高亨《古字通假會典》，濟南：齊魯書社，一九八九年，第六三一—六三二頁。
〔六〕錢穆《先秦諸子繫年》，北京：中華書局，一九八五年，上册，第二一三—二一四頁。
〔七〕李零《讀〈楚系簡帛文字編〉》，第一五〇頁。

夬卦九三，作「遇雨如雺」（簡 38），馬王堆帛書本作「愚（遇）雨如濡」，今本作「遇雨若濡」，濡是雺的通假字。雺从矛，矛是明母幽部字，霧是明母侯部字，古音相近，原來可能是一個字，但後來分化。如《爾雅·釋天》「天氣下，地不應，曰雺；地氣發，天不應，曰霧。霧爲之晦。」雺與霧就是兩個字。《說文解字·雨部》以「天氣下，地不應」爲霿，「地氣發，天不應」爲霚。兩相對照，很明顯，霿即雺，霚即霧。這四個字，後世有兩種讀音，霿與雺是明母東部字（讀 méng），霚與霧是明母侯部字（讀 wù），屬於陰陽對轉。〔一〕「霜」从亡，李學勤引《白虎通義·災變》「霜之言亡也」，讀霜，很對。〔二〕《漢書·五行志上》把霿列入與土行有關的「思心不睿」，《漢書·五行志下》把霜列入與水行有關的「聽之不聰」，各屬五行災異之一象。古書常以霧、霜並舉。「雨土」，現代氣象學叫「沙塵暴」。《爾雅·釋天》：「風而雨土爲霾。」霾就是沙塵暴。《說文解字·雨部》把霜、霚、霾、霿四字列在一起，可見這是一大類。

不得亓參職　「參」是參驗，「職」是天地所行。這裏指失其官守，未能明察天地之道。《列子·天瑞》：「天職生覆，地職形載。」《荀子·天論》：「故明於天人之分，則可謂至人矣。不爲而成，不求而得，夫是之謂天職。如是者，雖深，其人不加慮焉；雖大，不加能焉；雖精，不加察焉：夫是之謂不與天爭職。天有其時，地有其財，人有其治，夫是之謂能參。舍其所以參而願其所參，則惑矣。」荀子的意思是，天運不以人的意志爲轉移，只可參而驗之，而絕不可與之爭。

天雨□□□　第三字僅存上半，第四字僅存下半，中間有一道裂痕。學者多把這兩個字合爲一字，並按第四字右下的重文號讀爲兩字，饒宗頤甚至釋爲「喜喜」。〔三〕今案甲篇十三行，除最後一行，每行爲三十四字，如果把第三、第四字合爲一字，則此行缺一字。這裏從巴納所定，把第三、第四字當兩字，並案重文號，增加一字。

是遊月　讀「是失月」。「失月」，疑指失閏，歲不足也。

閏之勿行　承上，疑指本該年終置閏卻未能置閏。《書·堯典》：「期三百有六旬有六日，以閏月定四時成歲。」《周易·繫辭上》：「大衍之數五十，其用四十有九……歸奇於扐以象閏，五歲再閏，故再扐而後掛。」《周禮·春官·大史》：「閏月，詔王居門中，終月。」《禮記·玉藻》：「（天子）玄端而朝日於東門之外，聽朔于南門之外，閏月則闔門左扉，立於其中。」《說文解字·王部》：「閏，餘分之月，五歲再閏也。告朔之禮，天子居宗廟，閏月居門中。从王在門中。《周禮》：『閏月，王居門中，終月也。』」

一月、二月、三月　是春三月，即孟春、仲春、季春。

是〔謂〕遊終亡　「胃」字有上部殘劃，今據文義、殘劃補「謂」字，讀「是〔謂〕失終亡」。「失終」與失閏有關。古人置閏多在年終，失閏則失終，其亡在於不時。《左傳》文公元年：「於是閏三月，非禮也。先王之正時也，履端於始，舉正於中，歸餘於終。履端於始，序則不愆；舉正於中，民則不惑；歸餘於終，事則不悖。」《史記·曆書》引之，餘作邪，集解引韋昭說：「邪，餘分也。終，閏月也。」

奉□□亓邦　缺文不詳，「邦」指國土之封域。

四月、五月　是夏三月的頭兩個月，即孟夏、仲夏。

〔一〕《集篆古文韻海》也把霿、雺與霚、霧分爲不同的字，甚至把蒙字和雺字列爲一字。參看：徐在國《傳抄古文字編》，下冊，第一一五一頁。案：許慎以雺爲霚之籀文，蓋據《史籀篇》。桂馥《說文解字義證》、王筠《說文解字句讀》俱以爲非，則以雺、霚有別，非一字。

〔二〕李學勤《簡帛佚籍與學術史》，臺北：時報文化出版企業有限公司，一九九四年十二月，第三九頁。

〔三〕饒宗頤《楚繒書疏證》，第一四頁。

是胃𦝂絽亡　讀「是謂亂紀亡」。此章屢言「亂」、「失」，「亂紀」與「失終」屬於上下互文，都是指所謂「不時」。「紀」指歷數之紀，時之序也。《國語·越語下》：「臣聞古之善用兵者，嬴（贏）縮以爲常，四時以爲紀。」

㳬□望　第一字从广从水，即砯字。第三字似是望字。〔一〕

〔亓〕戢　「亓」字只有上面兩横，今據文義，殘劃補「亓」字。

西䣕有吝　讀「西國有吝」。這裏的「西國」是指楚境以西的鄰國。楚文字的國字有四種寫法，一種作或，一種加囗旁，一種加邑旁，一種加宀旁。〔二〕前兩種寫法很古老，西周金文就有，後兩種寫法新一點，是前者的變體。這裏是第三種寫法。《老子》第二十五章「域中有四大」，馬王堆帛書本作「國中有四大」，國、域皆从或得聲，屬於同源字。國字有兩種含義，一種指城邑，即作爲中心城市的國都或首都，與都、縣（次級城市）或鄙、野（國與都、縣以外的區域）有别；一種指國境，比如「中國」，就是指處於中心位置的國家；「四國」，就是指「中國」以外東、南、西、北四方的國家。中國以外的「四國」，漢代叫「外國」。古書有「四國」，也有「四域」。漢代的「四域」，其實就是古代的「四國」，「西域」就是「西國」。

女日月既𦝂　讀「如日月既亂」。

乃又𪀚方　讀「乃有𪀚方」。𪀚同猲。《説文解字·犬部》：「南楚謂相驚曰猲，讀若愬。」《方言》卷二：「宋、衛、南楚凡相驚曰猲，或曰透。」〔三〕此字三見，下第二章作「三死（恒）發（廢），四興～，以□天尚（常）」，第三章作「是則～至，民人弗智（知）戢（歲），則無𧺆祭」。末字殘，似是方字。

東䣕又吝　讀「東國有吝」。這裏的「東國」是指楚國東邊的鄰國。

〔天下〕乃兵　前兩字有殘劃，今據文義，殘劃補「天下」。

𧖅于亓王　讀「害于其王」，指加害于其王。「𧖅」，古文字用作害。〔四〕

二

凡戢（歲）德匿，女（如）□□□邦所五（?）夭（妖）之行；卉木民人，以□四淺之五尚（常）。□□上夭（妖），三寺（時）是行。隹（惟）德匿之戢（歲），三寺（時）〔既〕□，𩠸之以𥘉降。是月以婁（數）曆爲之正，隹（惟）十又（有）六二〔月〕。隹（惟）李（李）德

〔一〕《周易》有「月幾望」，是指月過望日（每月的第十五日），凡三見，一見於《小畜》上九，二見於《歸妹》六五，三見於《中孚》六四。二者不知是否有關。馬王堆帛書《六十四卦》，《小畜》上九作「月既望」（第八八行），《歸妹》六五作「日月既望」（第三七行），《中孚》六四作「月幾望」（第八四行）。這三處，「幾望」或作「既望」，見《馬王堆帛書〈六十四卦〉釋文》，《文物》一九八四年三期，第一—八頁。

〔二〕參看：李守奎編《楚文字編》，上海：華東師範大學出版社，二〇〇三年，四〇六頁；李守奎等編《上海博物館藏戰國楚竹書（一—五）文字編》，第三二九—三三〇頁。

〔三〕比較容庚《金文編》二六六頁：〇六三四。此字舊釋紛紜，見：徐在國《楚帛書詁林》，合肥：安徽大學出版社，二〇一〇年，第五二九—五三九頁。

〔四〕裘錫圭《釋「𧖅」》，收入裘錫圭《古文字論集》，北京：一九九二年，第十一—十六頁。裘文討論殷墟卜辭的這個字，是以楚帛書乙篇（即這裏的甲篇）、睡虎地秦簡《日書》、馬王堆帛書《周易》（即《六十四卦》）爲佐證，其中述及楚帛書的這個字，是引李家浩説。案：類似寫法的害字見於馬王堆帛書《六十四卦》一三行（裘文寫作時尚未發表），張政烺寫於上世紀七十年代的手稿已考證此字爲害。參看：氏著《馬王堆帛書〈周易〉經傳校讀》，北京：中華書局，二〇〇八年，第七二頁。

匿，出自黃𣶒（泉），土身亡𩡆（翼），出內（入）□同，乍（作）亓下凶。日月𣅀（皆）𡚁（亂），星唇不同（炯）。日月既𡚁（亂），戠（歲）季七乃□，寺（時）雨進退，亡又（有）尚（常）死（恒）。恭（恐）民未智（知），曆以爲則毋童（動），羣民以□，三死（恒）𢍷（廢），四興𠨭，以〔亂〕天尚（常）。八羣神五正，四〔興〕无羊（恙），建死（恒）𤔡（屬）民，五正乃明，〔百〕神是亯。是胃（謂）德匿，羣神乃德。帝曰：「繇，〔敬〕之哉！九毋弗或敬。隹（惟）天乍（作）福，神〔則〕格之；隹（惟）天乍（作）夭（妖），神則惠之。〔欽〕敬隹（惟）備（服），天像（象）是惻（則）。成（誠）隹（惟）天〔象〕，下民之𥄕（式），敬之毋弋（忒）！■

【注釋】

凡戠德匿　讀「凡歲側匿」。「凡」字，是由巴納首先釋出。〔一〕「德匿」，應從商承祚說，指側匿。〔二〕側是莊母職部字，德是端母職部字，古音相近，可以通假。中國古代曆法是陰陽合曆。陰曆是以月行定歲。古人認爲，月行過疾過緩，都不好。月行疾，叫朓；月行遲，叫朒。如上文「月則絽（贏）絀，不得其當」，就是兼指朓、朒。側匿，就是指朒。朒也叫縮朒。側是不正；匿可讀慝，慝是差錯，古书也單稱慝。如《左傳》兩次提到慝，就是指側匿。一次是「唯正月之朔，慝未作，日有食之，於是乎用幣于社，伐鼓于朝」（莊公二十五年），一次是「平子禦之，曰：『止也。唯正月朔，慝未作，日有食之，於是乎有伐鼓用幣，禮也。其餘則否。』」（昭公十七年）。杜預注：「慝，陰氣。」《尚書大傳》佚文給朓、朒下定义：「晦而月見西方謂之朓，朓則侯王其荼；朔而月見東方謂之側匿，側匿則侯王其肅。」郑玄注：「荼，缓也。」「肅，急也。」《說文解字·月部》對朓、朒二字的解釋就是根據這段話。側匿又作仄慝。《漢書·五行志下》：「成帝建始元年八月戊午，晨漏未盡三刻，有兩月重見。京房《易傳》曰：『婦貞厲，月幾望，君子征，凶。言君弱而婦強，爲陰所乘，則月並出。晦而月見西方謂之朓，朔而月見東方謂之仄慝，仄慝則侯王其肅，朓則侯王其舒。』劉向以爲朓者疾也，君舒緩則臣驕慢，故日行遲而月行疾也。仄慝者不進之意。君肅急則臣恐懼，故日行疾而月行遲，不敢迫近君也。不舒不急，以正失之者，食朔日。劉歆以爲，舒者侯王展意顓事，臣下促急，故月行疾也。肅者王侯縮朒不任事，臣下弛縱，故月行遲也。當春秋時，侯王率多縮朒不任事，故食二日仄慝者十八，食晦日朓者一，此其效也。考之漢家，食晦朓者三十六，終亡二日仄慝者，歆說信矣。此皆謂日月亂行者也。」「德匿」是這一章的關鍵詞，前後出現過四次，下文還有「隹（惟）孛～～」、「隹（惟）～～之戠（歲）」、「是胃（謂）～～」。

女□□□邦所五夭之行　這段話，難以判斷文義，也難以斷句。「女」，疑讀如。「五」，只有殘劃。「夭」，疑讀妖。「五妖之行」，似與下「四淺之常」相反，疑與五行相配，指五行災異或天妖、地妖、人妖、蟲妖、草妖。《漢書·五行志》就是把春秋到漢代的災異分述於五行之下。

卉木民人　即草木民人。

以□四淺之尚　疑讀「以□四踐之常」。第二字，殘缺上部，或釋成，或釋風，不能肯定。這個字是動詞。「淺」讀踐，越王勾踐劍，勾踐之名作

〔一〕Noel Barnard, *The Ch'u Silk Manuscript—Translation and Commentary*, Canberra: Department of Far Eastern History, Research School of Pacific Studies, and Institute of Advanced Studies, the Australian National University, 1973, p.146.

〔二〕商承祚《戰國楚帛書述略》,《文物》一九六四年九期,第十三頁。饒宗頤亦持此說,見饒宗頤、曾憲通《楚帛書》,香港：中華書局,一九八五年,第五二—五三頁。

「㰻淺」。〔一〕《說文解字·足部》：「躔，踐也。」「踐，履也。」躔與踐字音義俱近。日月行天，有所謂日躔月離。《舊唐書·曆志二》有「推日躔術」、「推月離術」。「離」訓歷。《方言》卷十二：「躔，逡循（巡）也」「躔，歷行也。日運爲躔，月運爲逡。」這裏可能指日月躔次之紀，與四時相配，故下言「一時上妖，三時是行」。

□□上夭　疑讀「一時上妖」。

三寺是行　讀「三時是行」。「三時」，見《左傳》桓公六年、《國語·周語上》。杜預注和韋昭注都說：「三時，春、夏、秋。」

隹德匿之歲　讀「惟側匿之歲」。

三寺〔既〕□　讀「三時〔既〕□」。「既」字只剩右旁，下字从日，今據文義、殘劃補「既」字。

䰜之以䨋降　第一字，過去都以爲和㱿字有關。但楚文字的㱿字，見於上博楚簡，左半从重，〔二〕與此不類；第四字，上从來，下从市，並非素字。楚文字的素字從不這麼寫。〔三〕

是月以婁曆爲之正　「婁」，下从如，疑讀數。「曆」，《說文解字·㚼部》：「㬜，盛皃，从㚼从日，讀若薿薿，一曰若存。曆，籀文㬜从二子，一曰[illegible]即奇字㬜。」文存兩音，一音讀若薿，一音讀若存。其籀文写法，与晋相近。晋字从二至，字形相近，读音也相近。下文也有这个字，作「～以爲則毋動」。此字見於葛陵楚簡，與厭字通假。〔四〕

隹十又二〔月〕　讀「惟十有二〔月〕」。第五字，幾乎全殘，今據文義補「月」字。

隹李〔德〕匿　讀「惟李〔側〕匿」。「李」，疑指「李歲」。「德」字殘，僅剩字頭殘劃，今據文義、殘劃補「德」字。

出自黃淵　「黃淵」即黃泉，但字同黃淵。古人有「天玄地黃」之說，《淮南子》常以「黃泉」、「黃壚」對「九天」（《修務》、《覽冥》、《兵略》）。黃泉是地下見水處，代表地下最深處。《淮南子·墬形》有五色泉，黃泉是五泉之一。

土身亡翼　讀「土身無翼」。第四字，左从鳥，右从異，可讀翼。這裏的「側匿」似乎是一種神煞，出自黃泉，與土有關，形象是土身而無翼。

出內□同　讀「出入□同」。「□同」，與上「黃泉」類似，是個表示地點的詞。過去我曾猜測，這是「空同」，但不能肯定。〔五〕案：《爾雅·釋地》：「岠（距）齊州以南戴日爲丹穴，北戴斗極爲空桐，東至日所出爲大平，西至日所入爲大蒙。」「空桐」即崆峒（在今甘肅平涼市），古書也作「空同」，古人以爲北斗下的山。《周髀算經》卷下：「凡日月運行四極之道，極下者，其地高人所居六萬里，滂沱四隤而下。」空同是地上最高處，黃泉是地下最深處。

乍亓下凶　讀「作其下凶」。

日月㾓亂　讀「日月皆亂」。案：皆字，古文字有三種寫法，一種作[illegible]，上从虍，下从歺，加口；一種作皆，上从比，下从曰；一種是這裏的寫法，上

〔一〕中國社會科學院考古研究所編《殷周金文集成》（修訂增補版），北京：中華書局，二〇〇七年，第八冊，六三六二頁：一一六二一。

〔二〕李守奎等《上海博物館藏戰國楚竹書（一—五）文字編》，第一六五、一七七頁。

〔三〕李守奎等《上海博物館藏戰國楚竹書（一—五）文字編》，第三二五、三二六頁。

〔四〕河南省文物考古研究所《新蔡葛陵楚墓》，鄭州：大象出版社，二〇〇三年十月，一八三頁。

〔五〕李零《長沙子彈庫戰國楚帛書研究》，第五九頁。

从虍，下从皆。第一種寫法見殷墟甲骨文，〔一〕西周金文有偕字，就是以此爲聲旁。〔二〕戰國銅器，中山王鼎、中山王壺也有類似寫法。〔三〕第二種寫法見西周金文，〔四〕戰國文字也有這種寫法。〔五〕出土秦度量衡器和秦詔版，多半爲第二種寫法，但張廷濟舊藏「秦始皇殘度」，卻把皆字寫成「[illegible]」，又屬於第一種寫法。〔六〕這裏的皆字是折衷前兩種寫法，省去虎頭，留下虎腳，就是後世的皆字。

星唇不同　讀「星辰不炯」，指星辰無光。

日月既䜌　讀「日月既亂」。

散季乃□　疑讀「歲季乃□」。晉陸機《七徵》：「歲季月除，大蠟始節，繁霜朝氛，淒風夕發。」「歲季」指一年將盡。

寺雨進退　讀「時雨進退」。

亡又尚亙　讀「無有常恒」。

恭民未智　讀「恐民未知」。

唇以爲則毋童　疑讀「唇以爲則毋動」。

羣民以□　末字，似从火。

三亙雙　讀「三恒廢」。楚文字，恒、極常混用，但不可認爲兩者等同，所有恆字都可讀爲極。這裏的「三恒」有可能相當古書常見的「三極」，但字本身不是亟字，下乙篇第二章有亟字。「三極」見《周易·繫辭上》，鄭玄、王弼、陸績、韓康伯等人皆以爲三材。《逸周書》的《小開》、《小開武》、《成開》也提到「三極」，一指天有九星，二指地有九州，三指人有四佐，也是以天、地、人三材爲三極。

四興鳧　「四興」，指四時代興。《呂氏春秋·大樂》：「四時代興，或暑或寒，或短或長，或柔或剛。」何琳儀指出，漢《郊祀歌》十九章有《景星歌》（也叫《寶鼎歌》），其中提到「四興遞代八風生」（《漢書·禮樂志》）。〔七〕下字，見第一章。

以〔亂〕天尚　讀「以亂天常」。第二字殘，已無法辨認，陳邦懷據《左傳》文公十八年補「亂」字。〔八〕案：《左傳》文公十八年：「顓頊有不才子，不可教訓，不知話言，告之則頑，舍之則嚚，傲很明德，以亂天常，天下之民謂之檮杌。」「天常」，古書多見，指天道之常。《管子·形勢解》：「天覆萬物，制寒暑，行日月，次星辰，天之常也。」《呂氏春秋·大樂》：「陰陽變化，一上一下，合成兩章，混混沌沌，離則復合，合則復離，是謂天常。」

羣神五正　「羣神」，即下「百神」。「五正」，即《左傳》昭公二十九年所述「五行之官」：「木正曰句芒，火正曰祝融，金正曰蓐收，水正曰玄冥，土正曰后土」，《孔子家語·五帝》稱爲「五正」。案：《管子·禁藏》、《鶡冠子·度萬》和馬王堆帛書《經》也有「五正」。《度萬》以神化、官治、教治、因治、事

〔一〕劉釗等《新甲骨文编》，福州：福建人民出版社，二〇〇九年，第二二六頁。
〔二〕容庚《金文编》，第四〇三—四〇四頁：〇九六二。案：據山西黎城楷國墓地的發現，楷國即古書説的耆國或黎國。
〔三〕容庚《金文编》，第二四五頁：〇五九〇。
〔四〕容庚《金文编》，第二四四—二四五頁：〇五九〇。
〔五〕何琳儀《戰國古文字典》，北京：中華書局，一九九八年，下册，第一一八三頁。
〔六〕容庚《秦漢金文錄》，北平，一九三一年，第八九頁：又八。
〔七〕何琳儀《長沙帛書通釋》，《江漢考古》一九八六年一期，第五五—五六頁。
〔八〕陳邦懷《戰國楚帛書文字考證》，《古文字研究》第五輯，北京：中華書局，一九八一年，第二三四—二三八頁。

治爲五正。李學勤認爲，這裏的「五正」乃《度萬》所述，[一]恐非。這裏的「五正」既與「群神」並説，自當以上述五官爲恰。

四〔興〕无羊　讀「四〔興〕無恙」。第二字僅剩上半，猶可辨認，今據文義、殘劃補「興」字。案：古文字，無有三體，一種作無，是舞的本字；一種作亡，是芒的本字，一種作无，可能是從夫字演變。前兩種比較古老，西周金文已並行於世。无字出現晚一點，馬王堆帛書很多，字形容易和堯、失等字混淆。此從何琳儀説。[二]

建𣦸𥜽民　讀「建恒屬民」，指爲民立極。「𥜽民」，讀屬民。《國語·楚語下》「顓頊受之，乃命南正重司天以屬神，火正黎司地以屬民。」「屬民」又見《周禮·地官》的《黨正》和《族師》。此從何琳儀釋。[三]屬是會、聚之義。上言「三恒廢」，這裏是相反的説法。

五正乃明　也是相反的説法。

〔百〕神是亯　也是相反的説法。「百」字僅剩上面兩横，今據文義、殘劃補「百」字。

是胃德匿　讀「是謂側匿」。

羣神乃德　指如果能建恒立極，明五正，享百神，則雖遇側匿，猶得神祐。

帝曰　疑是炎帝垂訓。

繇　這裏是發語辭，相當《尚書》常用的語氣詞「猷」字。案：《尚書·大誥》：「王若曰：猷！大誥爾多邦越爾御事……」《多士》：「王曰：猷！告爾多士……」《多方》：「王若曰：猷！告爾四國多方惟爾殷侯尹民……」「王曰：嗚呼！猷！告爾有方多士暨殷多士……」[四]《大誥》文，馬融本作「大誥，繇爾多邦……」（《經典釋文》引），可見原本作繇，同於此。《爾雅·釋詁上》：「爰、粵、于、那、都、繇，於也。」郭璞注：「《左傳》曰『棄甲則那』，那，猶今人云那那也。《書》曰：『皋陶曰：都』。繇，辭，於乎，皆語之韻絶。」過去，王引之《經傳釋詞》曾否定繇是發語詞，楊樹達《詞詮》初從其説。西周銅器录伯𢦚簋：「繇！自氒祖考有勳于周邦……」，合於馬融本的用法。楊氏治金文，見此銘文，始悟其非。[五]

〔敬〕之哉　「敬」字僅剩上部殘劃，今補「敬」字。

毋弗或敬　這是戒告之語，「毋弗」是不可不，「或敬」是有敬。意思是絶對不可以不懷敬畏之心。

隹天乍福　讀「惟天作福」。「福」與「妖」相反。

神〔則〕格之　「則」字僅剩貝旁，今據殘劃補字。「格」是降臨。西周金文有「昭各（格）」一詞，用以表示降神（也包括祖考）。昭是顯現，格是來臨。

隹天乍夭　讀「惟天作妖」。《呂氏春秋·制樂》對妖字的解釋是「妖者，禍之先者也」，即災禍的先兆。《漢書·五行志》則把草木之怪叫「妖」，六畜之怪叫「禍」，妖與禍類似。這裏的「妖」，既與「福」字相對，可見是指某種災禍。

〔一〕李學勤《簡帛佚籍與學術史》，一〇一—一〇二頁。
〔二〕何琳儀《説无》，《江漢考古》一九九二年第二期，第七二—七五頁。
〔三〕何琳儀《長沙帛書通釋》（續完），《江漢考古》一九八六年二期，第五六頁注四二。
〔四〕《古文尚書》的《微子之命》也有「王若曰：猷！殷王元子……」
〔五〕楊樹達《積微居金文説》，北京：科學出版社，一九五九年，第一九—二〇頁。

神則惠之　「惠」是賜、施之義。

〔欽〕敬隹備　讀「〔欽〕敬惟服」。「欽」字僅剩金旁的上半，今據文義、殘劃補字。指心懷敬畏，服事於神。

天像是惻　讀「天象是則」。「惻」，楚文字或用爲賊，這裏讀「則」，指以天象爲則。

成隹天〔象〕　讀「誠惟天〔象〕」。「象」，僅剩殘劃，無法辨認，今據文義補「象」字。「象」，原文應作「像」。

下民之式　讀「下民之式」。帝在上，民在下，故曰「下民」。式是標準。〔一〕

敬之毋弋　「弋」讀忒。楚文字，弋、戈相似，區別在於，戈柲上的一劃，弋是一横或一點，戈是一撇。這裏是説，敬神不可出差錯。

三

民勿用□□，百神、山川、澫（瀨）浴（谷），不欽（敬）行。民祀不𤸰（莊），帝牆（將）繇（由）以𤔔（亂）〔失〕之行。十一民則又（有）𣪊（穀），亡又（有）相夒（擾），不見陵□。是則舄至，民人弗智（知）戢（歲），則無䌛祭。□則返民，少又（有）□，土事十二勿從，凶。■十三

【注釋】

民勿用□□　最後兩字殘，疑指下民廢於祭祀。

百神山川澫浴　讀「百神、山川、瀨谷」。「百神」，見上。第五字，又見於乙篇第一章，作「瀧汩凼～」。兩例都應讀爲瀨。瀨是激流，谷是溪谷。一九八四年，我已指出，帛書此字相當古書中的瀨字。此字也見於石鼓《汧殹》，作「～有小魚，其斿（遊）㴋㴋（汕汕）」，詩文是形容溪水清淺，小魚在激流中游動，清晰可見。宋楊文昺、清吳東發早已指出，此字應讀瀨，學者不察，謬襲鄭樵説，把這個字讀爲漫。其實，古書从萬之字多與从厲同，而从厲之字又多與賴通，實與漫字無關。《史記·南越列傳》有「下厲將軍」，《集解》引徐廣説，別本作「下瀨將軍」，便是證明。《漢書·武帝紀》「下瀨將軍」，班固注引臣瓚説，謂「瀨，湍也。吳越謂之瀨，中國謂之磧。《伍子胥書》有下瀨船。」吳越所謂瀨是説水，中國所謂磧是説石（磧的本義是水中石），兩者都是瀨的構成要素，缺一不可。《説文解字·水部》把瀨字列在沙字後，釋爲「水流沙上也」，王筠《説文解字句讀》據玄應《一切經音義》改爲「水流沙上曰瀨。瀨，淺水也」。許慎説的沙不是細沙，而是水中的碎石（今本作「水散石也」，《詩·大雅·鳧鷖》引作「水中散石也」）。瀨的最大特點是水淺，水從亂石灘上過，河床不平，流速大。《論衡·書虛》：「溪谷之深，流者安洋；淺多沙石，激揚爲瀨。夫濤、瀨一也。謂子胥爲濤，誰居溪谷爲瀨者乎?」也指出瀨的最大特點是淺。《楚辭·九歌·湘君》「石瀨兮淺淺」，洪興祖注：「石瀨，水激石間，則怒成湍。」《説文解字·水部》：「湍，疾瀨也。」古書常以湍、瀨連言。可見瀨的含義主

〔一〕香港中文大學文物館藏楚簡十枚，其中簡四是上博楚簡《三德》篇的殘簡。整理者説，此簡最後一字同此，不確。我仔細看過照片，這個字从示从才，適當之部韻腳，可以肯定，原文是讀爲「上帝喜之，乃無凶災」。參看：陳松長《香港中文大學文物館藏簡牘》香港：香港中文大學文物館，二〇〇一年，第一三頁。

要有三点：第一，河床爲沙、磧（沙灘或亂石），不平；第二，水很淺（往往比較清）；第三，水流湍急，與亂石相激，會卷起浪花和波濤。〔一〕

不欽〔敬〕行 「敬」字僅剩上部，今據文義、殘劃補字。不敬是對百神、山川、瀨谷不敬。此句連上讀，意思是，下民無知，廢於祭祀，對百神、山川、瀨谷，不知敬畏。

民祀不𪙧 讀「民祀不莊」。「不莊」亦不敬。

帝𤇾繇以𤔔〔失〕之行 讀「帝將由以亂失之行」。第六字殘，上文第一章有「日月星辰，𤔔（亂）遊（失）亓行」，今據文義補「失」字。此句是説，若「民祀不莊」，天帝將以「亂失之行」懲罰之。「繇」讀由，由的本義是從（遵循、順從）。《論語·泰伯》：「子曰：『民可使由之，不可使知之。』」何晏《集解》：「由，用也。」所謂用者，只是使自從之。「由之」和「知之」相反，是説使民無知，糊裏糊塗，隨統治者擺佈，叫幹什麼幹什麼。

民則又穀 讀「民則有穀」，意思是，下民如果有人養活。「則」字，這裏有假設的語氣，意思是若也、苟也，楊樹達稱爲假設連詞。〔二〕「穀」，讀穀，訓養。

亡又相𢜍 讀「無有相擾」。

不見陵□ 末字只有殘畫，恐怕不是「西」字，而是「母」字。這裏疑讀爲侮。「陵侮」或「淩侮」，古書多見，如《六韜·文韜·尚賢》：「強宗侵奪，淩侮貧弱者，傷庶人之業。」這幾句話的意思是，下民如果有人養活，就不會互相滋擾，也不會有以衆暴寡、以強淩弱的事情。

是則鼠至 「則」亦設若之義，表示假設。

民人弗智戢 讀「民人弗知歲」。

則無𢘅祭 第三字不識，過去的考釋都不可靠。最近，徐在國提出一種思路，認爲此字可分析爲从肸从糸，讀爲繻，問題還要進一步討論。〔三〕

□則返民 我曾目驗原物，第一字殘，並非「祀」字，第三字是「返」字。〔四〕

少又□ 末字殘，不詳。

土事勿從 「土事」，是與農業和土木工程有關的事。《周禮·地官·大司徒》：「以土宜之灋辨十有二土之名物，以相民宅而知其利害，以阜人民，以蕃鳥獸，以毓草木，以任土事。」《禮記·月令》：「命有司曰：土事毋作，慎毋發蓋，毋發室屋，及起大衆，以固而閉。」

凶 指土事不宜，動土則凶。

乙篇：《〔四時〕》

古人講宇宙創造，往往是建而復毁、毁而復建。如《國語·楚語下》講九黎作亂，是建而復毁，顓頊命重、黎分司天地，是毁而復建；三

〔一〕 李零《古文字雜識（六篇）》第五條，《古文字研究》第十七冊，北京：中華書局，一九八九年，第二八七—二八八頁（寫於一九八四年）；《〈長沙子彈庫戰國楚帛書研究〉補正》，《古文字研究》第二〇輯，北京：中華書局，二〇〇〇年，第一六九頁（寫於一九八八年）。

〔二〕 楊樹達《詞詮》，北京：中華書局，一九五四年，第二七九頁。

〔三〕 徐在國《楚帛書詁林》，第七七二頁。

〔四〕 李零《楚帛書目驗記》，《文物天地》一九九一年第六期，第三〇頁。

苗作亂，是再次毀滅，堯使重、黎之後復典其舊，是再次重建。它於反復之間，會講各種災難（如地震、洪水）。還有，《淮南子·天文》講共工怒觸不周山，天塌地陷，也是大毀滅；《淮南子·覽冥》講女媧煉五色石以補蒼天，斷鼇足以立四極，也是著名的重建。此篇是講類似的故事。

這裏的故事，重點是講四時。它的敍事模式固借重於帝繫傳説，卻不是用來講族源。中國古代有兩種五帝，其中一種是五色帝。數術家講五帝，都是講這種五帝。伏羲是其中的青帝，炎帝是其中的赤帝，祝融是炎帝的帝佐，都在这一系統中。炎帝雖代表南方，祝融也被楚人奉爲始祖，但伏羲並不是楚人的始祖。這裏的故事並不是楚人的族源傳説，而是數術家的發明傳説，重點不在世系，而在發明。

乙篇以神話形式講四時之創造，提到九個傳説人物。這九個傳説人物，可以分爲兩個系統：

（1）包戲、女填和女填四子，屬於宇宙初創的階段。包戲、女填，象徵一陰一陽；女填四子，象徵四時（類似羲和四子或重、黎）。包戲即伏羲，女填即女媧。

（2）炎帝、祝融和共工，屬於宇宙重建的階段，中間也有大毀滅。炎帝是五色帝中代表南方的赤帝，祝融是赤帝的帝佐，共工是祝融之子。

此篇也分三章：

第一章以包戲、女填和女填四子爲中心人物。女填四子，帛書稱爲四神。當時，宇宙初創，未有日月，只能靠寒熱二氣定陰陽，四神相代定四時。這是第一種四時。

第二章以炎帝、祝融爲中心人物，再次提到上述四神。四神之名代表四木。四木是四根擎天柱。當時，日月初生，發生大災難，九州不平，山陵崩墮，炎帝乃命祝融，派四神重建宇宙秩序。四神以四木重安三天、重立四極，因此才有了按日月之行排定的四時。這是第二種四時。

第三章以共工爲中心人物。共工創造十日四時，用十日四時計算時間。他把每日分爲朝、晝、昏、夕。朝、晝、昏、夕是第三種四時。

這三章，每章都講四時，中心話題是四時，故可試題爲「四時」。

一

曰（粤）故（古）□龕靏（包）䖒（戲），出自□霆，凥（處）于巔□。氒女魚，□□□女，夢夢墨墨，亡章弼弼，□□水□，風雨是於（遏）。乃取（娶）一虘遟□子之子，曰女填，是生子四□，是襄而埅，是各（格）參柒。𧗿逃，爲思爲萬，以司堵襄，咎而걒（徙）達。二乃上下朕逿，山陵不𤼲。乃命山川四晦（海），□寘（熱）既（氣）寒既（氣），以爲亓𤼲，以涉山陵、瀧汨凼澫（瀨）。未又（有）日月，四神三相弋（代），乃걒（徙）以爲戢（歲），是隹（惟）四寺（時）。■

【注釋】

曰故□奞靁䖒 「曰故」，是模仿《尚書》，意思相當童話故事開頭常用的「在很久很久以前」。此語在西周銅器史牆盤中已經出現。史牆追述其家世，就是從「曰古文王」説起，同出的𤼈鐘也有這句話。〔一〕曰是發語詞，字亦作粵。《爾雅·釋詁》：「粵、於、爰，曰也。」《尚書》有「粵若稽古」，如《堯典》「粵若稽古帝堯」，《皋陶謨》「粵若稽古大禹皋陶」，〔二〕都是講上古傳説人物。《逸周書·武穆》也提到「曰若稽古」。「曰若」，古書亦作「粵若」或「越若」。或以爲「曰古」是從「曰若稽古」發展而來，但「曰若」，西周金文一律作「雩若」，從來不作「曰若」。〔三〕第三字，殘。第四字，从大从能，因上字不明，無法決定其讀法。這個字與能字有關，對比子季嬴青瑚的嬴字，我曾懷疑是嬴字所從，〔四〕最後兩字，嚴一萍、金祥恒指出，此人即伏羲，很重要。〔五〕伏羲或稱太昊或太皞，是中國古史傳説中的人物，《漢書·古今人表》列爲第一人。伏羲，古書寫法多異，上字有伏、宓、包、庖等不同寫法，下字有羲、犧、戲等不同寫法，其實是同一人。〔六〕帛書上字應該怎麼分析，金祥恒認爲，此字是以雹字的古文加包字所从的勹旁而構成，下字應讀戲。〔七〕馬王堆帛書《繫辭》也提到「〔包〕戲」。包戲即伏羲。伏羲是數術家講宇宙創造的祖先，並不專屬於楚系統。太昊是東夷風姓的祖先。

出自□霆 這是講包戲出生於某地。第三字，有殘劃，類似巿字。第四字，从雨从走。

凥于䨣□ 這是講包戲居處於某地。「凥」，舊釋居，現在知道，其實是處字的一種古文寫法。此字與居字，形、音、義都比較接近，漢人混而不分，往往以凥爲居，當作同一個字。如《説文解字·几部》：「凥，處也。从尸，得几而止，《孝經》曰：『仲尼凥。』凥謂閒居如此。」許慎就是以凥爲居。《周易·隨》六三「利居真」，上博楚簡《周易》作「利凥貞」，雙古堆漢簡《周易》同，但馬王堆帛書《六十四卦》作「利居貞」，同今本。〔八〕《汗簡》、《古文四聲韻》等書也以凥爲居，〔九〕可見此誤相沿已久。其實這兩個字仍有區別，如包山楚簡簡32有「居凥名族」，可以證明居是居，凥是處，並不是同一字。〔一〇〕「䨣□」也是地名。

氒女僬 第三字，其右下角有一小短橫，可能是句讀符號，不一定是重文號。

□□□女 第一字，上面有類似羊字頭的殘劃。第二字，下从木。

夢夢墨墨 指天無日月，没有光明，大地還處於一片黑暗之中。「夢夢」，今本毛詩有這個詞，見《小雅·正月》：「民今方殆，視天夢夢。」《大雅·抑》：

〔一〕中國社會科學院考古研究所編《殷周金文集成》，第七冊，第五四八四—五四八五頁：一〇一七五；第一冊，第二九七頁：〇〇二五一。

〔二〕古文本的《舜典》和《大禹謨》也有這種話。

〔三〕李零《重讀史牆盤》，收入北京大學考古文博學院編《吉金鑄國史——周原出土西周青銅器精粹》，北京：文物出版社，二〇〇二年，第四六—四七頁。

〔四〕李零《長沙子彈庫戰國楚帛研究》，六四—六五頁；《〈長沙子彈庫戰國楚帛研究〉補正》，第一六九—一七〇頁。案：最近裘錫圭提出新解，把「曰古」以下二字釋爲「大奞（一）」。參看氏著《「東皇太一」與「大奞伏羲」》，《簡帛·經典·古史》，上海：上海古籍出版社，二〇一三年八月，第一—一五頁。

〔五〕嚴一萍《楚繒書新考》（中），《中國文字》二七冊（一九六三年三月），第二—三頁；金祥恒《楚繒書「靁䖒」解》，《中國文字》二八冊（一九六八年六月），第一—十頁。

〔六〕參看梁玉繩《人表考》，收入《史記漢書諸表訂補十種》，北京：中華書局，一九八二年，下冊，第四九四—四九六頁。

〔七〕金祥恒《楚繒書「靁䖒」解》，《中國文字》二八冊，第一頁。案：雹字的古文，見徐在國《傳抄古文字編》，下冊，第一一五〇頁。

〔八〕李零《讀上博楚簡〈周易〉》，《中國歷史文物》二〇〇六年四期，第五七頁。

〔九〕徐在國《傳抄古文字編》，中冊，第八四一頁。

〔一〇〕湖北省荊沙鐵路考古隊《包山楚簡》，北京：文物出版社，一九九一年，圖版一六，釋文第十九頁。

「視爾夢夢，我心方慘。」齊、魯、韓三家詩夢夢作「芒芒」。《爾雅·釋訓》：「夢夢、訰訰，亂也。」舊注多以爲「夢夢」是亂的意思，但朱熹《詩集傳》認爲是不明之義。《說文解字·夕部》：「夢，不明也。」段玉裁《說文解字注》：「案故訓釋爲亂，許云不明者，由不明而亂也。以其字从夕，故釋爲不明也。夢之本義爲不明。今字假爲夢寐字，夢行而㝱廢矣。」夢與蒙古音相近，蒙有不明之義。「夢夢」即「蒙蒙」。「墨墨」也是不明。《莊子·知北遊》：「媒媒晦晦，無心而不可與謀。」《淮南子·道應》作「墨墨恢恢，無心可與謀。」「墨墨」即「媒媒」，「恢恢」即「晦晦」。《廣雅·釋訓》：「濛濛、冥冥、昧昧、晻晻，暗也。」《淮南子·俶真》：「及世之衰也，至伏羲氏，其道芒芒昧昧然」。「夢夢墨墨」，就是「芒芒昧昧」、「蒙蒙昧昧」。

亡章弼弼　疑指混混沌沌，没有秩序。「無章」，指没有秩序，「弼弼」，眾説紛紜，迄無妥釋。原文把雙弓置於左，而把丙置於右。

□□水□　不詳，第四字，下从女，或釋每。

風雨是於　讀「風雨是遏」。《山海經·大荒北經》有「風雨是謁」，郭璞注：「言能致風雨。」今讀「風雨是遏」。

乃取虞遅□子之子　「取」同娶。「虞遅□子」，疑即「虞遅氏子」，女填之父。

曰女填　「女填」，包戲的配偶，相當古史傳説中的女媧。這裏的填字是真在上，土在下，過去不認識，有種種猜測，大家希望把這個字讀爲媧，但怎麼聯，怎麼轉，總是説不圓，包括我自己。一九九六年，我提出這個字應改釋爲「填」，〔一〕現在已被大家接受。〔二〕至於「女媧」爲何寫成「女填」，還要做進一步研究。〔三〕

是生子四□　指女填生子四人。此四人有點類似《書·堯典》中的羲和四子。羲和的羲可能來自伏羲，羲和的和可能來自女媧（和是匣母歌部字，媧是見母歌部字）。

是襄而墘　至今没有合適的讀法。末字，从土从戔。

是各參祡　至今還没有合適的讀法。「祡」，从示从化。

[illegible]逃　第一字，細審筆劃，既不从鳥，也不从虎，釋瀧、釋唬可能都有問題。

爲思爲萬　至今没有合適的讀法。第二字，舊釋禹，但楚文字的禹字從不這樣寫，我曾目驗原物，應是思字之殘。〔四〕本篇第三章屢見思字，可對照。

以司堵襄　至今没有合適的讀法。

咎而𨑹達　至今没有合適的讀法。第三字，過去都以爲是步字。楊澤生指出，此字見於郭店楚簡《太一生水》，作「成歲乃～」，字形與步有別，應讀止。此字見下文，作「乃～以爲歲」，楊澤生也讀止。〔五〕案：楚文字的辵旁，往往省彳留止，此字即《說文解字·辵部》的「𨑹」字，許慎訓爲「迻也」，其實就是後世的徙字。

〔一〕　李零《读〈楚系簡帛文字編〉》，第一五三頁。案：此文寫於一九九六年十二月二十四日，見文後題記。陳斯鵬謂予説始見於《李零自選集》（桂林：廣西師範大學出版社，一九九八年）第六八頁和二五四頁（見下引陳文二），不確。其實，我在《读〈楚系簡帛文字編〉》中已提出此説。

〔二〕　徐在國《楚帛書詁林》，第八〇〇—八一三頁。

〔三〕　參看：李學勤《釋楚帛書中的女媧》，《湖南省博物館館刊》第三期，長沙：嶽麓書社，二〇〇六年，第二一三—二一五頁。又陳斯鵬《戰國楚帛書甲篇文字新釋》，《古文字研究》第二六輯，第三四三—三四五頁；《楚帛書甲篇的神話構成、性質及其神話學意義》，《文史哲》二〇〇六年第六期，第六頁。

〔四〕　李零《楚帛書目驗記》，第三〇頁。

〔五〕　楊澤生《〈太一生水〉「成歲而止」和楚帛書「止以爲歲」》，收入《古墓新知——紀念郭店楚簡出土十周年論文專輯》，香港：香港國際炎黃文化出版社，二〇〇三年，第二三七—二四四頁。

乃上下朕逘　末字是據放大照片重新隸定。

山陵不遊　末字，从夊从戈，下从止，似應讀爲「山陵不越」。下文也有這個字，作「以爲亓～」，兩處的讀法應該一致。此字舊釋疏，肯定不對，現在從新出材料看，是與衛字有關。下文也有这个字，作「以为亓～」。案：上博楚簡有類似的字，也是寫成左夊右戈，但下面沒有止。一個例子見《周易·大畜》九三，作「班車～」（簡 22），馬王堆帛書《六十四卦》作「闌輿衛」，今本《周易》作「閑車衛」。另一個例子見《逸詩·交交鳴鶩》，作「君子相好，以自爲～」（簡 4），簡文的這個字，似可訓嘉。《爾雅·釋詁》：「衛、蹶、假，嘉也。」其中的「衛」字，就是嘉美之義。这种用法的衛字，古書多作禕。禕見《玉篇》、《廣韻》，都是訓爲美。帛書此字，下从止，就字形而言，或同於𨒅。上博楚簡《容成氏》有個上从衛、下从止的字，辭例作「以～於溪谷，淒（濟）於𡶜（廣）川」（簡 31），似乎是説越於溪谷、濟於廣川。這個與「濟」類似的字有可能就是𨒅字。〔一〕𨒅可訓過，《左傳》哀公二十四年有「𨒅言」一詞，杜預注：「𨒅，過也。」越也可訓過，《廣雅·釋詁二》是以越字與踰、絕、涉、渡等字同訓。秦樺林說，楚簡所見的這個字實乃「歲」字的訛變，戈是戉之省，夊是二止的訛變，這裏應讀「山陵不越」，越可訓治（見《廣雅·釋詁三》），是山陵不治的意思。其字形分析還有待證實，但讀法最合理。衛和越都是匣母月部字，讀爲越於音義都很合適。〔二〕

乃命山川四晦　「命」，饒宗頤讀名，指爲山川四海命名。〔三〕「晦」，上从母，下从日，應即晦字，這裏讀爲海。《書考靈曜》：「海之言昏晦無所睹也。」《釋名·釋水》、《廣雅·釋水》並云：「海，晦也。」

□寞熈寒熈　讀「□熱氣寒氣」。第一字殘，大概是動詞。第二字，从宀从寞，其實是古熱字。第三字，是楚文字的氣字。《説文解字》以「氣」爲雲氣（在氣部），以「氣」爲餼字（在米部），沒有這種寫法的氣。《玉篇·玉部》「炁，古氣字。」其實就是這個字。第四字，是楚文字的寒字。第五字，同第三字，還是氣字。案：此句，過去讀不通，一九九四年我專門寫過考證，始發其覆。〔四〕這裏的寒字，與倉相近，但並非倉字，而是寒字的省體。其中間一筆是人字之省，左右四筆是四中之省，下面兩筆是仌之變。郭店楚簡固有以倉爲寒之例，但我已指出，這是屬於形近混用，其實是古代通行的錯別字。〔五〕周鳳五說，楚文字的寒字從不這麽寫，這種寫法「在古文字材料中從來未見。且如此省改也完全不符合古文字演變的規律」，認定此字一定是倉字，但解釋還是寒。〔六〕徐在國《楚帛書詁林》也把此字列入倉字下，並寫案語說：「是『倉氣』還是『寒氣』，從文義上没什麽差別，從形體上卻不好判斷，我傾向於釋『倉』說。故將此字放於『倉』下。」但倉字怎麽寫，大家可以看一下丙篇的倉字，兩者完全不同。寒字怎麽寫，上博楚簡有兩個新出的例子，正是這樣寫。可見這個字並不是倉字，還是寒字（注意：它的中間一筆恰恰作人）。〔七〕

以爲亓遊　第四字，同上。

〔一〕李零《讀上博楚簡〈周易〉》，《中國歷史文物》二〇〇六年第四期，第五九頁。

〔二〕秦樺林《釋「𢦏」「𢾊」》，簡帛研究網二〇〇四年八月十七日。

〔三〕饒宗頤、曾憲通《楚帛書》，第一七頁。

〔四〕李零《古文字雜識（五則）》第一條，《國學研究》第三卷，北京：北京大學出版社，一九九五年，第二六七—二六九頁。

〔五〕李零《郭店楚簡校讀記（增訂本）》，二三頁。

〔六〕周鳳五《子彈庫帛書「熱氣倉氣」説》，《中國文字》新二三期，臺北：藝文印書館，一九九七年十二月，第二三七—二四〇頁。

〔七〕李守奎等《上海博物館戰國楚竹書（一—五）文字編》，第三七二頁。

以涉山陵瀧汧凼漢　讀「以涉山陵、瀧汧凼漢」。「涉」，指跋涉。後面六個字，前兩字講山，後四字講水，大義是跋山涉水。陵是土山，《爾雅·釋山》：「大陸曰阜，大阜曰陵，大陵曰阿。」瀧是湍急之水。《廣韻·江部》：「瀧，南人名湍。」汧，從字形看，絕非汨字。凼，像水在凵中（凵即坎之初文），從字形看，像坑中之水，也絕非淵字，帛書另有淵字，與此不同。漢讀瀨，説見上文。這裏帶水旁的四個字，大概都是難涉之水。瀧、瀨皆湍急之水，含義很明確，但另外兩字怎麼讀，仍值得探討。汧，疑讀濫，濫從監聲，監是見母談部字，後分二讀，一爲來母見部（氾濫之濫），一爲見母談部（濫泉之濫），後者和汧字讀音相同。凼，我曾讀㳬。《爾雅·釋水》：「夏有水，冬無水，㳬。」許慎襲其説，謂「夏有水，冬無水曰㳬。」段玉裁注：「謂山上夏有停潦，冬則乾也。」停潦是積水，特點是深而靜，與瀨相反。〔一〕今南人呼水坑曰凼，音蕩，不知是否有關。

未又日月　讀「未有日月」。

四神相弋　讀「四神相代」。

乃𨑩以爲戢　讀「乃徙以爲歲」，指遠古時代，未有四時，古人是靠四神換位，以定四時，歲是用這種辦法來定。案：第二字，舊釋步，楊澤生指出，此字上从之，下从止，與步不同。他把簡帛中的有關辭例歸納爲四種，或讀止，或讀待，或讀之，或讀等，而以讀止最多。帛書此例，他是讀止，並引郭店楚簡《太一生水》「濕燥復相輔也，成歲而～」（簡3—4）爲證。〔二〕楊文識字，無疑是突破。但值得注意的是，楊文提到，《太一生水》的「成歲而～」，李學勤曾把最後一字釋爲「旋」。〔三〕我認爲，李文的釋字雖有問題，但對文義的理解卻值得參考。楊文提到《淮南子·天文》中的話，含義很清楚，「四時而爲一歲」，「一歲而匝，終而復始」。「成歲」固然是終，但終並非徹底結束，而是重新開始。終而復始是一種循環往復的過程，不可能止於哪一點。因此我很懷疑，此字未必讀止。楚文字中的這個字，上从之，相當寺字上半所从的之，隸變則與止無別；下从止，則可理解爲辵旁之省（楚文字的辵旁往往被簡化爲止）。此字固然有很多讀法，但從字形考慮，最大可能是徙字。徙的意思正是移轉。《説文解字·辵部》：「辻，迻也。从辵止聲。」通行寫法是徙，與從字的隸定方法相似。總之，此字即徙字的本字，其他讀法都是假借。

是隹四寺　讀「是惟四時」，意思是「是爲四時」。指四神相代，分一歲爲春夏秋冬四時。

二

倀（長）曰青□㯢，二曰未〈朱〉四（？）兽（單），三曰翏黄難，四曰沁墨㯢。千又（有）百戢（歲），日月四夋（允）生，九州不坪（平），山陵備（崩）𡶜（隓），四神乃乍（作）□至于遉（覆）。天旁（方）童（動），攼（捍）敦（蔽）之青木、赤木、黄木、白木、墨木之精。五炎帝乃命祝𩰫（融）以四神降奠三天，〔以〕□思敦（敷）奠四亟（極），曰：非九天則大𡶜（隓），則毋敢𣪘天霝（靈）。帝夋（允），

〔一〕李零《古文字雜識（六篇）》第五條，《古文字研究》第十七輯，北京：中華書局，一九八九年，第二八七—二八八頁。

〔二〕楊澤生《〈太一生水〉"成歲而止"和〈楚帛書〉"止以爲歲"》，荆門郭店楚簡研究（國際）中心編《古墓新知—紀念郭店楚簡出土十周年論文專輯》，香港：國際炎黄文化出版社，二〇〇三年十一月，第二三七—二四四頁。

〔三〕李學勤《荆門郭店楚簡所見關尹遺説》，姜廣輝主編《郭店楚簡研究》，瀋陽：遼寧教育出版社，一九九九年，一六一頁。

【注釋】

倀曰青□榦 此章開頭先講女填四子之名。四子之名似與四木有關。「倀」讀長，指女填四子中的長子。「青□榦」，似是青色的樹木。他的名字可能與下五色木中的青木有關。

二曰未四嘼 「未」，可能是朱字的訛寫。「嘼」，是楚文字的戰字所从，其實就是單字。這是講女填四子的第二子，他的名字可能與下五色木中的赤木有關。

三曰翏黃難 第三字，我曾目驗原物，可以肯定是「翏」字。〔一〕這是講女填四子的第三子，他的名字，從五行方位的順序看，似乎應與下五色木中的白木有關，但這裏卻用「黃」字。

四曰沁墨榦 第三字，我曾目驗原物，左半从水，右半形如米字，中間則與思字上半同，〔二〕今仍細辨認，乃從雙水，中間是心，疑同沁字。第四字，讀幹，同上。這是講女填四子的第四子，他的名字可能與下五色木中的墨木有關。案：女填四子，從職能上看，有點類似《書·堯典》的羲和四子（羲仲、羲叔、和仲、和叔）。

千又百戢 讀「千有百歲」，指過了很久很久。

日月夋生 讀「日月允生」，指日月才真正出現。

九州不坪 讀「九州不平」，楚文字的「平」字經常有土旁。「坪」是平地。

山陵備䘏 讀「山陵崩墮」。朱德熙考證，備讀崩，䘏讀弛。備、崩雙聲，備是之部字，崩是蒸部字，陰陽對轉；䘏从血从夭，血旁與益旁常相通，血與也都是支部字，亦可通假。除文字分析，並舉《漢書·劉向傳》「山陵崩阤」、《新序·雜事二》「山陵崩弛」爲證，〔三〕其説可從。案：古書還有類似句子，如《史記·天官書》「山崩及徙」，《漢書·天文志》作「山崩及陁」。血是質部字，益是錫部字，與支部字相近。也是歌部字，亦與支部字相近。古代從也得聲的字，分屬歌部和支部，如阤（亦作陀）、陁屬歌部，弛屬支部。徙也是支部字。古人常以歌、支通叶。秦文字以殹爲也，就是用支部字代替歌部字，可見這兩部有密切關係。這裏的崩弛、崩阤、崩徙、崩陁其實就是崩墮，更通俗的寫法是崩墮。山崩屬於火山爆發或強烈地震，山崩川塞、山崩泉湧、山崩地裂、山崩石飛，皆古人對這類災害的描述。

四神乃乍□至于逿 疑讀「四神乃作四至于覆」。「四神」是女填四子。「四至」是四極，即东、南、西、北四極。「于覆」犹「以覆」，「覆」是天覆地載之覆。全句是説四神乃定立四極，以承覆天宇。

天旁（方）童（動） 讀「天方動」。

玫毄之青木赤木黃木白木墨木之精 讀「捍蔽之青木、赤木、黃木、白木、墨木之精」，指以五色木分立於東、南、西、北、中：青木樹於東，赤木樹於

〔一〕李零《楚帛書目驗記》，第三〇頁。
〔二〕李零《楚帛書目驗記》，第三〇頁。
〔三〕朱德熙《長沙帛書考釋（五篇）》第五篇，收入《朱德熙古文字論集》，北京：中華書局，一九九五年，第二〇三—二〇五頁。

南，白木樹於西，墨木樹於北，而以黃木爲中心柱，承三天之覆，立四極之載。

炎帝乃命祝𩰫以四神降奠三天 讀「炎帝乃命祝融以四神降奠三天」。「炎帝」，即五色帝中代表南方的赤帝。「祝𩰫」即祝融，楚文字中的融字都是這樣寫。祝融是五帝佐中赤帝的帝佐，五正中司火的火正。「降奠三天」，「降奠」是從上到下一層層修復。降是從上到下，奠是安定的意思。這是講安天。「三天」，林巳奈夫指出，道教有「三天」。〔一〕道教「三天」，一説是「玉清」、「太清」、「上清」，一説是「大赤天」、「禹余天」、「清微天」。

〔以〕□思敦奠四亟 讀「〔以〕□思敷奠四極」。「□思」，是用來奠四極的東西，上字只剩下半的糸旁，不知是何物。「敷奠」，也可讀布奠，它與上文的「降奠」不同，不是縱向的修復，而是橫向的修復，是個平面的概念。此句與上「以四神降奠三天」對應，上句是講安天，此句是講安地。

曰 以下兩句是炎帝的命辭。

非九天則大欪 讀「非九天則大墮」。末字，舊讀側，讀側是以夨爲聲旁。但上文有此字，讀墮是以血爲聲旁，兩者的釋讀應當統一，這裏讀爲墮。《列子·天瑞》：「杞國有人憂天地崩墜，身亡所寄，廢寢食者。」「崩墜」和「崩墮」是同樣的意思。「則」是設擬之詞。

則毋敢𢿢天霝 讀「則毋敢𢿢天靈」。「𢿢」同叡，可訓通。原文可能是説，除非九天再次崩墮，則不要打攪天神。

帝夋 讀「帝允」，指經過炎帝批准。另一種讀法，是連下句，作「帝俊乃爲日月之行」。帝俊即帝嚳。《山海經·大荒南經》：「東南海之外，甘水之間，有羲和之國，有女子名曰羲和，方（日浴）〔浴日〕于甘淵。羲和者，帝俊之妻，生十日。」《大荒西經》：「有人反臂，名曰天虞。有女子方浴月。帝俊妻常羲，生月十有二，此始浴之。」

乃爲日月之行 這是説，宇宙經過再造，恢復秩序，才有了日月之行，從此可以根據日月之行定四時。

三

共攻（工）亢（更）步十日四寺（時），□□〔百〕神則□閏四□毋思（息），百神風雨，晨（辰）禕（違）亂（亂）乍（作），乃□日月以𨔵（轉）相 七土思（息），又（有）宵又（有）朝，又（有）晝又（有）夕。■八

【注釋】

共攻亢步十日四寺 讀「共工更步十日四時」。「共工」，高明指出，共工在古書中有兩種角色，一種是宇宙秩序的破壞者（他舉《三皇本紀》、《國語·周語》爲例），一種是宇宙秩序的重建者（他舉《國語·魯語》、《左傳》昭公二十九年爲例）。帛書中的共工屬於後一種角色。〔二〕共工傳出炎帝、祝融。《山海

〔一〕林巳奈夫《長沙出土戰國帛書考》，《東方學報》第三六册第一分，一九六四年十月，第五三—九七頁。
〔二〕高明《楚繒書研究》，《古文字研究》第十二輯，北京：中華書局，一九八五年十二月，第三八〇頁。

經·海内經》：「炎帝之妻、赤水之子聽訞生炎居，炎居生節並，節並生戲器，戲器生祝融。祝融降處於江水，生共工。共工生術器，術器首方顛，是復土壤，以處江水。共工生后土，后土生噎鳴，噎鳴生歲十有二。」這些傳説人物，炎帝、祝融、共工、后土最有名。炎帝、祝融是火神，共工是水神，后土是土神，皆與宇宙秩序的重建有關。「更步」，指進一步劃分時間、測算時間。亢字，舊釋夸，陳劍改釋亢，是一大進步。左冢棋局出現的「紻（綱）紀」一詞，是有力證據。步字，陳劍認爲仍是步字，不可讀爲止，〔一〕也是重要訂正。《説文解字·糸部》以紻字爲綆字的異體。這裏的亢字，陳劍初讀更，後以爲過大之義，我看還是讀更好。「十日」，中國古代曆法是以計旬法記日，一旬是十日，三旬是一月。「四時」，分兩種，一種把一年四分，一種把一日四分。一年四分是春、夏、秋、冬，最粗；一日四分是宵、朝、晝、夕，最細。這裏的十日四時是把時間劃分落實到最小單位。

□□〔百〕神则□閏四□毋思　據文義，補「百」字。此句有缺文，難以斷句。「毋思」，疑讀毋息。

百神風雨　「風雨」，可能指風伯、雨師。

脣禕𨝐乍　疑讀「辰違亂作」，指風雨不時，造成混亂。

乃□日月以䢠相土思　讀「乃□日月以轉相土息」。第二字从辵，釋逆並不可靠。這個字是動詞，動詞的主語是上文的「百神」。「䢠」讀轉。第八字，我曾目驗原物，有可能是「土」字。「思」，疑亦讀息。原文可能是说，共工以日月之行爲節，循環往復，以定十日四時。

又宵又朝　讀「有宵有朝」。

又晝又夕　讀「有晝有夕」。案：這種四時是把一日分爲朝、夕（或夙、夜），即白天、黑夜，然後再把朝、夕二分。中國古代的十二小時制、十六小時制都是對這種四時的進一步析分。

丙篇：《〔十二月〕》

丙篇是講十二月的舉事宜忌，即每月可以幹什麽，不可以幹什麽。它把一年分爲四個季節，每個季節各三個月。這是《四時令》的主體部分。

丙篇十二章，文字與圖是緊密結合在一起。它以十二神居四面，以四木居四隅，每個神像各附一段文字，並把甲、乙兩篇包圍在當中。

帛書十二神是十二月的月神，每個神有每個神的名稱。名稱俱在，無須援《山海經》爲釋，另起他名。〔二〕它們以四木爲隔，分居帛書四面，每三個一組，並列横排。這些神，除昜月的月神是側臥，其他都是頭朝内，腳朝外。

帛書四木，據《四時令》乙篇，是四神安天的四根擎天柱，四木是代表四神。帛書四木分四色：青木在東北隅，赤木在東南隅，白木在西

〔一〕陳劍《試説戰國文字中寫法特殊的亢和从亢諸字》，收入《出土文獻與古文字研究》第三輯，上海：復旦大學出版社，二〇一〇年，第一五二—一八二頁。

〔二〕其形象偶與《山海經》同，也不可生硬比附。因爲這是一個完整的系統，要比只能系統地比。

南隅，黑木在西北隅。十二神是四神的延伸。四神代表四時，十二神代表十二月。

全書布局，有四正、四隅和十二位，整個圖式與古代的式盤有相似性。〔一〕

丙篇十二章，與圖不同，不是並列，而是豎排，閱讀順序，是按順時針方向轉圈讀。這種圖序，顯然是爲了象徵四時十二月的循環往復。十二神有如式法選擇的值神。〔二〕

丙篇十二章，每章都以「曰」字開頭，下附月名，然後講每月的舉事宜忌，最後以章號■收尾。章號後是每章的章題，章題都是三個字，第一個字是月名，下面兩個字，與月名連讀，含義與各章的内容有關。

這裏值得注意的是，帛書十二月，既不是按正月到十二月排序，也不是以冬夕到獻馬的楚月名命名，而是選擇了另一套月名。這套月名，早在一九六〇年，就被李學勤揭明，可以確認是《爾雅·釋天》的十二月名。〔三〕

《爾雅·釋天》的十二月名屬於哪一種曆法系統，這個問題，不容忽視。

《四時令》的十二月，與楚月名不同。出土文字材料常見的楚月名，是屬於建亥的曆法系統。它的歲首比《月令》類的時令書晚一個月（參看下《五行令》釋文考證部分後附録的《月名表》），而这里的十二月，其歲首却比《月令》類的時令書早一個月。

證據有二：

第一，《四時令》提到正月來燕，而《月令》類的時令書卻是二月來燕，可見前者比後者早一個月。

第二，《四時令》把冬十月叫陽月，而《月令》類的時令書卻把仲冬之月叫暢月（或暘月），毫無疑問，暢月即陽月，也説明前者比後者早一個月。

《月令》類的時令書，一般認爲是用夏正。《四時令》的正月比它早一個月，估計是用建丑的殷正。這和下《五行令》不太一樣。下《五行令》是用楚國特有的月名，屬於建亥的顓頊曆。

一

曰：取，乙（鳦）則至，不可以一□殺。壬子、酉（丙）子凶。乍（作）二□北征，衔（帥）又（有）咎，武□三□亓敽。■四取于下五

〔一〕李零《楚帛書與「式圖」》，《江漢考古》一九九一年第一期，第五九—六二頁。
〔二〕同上。
〔三〕李學勤《補論戰國題銘的一些問題》，《文物》一九六〇年第七期，第六七—六八頁。

【注釋】

此章殘缺四字。

曰　丙篇十二章，每章都以這個字開頭，下面是月名。

取　春正月，即《爾雅》十二月名的「陬」，邢昺疏也叫「畢陬」。此月只講忌，不講宜，最大忌諱是殺生和北征。案：丙篇十二月，俱見《爾雅・釋天》。《釋天》講月，有兩套名稱，一套十名，與十干相應，作「月在甲曰畢，在乙曰橘，在丙曰修，在丁曰圉，在戊曰厲，在己曰則，在庚曰窒，在辛曰塞，在壬曰終，在癸曰極」；一套十二名，與十二支相應，作「正月爲陬，二月爲如，三月爲寎，四月爲余，五月爲皋，六月爲且，七月爲相，八月爲壯，九月爲玄，十月爲陽，十一月爲辜，十二月爲涂」。邢昺疏以二者相配，還有一套名稱。他說：「此辨以日配月之名也。設若正月得甲則曰畢陬，二月得乙則曰橘如，三月得丙則曰修寎，四月得丁則曰圉余，五月得戊則曰厲皋，六月得己則曰則且，七月得庚則曰窒相，八月得辛則曰塞壯，九月得壬則曰終玄，十月得癸則曰極陽，十一月得甲則曰畢辜，十二月得乙則曰橘涂，周而復始，亦可知也。」「畢陬」，《史記・曆書》亦作「畢聚」。陬即孟陬，《楚辭・離騷》：「攝提貞于孟陬兮，惟庚寅吾以降。」王逸《楚辭章句》：「太歲在寅曰攝提格。孟，始也。貞，正也。于，於也。正月爲陬。」《史記・曆書》：「其後三苗服九黎之德，故二官咸廢所職，而閏餘乖次，孟陬殄滅，攝提無紀，曆數失序。」陬的意思是隅。陬月在寅，於十二辰的方位屬於東北隅。段玉裁《說文解字注》：「正月爲陬，亦謂寅方在東北隅也。」〔一〕《周禮・秋官・哲蔟氏》「十有二月之號」，鄭玄注：「月，謂從娵至荼。」則以正月爲娵。

乙則至　第一字與乙相似，饒宗頤釋「乙」，以爲鳦字。〔二〕但它的第一筆作肥筆，有別於甲乙之乙，朱德熙釋「云」，無説。〔三〕現在考慮，楚文字的云，肥筆較短，好像黑點或小三角，不像這個字，肥筆較長，此字仍可能是乙字。案：《説文解字・乚部》：「乙，玄鳥也。齊魯謂之乙，取其鳴自呼，象形。」或體作鳦。鳦即燕，也叫燕燕、玄鳥、巂周，即今之燕子。「燕燕」見《詩・邶風・燕燕》，「玄鳥」見《詩・商頌・玄鳥》，「巂周」見《爾雅・釋鳥》。《大戴禮・夏小正》：「二月……來降燕乃睇。燕，乙也。」《禮記・月令》：「(仲春)是月也，玄鳥至。」《呂氏春秋》十二紀同。此三書都説二月來燕，而此書卻説正月來燕，使學者不敢相信，這是講燕子。其實，《四時令》的十二月與楚簡常見的十二月並不一定對等，〔四〕楚簡常見的十二月，歲首要比《夏小正》、《月令》早一個月，而《四時令》的月名，歲首要比《夏小正》、《月令》晚一個月。

不可以□殺　第四字，可能是殘、傷之義，與殺相近。案：此月是陽氣始生，不可以殺生，殺生是此月之大忌。睡虎地秦簡《日書》甲種有專講殺忌的一篇：「春三月甲乙不可以殺，天所以張生時。夏三月丙丁不可以殺，天所以張生時。秋三月庚辛不可以殺，天所以張生時。冬三月壬癸不可以殺，天所以張生時。此皆不可殺，小殺小殃，大殺大殃。」（簡一〇二背—一〇六背）〔五〕李學勤引之，正有「不可以殺」。〔六〕

〔一〕郝懿行《爾雅義疏》：「虞喜以爲陬訾是也。案陬訾，星名，即營室、東壁，正月日在營室，日月會於陬訾，故以孟陬爲名。」認爲孟陬與陬訾有關。陬訾亦作娵訾。
〔二〕饒宗頤《楚繒書疏證》，二二頁。
〔三〕朱德熙《長沙帛書考釋》，第二〇七頁。
〔四〕以終夕爲歲首的月名，不僅見於楚簡，也見於睡虎地秦簡《日書》甲種的《歲》篇，下《五行令》也有這套月名。
〔五〕《睡虎地秦墓竹簡》，二二二頁。
〔六〕李學勤《簡帛佚籍與學術史》，第六〇頁。

壬子酉子凶　讀「壬子、丙子凶」。曆家排日，甲子至癸亥，天干以十日爲一輪，地支以十二日爲一輪，前後只有六個甲日和五個子日。《漢書·律曆志上》：「故日有六甲，辰有五子。」孟康注：「六甲之中，惟甲寅無子，故有五子。」所謂「五子」，指甲子、丙子、戊子、庚子、壬子。《漢書·藝文志·六藝略》易類著録的《古五子》一書，估計就是講這類學問。其書已亡。《管子·五行》把一歲五分，「睹甲子木行……七十二日而畢；睹丙子火行……七十二日而畢；睹戊子土行……七十二日而畢；睹庚子金行……七十二日而畢；……睹壬子水行……七十二日而畢也」，是以五子配五行。春配甲子，壬子在其北，是配水行，丙子在其南，是配火行，皆非此月吉日。這裏是説，正月最忌壬子、丙子日。

乍□北征　疑讀「作師北征」。第二字缺，疑是「師」字。《國語·魯語下》：「天子作師，公帥之，以征不德。」作師即興師。我理解，此月當寅位，寅居東北，南征爲順，北征爲逆，北征是犯了方向之忌。或説正月忌南北徙，利東西徙。如《論衡·難歲》引《移徙法》：「徙，抵太歲凶，負太歲亦凶。」抵太歲名曰歲下，負太歲名曰歲破，故皆凶也。假令太歲在甲子，天下之人皆不得南北徙，起宅嫁娶亦皆避之。其移東西，若徙四維，相之如者皆吉。何者？不與太歲相觸，亦不抵太歲之沖也。」饒宗頤主此説。〔一〕

衛又咎　讀「帥有咎」。第一字同將帥之帥，《説文解字·行部》：「衛，將（衛）〔衛〕也。」將帥之帥、率軍之率，秦漢簡帛都用這個字。

武□□亓敿　首字爲「武」，當指軍旅之事。中間有缺文，難以判斷。末字是楚文字的「徹」字，徹可訓毀，疑指用兵不利。《禮記·月令》孟春：「是月也，不可以稱兵，稱兵必天殃。兵戎不起，不可從我始。」對比《月令》，此章之義可明。蓋正月陽氣始生，不宜舉兵，如果舉兵，最忌北征，如果北征，則將帥有咎，用兵會大敗。此句末字，朱德熙曾討論其字形，認爲从㬎从攴。〔二〕朱文引用的材料很多，包括西周銅器、戰國璽印和馬王堆帛書。這些材料，逐條核實，字形完全吻合，其實只有一條，即馬王堆帛書《陰陽五行》甲本的「～茅屋而埍（？）之，大凶」，〔三〕其他材料，逐條核實，字形並不吻合。楚帛書的這個字，朱文主要論字形，謂原文有缺字，意義難明，待考，没有下結論。馬王堆帛書的那個字，朱文讀蓋，是否合適，也值得討論。問題的解決，要看新綫索。此字，過去少見，現在有三個新例子。這三個例子，有兩個見於郭店楚簡，一個例子是「句（苟）又（有）車，必又（有）～；句（苟）又（有）衣，必見其幣（敝）」（《緇衣》，簡四四〇），一個例子是「車～之苾（醯）醢（醢），不見江沽（湖）之水；佖（匹）婦禺（愚）夫，不智（知）其向（鄉）之小人、君子」（《語叢四》，簡一〇—一一）。一九八八年，郭店楚簡剛公佈，我就討論過這兩個例子。當時我仍信從朱説，故從朱説隸定。㬎與轍，古音相近，這樣隸定好像没問題，但從文義判斷，我相信，這兩個例子都應讀轍，讀轍比其他讀法好。〔四〕後來，上博楚簡《周易》發表，其中也有這個字，辭例作「見車～」（《睽》卦六三，簡三二），第三次出現，還是與車有關，我認爲也讀轍。〔五〕徐在國更進一步指出，「徹屋」見於睡虎地秦簡《日書》甲種簡一四三背、一四四背、一五五背，可與《詩·小雅·十月之交》「徹我牆屋」比較，即使上引馬王堆帛書的例子，讀徹也比讀蓋好。〔六〕現在，學者已經開始接受，這

〔一〕饒宗頤《楚帛書新證》，收入氏著《楚地出土文獻三種研究》，北京：中華書局，一九九三年，第二六九頁。
〔二〕朱德熙《長沙帛書考釋》，第二〇七—二〇九頁。
〔三〕正式材料尚未公佈。參看陳松長等編《馬王堆簡帛文字編》，北京：文物出版社，二〇〇一年，第一三〇頁。
〔四〕李零《郭店楚簡校讀記（增訂本）》，第四六和第六五頁。
〔五〕李零《讀上博楚簡〈周易〉》，第六一頁。
〔六〕徐在國《釋楚簡「敿」兼及相關字》，《古文字研究》第二五輯，北京：中華書局，二〇〇五年，第三四七—三五〇頁。案：徐文引睡虎地秦簡《日書》甲種的辭例，見《睡虎地秦墓竹簡》，第二二六頁。

個字就是徹字，但字形怎樣分析，仍是問題。我認爲，此字雖與曷字讀音相近，但未必从曷。徹字，秦簡寫法，中間是上玄下月（與胤字的中間相似），隸變後成了育字，並加了彳旁。今體是出自秦系。但徹字還有其他寫法。《説文解字·彳部》，徹字有兩種寫法，小篆是从彳从育从攴，古文是从彳从鬲从攴。其古文寫法，來源很古老，商代甲骨和西周金文，徹字从鬲从又，象以手取鬲。戰國文字，三晉系統的徹字，見於屭羌鐘，亦从鬲从又，這是古體。楚系文字的徹是又一種寫法。它與秦系文字的徹有點像，但左半上从玄，下从丙（丙即簟之初文），又不太一樣。馬王堆帛書，兩種寫法都有，大概都是從古體變出。早期的徹字，不加彳旁。加彳加手，疑皆後起，目的是區別兩種徹字：加彳，是通徹之徹；加手，是撤除之撤。〔一〕

取于下　章題。「取」是月名，連下爲讀（下同）。「取於下」，疑指提領下文，爲十二月之始。其名可能與「攝提」之義有關，《史記·天官書》：「攝提者，直斗柄所指，以建時節，故曰『攝提格』。」索隱：「太歲在寅，歲星正月晨出東方。李巡云：『言萬物承陽起，故曰攝提格。格，起也。』」

此月月神作蛇首鳥身。

二

曰：女，可以出帀（師）篙（築）邑。一不可以豙（嫁）女、取臣妾，二不火（夥）得不成。■三女杺（必）武。四

【注釋】

此章保存完整。

女　春二月，即《爾雅》十二月名的「如」，邢昺疏也叫「橘如」。此月既講宜，也講忌：利於用兵，不利於嫁女、取臣妾。

可以出帀篙邑　讀「可以出師築邑」。「篙」是築字的古文寫法。此月和上月正好相反。

不可以豙女取臣妾　讀「不可以嫁女、取臣妾」。第四字，从爪从家，是楚文字常見的寫法，大家已經熟悉，這裏讀嫁。「取臣妾」，是擄取男女奴隸。古代占卜，臣妾常與馬牛並説，同樣是畜養和買賣的對象。如《易》遯卦九三、《書·費誓》、《史記·龜策列傳》皆言之。出土日書也經常提到這類事。嫁女、取臣妾，是此月的大忌。

不火得不成　讀「不夥得不成」。《方言》卷一：「凡物盛多謂之寇，齊宋之郊、楚魏之際曰夥。」《小爾雅·廣詁》：「夥，多也。」

女杺武　章題。第二字，舊釋此，郭店楚簡發現後，我們才明白，這個字是必字的異體，與此字無關，其結構應分析爲从才匕聲。〔二〕章題有「女」字，此月最忌嫁女、取臣妾，或與此有關（注意：「取臣妾」的「妾」也是女子）。「必武」則説明，此月不但利於用武，而且一定要用武。

此月月神作四首雙身連體鳥。

〔一〕參看：高明、涂白奎《古文字類編（增訂本）》，上海古籍出版社，二〇〇八年，上册，四二〇頁：徹。

〔二〕參看：李零《郭店楚簡校讀記（增訂本）》，第七、九六、九八、一〇〇、一五〇頁。

三

〔曰：秉，□□取〕一妻，畜生分女。■二秉司春三

【注釋】

此章很短，殘缺較甚。

秉　春三月，即《爾雅》十二月名的「寎」。邢昺疏也叫「脩寎」。案：「寎」亦作寎，见《經典釋文》、《玉篇·宀部》、《广韵·梗韵》等，與帛書音同字不同。此月的宜忌與娶妻和養牲口有關。

□□取妻　疑讀「可以取妻」。

畜生分女　「分女」含義待考。

秉司春　章題。丙篇四時的最後一個月，章題皆如此。下文的「虘司夏」、「玄司秋」、「荃司冬」同此。这里是说，秉是司春之神。

此月月神作方頭怪獸。

四

曰：余，□不可以乍（作）大事。少杲（昊）亓一□，□龍亓□，取女爲邦芺（笑）。■二余取女三

【注釋】

此章殘缺四字。我曾指出，「第一行「余」僅存左半，下面的「不可」二字是在一塊碎帛片上，裝裱時被誤植在第二行上端，並且方向是横過來的。」〔一〕

余　夏四月，即《爾雅》十二月名的「余」，《經典釋文》引孫炎説作「舒」，邢昺疏也叫「圉余」。此月忌作大事和娶女。案：《詩·小雅·小明》「日月方除」，鄭玄箋：「四月爲除。」

□不可以乍大事　讀「□不可以作大事」。古代占卜例分大小事，如《周易》常講大事如何，小事如何。大事是國事，小事是民事。《左傳》成公十三

〔一〕李零《長沙子彈庫戰國楚帛書研究》，第七六頁。

年：「國之大事，在祀與戎。」《孫子·計》：「兵者，國之大事。」祭祀和軍事是國家大事，但大事不限於此，政變也算大事（如《左傳》文公元年講的「行大事」）。《禮記·月令》：「毋作大事，以妨農事。」鄭玄注：「大事，兵役之屬。」

少杲亓□ 「少杲」，疑讀「少昊」。

□龍亓□ 「□龍」，或與祈雨有關。上字殘，或疑「句」字。《左傳》昭公二十九年：「共工氏有子曰句龍，爲后土。」

取女爲邦芺 讀「取女爲邦笑」，意思是娶女將爲邦內人取笑。楚文字的「笑」字往往从艸从犬。

余取女 章題。此月以「余」爲名，上引郑玄箋作「除」，余可讀除或捨，二字皆有捨棄之義，「不可作大事」或與此有關。此月不利取女，也與「取女」有關。

此月月神作雙尾蛇，蛇尾纏繞。

五

曰：欱，⿰鳥戈（梟）衛（帥）□得以匿。不一見月才（在）□□，不可以亯=祀，凶。取□□爲臣妾。■三欱出睹四

【注釋】

此章殘缺五字。

欱 夏五月，即《爾雅》十二月名的「皋」，《經典釋文》作「高」，邢昺疏也叫「厲皋」。此月忌用兵和祭祀。案：此字见于越王勾踐劍，用作勾字。〔一〕

⿰鳥戈衛□得以匿 讀「梟帥□得以匿」。第一字，从鳥从戈，戈是形旁，鳥是聲旁，疑讀梟。《文選》卷四一李少卿《答蘇武書》：「滅迹掃塵，斬其梟帥」。梟帥是勇猛之帥。第三字可能是否定詞，疑指敵帥不得藏匿。

不見月才□□ 讀「不見月在□□」。這是個條件句。

不可以亯祀 原文是說，不見月在某宿，則不可以享祀。

凶 指享祀凶。

取□□爲臣妾 缺文不詳。

欱出睹 章題。《說文解字·日部》：「睹，旦名也。」即後世曙字。

此月月神作鳥足三頭人。《山海經·中山經》：「苦山、少室、太室皆冢也。其祠之：太牢之具，嬰以吉玉。其神狀皆人面而三首。」《海外南經》又有「三

〔一〕容庚《金文編》，六二二頁：一四六一。

首國」，漢畫像石也常有三首人，未必是一回事。

六

曰：䖍，不可出帀（師）。水帀（師）不□□，亓〔敗〕一亓遑（覆），至于亓下□，不可以亯。二■䖍司夏三

【注釋】

此章大體完整，只缺一字。

䖍 夏六月，即《爾雅》十二月名的「且」，邢昺疏也叫「則且」。此月忌用兵和祭祀。

不可出帀 讀「不可出師」。

水帀不□□ 讀「水師不□□」。「不」字下的殘劃，我曾目驗原物，似是兩字。〔一〕

亓〔敗〕亓遑 據文義、殘劃，補「敗」字。《爾雅·釋言》：「圮、敗，覆也。」

至于亓下□ 「亓下」斜置，末字不詳。

不可以亯 是說兵敗之後不可享祀。

䖍司夏 章題。第一字，疑讀狙，狙是獮猴（*Macaca mulatta*）類的動物，主要分佈於南亞、東南亞和我國南方，楚地多有之。《說文解字·犬部》：「狙，玃屬。」「玃，母猴。」《廣雅·釋獸》：「猱、狙，獮猴也。」《史記·項羽本紀》：「說者曰：『人言楚人沐猴而冠耳，果然』。」《說文》所謂「母猴」、《廣雅》所謂「獮猴」、《史記》所謂「沐猴」，都是指獮猴。

此月月神是一獮猴，正與月名相符。

七

曰：倉，不可以川（穿）□，大不一訓（順）于邦，又（有）鳥內（入）于上下。■二倉莫得三

〔一〕李零《楚帛書目驗記》，第三〇頁。

【注釋】

此章大體完整，只缺一字。

倉　秋七月，即《爾雅》十二月名的「相」，邢昺疏也叫「窒相」，此月忌穿（如穿門户、穿井穴等）。

不可以川□　「川」，李學勤説：「讀爲穿，指穿地、穿壁之事。」〔一〕案：古代選擇書講開門窗、打井，挖池塘、窖穴、墓穴，經常用「穿」字。如《禮記·月令》提到仲秋之月「穿窖穴」，睡虎地秦簡《日書》也有「不可〔穿〕井池」（甲種簡一〇四正貳）、「不可初穿門、爲户牖……」（甲篇簡一四四背）、「利以穿井、蓋屋」（乙種簡五七）、「辰不可以哭、穿肂（殔）」（乙種簡一九一貳）、「穿户忌：毋以丑穿門户，不見其光」（乙種簡一九六壹）、〔二〕

大不訓于邦　讀「大不順於邦」。

又鳥内于上下　讀「有鳥入於上下」。鳥，舊釋梟。〔三〕梟是貓頭鷹，字亦作梟，楚人也叫鵩，其聲惡，古人以爲不祥。此處的「鳥」未必是「梟」。

倉莫得　章題。上文所謂「大不順於邦」，即「莫得」之義。此月月神作人面鳥，頭上戴角。

八

曰：臧，不可以簹（築）室，不＝可以乍（作），不脨不復（復），亓＝邦又（有）大䌛（亂）。取女，凶。■三臧杢□四

【注釋】

此章大體完整，只是章題缺了一字。

臧　原來看不清，目驗原物後，可以肯定是「臧」字。〔四〕秋八月，即《爾雅》十二月名的「壯」，邢昺疏也叫「塞壯」。此月忌蓋房、動土和娶女。

不可以簹室　讀「不可以築室」。築室，和興動土功有關。

〔一〕李學勤《簡帛佚籍與學術史》，第六一頁。
〔二〕《睡虎地秦墓竹簡》，第一九七、二二六、二三四、二四八頁。
〔三〕嚴一萍《楚繒書新考》（中）引李棪説，《中國文字》第二七期，第二八頁；饒宗頤《楚繒書疏證》，第二五頁。
〔四〕李零《楚帛書目驗記》，第三〇頁。

不可以乍　讀「不可以作」。「以乍」二字和下文的「不」字，原來看不清，目驗原物後，始知是這三個字。〔一〕「作」，指動土興蓋，與「毁」相反。睡虎地秦簡《日書》甲種有《作事》篇，其中提到「作事：二月利興土西方，八月東方，三月南方，九月北方。」（簡一一〇正壹）。〔二〕

不脨不复　「脨」，从肉从朿，即今脊字。〔三〕「复」讀復。〔四〕

亓邦又大亂　讀「其邦有大亂」。

取女　此月不利取女。「取女」又見「余月」。

凶　以取女爲凶。

臧杢□　章題，含義不詳。第二字，上从木，下从土。

此月月神作長毛獸，形如豕，口吐長舌。

九

曰：玄，可以〔篁〕室……」吁□遲，乃咎……。■二玄司秋三

【注釋】

此章殘缺較甚，兩行的下部均殘缺不全。

玄　夏九月，即《爾雅》十二月名的「玄」，邢昺疏也叫「終玄」。此月宜忌，因文字殘缺，難以判斷，唯一知道，是利於築室。案：玄月見《國語》。《國語·越語下》：「至於玄月，王召范蠡而問焉」，韋昭注：「《爾雅》曰：『九月爲玄。』謂魯哀十六年九月也。」

可以〔篁〕室　據殘劃，補「篁」字，讀「可以築室」。此月可以築室，與上月正好相反。

吁□遲　第一字，也可能是可字的異體。

乃咎　下字被倒植。

玄司秋　章題。

此月月神作雙首之龜。

〔一〕李零《楚帛書目驗記》，第三〇頁。
〔二〕《睡虎地秦墓竹簡》，第一九六頁。
〔三〕黄德寬《古文字考釋二題》，《于省吾教授誕辰一〇〇周年紀念文集》，長春：吉林大學出版社，一九九六年九月，二七五—二七七頁。
〔四〕李零《楚帛書目驗記》，第三〇頁。

十

曰：昜，不〔可〕熌（毀）事，可〔以□〕[一]折，敍（除）玟（去）不義于四〔方。■〕[二]昜□羕[三]

【注釋】

此章殘缺四字，經過補字，大體可以通讀。

昜　冬十月，即《爾雅》十二月名的「陽」，《经典释文》也作「晹」或「霷」，邢昺疏也叫「極陽」。此月忌毀事（与作事相反），可以除不義。案：陽月雖以陽爲名，其實是陽氣已盡。《詩·小雅·采薇》：「曰歸曰歸，歲亦陽止。」毛傳：「陽，曆陽月也。」鄭玄箋：「十月爲陽，時坤用事，嫌於無陽，故以名此月爲陽。」鄭玄以卦氣消息爲説，謂九月爲剥卦，一陽尚在；十月爲坤卦，則爲純陰。《禮記·月令》、《吕氏春秋》十二紀把仲冬之月叫「暢月」，《淮南子·時則》把仲冬之月叫「晹月」。暢月、晹月即陽月，〔一〕但我們要注意，帛書陽月比《月令》等書的暢月或晹月早一個月。

不〔可〕熌事　讀「不〔可〕毀事」。睡虎地秦簡《日書》甲種有《毀棄》篇（簡一一一正壹—一一三正壹）。〔二〕「毀事」，與「作事」相反。

可〔以□〕折　疑讀「可以副磔」，指裂牲爲祭。「副」即副字，是剖解之義。《説文解字·刀部》：「副，判也。」籀文作「疈」。《周禮·春官·大宗伯》：「以疈辜祭四方百物。」鄭玄注引：「疈，疈牲胸也。」《説文解字·桀部》：「磔，辜也。」折與磔音義俱近。

敍玟不義于四〔方〕　讀「除去不義于四〔方〕」。《説文解字·羊部》引《墨翟書》，義从弗。「羛」是義字的訛體。

昜□羕　章題。「羕」，或以爲義字。義見上文，也見於下一章，與此不同。

此月月神作歧冠鳥形，鳥首在右，足在左。

十一

曰：姑，利戠（侵）伐，可以攻城，[一]可以聚眾，會者（諸）侯，型（刑）首[二]事，戮（戮）不義。■[三]姑分長[四]

〔一〕陳夢家《戰國楚帛書考》，《考古學報》一九八四年第二期，第一五四頁；饒宗頤《楚繒書疏證》，第二一頁。

〔二〕《睡虎地秦墓竹簡》，第一九六—一九七頁。

【注釋】

此章保存完整。

姑 冬十一月，即《爾雅》十二月名的「辜」，邢昺疏也叫「畢辜」。此月宜行師用兵，在十二月中是最利於作大事的一月。

利戢伐 讀「利侵伐」。此月利於侵伐。

可以攻城 此月利於攻城。

可以聚眾 此月利於合軍聚眾。「合軍聚眾」見《孫子·軍争》。

會者侯 讀「會諸侯」。

型首事 讀「刑首事」。「刑」是誅罰，「首事」是首先舉事者。如《史記》的《項羽本紀》和《陳涉世家》説亡秦，楚爲「首事」，陳涉爲「首事」。《吴越春秋·夫差内傳》記伍子胥以式法占驗時日，也提到這個詞：「今年七月，辛亥平旦，大王以首事。辛，歲位也。亥，陰前之辰也。合壬子歲，前合也，利以行武，武決勝矣。然德在合斗擊丑。丑，辛之本也。大吉爲白虎而臨辛，功曹爲太常所臨亥，大吉得辛爲九丑，又與白虎並重。有人若以此首事，前雖小勝，後必大敗。天地行殃，禍不久矣。」

瘳不義 讀「戮不義」。「戮不義」與上「刑首事」互文。

姑分長 章題。「分長」，疑指利於作大事，於分爲長。

此月月神作牛首人身。

十二

曰：敍，不可以攻〔城〕，□一□□□□□□□。■二荃司各（冬）四

【注釋】

此章殘缺較甚，除月名和第一句話，餘無可考。案：帛書此章可能拼接有問題，舊作對此有説明，仍可留作今日參考：「月名荃，這裏作敍。此章第一行末與第二行末缺去字數難以估計，拼對也很混亂，貼近文字右旁有一對月牙形圖飾，並有字迹殘畫一，不知從何處移入，各家多以「曰敍不可以攻」爲第一行，第二行末有兩三字殘畫，但巴納德一九六七年和一九六八年的兩個臨寫本卻作「曰荃不可以攻城⧄，一敍□□□□□□□□二」，嚴一萍、曾憲通從之。看來他們是把月牙形飾物旁邊的殘畫當作第一行的「曰」字，而接此逕補「荃」字，再接左邊「不可以攻」四字，再接更左邊的三字（其中第一字缺，誤植樹葉，第二字似殺），然後直接以「不」上的「敍」字爲第二行、不計「敍」字上估計是「曰」字的殘畫，也不管這一行左邊的字迹殘畫一，今並爲正之。此章因缺字

太多，內容不明。」〔一〕

𢽍　冬十二月，即《爾雅》十二月名的「涂」，邢昺疏也叫「橘涂」。此月只剩第一句，宜忌不能盡知，只知不可以攻城。注意，這裏的月名與章題的月名寫法不一樣。案：《周禮·秋官·哲蔟氏》「十有二月之號」，鄭玄注：「月，謂從娵至荼。」以十二月爲荼，與章題的月名相近。

不可以攻〔城〕　和姑月相反。

荼司各　讀「荼司冬」。荼、𢽍皆从土，相當今塗字。

此月月神作鳥足人，頭戴羽飾，口吐長舌。

附：紅色反印文（圖版參見第柒部分《四時令》老照片）

這一反印文，在弗利爾美術館拍攝的玻璃板反轉片上最清楚，有正反兩種效果。其中除大鳥圖案，還有「司君」和「絲」字可辨。

〔一〕李零《長沙子彈庫戰國楚帛書研究》，第八〇頁。

二 五行令

説 明

原件殘碎，由兩部分組成，一是月名圖，二是寫在月名圖下面的文字。文字是墨書，字體比較小，寫在畫好的朱欄內，並以紅色的粗横綫劃分章節。文字內容是按五行講四時十二月的宜忌，這裏試題爲「五行令」。下面先録月名圖上的文字，再録月名圖下的文字，並把有關殘片附列於後。

五行令曾與四時令並行，流行於先秦兩漢，但後世流行，只有四時令，五行令漸漸被人遺忘。四時令是以四時配二十四節氣，每時爲六個節氣、九十日；五行令是以五行配三十節氣，每行爲六個節氣、七十二日。前者四分，後者五分。四分比較實用，與季節和月份可以直接對應，一直沿用至今。五分爲了遷就五行，難以等分，比較生硬，此其所以亡也。

五行令，戰國文獻，見於《管子》的《幼（玄）官（宮）》、《幼（玄）官（宮）圖》，以及《五行》篇。漢代文獻如《淮南子·天文》，出土文獻如銀雀山漢簡《三十時》，也屬於這一系統。帛書此篇是又一例證。

此篇的敍事方式與《四時令》不同。《四時令》側重的是歲月宜忌和反令而行的各種凶咎災異，涉及五行的話，比此篇少。此篇多言方色配物，與陰陽五行説的關係，比前者更突出。四時令的文獻，如《月令》類的古書，也有一些講方色配物的話。這是兩種時令相互影響、相互滲透的結果。如果從思想史的角度看問題，我們更傾向於認爲，方色配物是五行令的一大特點。

一、月名圖

W1:1（191+67,71+68,72,no#,70,66a,34,66+69+65,60+58+57+190）

外圈的文字

各（冬）〔柰（夕）〕

〔屈⿱亦示（夕）〕
〔⿰袁見（遠）⿱亦示（夕）〕
〔⿱刑田（荆）⿸尸示（夷）〕
〔⿱日夏（夏）⿸尸示（夷）〕
〔⿱亯月=（享月）〕
〔⿱日夏（夏）〕⿱亦示（夕）
⿱八月=（八月）
〔⿱九月=（九月）〕
⿱十月=（十月）
⿱爨月（爨月）
⿱虍馬（獻馬）

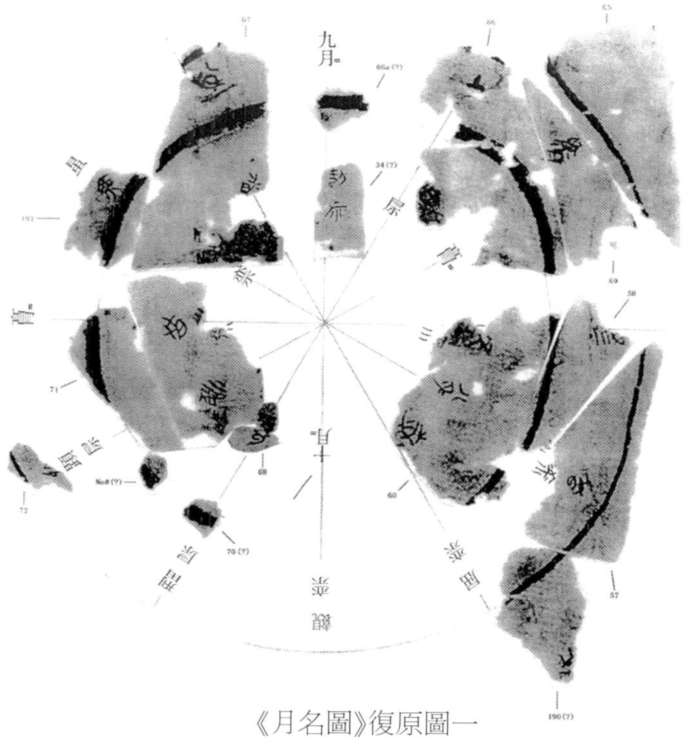
《月名圖》復原圖一

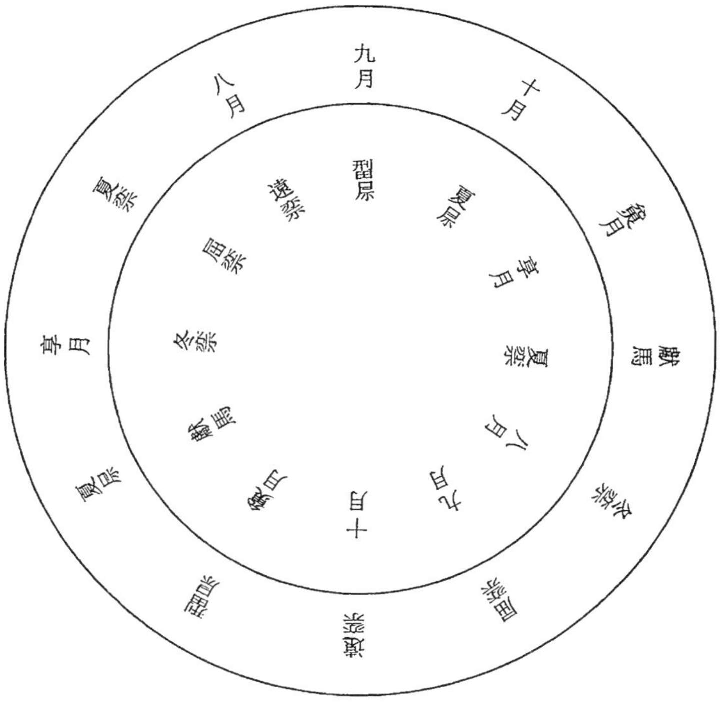

《月名圖》復原圖二

【注釋】

這兩圈月名，彼此相差五位，估計與五行刑德之説有關。

各〔⿱亦示〕 上字是楚「冬」字，下字殘缺，可據内圈文字補，讀爲「冬夕」。睡虎地秦簡《日書》甲種《歲》篇作「中夕」（簡六五正壹）或「冬夕」（簡六四正貳）。〔一〕案：夕可訓夜，《四時令》乙篇分一日爲四節：朝、晝、昏、夕，朝是開頭，夕是結束。帛書此字从亦，亦、夕音近，皆夜字所从，也是表達同樣的含義。我懷疑，楚月的冬夕相當冬至，夏夕相當夏至。夏至、冬至的「至」也是表示結束。楚月名四見「夕」字，都應作如是解。

〔屈⿱亦示〕 原文殘缺，可據内圈文字和上下文例補，讀爲「屈夕」。睡虎地秦簡《日書》甲種《歲》篇作「屈夕」（簡六六正壹、六五正貳）。屈夕是楚曆的二月。案：屈夕之「屈」有竭義，疑指冬夕之竭。

〔⿰袁見⿱亦示〕 原文殘缺，可據内圈文字補，讀爲「遠夕」。上字，右从視旁（楚文字常以視旁爲見旁），古文字，視作立人，見作跪人，有區別，但偏旁往往假視旁爲見旁。左从袁，這種寫法的「遠」字也見於郭店楚簡《五行》簡二二。睡虎地秦簡《日書》甲種《歲》篇作「援夕」（簡六七正壹、六六正貳）。遠夕同援夕，是楚曆的三月。案：遠夕，疑指遠於冬夕。

〔⿱刑田⿸尸示〕 原文殘缺，可據内圈文字補。上字，楚文字或用爲「荆」；下字，从尸从示，可讀「夷」。荆夷是楚曆的四月，睡虎地秦簡《日書》甲種

〔一〕《睡虎地秦墓竹簡》，一九〇頁。

《歲》篇作「刑夷」。此名兩見于《左傳》，皆作「荆尸」，對判斷楚曆與周曆的關係至關重要。《左傳》莊公四年：「四年春，王三月，楚武王荊尸，授師孑焉，以伐隨。」這段話，過去讀不懂，現在才知道，它是説楚曆四月相當周曆三月。同樣，《左傳》宣公十二年，隨武子説：「……今茲入鄭……荊尸而舉，商、農、工、賈不敗其業……」，過去也讀不懂，現在才知道，「今茲入鄭」是指上文的「十二年春，楚子圍鄭」，「荆尸」是楚四月，相當周三月，於周曆仍屬春天。可見楚曆建亥。案：楚月名兩見夷字，似乎皆指開始。此月是夏曆的正月，也是一种開始。若以夏曆論，這是楚曆的正月，故曰「荆夷」。

〔虽〕杘　上字殘缺，可據内圈文字補，讀爲「夏夷」。睡虎地秦簡《日書》甲種《歲》篇作「夏夷」（簡六五正壹）或「夏杘」（簡六四正三）。「夏夷」或「夏杘」是楚曆的五月。案：夏夷與夏夕相對，疑指立夏或孟夏。

〔亯=〕　原文殘缺，缺文當是亯（同享）、月二字的合文，目前所見楚簡，都是這樣寫，但睡虎地秦簡《日書》甲種《歲》篇作「紡月」（簡六六正壹、六五正叁）。享月或紡月是楚曆的六月。

〔虽〕柰　上字殘缺，可據内圈文字補，讀爲「夏夕」。睡虎地秦簡《日書》甲種《歲》篇作「楚七月」（簡六七正壹、六六正叁）。案：夏夕与夏夷相對，兩者皆含夏字，絕非偶然。夏夷疑指立夏或孟夏，表示夏天開始；夏夕疑指夏至或季夏，表示夏天結束。

肙=　八月二字的合文。睡虎地秦簡《日書》甲種《歲》篇作「楚八月」（簡六四正壹、六七正叁）。

〔𦙶=〕　原文殘缺，可據内圈文字補，作九月二字的合文。睡虎地秦簡《日書》甲種《歲》篇作「楚九月」（簡六五正壹、六七正肆）。

青=　十月二字的合文。睡虎地秦簡《日書》甲種《歲》篇作「楚十月」（簡六六正壹、六五正肆）。

爨　爨月二字的合文，可讀「爨月」。睡虎地秦簡《日書》甲種《歲》篇作「楚爨月」（簡六七正壹、簡六六正肆）。爨月是楚曆的十一月。爨是炊食之義。

𢊁　上从虍，下从馬，應爲「獻馬」二字的合文。睡虎地秦簡《日書》甲種《歲》篇作「獻馬」（簡六四正壹、簡六七正肆）。獻馬是楚曆的十二月。案：獻馬，是把馴化好的馬進獻給王。獻馬見《左傳》的昭公十六年和哀公六年。《周禮·夏官》有校人「掌王馬之政……冬祭馬步，獻馬，講馭夫。」有圉師「掌圉人養馬……春除蓐，始牧，夏庌馬，冬獻馬。」獻馬皆在冬天。獻馬可能與大閲有關，《周禮·夏官·大司馬》：「中（仲）冬，教大閲。」周曆的仲冬是楚曆的十二月。

内圈的文字

夻（冬）柰（夕）

屈柰（夕）

䙴（遠）〔柰（夕）〕

翌（荊）屎（夷）

頣（夏）〔屎（夷）〕

〔膏⁼（享月）〕

昷（夏）柰（夕）

肖⁼（八月）

胥⁼（九月）

〔肯⁼（十月）〕

奰（爨月）

膚（獻馬）

【注釋】

〔膏⁼〕　原文殘缺，當是膏、月二字的合文。

〔肯⁼〕　原文殘缺，可據外圈文字補。

附：可能與月名圖有關的殘片

W1:2（017.1–017.8）：這是一組碎片，共有八個編號。其中 017.2 有較多的雙色圓圈痕迹，017.8 有兩個黑字：□起。

W1:3（25,29）

W1:4（73,82）

W1:5（81a）

W1:6（94）

W1:7（107）：此片粘着绳状物。〔一〕

W1:8（186+186a）

〔一〕　原注：a fragment with a string。

W1:9（216+215b+215a+215+214）

二、五行令

W2（001–2.1, section a）

……牆（將）軍又……

W3（001–2.1, section b）

……利以一日從。

……不出五朔。

……□旬一日從。

【注釋】

利以一日從　「從」字的右下角蓋着另一塊殘片，左下角有個小碎片，上面有字迹殘劃，是否接在「從」字下，不能肯定。

不出五朔　「朔」字下面無字。

□旬一日從　「從」字下面也無字。

它的旁邊有一條殘片，可以拼接，其頂端蓋着另一殘片，上有紅色大字「日」，此字下面是空白。另外，這塊殘片的上部，靠右也蓋着一塊殘片，上面有紅色痕迹。上部的左下角有個小碎片，上有黑色小字「白」。

W4（30）

……二日，不〔出〕一日……

【注釋】

第四字殘，從文例推斷，應是「出」字。

W5（37）

……□□金□……

……□……

W6（38）

……▪居木：祭（?）……

【注釋】

居木　五行時令分一年三百六十日爲木、火、土、金、水五段，每段七十二日，木行是其中第一段。下W7（56＋77＋78）也有「居木」，W25:2有「居金」，W27:1、W34（108）有「居水」，W34（108）有「居土」。

第三字衹存上半，疑是「祭」字。

案：簡文所述乃五行刑德之説，可參看：

（1）馬王堆帛書《刑德》甲篇：

十一年十二月己亥上朔，刑德以其庚子〈午〉並居西宫。

丙午，刑德並居南宫。

壬子，刑居東北宫。

戊午，刑德並居中宫。

甲子，刑居東南宫，德復居西宫。

庚午，刑德並居西宫。

丙子，刑居西南宫，德居西宫。

壬午，刑〔德並居北宫〕。

戊子，刑〔居中宫，德〕居西宫。

甲午，刑德皆居東宫。

庚子，刑居西北〔宫，德〕居西宫。

（2）周家臺秦簡（簡296—308）：

卅六年置居金，上公、兵死、陽主歲，歲在中。

置居火，筑（築）囚、行、炊主歲，歲爲下。

〔置居水〕……主歲。

置居土，田林（社）、冢主歲。

置居木，里林（社）、冢主歲，歲爲上。

簡文「置」，劉國勝懷疑，應讀「德」。〔一〕

W7（56+77+78）

……亓色墨……

……辟，亓虫僪。▪居木：亓……

……〔白〕軼白箐，亓兵矛，亓備（服）〔□〕……

……〔亓〕畜□，亓皿盂，亓色〔□〕……

【注釋】

亓色墨 墨通黑，斯坦因所獲漢簡有《力牧》篇殘簡，把「力牧」寫成「力墨」。〔二〕馬王堆帛書《經·觀》篇把「力牧」寫成「力黑」。〔三〕黑色是配水行。

亓虫僪 《說文解字》以一虫爲虺，二虫爲䖵，三虫爲蟲，但這裏的虫字卻似乎同於蟲；「僪」，疑讀介，介是五蟲之一，配水行。

〔白〕軼白箐 疑講車乘，下W23（91）有同樣的句例，只不過是蒼色。這裏據補「白」字。

亓兵矛 矛是五兵之一。《管子》的《幼官》、《幼官圖》，《淮南子·時則》皆以矛配東方，屬於木行。馬王堆帛書《太一辟兵圖》有四个武弟子，也是以矛配東方。〔四〕

亓備〔□〕 下面的字是表示衣服的顏色。

〔亓〕畜□ 不知屬於哪一行。

亓皿盂 「皿」指食器。《說文解字·皿部》：「皿，飯食之用器也。」《禮記·月令》有五種器：春三月「其器疏以達」，夏三月「其器高以粗」，中央

〔一〕劉國勝《秦簡零拾》，《中國簡帛學國際論壇二〇一〇會議論文集》，武漢大學簡帛研究中心、芝加哥大學顧立雅中國古文字學中心（二〇一〇年十二月六日—十二月八日），一〇六—一一〇頁。

〔二〕林梅村、李均明編《疏勒河流域出土漢簡》，北京：文物出版社，一九八四年，七一頁：簡六一〇。

〔三〕國家文物局古文獻研究室編《馬王堆漢墓帛書》〔壹〕，北京：文物出版社，一九八〇年，六二—六四頁。

〔四〕李零《馬王堆漢墓「神祇圖」應屬辟兵圖》，收入氏著《入山與出塞》，北京：文物出版社，二〇〇四年，二〇三—二〇七頁。

土「其器圜以閎」，秋三月「其器廉以深」，冬三月「其器閎以奄（弇）」，只講器形，没説是什麼器。這裏的五皿都是具體的器。《廣雅·釋器》有兩種盂，一種是盤盂之盂，一種與敦、盞爲同類，出土銅器也分兩種，食盂和水盂。盤盂之盂是水盂，盞盂之盂是食盂。

亓色〔□〕 下面應是表示顏色的字。

W8（61）

……公子□……

……至冬至……

【注釋】

冬至 四時時令和五行時令都有冬至。四時時令包含二十四個時節（節氣），冬至是第十九個時節（節氣）；五行時令包含三十時節，冬至是第二十八個時節。〔一〕這裏的冬至可能屬後一種。

W9（62）

……二戠（歲）

……洛（路）……

W10（74）

……邦……

W11（75+85）

……▮金□……

……□▮旻（得）之，所以（？）……

……亓味鹹（鹹），亓音峑（徵）……

〔一〕李零《讀銀雀山漢簡〈三十時〉》，收入氏著《中國方術續考》，北京：中華書局，二〇〇六年，第三〇一—三一七頁。

……〔亓〕備（服）蒼，轃（乘）蒼□……

……亓畜□……

【注釋】

75是單張，85未完全揭開。

亓味鹹　第三字，左半从鹵从皿，應即鹽字，右半相當鹹字，合在一起，應即鹹字。鹹味是五味之一，配水行。〔一〕

亓音呈　第三字，即《説文解字》卷八上徵字的古文所从。曾侯乙墓出土編鐘上的徵字就這樣寫。〔二〕案：五音配五行，一般是以徵音配火行；五味配五行，一般是以鹹味配水行。這裏以鹹味和徵音並説，似與孔家坡漢簡《日書》同。參看附録第八表。

〔亓〕備蒼　蒼色與青色相近，《禮記·月令》講四時時令，春令有青、蒼二色，夏令有朱、赤二色，秋令有黄、白二色，冬令有黑、玄二色，皆所謂「近色」。蒼色應屬木行。

轃蒼□　這是講乘蒼色之車。

亓畜□　最後一字，右半从犬。

W12（75背+85背）

……□。雨，不出一月，軍畀（亡）……

W13（76）

……言（?）曰……

……旬，梪（樹）桑、桃、孳（李）……

……〔亓□〕□，亓皿壺……

【注釋】

梪桑桃孳　楚文字用梪爲樹，這裏指種桃、桑、李。孳字从來从子，這是楚文字特有的寫法，與秦文字寫法不同，秦文字的李是从木从子，今

〔一〕這個字的發現，可以解決兩個問題：（一）史牆盤有表示伐滅之義的「𢦏」字（殷墟卜辭也有這個字），向無定釋，得此可知，應與鹹讀音相近；（二）鄂君啟節有「𢦏尹」，得此可知，應釋「緘尹」，相當楚官中的「箴尹」（《左傳》宣公四年）或「鍼尹」（《左傳》定公四年）。我懷疑，此字似同殲字所从的㦰（甲骨文另有㦰字）。《説文解字·戈部》「㦰，絕也，一曰田器，从从持戈。古文讀若咸，《詩》云『攕攕女手』。」

〔二〕裘錫圭《古文字釋讀三則》，收入氏著《古文字論集》，北京：中華書局，一九九二年，第三九五—四〇四頁（參看：第三九八—四〇二頁）。

李字是秦系文字的寫法。《韓詩外傳》卷七：「夫春樹桃李，夏得陰其下，秋得食其實。」《淮南子·時則》是以李为季春之木，桃为孟夏之木。

〔亓口〕口　可能是講畜，可能是講味。

亓皿壺　古人所謂壺是一種長頸鼓腹的器物。

W14（79）

……亓（？）□……

W15（80）

左

……戠（鬪）▬……

W16（81）

……南北向▬……

……屈柰（夕）庚……

……□……

【注釋】

注意，第一行下是用黑色的横綫分章。

屈柰庚　「屈柰」讀「屈夕」，是楚曆的二月，下面是記日的干支。

W17（84+84a+84b）

……□。▬日星……

……天一。▬又亓胃敃□……

……水皿，少文。▬居□：亓取少文……

……利以内（入）一戢（歲）。▬鈘□……

……一（？）旬，▮……

【注釋】

天一　天極太一附近的三顆星。

少文　下字見於商承祚藏殘片中的3、4、7。郭店楚簡《窮達以時》簡12有「旻」字，〔一〕其所从文字，下面也有一横，估計是「吝」字的異體。又馬王堆一號墓遣册有文字，用法同文字〔二〕。

一旬　「旬」字僅存上半，也可能是「軍」字。這個字下面有兩個小碎片，位置難以確定。

W18（84c）

……丙（丙）子（？）。▮……

……□。▮又□……

【注釋】

此片可與84拼接。

W19（84d）

……▮……

……▮女……

【注釋】

此片可與84拼接。

W20（86,86a）

……牙（舉）兵……

〔一〕參看：張守中《郭店楚簡文字編》，北京：文物出版社，二〇〇〇年，第一八頁。

〔二〕參看：陳松長編著《馬王堆簡帛文字編》，北京：文物出版社，二〇〇一年，第三八四頁。

【注釋】

牙兵　舉字从牙得聲，疑讀「舉兵」。

W21（86,86a）背

（無字）

【注釋】

有红色痕迹。

W22（90）

……廿……

W23（91）

……蒼軟蒼〔箭〕……

……□，亓緍琥，亓……

……〔亓〕味歆（辛），亓皿□……

【注釋】

蒼軟蒼〔箭〕　第二字，从車从矢，見上W7（56+77+78）；第四字，是據上W7（56+77+78）補。

亓緍琥　緍，从糸从隹，疑讀綏，指組綏，所以繫玉。琥，玉器。《説文解字·玉部》以爲虎紋玉佩，但中山王嚳大墓西庫出土的玉器，很多都有墨書自名，卻是以虎形玉佩为玉琥。〔一〕

W24（91背）

……〔亓〕音角，亓□……

〔一〕張守中《中山王嚳器文字編》，北京：中華書局，一九八一年，第一三八—一三九頁。

……〔左〕取右，右取左，兵大〔起〕……

【注釋】

〔亓〕**音角**　上補「亓」字。角音是五行之一，配木行。

W25（92）

有一塊帶紅色大字的殘片粘在上邊。包括殘片三：W25:1、W25:2、W25:3。W25:3在W25:2上，W25:1又在W25:2上，一層壓一層。

W25:1

……徉……

【注釋】

紅色大字，不屬《五行令》。

W25:2

……▋文旻（得）。居金……

【注釋】

屬於《五行令》。

W25:3

……□□……

……□□……

……二軍中（？）□……

……宋……

【注釋】

未見紅色欄綫，疑屬《軍行占》，其上方有兩道紅綫，在背面也可見到。

W26（92背）

（只有字迹殘劃）

【注釋】

上方有三道紅綫，下面有兩處可見黑色字迹。

W27（95a）〔一〕

包括殘片三，W27:1在左上，W27:2在右上，蓋在已經揭到透明的W27:3上。

W27:1

居水：……

【注釋】

居水　居水行。五行時令，水行是第五段（最後一段）。

W27:2

……寅……

W27:3

……□……

〔一〕原注：Fragment 095, opened monted.Mounted w/095 a & b。

……□□……

W28（95b）

包括殘片二，W28:1 在上，W28:2。

W28:1

……■……

【注釋】

紅色大字。

W28:2

……□……

【注釋】

黑欄黑字。

W29（96）

……□八月……

……不解兵……

……亓虫□……

……亓綠睘（環）……

……亓味□……

【注釋】

不解兵　戰事不能解除。

亓虫□　不詳何蟲。

亓綠睘　讀「其綠環」，其例同上W23（91）的「亓繕琥」。環是環形玉佩，它與璧不同，璧的孔徑小，環的孔徑大。

亓味□　不詳何味。

W30（96背）

……亻胃（謂）……

……□□□□……

……兵出戕（鬬）……

W31（97）

□

【注釋】

此編號包括四個殘片：右起第一片屬紅色大字類，右起第二片有一黑字，右起第四片背面有紅綫。

W32（100）

……□□……

……□亓丰（？）……

……□□亓……

……〔亓〕色（？）白，□……

W33（100背）

……甲■亓

……□■……

【注釋】

亓　是反印文。

W34（108）

……亓。■居水：□□□……

……旬一日，咠（丙）□□□□亻攱□……

……□大记（起）。

……■居土：亓備（服）黄，輮（乘）黄□……

……〔□□〕日，亓畜鳥，亓皿詹（甔），□……

【注釋】

居水　上已出現。

□大记　疑指「兵大起」。下有紅色鉤識號。

居土　居土行。

亓備黄　「備」讀服。土行的服色是黄色。

輮黄□　指乘黄車。

亓畜鳥　第三字从鳥，其畜似是禽類。

亓皿詹　「詹」疑讀甔，是一種瓶罐類的器物。《廣雅·釋器》把甔與瓶、罌、甇歸爲一類，而以瓶爲這類器物的通稱。《方言》卷五説，甇是「周洛韓鄭之間」（今洛陽、新鄭一帶）的方言叫法，儋（即甔）是「齊之東北海岱之間」（大約相當今膠東半島地區）的方言叫法，而以甖爲這類器物的通稱。臺北故宫收藏的國差甔，器身矮胖，小口鼓腹，就是齊國的器物。這裏的「詹」則是楚國的器物。

W35（108背）

……□〔亓畜〕雞，亓皿□……

……□□□豆□□□……

……□□□□□□□……

……□□□□出戓（鬪）□……

……■女（如）不甬（用）□□□……

【注釋】

〔亓畜〕雞　雞是五畜之一，配火行。

亓皿□　不詳何器。

W36（154）

……以伐，是胃（謂）□……

……□……

W37（155）

……□□利……

……不利以出，一……

W38（163）

……□……

W39（164）

……二戠（歲）。■笴……

W40（226,226a）

……毖天……

W41（227,228,229a,229b）

【注釋】

有紅色欄格，字迹不清。

W42（233）

……〔□□〕日至……

……□門上朔……

W43（234）

……□篧□……

……□□□……

……□……

W44（235）

……則……

W45（236）

……以（?）利（?）……

……□□……

三、其他殘片

（一）竹笈蓋上的殘片〔一〕

28,39,38,36,15,29：

〔一〕原注：fragments from upper basket。

1,3,7,11,39，

22,23,27,30,32,41。

（二）其他殘片

9a,9b，有紅色痕迹。

10a,10b,11。

13,182，有黑色欄綫。

45,46,47,83。

97，一組四片，右起第二片，已見W31。

151,152。

153，有紅色界欄。

160,160a,161。

218，有若干帶紅色大字和紅色欄綫的碎片，其中有一片上面有小黑字。

四、存疑

●125+125a（有三個碎片）

□□

□（碎片一）

□□（碎片二）

□（碎片三）

【注釋】

似應歸入《攻守占》。

附録

（一）月名表[一]

夏曆（建寅）	殷曆（建丑）	周曆（建子）	秦曆（建亥）	楚曆（建亥）
十月	十一月	十二月	正月	冬夕
十一月	十二月	正月	二月	屈夕
十二月	正月	二月	三月	遠夕
正月	二月	三月	四月	荆夷
二月	三月	四月	五月	夏夷
三月	四月	五月	六月	亨月
四月	五月	六月	七月	夏夕
五月	六月	七月	八月	八月
六月	七月	八月	九月	九月
七月	八月	九月	十月	十月
八月	九月	十月	十一月	爨月
九月	十月	十一月	十二月	獻馬

案：楚曆十二月，月序與秦曆同，都是以夏曆十月爲歲首。

中國古代節氣有好幾種劃分。最基本的劃分是二分（按一陰一陽、一寒一熱分），其次是四分（按四方、四時、四方風分），再其次是八分（按八位、八節、八方風分），更細的劃分是十二分（按十二位、十二月分）、二十四分（按二十四節氣分）或三十分（按三十節氣分）。

八節，見《管子·輕重己》、《淮南子·天文》、《靈樞·九宫八風》，都是以冬至爲四時十二月的起點。漢汝陰侯墓出土的所謂「九宫式盤」，以及北大漢簡《節》篇也有這種劃分。它是按立春—春分—立夏—夏至—立秋—秋分—立冬—冬至的順序把一年分爲八個時段。立春、立夏、立秋、立冬，《輕重己》也叫春始、夏始、秋始、冬始；春分、夏至、秋分、冬至，《輕重己》也叫春至、夏至、秋至、冬至，「至」是對「始」而言，相當極致之致，含有終結之義。夏曆把冬至安排在夏曆十月，殷曆把冬至安排在夏曆十一月，周曆把冬至安排在夏曆十二月，早晚可以有三個月的出入（相當八節中的兩節）。

[一] 參看：睡虎地秦墓竹簡整理小組《睡虎地秦墓竹簡》，北京：文物出版社，一九九〇年，第一九〇—一九一頁。

上表，楚曆十二月是以冬夕以下六月和夏夕以下六月二分。楚曆的冬夕就是冬至，夏夕就是夏至。它是以冬至爲起點。這種月序，無論秦曆，還是楚曆，都屬顓頊曆。楚曆與「三正説」的關係是：

（1）《左傳》以楚四月當王三月，説明楚曆正月比周曆早一個月，但我們從楚月名似可看出，其命名之初，恐怕是以屈夕、遠夕、荆夷爲春三月，夏夷、亯月、夏夕爲夏三月，八月、九月、十月爲秋三月，爨月、獻馬、冬夕爲冬三月。這與周曆的四時並無不同。

（2）楚曆正月相當夏曆十月，與夏曆差距較大。但值得注意的是，它與夏曆正月對應的月份是荆夷。荆夷似乎也是某種起點。如九店楚簡《日書》，其建除表即從荆夷開始，可見楚曆與夏曆也有某種對應關係。

（3）《月令》是用夏正，與《夏小正》同。上面我們已經説明，《四時令》比《月令》早一個月。我懷疑，《四時令》和《五行令》不同，它是以冬至所在的月份爲夏曆十一月，正好比夏曆早一個月。這樣的月序應屬殷曆，可見楚國也有與殷曆對應的月序。

（二）五行表一（《禮記·月令》、《呂氏春秋》十二紀）

四時	春：孟春、仲春、季春	夏：孟夏、仲夏、季夏	季夏、孟冬間	秋：孟秋、仲秋、季秋	冬：孟冬、仲冬、季冬
十干	甲乙	丙丁	戊己	庚辛	壬癸
五帝	太皞	炎帝	黄帝	少皞	顓頊
五神	勾芒	祝融	后土	蓐收	玄冥
五蟲	鱗蟲	羽蟲	倮蟲	毛蟲	介蟲
五音	角	徵	宮	商	羽
十二律	大簇、夾鍾、姑洗	中呂、蕤賓、林鍾	黄鍾	夷則、南呂、無射	應鍾、黄鍾、大呂
五數	八	七	五	九	六
五味	酸	苦	甘	辛	鹹
五臭	羶	焦	香	腥	朽
五祀	户	竈	中霤	門	行
五祭	先脾	先肺	先心	先肝	先腎
十二宮	青陽左个、青陽太廟、青陽右个	明堂左个、明堂太廟、明堂右个	太廟大室	總章左个、總章太廟、總章右个	玄堂左个、玄堂太廟、玄堂右个
五路	鸞路	朱路	大路	戎路	玄路
五駕	倉龍	赤騮	黄騮	白駱	鐵驪

五旂	青旂	赤旂	黃旂	白旂	玄旂
五衣	青衣	赤衣	黃衣	白衣	黑衣
五玉	蒼玉	赤玉	黃玉	白玉	玄玉
五食	麥與羊	菽與雞	稷與牛	麻與犬	黍與彘
五器	疏以達	高以粗	圜以閎	廉以深	閎以奄

（三）五行表二（《管子》的《幼官》、《幼官圖》）

五方	中方	東方	南方	西方	北方
時節	五和時節	八舉時節	七舉時節	九和時節	六行時節
五服	服黃色	服青色	服赤色	服白色	服黑色
五味	甘	酸	苦	辛	鹹
五聲	宮	角	羽	商	徵
五氣	和氣	燥氣	陽氣	濕氣	陰氣
五數	五	八	七	九	六
五井之水	飲於黃后之井	飲於青后之井	飲於赤后之井	飲於白后之井	飲於黑后之井
五獸之爨	以倮獸之火爨	以羽獸之火爨	以毛獸之火爨	以介獸之火爨	以鱗獸之火爨
五旗	——	青旗	赤旗	白旗	黑旗
五兵	——	矛	戟	劍	脅盾
五刑	——	交寒害鈦	燒交彊郊	紹味斷絕	游仰灌流

（四）五行表三（《管子·五行》）

五鍾	青鍾大音	赤鍾重心	黃鍾洒光	景鍾昧其明	黑鍾隱其常
五行	甲子木行七十二日	丙子火行七十二日	戊子土行七十二日	庚子金行七十二日	壬子水行七十二日
五官	士師	行人	司徒	祝宗、司馬	使人

（五）五行表四（《淮南子·天文》）

五子受制	七十二日甲子受制	七十二日丙子受制	七十二日戊子受制	七十二日庚子受制	七十二日壬子受制
五行用事	木用事	火用事	土用事	金用事	水用事
五煙之色	火煙青	火煙赤	火煙黄	火煙白	火煙黑

（六）五行表五（《淮南子·時則》）

四時、十二月	春：孟春、仲春、季春	夏：孟夏、仲夏、季夏	季夏	秋：孟秋、仲秋、季秋	冬：孟冬、仲冬、季冬
十二辰	寅、卯、辰	巳、午、未	未	申、酉、戌	亥、子、丑
五位	東方	南方	中央	西方	北方
十干	甲乙	丙丁	戊己	庚辛	壬癸
五行	木	火	土	金	水
五蟲	鱗蟲	羽蟲	蠃蟲	毛蟲	介蟲
五音	角	徵	宫	商	羽
十二律	大簇、夾鍾、姑洗	仲吕、蕤賓、百鐘	百鐘	夷則、南吕、無射	應鐘、黄鐘、大吕
五數	八	七	五	九	六
五味	酸	苦	甘	辛	鹹
五臭	羶	焦	香	腥	腐
五祀	户	竈	中霤	門	井
五祭	先脾	先肺	先心	先肝	先腎
五衣	青衣	赤衣	黄衣	白衣	黑衣
五乘	蒼龍	赤騮	黄騮	白駱	玄驪或鐵驪
五玉	蒼玉	赤玉	黄玉	白玉	玄玉
五旗	青旗	赤旗	黄旗	白旗	玄旗
五食	麥與羊	菽與雞	稷與牛	麻與犬	黍與彘
五火	爨萁燧火	爨柘燧火	爨柘燧火	爨柘燧火	爨松燧火
五女	东宫御女青色，衣青采	南宫御女赤色，衣赤采	中宫御女黄色，衣黄采	西宫御女白色，衣白采	北宫御女黑色，衣黑采
五樂	鼓琴瑟	吹竽笙	吹竽笙	撞白鐘	擊磬石
五兵	矛	戟	劍	戈	鎩
五畜	羊	雞	牛	狗或犬	彘
十二宫	青陽左个、青陽太廟、青陽右个	明堂左个、明堂太廟、中宫	中宫	總章左个、總章太廟、總章右个	玄堂左个、玄堂太廟、玄堂右个
十二官	司空、倉、鄉	田、相、少内	少内	庫、尉、候	司馬、都尉、獄
十二樹	楊、杏、李	桃、榆、梓	梓	楝、柘、槐	檀、棗、櫟

（七）五行表六（其他古書）

五行	木	火	土	金	水
五星〔一〕	歲星	熒惑	鎮星	太白	辰星
五獸〔二〕	蒼龍	朱鳥	黄龍	白虎	玄武
五靈一〔三〕	鳳（羽蟲）	麟（毛蟲）	人（倮蟲）	龜（介蟲）	龍（鱗蟲）
五靈二〔四〕	龍	鳳	麟	虎	龜
五嶽〔五〕	泰山	衡山	嵩山	華山	恒山
五火〔六〕	榆、柳之火	棗、杏之火	桑、柘之火	柞、楢之火	槐、檀之火
五木〔七〕	李	杏	棗	桃、	栗
五毒〔八〕	石膽	丹砂	雄黄	礜石	慈石
五常〔九〕	仁	禮	智	義	信
五事〔一〇〕	貌	視	思	言	聽

（八）五行表七（馬王堆帛書《刑德》甲篇）〔一一〕

五行	木	火	土	金	水
五帝	大皋（皞）	炎帝	〔黄帝〕	大〈少〉皋（皞）	湍（顓）玉（頊）
五神	豐隆	風伯	大音	雷公	雨師

〔一〕見《淮南子·天文》、《史記·天官書》。

〔二〕見《淮南子·天文》、《史記·天官書》，以及《禮記》的《曲禮上》、《月令》。案：蒼龍七宿，包括角、亢、氐、房、心（火）、尾、箕；朱鳥七宿，包括井（東井）、鬼（輿鬼）、柳、星（七星）、張、翼、軫；白虎七宿，包括奎、婁、胃、昴、畢、觜（觜觿）、參；玄武七宿，包括斗（建星）、牛（牽牛）、女（婺女、僂女、須女）、虛、危、室（營室）、壁（東壁）。

〔三〕見《大戴禮·曾子天圓》。

〔四〕《禮記》的《曲禮上》、《月令》有四靈，缺麟。杜預《春秋左傳序》「麟鳳五靈」有麟，孔穎達疏：「麟鳳與龜龍白虎五者，神靈之鳥獸，王者之嘉瑞也。」

〔五〕見《周禮·春官》的《大宗伯》、《大司樂》和《禮記·王制》。

〔六〕見《論語·陽貨》「鑽燧改火」馬融注引《周書·月令》。

〔七〕見《靈樞·五味》。

〔八〕見《周禮·天官·瘍醫》。《抱朴子·金丹》易「石膽」爲「曾青」，稱「五石」。

〔九〕見《漢書·董仲舒傳》案：郭店楚簡和馬王堆帛書的《五行》篇是把「仁義禮智聖」稱爲「五行」。

〔一〇〕見《尚書·洪範》、《尚書大傳》、《漢書·五行傳》。

〔一一〕傅舉有、陳松長《馬王堆漢墓文物》，長沙：湖南出版社，一九九二年，第一三二—一四三頁。

（九）五行表八（孔家坡漢簡《日書》的《歲》篇）。[一]

五方	東	南	西	北	中
五行	木	火	金	水	土
五色	青	赤	白	黑	黃
五味[二]	〔酸〕	〔鹹〕	餂（苦）	齊〈辛〉	甘
五音	徵	羽	商	角	宮
五勝	木勝土	火勝金	金勝木	水勝火	土勝水
五時	生	長	殺	藏	收

〔一〕湖北省文物考古研究所、隨州市考古隊編《隨州孔家坡漢墓簡牘》，北京：文物出版社，二〇〇六年，一八四—一八五頁。

〔二〕古書所見五味，一般是以酸配春，苦配夏，辛配秋，鹹配冬，甘配中。簡文不同。

三　攻守占

說　明

原件殘碎，墨書，字體比前兩種略大，無欄格。帛書文字按順時針方向排列，轉圈抄寫在帛書的四面。帛書上有若干標注干支的紅折角。文字内容是講攻城守城的方向宜忌和日辰宜忌，這裏試題爲「攻守占」。下面按四個方向分别録寫其釋文，並把有關殘片附於後。

一、東方

G1（未編號）

這件帛書，有兩塊殘片最大，一塊講東方，一塊講南方，都未編號。原注：Two big pieces (no number)（兩大塊殘片，無編號）。下面是其中講東方的殘片。這塊殘片有若干紅色痕迹：一是右上角的紅折角，二是右側的另一紅折角，三是左側看似「文」字的紅色痕迹，四是下方的兩處紅色痕迹。

G1:1

㫐（丙）寅

【注釋】

㫐寅　標在紅色折角内。

G1:2

台(始)生城

〔如〕以獸(守)城，甲子之□，矛(務)穿(弃)〔東方〕，從庚午昔=(之日)以至甲子昔=(之日)，胷一臾。女(如)以戉(攻)城，從〔□□。甲子〕昔=(之日)柔(務)戎(攻)，庚〔午〕必內(入)之。二〔□□□□□〕中□軍〔□□。如〕一星湋(流)，內(入)焉。內(入)則〔□□〕。三

【注釋】

這段話是講東方，分守城和攻城兩層，先講守，再講攻。

台生城　這一章的章題，指春天的城。古人以東方配春，春字從屯得聲，與屯字有關。《易·序卦》：「屯，物之始生也。」《史記·六國年表》：「東方物所始生，西方物之成孰（熟）。」《白虎通義·京師》：「東方者，陰陽氣始動，萬物始生。」

〔如〕以獸城　據下115+116「如以獸（守）城」補「如」字。

柔穽〔東方〕　第一字，讀「務」，指務必；第二字，同「穽」，義同揜（相當後世的掩字），指遮掩、封堵、嚴密防守，與「攻」相反；下面兩字，從上下文看應是「東方」。

從庚午旹＝以至甲子旹＝　據下南方、西方、北方，是「從甲子旹＝（之日）以至庚午旹＝（之日）」的誤倒。「旹」是「之日」二字的合文。

賈臾　待考。

戎　同攻。

〔甲子〕旹＝柔戎，庚〔午〕必內之　「攻」指攻城，「內」讀入，指入城，兩者都屬於攻城。攻城之日，據下南方、西方、北方，實與守城之日同，上面的缺文應補「甲子」，下面的缺文應補「午」字。甲子是攻城之日，庚午是入城之日，前後共七日。

【大義】

東方是物之始生。如果要選守城的日子，一定要選甲子日的……，嚴守東方，不讓敵人從這個方向攻破。從甲子之日到庚午之日，應……。如果攻城，要從……。甲子之日一定要攻城，庚午之日一定要入城。……如有一顆流星劃過天空，一定要入城。入城後，則……

G1:3

西方白，〔南方赤〕，

墨從北方。〔東〕

又（有）亓內（入），以中柔（務）

者（諸）矦。

【注釋】

這段話是以五方配五色：西方是白色，南方是紅色，北方是黑色，東方是青色（這裏没講），中央是黄色（這裏也没講）。

西方白　西方的方色是白色。

〔南方赤〕　南方的方色是赤色。這三個字是從上下文推求。

墨從北方　「墨」即黑色，「從」指黑色配北方。斯坦因藏漢簡有《力墨》篇殘簡。〔一〕羅振玉指出，力墨即力牧，《漢書·藝文志·兵書略》兵陰陽類有《力牧》，即其書。力墨，亦作「力黑」，如馬王堆帛書《觀》篇就是把「力墨」寫成「力黑」。〔二〕

〔東〕又亓內　春天要從東方入城。「東」字也是從上下文推求。

以中𢓊者矦　指入城後要居中以待諸矦。

【大義】

西方是白色，南方是紅色，黑色是配北方。入城要從東方入。入城後，要居中央，以對付四方的諸矦。

二、南方

G2（未编号）

這塊殘片和上面的殘片原來是鏡面反射的關係，第一塊殘片的四處紅色痕迹在這塊殘片上都有反印文。其中第二個紅折角，從反印文看，似乎有干支書於折角內。

G2:1

〔一〕　羅振玉、王國維《流沙墜簡》，北京：中華書局，一九九三年，八十二頁。

〔二〕　馬王堆漢墓帛書整理小組編《馬王堆漢墓帛書》〔壹〕，北京：文物出版社，一九八〇年，六二—六四頁。案：《老子》乙本卷前古佚書四種中有一種叫《經》，過去誤稱《十大經》或《十六經》，《觀》是《經》中的一篇。

穿（弇）南方，從乙酉旹＝（之日）以至己卯旹＝（之日）。〔從乙〕酉旹＝（之日）以至己卯旹＝（之日），柔（務）攻南〔方〕。

【注釋】

這段話是講南方，也分守城和攻城兩層，先講守，後講攻。攻城之日和守城之日，都是從己酉到乙卯，一共三十天，時間比較長。

穿南方　是講守城。

從乙酉旹＝以至己卯旹＝　是講守城之日，從乙酉到己卯，一共三十天。

〔從乙〕酉旹＝以至己卯旹＝　是講攻城之日，從乙酉到己卯，也是三十天。「從乙」二字是從上下文推求。

柔攻南〔方〕　是講攻城。

【大義】

守城要守南方，守城之日是从乙酉到己卯。从乙酉到己卯，也是攻城的日子，一定要按這個日子攻城。

G2:2

五所以智（知）內（入）……□□，內（入）則從子至……

女（如）星一湩（流），□……□月……

【注釋】

五所以智內　「五」，或讀吾。

……□□，內則從子至……女星一湩　對比上東方部分「〔如〕一星湩（流），內（入）焉。內（入）則〔□□〕」。

【大義】

這段話是講入城，內容不太清楚，其中也提到流星。

三、西方

G3（2+2a+2b+2c+?+3a+3+3b+4+3c+5+?+6+7+8）〔一〕

⿱穴廾（弇）西方，從庚子〔昔〻（之日）〕以至⿱一⿵冂口（丙）午。

〔庚子〕昔〻（之日）以至⿱一⿵冂口（丙）午昔〻（之日），⿱又大（務）攻西方。

【注釋】

這段話，格式同於南方，也是攻守之日同。庚子至丙午，也是七天。

四、北方

G4（42）

⿱穴廾（弇）北方，從乙卯昔〻（之日）〔以至辛酉之日〕。

乙卯昔〻（之日）以至辛〔酉之日，務攻北方〕。

【注釋】

這段話，格式同於南方和北方，也是攻守之日同。庚子至丙午，也是七天。

從乙卯昔〻〔以至辛酉之日〕　缺文是據上下文推求。

乙卯昔〻以至辛〔酉之日，務攻北方〕　缺文也是據上下文推求。

【大義】

嚴守北方，從乙卯之日到辛酉之日。乙卯之日到辛酉之日，務必攻城。

〔一〕 2b、2c和左邊打問號的殘片是從2和2a的正面剥離，原注：Fragments removed from surface of 2/2a（從2和2a正面剥離的殘片）；右邊的問號是從2的正面剥離，原注：Fragments from surface of 2（從2的正面剥離的殘片）；5是從2的背面剥離，原注：Large fragment removed from verso of 2（從2的背面剥離的殘片）。

五、其他

G5（115+116）

……〔逆〕之曰生既（氣），從〔之〕曰死既（氣）。女（如）以獸（守）〔城，□□之日〕

……□雍之佘〓（溺人），若或（鬬）记（起）。

【注釋】

〔逆〕之曰生既，從〔之〕曰死既　「從」是順，相反的字是「逆」，這裏試補「逆」字。

女以獸〔城，□□之日〕　據上，「守」下應爲「城」字，「城」下應是守城之日，這裏試補「□□之日」。

□雍之佘〓　「□雍」，不詳；「溺人」，淹死的人。

若或记　「若」有或義。

【大義】

逆之叫生氣，順之叫死氣。如選守城的日子，要選某某之日。其他，文義不太明晰。

G6（93，93a 附）〔一〕

……□□□

……□又傑

……□□從

……〔□□〕南

……□方亓

〔一〕原注：Fragments from the underside of fragment 093（從 093 背面剥離的殘片）。

……□亓黃

……〔□□〕智

【注釋】

殘缺過甚，內容不詳。

G7（131,131a附）

……□宼（寇）不□，女（如）……

……〔必〕內（入）之……

【注釋】

宼　敵寇。

〔必〕內之　講入城。

G8（1）

……女（如）以……

……時宼（寇）……

……方，必……

【注釋】

此片是從001揭下，正面是貼近001的一面，背面是帛書塊的底部。〔一〕

女以　下文是「守城」或「攻城」。

時宼　疑讀「待寇」，但上字有可能是之日二字的合文。

〔一〕原注：Removed from 001.See doc.from June.2001（从001剥离。见2001年6月的档案）。

G9（1背）

這一面有兩種顏色，黄色的兩片蓋在上面，下面露出的底子是深棕色。

G9:1

□□□

【注釋】

此片在上面，横置，紅欄黑字。

G9:2

分

者

……□從庚……

【注釋】

此片在下面。有三條垂直的紅綫，用一條黑色粗横綫封底。第一條紅綫的右側書「分」字，側書，頭朝右。第二條紅綫的右側書「者」字，也側書，頭朝右。這三行的下面有一片黏附的紙片，説明這是帛書的底面。左側有三個字，作「□從庚」。

G10（16）

……〔必〕内（入）之……

……必内（入）之……

【注釋】

這兩句都是講入城的話。

G11（135）

……一星從北……

【注釋】

上面，東方、南方部分有講流星的話，可參看。

G12（150，有紅折角）

甲戌

乙亥

【注釋】

這是在紅折角上標注的干支。

G13（140，有紅折角）

〔己〕未

壬戌

【注釋】

這是在紅折角上標注的干支。

G14（43，有紅折角）〔一〕

（無字）

G15（從001揭下的一大片，有紅折角）〔二〕

〔□〕未

〔一〕 43是大塊，其左上角有一個小碎片，原注：Piece removed from 43（從43剝離的殘片），右上角有兩個小碎片：43a、54。

〔二〕 原注：Separated fragments originally removed as a second layer from 001（從001第二層剝離的殘片）。

𤔔（亂）

【注釋】

此片有紅色痕迹五處。

〔口〕**未**　這是在紅折角上標注的干支。

𤔔　是黑色大字。

存疑：

编号：unID（失號）〔一〕

……□至𢍏□又……

【注釋】

這種小黑字，屬於哪一種，不能定。

〔一〕原注：Piece near 001 in IR photo 3/2001（001附近的殘片，見二〇〇一年三月的紅外綫照片）。

四　其他殘片

（一）紅欄紅字類

●001–2.section c.

……〔不〕出二日焉……

……焉□迉（起）……

……火□㝵（得）……

……旬二〔□〕□……

……□□於金……

……是……

案：這是我二〇〇一年九月的復原。第二行的第三字，見於92。109也有這個字的反印文。

●51a+51b+51c+53+55

……□……

……□者□□……

……□左□□……

……□述（?）女分（?）……

……□□君……

……□□……

案：字迹模糊不清，但仍有個別字可辨認。

●220（219附）

……□……

……日……

……巡（？）□……

●144（141，142，143附）

……□……

案：字殘，只有右下角和右邊的紅綫。143有黑欄黑字殘劃。

（二）黑欄黑字类

●22

……□一旬……

●120（117，118，119，119a，121，122，123附）

……因（？）□……

……壬以……

案：117，118，119，119a，121，122，123只有字迹殘劃。

（三）圖案類

●64+63

案：形似海豚。

●104（105，106附）

案：小人張臂，左腋下有字：又日內。

（四）其他碎片（案編號排序）

●34

有兩個小碎片，原來黏在一起。

34：1

室邦

34：2

⿱刑田⿸尸示

案：34：1，字是寫在兩道黑色弧綫間，室字在右，邦字在左。34：2是月名。

●88，87，98，99，No.#（失號）

案：98有紅綫，No.#有紅色痕迹。

●133，134，136

案：134有黑字：木。

●145，146，147，148

案：145有字迹殘劃，146有黑欄殘劃。

●156,157,158,159

案：156 有紅欄紅字殘劃，屬《五行令》。158 有字迹。159 有字迹殘劃。

●162（?）〔一〕

案：有黑欄黑字殘劃。

●No.#（失號）

案：似是《月名圖》殘片。

●217

案：無現象。

●180,181,183,184

案：180 有黑字：文（?）□。181、183 有黑字殘劃。184 有黑字：月三（?）。

●192

案：有紅欄黑字殘劃。

●193：1、2、3

案：有紅色痕迹和黑字殘劃，看不清。

●230

〔一〕原注：Broken Pieces/Possibly 162（殘片，可能是 162）。

案：有黑字殘劃。

●黏在盒蓋上的碎片〔一〕

A 組：25，26，43，42，37，13，12，33，34，35

案：33 有黑字殘劃。

B 組：2，4，5，6，8，9，14，16，17，18，20，21，24，19，10，31，40

案：4 有黑字殘劃。9 有《月名圖》的圓圈殘迹。10 有黑字殘劃。

附：

剩下的三個帛書塊

上述帛書殘片，都是從同一個折疊的帛書塊揭剥出來。

揭剥是從這個帛書塊的上方開始，揭下的碎片已見上述。最後剩下的一塊，先從 main piece 下方剥出 001，main piece 在上，001 在下。然後，再從 001 的下方剥出一層，形成三塊。最後這層有紙片發現，應是出土後托在下面，可見這是最下一層，它的上面是 001，001 的上面是 main piece。

這裏是倒着講，先講最下一層，再講 001，再講 main piece。

（一）第一個帛書塊（在第三個盒子内）

（甲）正面〔二〕

〔一〕原注：Fragments from upper basket。

〔二〕原注：Recto:separated pieces from the lowest layer（# 3）lifted from 001.See IR photo dated 9 may 2001 & ff.for configuration before the loose pieces were separated.CG。

其主體部分是沒有完全揭開的五塊：

第一塊，是中間最大的一塊。

第二塊，在第一塊的左下，比較大。

第三塊，在第一塊的右下，比較小。

第四塊，在第一塊的右上，比較大。

第五塊，在第四塊的下邊，比較小。

第六塊，在第五塊的右下，比較大。

這六塊的周圍，還有一些小碎片，有揭開的，有沒揭開的。

1 第一塊（有四個殘片互相疊壓）

（1）殘片一

……㝵（得）居，〔□□□□〕可甬（用），女（如）……

……□□……

案：屬《五行令》。黑字，寫在朱絲欄內，下端有黑綫封底。上部被殘片二覆蓋，中間被殘片三、四覆蓋。「甬」字下有句讀符號。

（2）殘片二

乙亥

案：屬《軍行占》。黑字，左側有紅綫，應是紅折角。

（3）殘片三

甲

案：屬《軍行占》。黑字，在紅折角內。

（4）殘片四

（無字）

2 第二塊

（無字）

案：有紅折角和黑綫，黑綫與第一塊的殘片一同。

3 第三塊

……日……

……女（如）以……

……□……

案：屬《五行令》。黑字，寫在朱絲欄內。

4 第四塊

（無字）

案：有紅綫和黑字殘劃。

5 第五塊

（無字）

案：有紅綫和黑綫。黑綫與第一塊的殘片一同。

6 第六塊

甲

案：紅色小字。

7 第一塊右上的三角形殘片

□

案：屬《五行令》，黑字，左側有紅綫。

8 其他殘片

（無字）

案：第一塊右上的三片，第一片有紅色痕迹，第二片有黑字殘劃，第三片有紅折角。這三片的左邊有兩個小殘片，有紅綫和黑字，其他殘片無重要現象。

（乙）背面

1 第一块背

亥

案：屬《軍行占》。黑字，在紅折角內。

壬（？）子

案：屬《軍行占》（？）。黑字，左側和上方有紅綫。

2 第二塊背

（無字）

案：有車輪狀圖案、黑綫和紅綫。

3 第三塊背

□□□

案：屬《五行令》。黑字，右側有紅綫。

4 第四塊背

木

案：屬紅色大字，左側有紅綫。

黄色……

案：黑字，在圓形圖案下的兩條黑綫內。

5 第五塊背

（無字）

案：有黏附的紙片。

6 第六塊背

視

案：屬紅色大字，有黏附的紙片。

7 其他殘片

（無字）

案：無重要現象。

（二）第二个帛书塊，标号001（在第四個盒子內）〔一〕

（甲）正面

其主體是一塊長方形的帛書塊，有若干層，沒有揭開，最能反映帛書保持折疊狀的原始形態。它的右邊有一組揭下的殘片，已經透明，左邊有四組揭下的殘片，有些透明，有些不透明。

1 長方形帛書塊

死

案：黑色小字。

一可

案：黑色小字。

亓□

〔一〕原注："Top:fragment labeled"001"。

□
□三□
□

案：反印文，屬紅色大字，寫在朱絲欄內（似呈網格狀）。

2 右邊的殘片

（無字）

3 左邊第一組殘片

中害

案：屬《五行令》。黑字，在《月名圖》的右下角。

女□

案：屬《五行令》。黑字，左側有紅綫。

4 左邊第二組殘片

……量白二戠……

案：屬《五行令》。黑字，寫在朱絲欄內。

5 左邊第三組殘片

……□行必以□□左計……

……利以發□以出，不利以……

……□■□……

案：屬《五行令》。黑字，寫在朱絲欄內。

6 左邊第四組殘片

……□利……

案：屬《五行令》。黑字，右邊有紅綫。

（乙）背面

長方形帛書塊的背面碎片很多，顯得特別混亂。只有若干殘片上有字迹。

1 殘片一

……出八句……

……欠……

案：屬《五行令》。黑字，寫在朱絲欄內。

2 殘片二

……□軍□……

案：屬《軍行占》。黑字，無欄格。

3 殘片三

（無字）

案：有圖案，作車輪狀，下有細豎綫和粗橫綫。

4 殘片四

□□

案：寫在另一車輪狀圖案下面的兩條豎綫內。

5 殘片五

（無字）

案：有紅折角。

6 殘片六

（無字）

案：有紅折角。

（三）第三塊：main piece（在第四個盒子內）〔一〕

（甲）正面

通體紅色，有一薄紗網，鎖邊，看不見文字。

（乙）背面

〔一〕原注："Bottom: fragment labeled "main piece of MS"。

五　商承祚藏殘片

不敢翻動，未見。

（一）商承祚先生捐獻湖南省博物館的殘片

……亓畜□……

……左坪（平）輎，相星光……

……□旬。□□不雨，二旬。□……

……□□……

（二）商承祚先生所藏照片上的殘片

●1

……東伐是……

……□□▬□……

●2

……□……

●3

……▬文夏（得）……

●4

……▬文夏（得）居……

……▬文夏（得）居……

●5

……雨乍□……

……□箸□……

●6

……▬□……

●7

……文夏（得）居……

●8

……□兇。己出……

●9

……君吉。□……

●10

（無字）

●11

……伐君（？）首（？）……

●12

……是胃（謂）……

●13

……□亓兵□……

……□□自上□……

第柒部分　《四時令》老照片

說明

這裏所收子彈庫帛書《四時令》的老照片主要有三種：

（1）第一種，共六張，包括四分的帛書照片一套和帛書左上紅色反印文的照片一正一反各一張，一九九三年二月二十五日得自弗利爾—賽克勒美術館。這套照片是一九四七年弗利爾美術館拍攝的反轉片，這裏可稱「弗利爾本」。原件爲玻璃板，有一板碎裂。這套照片，對研究帛書的原始狀態和帛書上的紅色反印文效果最好，今天仍有參考價值。今附林巳奈夫所摹紅色反印文，供讀者參考。

（2）第二種，爲帛書全景圖一張，一九九三年二月十六日得自弗利爾—賽克勒美術館。照片是蘇芳淑博士從賽克勒醫生家裏要來，不知攝於何時，但對比下一張照片，很明顯，這是帛書發霉前的照片，攝製時間肯定在一九八七年帛書移送弗利爾—賽克勒美術館之前，這裏可稱「大都會甲本」。帛書的兩套折痕在這張照片上效果最明顯。今附折痕綫描圖，供讀者參考。

（3）第三種，爲四分的帛書照片，見巴納《楚帛書譯注》（Noel Barnard, *The Chu Silk Manuscript–Translation and Commentary*, Studies on the Ch'u Silk Manuscript, Part 2, Monographs on Far Eastern History 5, Canberra: Australian National University, 1973）。這是一九六六年大都會博物館委託雅圖公司（Acto Scientific Photographic Laboratory Inc.）拍攝的紅外綫照片，這裏可稱「大都會乙本」。饒宗頤、曾憲通《楚帛書》（香港：中華書局，一九八五年九月）所附的照片也屬這一種。

（4）第四種，也是一張全景圖，一九九三年二月十七日得自弗利爾—賽克勒美術館。這張照片也攝於一九八七年帛書移送弗利爾—賽克勒美術館之前，但對比第三種，很明顯，這是帛書去霉後的照片，這裏可稱「大都會丙本」。這幅照片特別適於表現去霉後的效果。

（5）第五種，也是帛書去霉後的照片，但不是全景圖，而是四分的帛書照片，來源同上，這裏可稱「弗利爾—賽克勒本」。這套照片是一九八七年移存弗利爾—賽克勒美術館後拍攝的高反差照片。

案：一九七九年，這件帛書在大都會博物館的庫房不幸發霉，後用化學方法去霉，辛格醫生説，大都會博物館把帛書和漆器放在同一庫房，爲了保護漆器，爲庫房加濕，導致帛書發霉。帛書左半（八行所在的一半）露出灰白底色，字迹反而清晰。注意：帛書左下白木旁的長方形破孔就是因發霉造成。

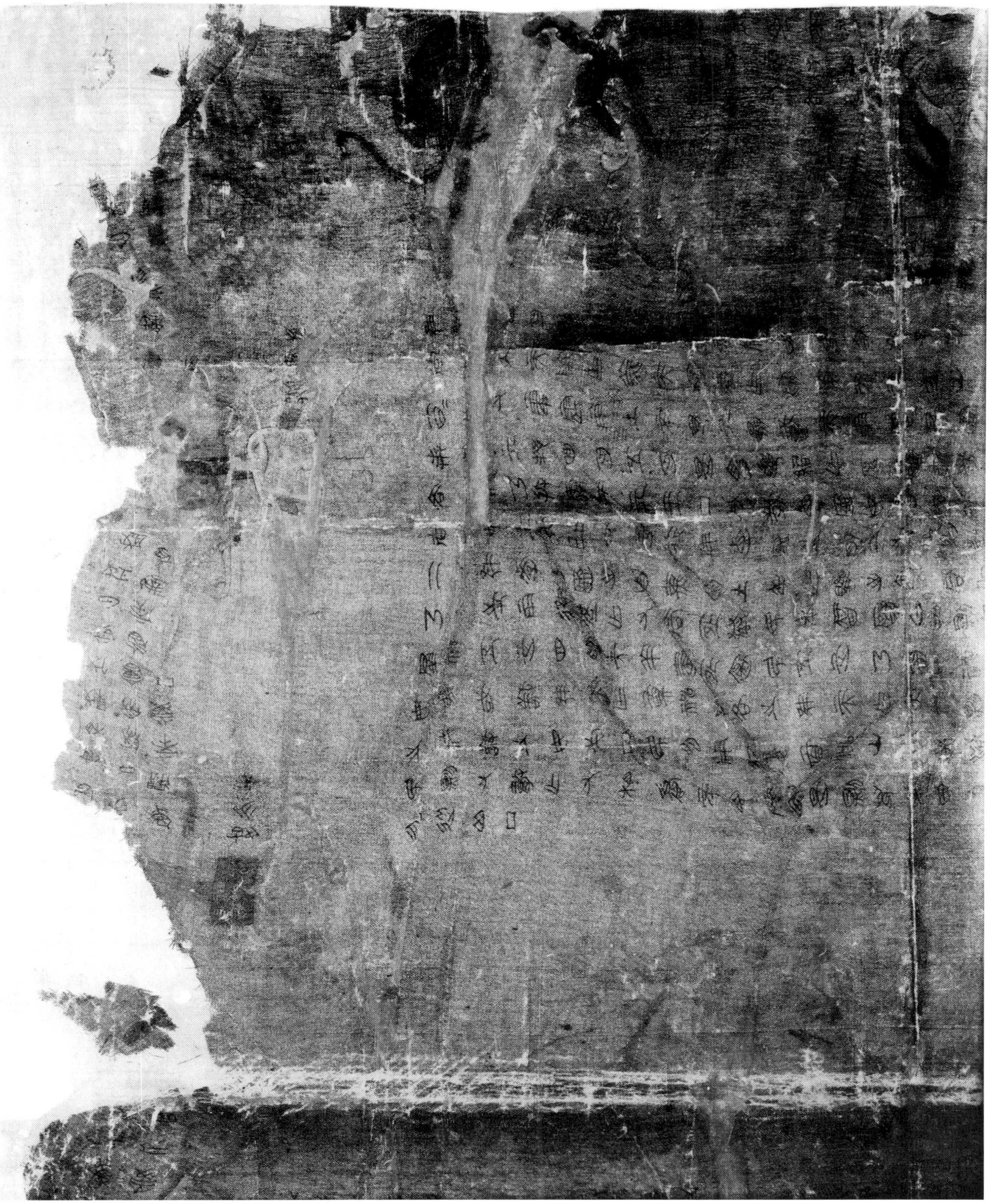

弗利爾本(一)

弗利爾本(二)

弗利爾本(三)

弗利爾本(四)

弗利爾本紅色反印文

弗利爾本紅色反印文(轉爲黑色)

弗利爾本紅色反印文(林巳奈夫摹本)

二一　大都會甲本

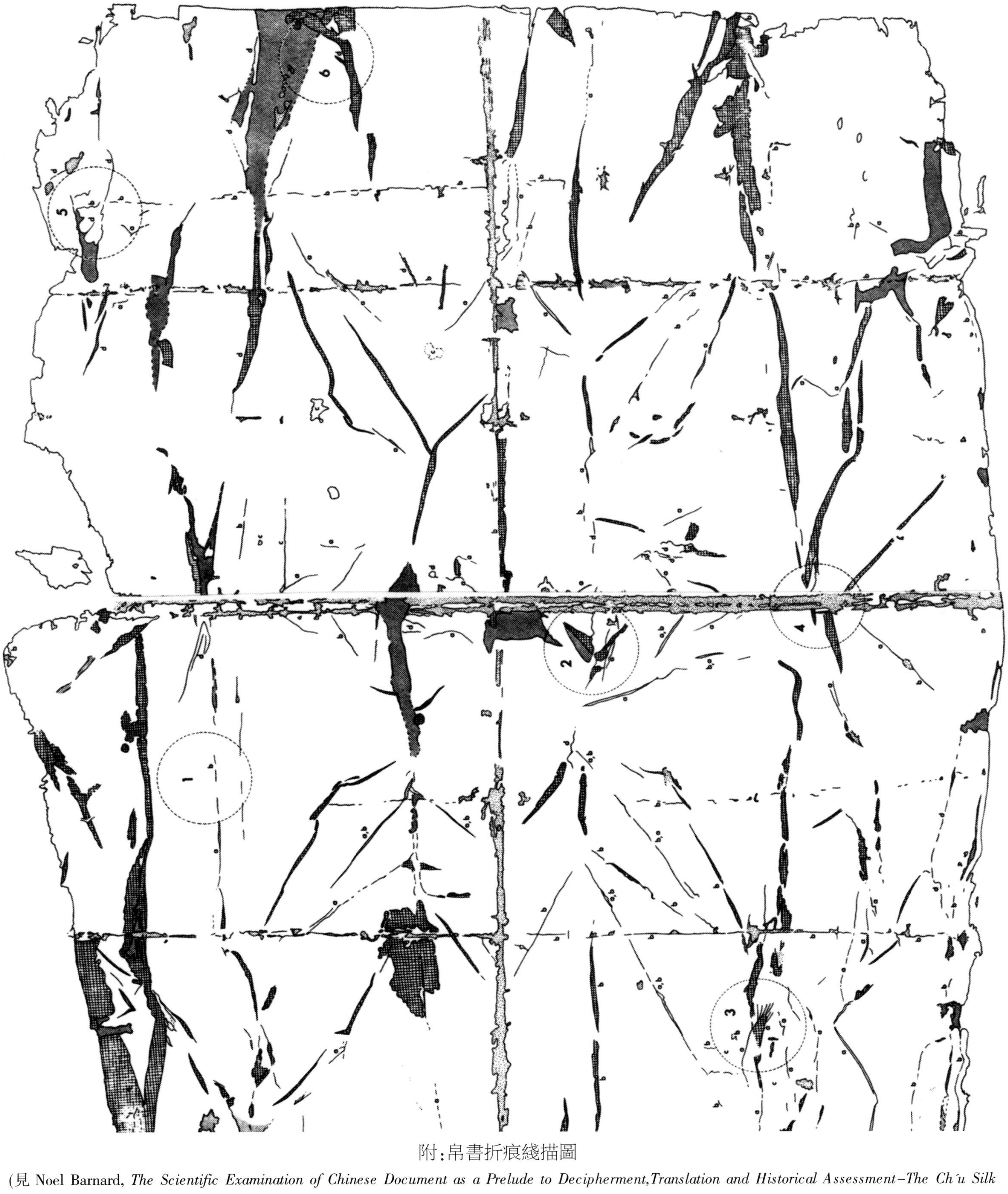

附:帛書折痕綫描圖

(見 Noel Barnard, *The Scientific Examination of Chinese Document as a Prelude to Decipherment,Translation and Historical Assessment–The Ch′u Silk Manuscript. Revised and Enlarged*, Canberra: Department of Far Eastern History, Research School of Pacific Studies, and Institute of Advanced Studies, the Australian National University, 1972, p.Ⅱ)

大都會乙本(一)

大都會乙本(二)

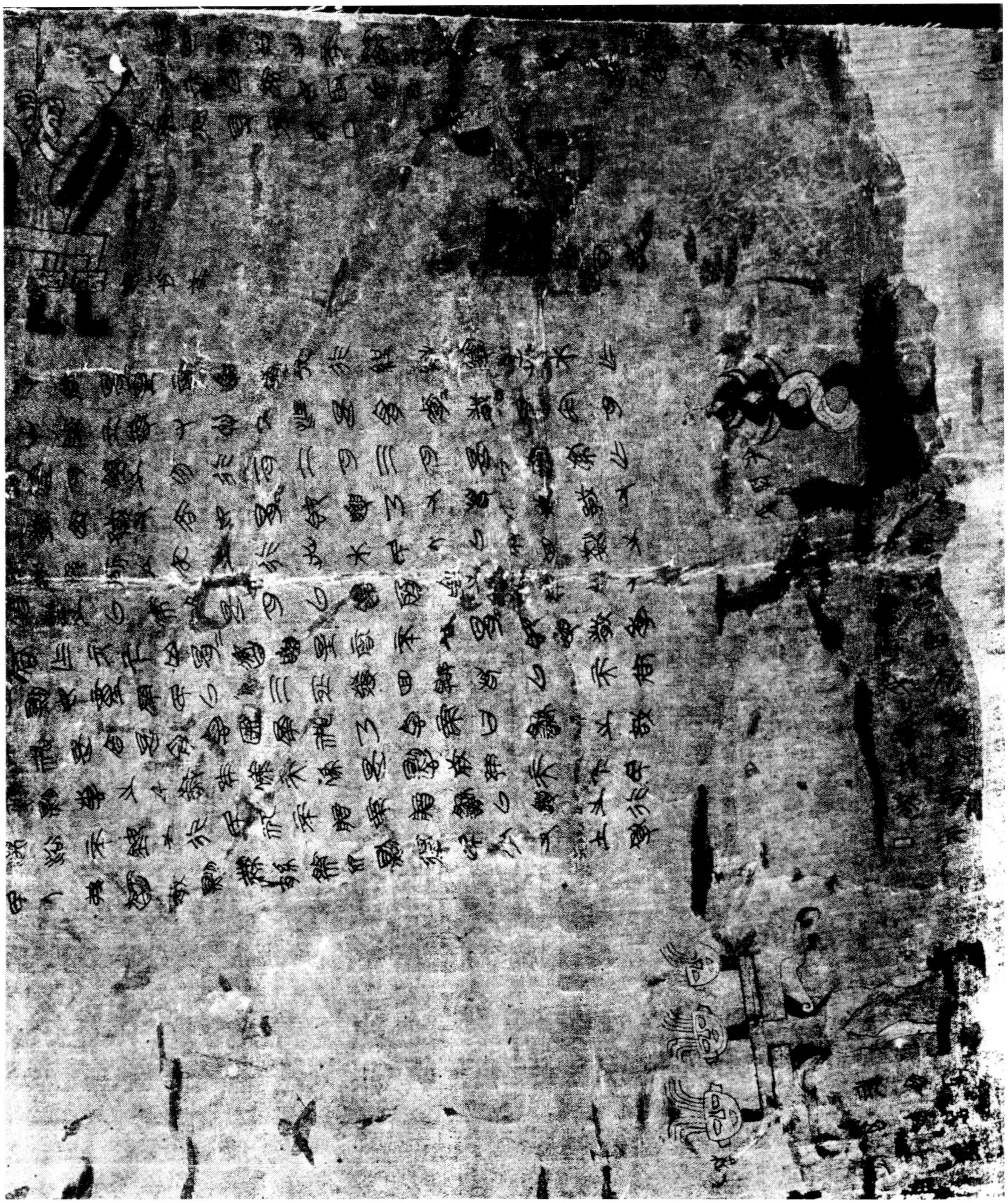

大都會乙本(三)

大都會乙本(四)

大都會乙本(五)

大都會乙本(六)

大都會丙本(一)

大都會丙本(二)

大都會丙本(三)

大都會丙本(四)

五　弗利爾—賽克勒本

第捌部分　帛書摹本陸種

說　明

子彈庫《四時令》有十種摹本：

（一）第一代摹本（據原件摹寫）。

蔡修涣一九四四年摹本（《晚周繒書考證》，漣源：一九四五年孟春，圖版第一頁），據原件臨寫。這是最早的帛書摹本，可稱第一代摹本。

（二）第二代摹本（據弗利爾美術館的照片摹寫）

（1）梅原末治一九五四年摹本（下中彌三郎《書道全集》（平凡社）卷一所附，一九五四年九月，插圖61）。

（2）饒宗頤一九五八年摹本（饒宗頤《長沙出土戰國繒書新釋》，香港：義友昌記印務公司，一九五八年，卷前插頁），據弗利爾美術館的照片摹寫。

（3）巴納一九五八年摹本（Noel Barnard, "A Preliminary Study of the Ch'u Silk Manuscript–a New Reconstruction of the Text," *Monumenta Serica*, XVII (1958), PL.1–5.)。

（4）林巳奈夫一九六四年摹本（林巳奈夫《長沙出土戰國帛書考》，《東方學報》第三六冊第一分，一九六四年十月，摹本在封底紙袋內）。

（5）商承祚一九六四年摹本（商承祚《戰國楚帛書述略》，《文物》一九六四年第九期，插頁）。

（6）饒宗頤一九六七年摹本（饒宗頤、曾憲通《楚帛書》，香港：中華書局，一九八五年九月，圖版第八–九頁）。

（三）第三代摹本（據大都會博物館的照片摹寫）。

（1）巴納一九七三年摹本（Noel Barnard, *The Chu Silk Manuscript–Translation and Commentary, Studies on the Ch'u Silk Manuscript*, Part 2, Monographs on Far Eastern History 5, Canberra: Australian National University, 1973, 插頁），用網格法復原行款。

（2）李零一九八〇年摹本（李零《長沙子彈庫戰國楚帛研究》，北京：中華書局，一九八五年七月，插頁），按原書行款摹寫。

（3）李零一九九〇年摹本，用網格法復原行款。

今從上述摹本選用六種，供讀者參考：

（1）蔡修涣一九四四年本；

（2）商承祚一九六四年本；
（3）饒宗頤一九六七年本（一九八五年改正本）；
（4）巴納一九七三年本；
（5）李零一九八〇年本；
（6）李零一九九〇年本。

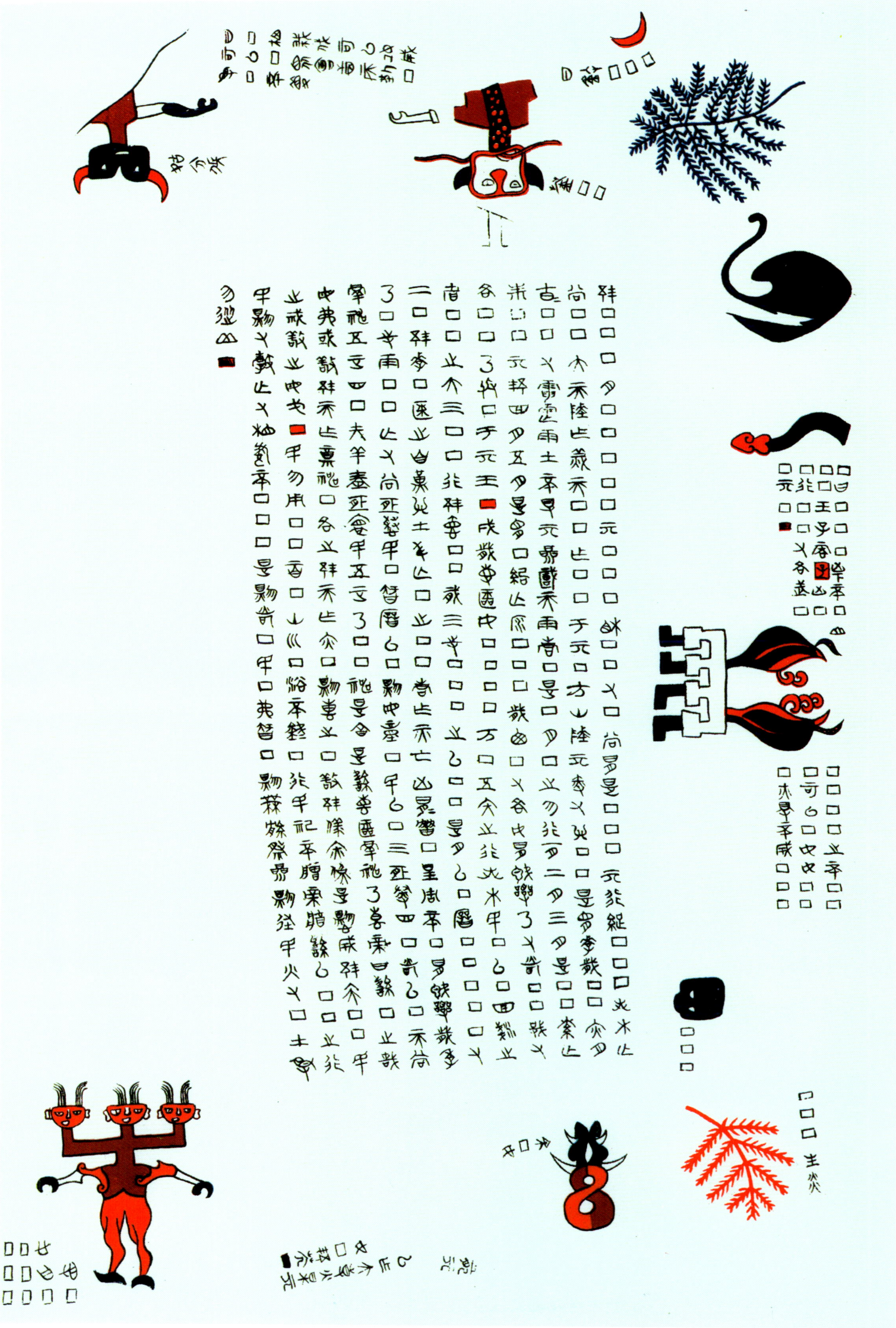

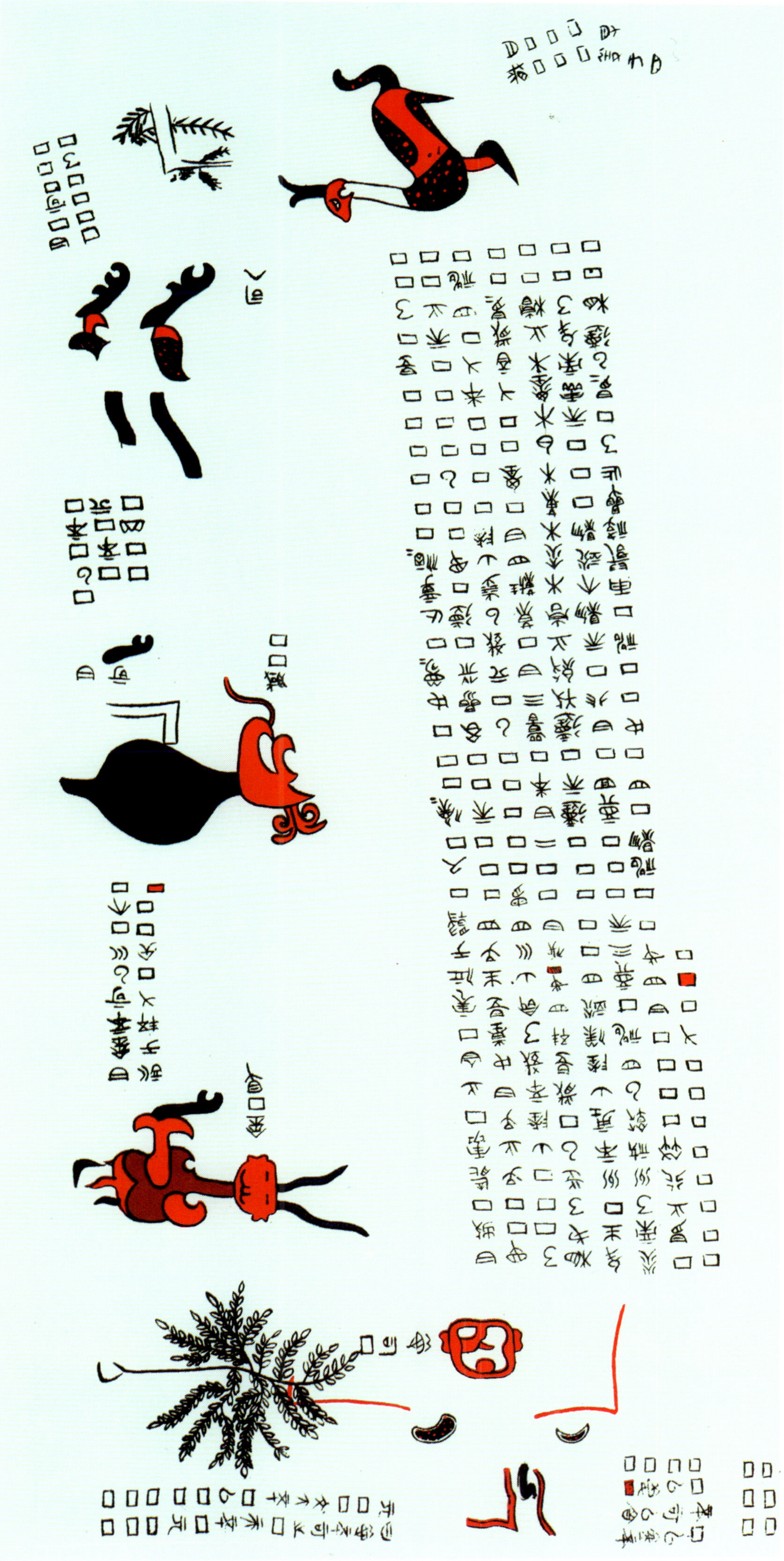

一　蔡修涣摹本

二　商承祚摹本

[illegible]

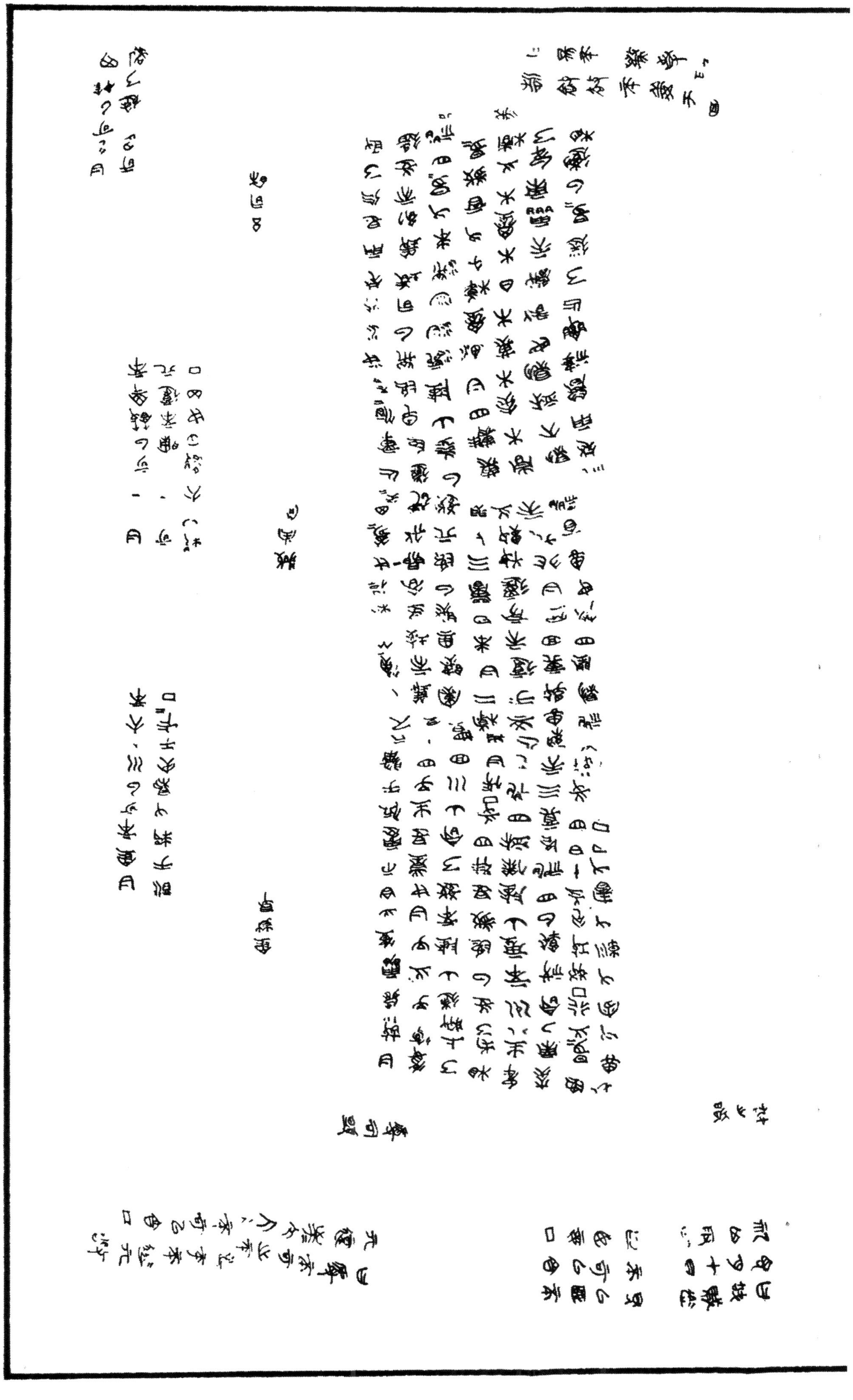

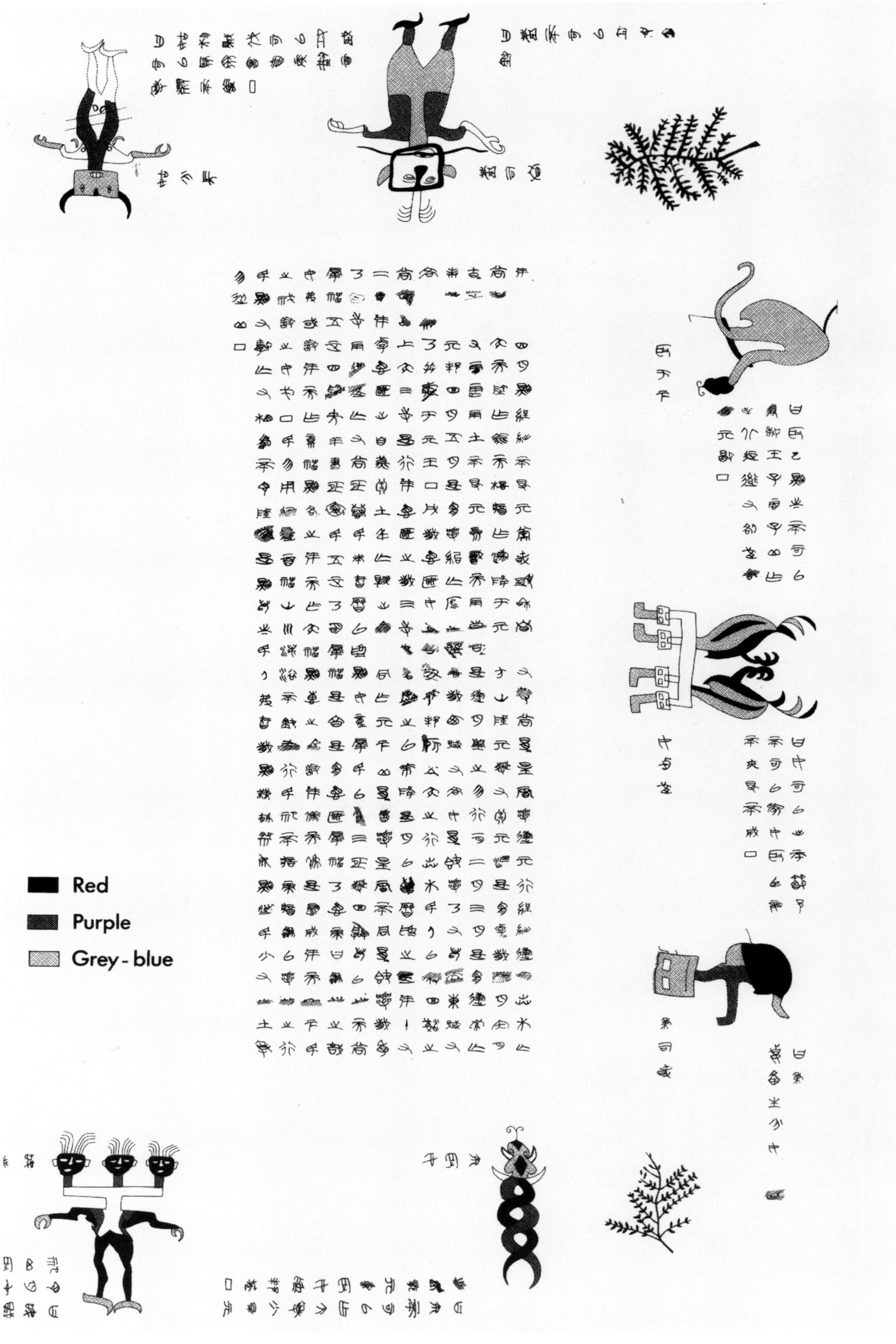
Red
Purple
Grey - blue

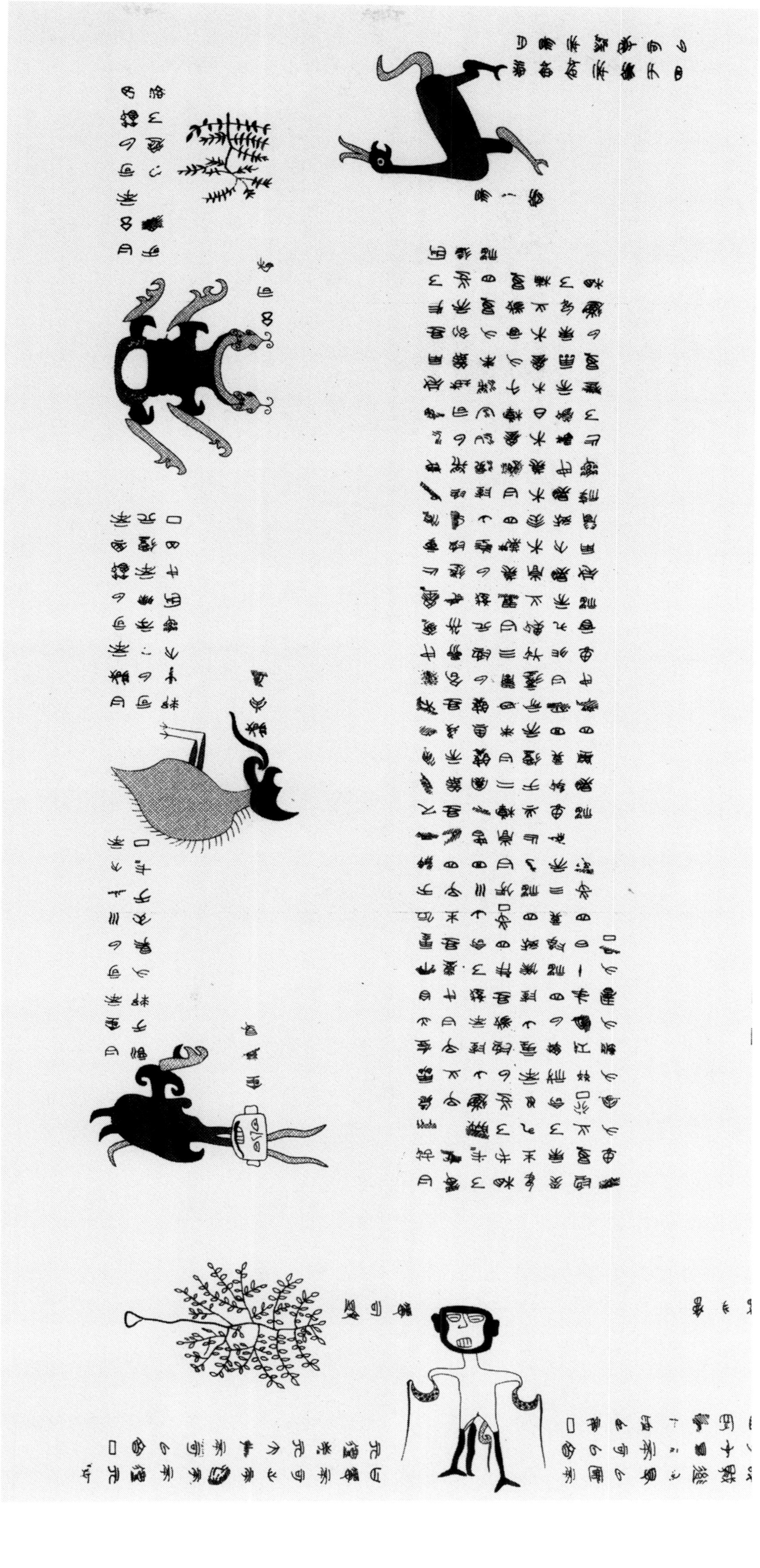

四　巴納摹本

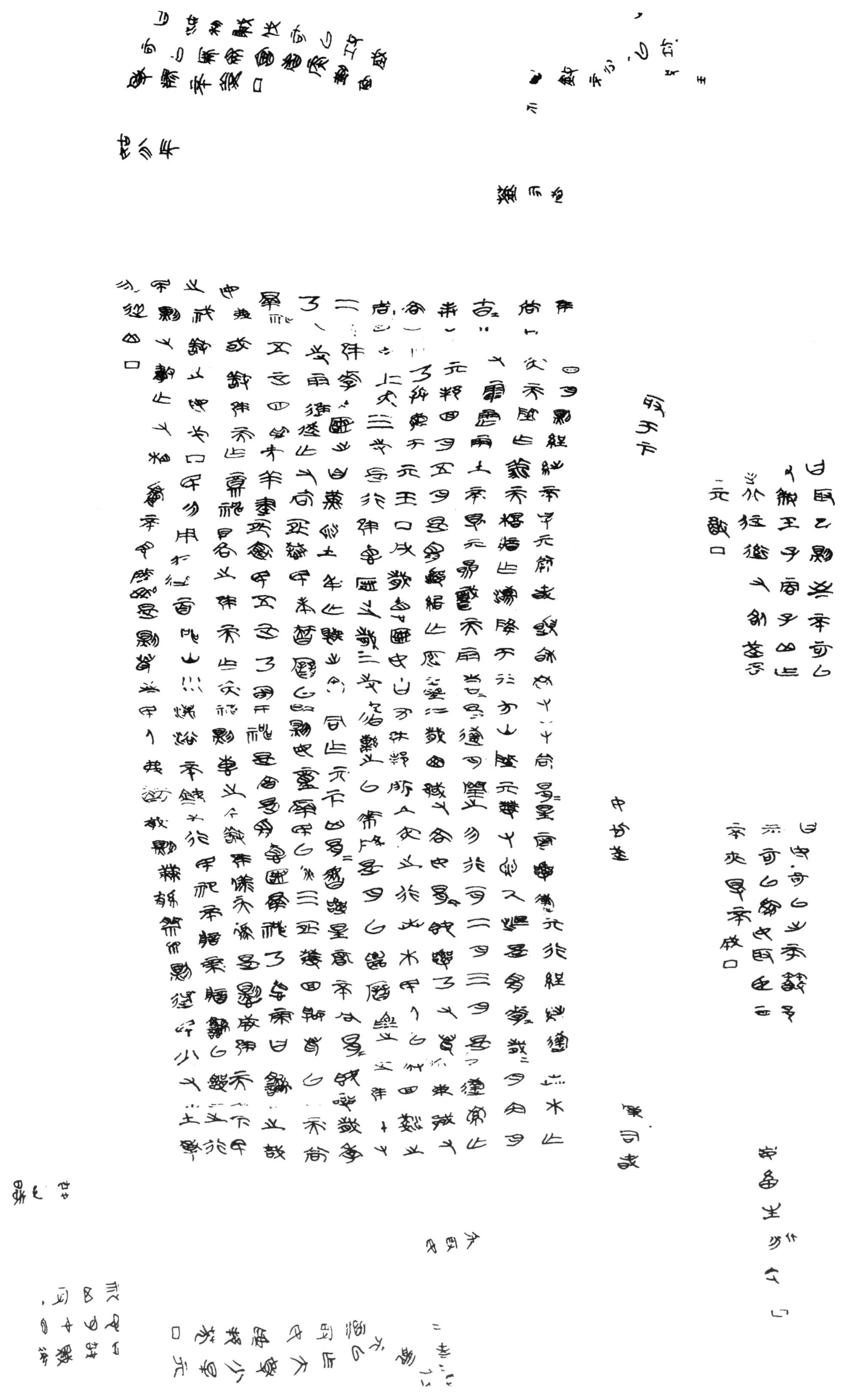

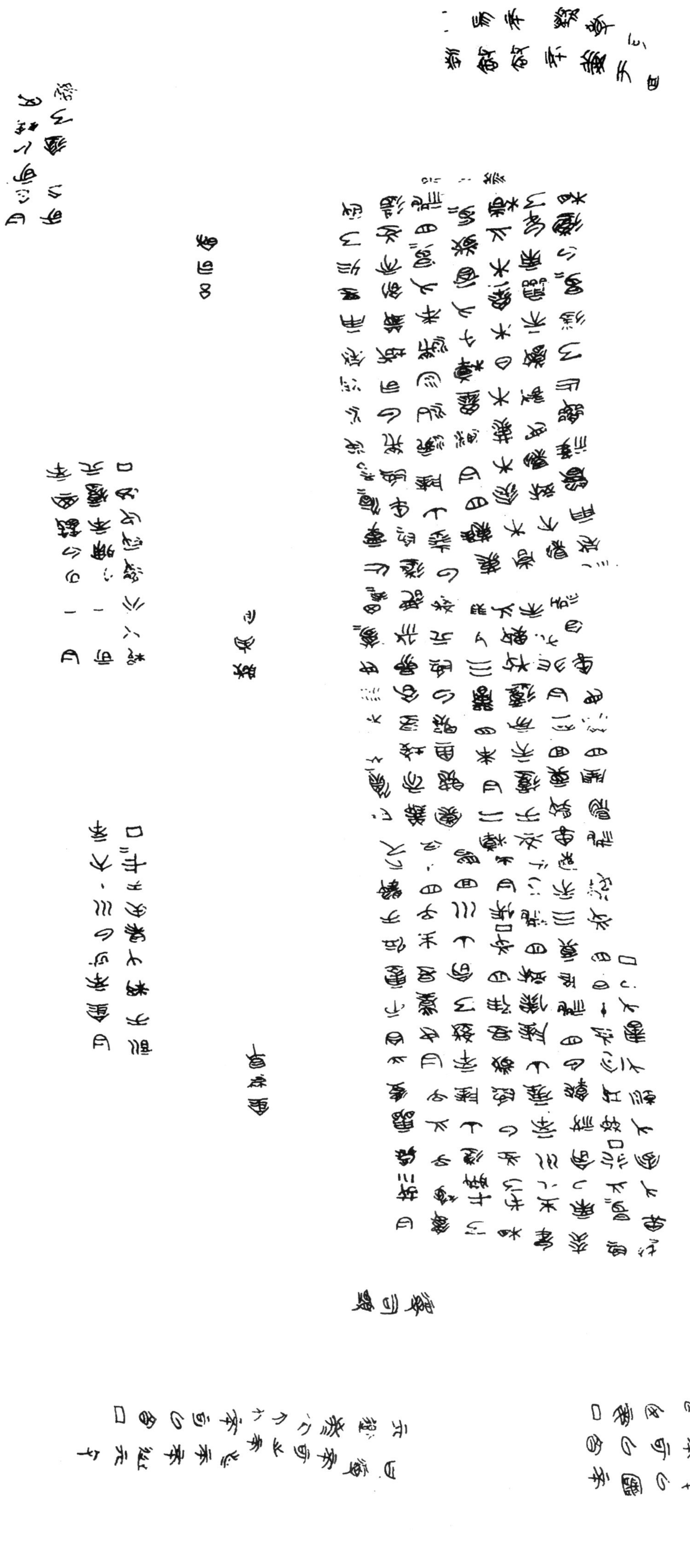

五　李零一九八〇年摹本

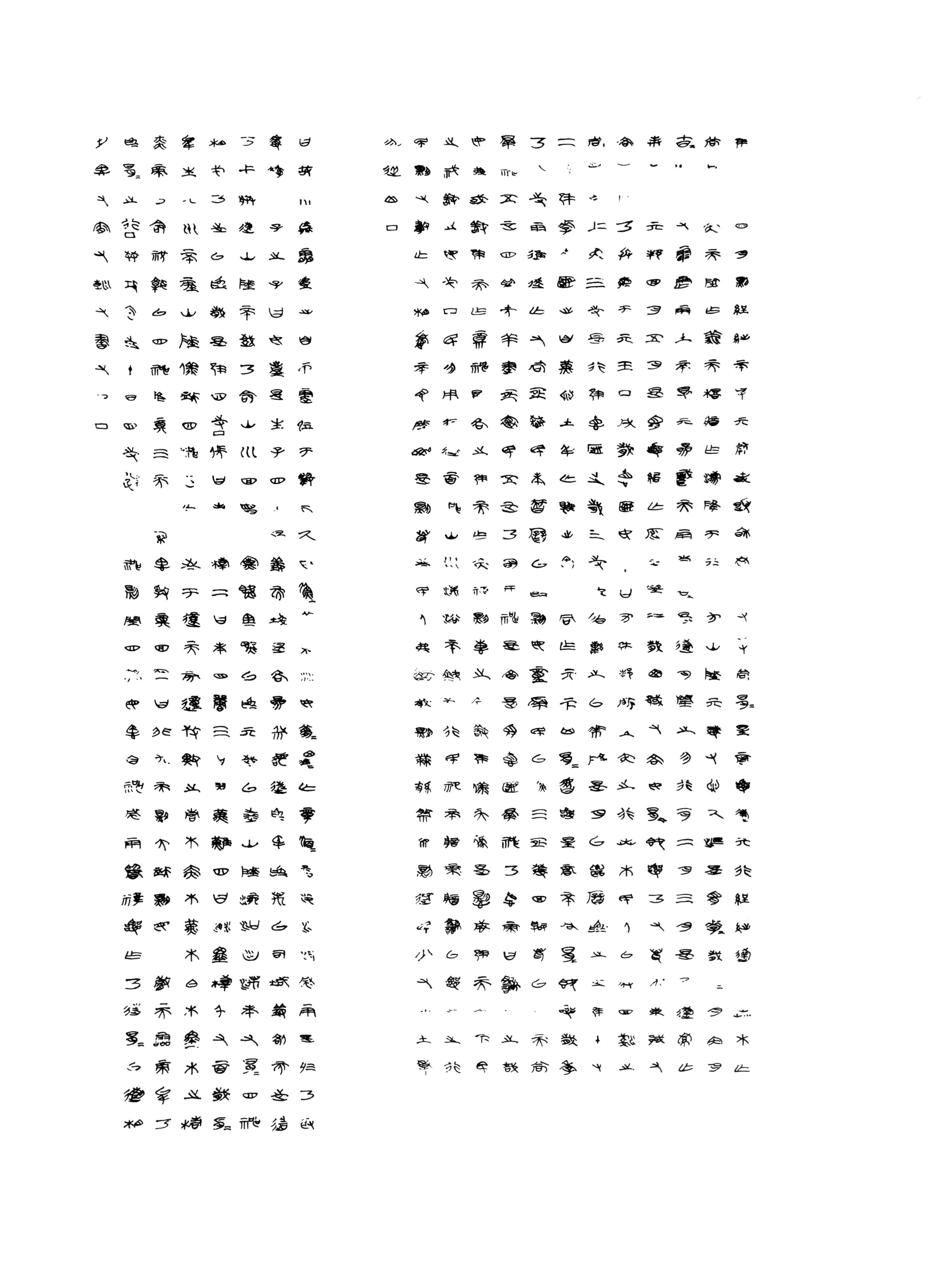

[illegible]

[illegible]

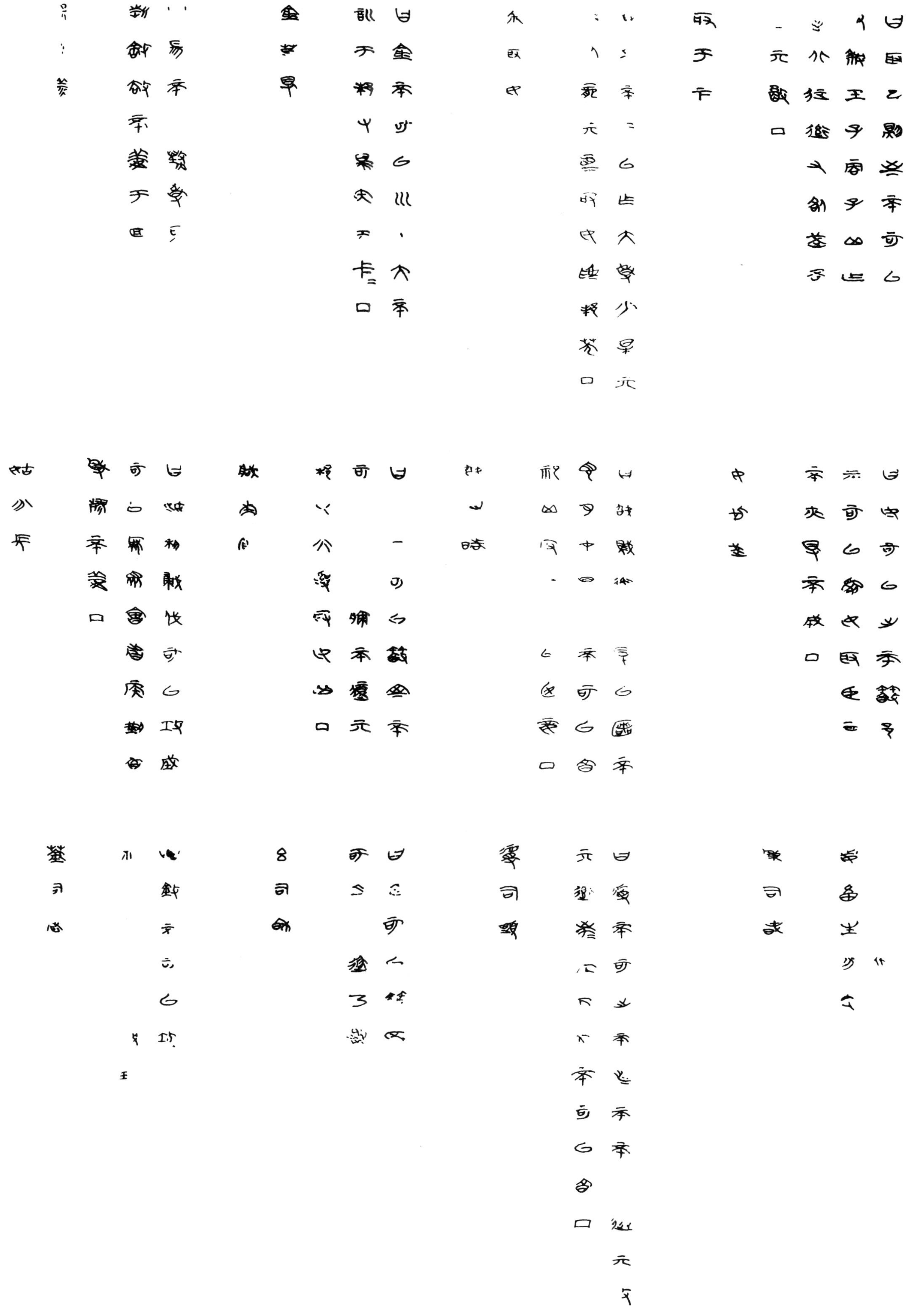

六　李零一九九〇年摹本

第玖部分　帛書文字編

王月前編撰　李零校閲

説明

一、本編所收文字出自子彈庫帛書的六個組成部分：《四時令》、《五行令》殘片、《攻守占》殘片、其他殘片、揭剥後剩下的三個帛書塊，以及商承祚藏殘片。

二、本編所收文字分單字、合文和附録三部分。單字是按《説文解字》的部首順序排列，合文和附録是按上述六部分的先後順序排列。

三、本編所收文字，上標字頭，下列字樣。字頭，如果在《説文解字》中有對應的小篆和楷體，則用相應的小篆和楷體，如果沒有，則標隸定的釋文。字樣，皆用電子掃描的帛書原樣。字樣下的小注，左邊一行標出處，右邊一行録辭例。

四、本編所收文字的出處皆用簡稱，下標章序、行序。《四時令》，簡稱「四時」；《五行令》殘片，簡稱「五行」；《攻守占》殘片，簡稱「攻」；其他殘片，簡稱「殘」；揭剥後剩下的三個帛書塊，簡稱「塊」；商承祚藏殘片，簡稱「商」。

五、本編所收文字的辭例皆用破讀後的寬式釋文。

一					天				
五行三 利以~日從	五行一二 不出~月	五行一七 ~旬	攻一 如~星流	殘黑字 □~旬	四時甲二 ~地作祥	四時甲八 以亂~常	四時甲一〇 ~象是則	四時乙六 炎帝乃命祝融以四神 降奠三~	五行一七 ~一
五行三 □旬~日從	五行一七 天~	五行三四 旬~日	攻二 如星~流	塊二正 ~可	四時甲二 ~澍	四時甲一〇 惟~作福	四時甲一〇 誠惟~象	四時乙六 非九~則大墮	五行四〇 娄~
五行四 不出~日	五行一七 利以入~歲	五行三七 ~	攻一一 ~星從北		四時甲三 ~雨□□□	四時甲一〇 惟~作妖	四時乙五 ~方動	四時乙六 則毋敢蔑~靈	

上	帝		旁	下		福	神		
四時甲六 □□～妖	四時甲九 ～曰	四時乙六 ～允	四時乙五 天～動（讀方）	四時甲七 作亓～凶	四時丙（六）二 至于亓～□	四時甲一〇 惟天作～	四時甲九 羣～五正	四時甲一〇 ～則格之	四時乙三 四～相代
五行四二 □門～朔	四時甲一一 ～將由以亂失之行			四時甲一〇 ～民之式			四時甲九 百～是言	四時甲一〇 ～則惠之	四時乙五 四～乃作□至于覆
商一三 □□自～□	四時乙六 炎～乃命祝融以四神降奠三天			四時丙（一）五 取于～			四時甲九 羣～乃德	四時甲一一 百～山川瀨谷	四時乙六・九 炎帝乃命祝融以四～降奠三天

	祭	祀	祝	禕	柰	祡	式	三	

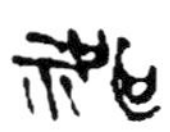 四時 乙七 百～則□閏四□毋息	 四時 甲一二 則無𨻶～	 四時 甲一一 民～不莊	 四時 乙六 炎帝乃命～融以四神降奠三天	 四時 乙七 辰～亂作	 月名 外 夏～（讀夕，下同）	 四時 乙二 是格參～	 四時 甲一一 下民之～（讀式）	 四時 甲三 一月二月～月	 四時 甲八 ～恒廢
 四時 乙七 百～風雨	 五行 六 ～	 四時 丙（五）三 不可以亯～			 月名 內 冬～			 四時 甲六 ～時是行	 四時 乙四 ～曰翏黃難
					 五行 一六 屈～庚			 四時 甲六 ～時既□	 四時 乙六 炎帝乃命祝融以四神降奠～天

第四页

	殘 黑字 月～	塊二 正 □～□	
王	四時 甲五 害于亓～		
閏	四時 甲三 ～之勿行	四時 乙七 □□百神則□～四□毋息	
琥	五行 二三 亓繕～		
中	五行 二五 二軍～	攻一 ～□軍□	攻一 以～務
蒼	五行 一一 亓服～	五行 一一 乘～□	五行 二三 ～軷蒼（箐）
	五行 二三 蒼軷～（箐）		
若	攻五 ～闢起		
妛	四時 乙一 □～水□		
折	四時 丙（十）二 可以～		

第五页

卉	萅	莫	荃	芺		少		八	分

 四時 甲一 ～木亡常	 四時 甲一 ～夏秋冬（从屯从日，下同）	 四時 丙（七）三 倉～得	 四時 丙（十二）三 ～司冬	 四時 丙（四）二 取女爲邦～（同笑）	以上第一篇 文二十九 重六十三	 四時 甲一二 ～有□	 五行 一七 亓取～文	 五行 二九 ～月	 四時 丙（三）二 畜生～□
 四時 甲五 ～木民人	 四時 丙（三）三 秉司～					 四時 丙（四）一 ～杲亓□		 塊二 背 出～旬	 四時 丙（十一）四 姑～長
						 五行 一七 ～文			 ～攻 九

第六页

	尚 		詹 	公 	必 		余 	時	味 
 ～殘 紅字	 四時 甲一 □有變～（讀常，下同）	 四時 甲八 亡有～恒	 五行 三四 亓皿～（讀甑）	 五行 八 ～子□	 四時 丙（二）四 如～武（从才从匕）	 攻 一〇 ～入之	 四時 丙（四）一 ～不可以作大事	 攻 八 ～寇	 五行 一一 亓～鹹
	 四時 甲二 卉木亡～	 四時 甲八 以亂天～			 攻 一 庚午～入之（同上）	 塊二 正 □行～以□□左戠	 四時 丙（四）三 ～取女		 五行 二三 亓～辛
	 四時 甲六 以□四淺之～				 攻 八 ～				 五行 二九 亓～□

君	命	哉	台	成	吉	吁	吝	各	單
殘 紅字 □□～	四時 乙三 乃～山川四海	四時 甲九 敬之～	攻 一 ～生城（讀始）	四時 甲一〇 ～惟天象（讀誠）	商 九 君～	四時 丙（九）二 ～□徙（疑同可）	四時 甲四 西國有～	四時 甲一〇 神則～之（讀格，下同）	四時 乙四 二曰未四～（作嘼）
商 九 ～吉	四時 乙六 炎帝乃～祝融以四神 降奠三天			四時 丙（二）三 不夥得不～			四時 甲五 東國有～	四時 乙二 是～參柰	
商 一二 伐～首									

第八页

起	步	歲				正	是		

 五行 三四 大～（从辵，下同）	 四時 乙七 共攻更～十日四時	 四時 甲二 李～□月	 四時 甲六 惟德匿之～	 四時 乙四 乃徙以爲～	 五行 一七 利以入一～	 四時 甲六 是月以數曆爲之～	 四時 甲二 ～謂妖	 四時 甲三 ～謂失終亡	 四時 甲六 ～月以數曆爲之正
 攻 五 若鬬～		 四時 甲四 亓～	 四時 甲七 ～季乃□	 四時 乙四 千有百～	 五行 三九 二～	 四時 甲九 羣神五～	 四時 甲二 ～謂李	 四時 甲四 ～謂亂紀亡	 四時 甲九 百神～宮
 殘 紅字 焉□～		 四時 甲五 凡～德匿	 四時 甲一二 民人弗知～	 五行 九 二～		 四時 甲九 五～乃明	 四時 甲三 ～失月	 四時 甲六 三時～行	 四時 甲九 ～謂德匿

第九頁

				征	進	徙	返	達	逃
四時甲一〇 天象〜則	四時乙二 〜生子四□	四時乙四 〜惟四時	商一 東伐〜	四時丙（一）三 作□北〜	四時甲八 時雨〜退	四時乙二 咎而〜達	四時甲一二 □則〜民	四時乙二 咎而徙〜	四時乙二 〜
四時甲一二 〜則爲至	四時乙二 〜襄而㦸	五行三六 〜謂□	商一二 〜謂			四時乙四 乃〜以爲歲			
四時乙一 風雨〜遏	四時乙二 〜格參柒	殘紅字 〜							

第一〇页

字頭	字形	辭例
遠 		月名 內 ～夕
⿺辶童		四時 乙五 天方～（讀動）
⿺辶⿰叀刂		四時 乙七 乃□日月以～相土息（讀轉）
⿺辶豈		四時 乙三 乃上下朕～
⿺辶尾		四時 乙二 乃娶虘～□子之子
		四時 丙（九）二 吁□～（讀徙）
同 		四時 甲七 星辰不～（讀炯）
德 		四時 甲五 凡歲～匿
		四時 甲六 惟～匿之歲
		四時 甲七 惟李～匿
		四時 甲九 是謂～匿
		四時 甲九 羣神乃～
復 		四時 乙五 四神乃作至于～（讀覆，下同）
		四時 丙（六）二 亓敗亓～
		四時 丙（八）二 不脨不～（从辵旁）
退 		四時 甲八 時雨進～

得					建	行			衛
四時甲一 不~亓當	四時丙（五）一 梟帥□~以匿	五行二五 文~	商三 文~	商七 文~居	四時甲九 ~恒屬民	四時甲一 亂失亓~	四時甲六 三時是~	四時乙七 乃爲日月之~	四時丙（一）三 ~有咎
四時甲三 不~亓參職	四時丙（七）三 倉莫~	殘紅字 ~	商四 文~居			四時甲三 閏之勿~	四時甲一一 不欽敬~	塊二正 ~必以	四時丙（五）一 梟~□得以匿
四時丙（二）三 不黔~不成	五行一一 ~之	塊一正 文~居	商四 文~居			四時甲五 如□□□邦所五妖之~	四時甲一一 帝將由以亂失之~		

牙

五行　二〇
~兵（讀舉）

路

五行　九
~（从辵）

以上第二篇　文四十六　重八十五

十

四時　甲六
惟~有二月

四時　乙七
共攻更步~日四時

千

四時　乙四
~有百歲

言

五行　一三
~曰

訓

四時　丙（七）二
大不~于邦（讀順）

[爿言]

四時　甲一一
民祀不~（讀莊）

音

五行　一一
亓~徵

章

四時　乙一
亡~弼弼

童	妾	奉	弇		兵		共	興	融

四時 甲八 唇以爲則毋～（讀動）	四時 丙（二）二 不可以嫁女取臣～	四時 甲四 ～□□亓邦	攻 一 務～東方（作穽，下同）	攻 四 ～北方	四時 甲五 天下乃～	五行 二九 不解～	四時 乙七 ～攻更步十日四時	四時 甲八 四～鳥	四時 乙六 炎帝乃命祝～以四神降奠三天（作蝕）

	四時 丙（五）三 取□□爲臣～		攻 二 ～南方		五行 七 亓～矛	五行 三〇 ～出鬭		四時 甲九 四～无恙	

			攻 三 ～西方		五行 二〇 舉～	商 一三 □亓～□			

爲

四時 甲六 是月以數曆～之正

四時 甲八 曆以～則毋動

四時 乙二 ～思爲萬

四時 乙二 爲思～萬

四時 乙三 以～亓豋

四時 乙四 徙以～歲

四時 乙七 帝允乃～日月之行

四時 丙（四）二 取女～邦笑

四時 丙（五）三 取□□～臣妾

豙

四時 丙（二）二 不可以～女取臣妾（讀嫁）

又

四時 甲一 □～（變）常（讀有，下同）

四時 甲二 ～泉乑淣

四時 甲三 □～雺霜雨土

四時 甲四 西國～吝

四時 甲四 乃～梟方

四時 甲四 東國～吝

四時 甲六 惟十～二月

四時 甲八 亡～常恒

四時 甲一二 民則～穀

四時 甲一二 亡～相擾

四時 甲一二 少～□

四時 乙三 未～日月

四時 乙四 千～百歲

四時 乙八 ～宵有朝

四時 乙八 有宵～朝

四時 乙八 ～晝有夕

四時 乙八 有晝～夕

四時 丙（一）三 帥～咎

事　取　秉

	四時　丙（七）二　～鳥入于上下	四時　丙（八）三　亓邦～大亂	五行　二　將軍～
	五行　一七　～亓胃䏌□	五行　一八　～□	攻　一　～亓入
	攻　六　□～傑	攻（失號）　□至畀□～	殘圖　～日內
秉	四時　丙（三）三　～司春		
取	四時　乙一　乃～虘遅□子之子	四時　丙（一）一　曰：～	四時　丙（一）五　～于下
	四時　丙（二）二　不可以嫁女～臣妾	四時　丙（四）二　～女爲邦笑	四時　丙（四）三　余～女
	四時　丙（五）三　～□□爲臣妾	四時　丙（八）三　～女	五行　一七　亓～少文
⿱丝女	五行　四〇　～天		
事	四時　甲一二　土～勿從	四時　丙（四）一　不可以作大～	四時　丙（十）一　不可毁～
	四時　丙（十一）三　刑首～		

第一六页

書	臣	臧	殺	寺		將	故	敗	寇
四時 乙八 有～有夕	四時 丙（二）二 不可以嫁女取～妾	四時 丙（八）一 曰～	四時 丙（一）二 不可以□～	四時 甲六 三～是行（讀時，下同）	四時 乙四 是惟四～	四時 甲二 ～作湯（从爿从酉，下同）	四時 乙一 曰～□奞包戲（讀古）	四時 丙（六）一 亓～亓覆	攻 七 □～不臾（作寇，下同）
	四時 丙（五）三 取□□爲～妾	四時 丙（八）四 ～杢□		四時 甲六 三～既□	四時 乙七 共攻更步十日四～	四時 甲一一 帝～由以亂失之行			攻 八 時～
				四時 甲八 ～雨進退		五行 二 ～軍有			

攻			攼	敄	⿰鹵攴	⿰舍攴	⿰圭攴	敳	⿰睿攴
 四時 乙七 共~更步十日四時	 攻 一 如以~城（从戈，下同）	 攻 三 務~西方	 四時 乙五 ~蔽之青木赤木黃木白木墨木之精（讀捍）	 四時 乙六 以□思~奠四極（讀敷）	 四時 丙（一）四 武□□亓~（同敨）	 四時 丙（十）二 ~去不義于四方（讀除）	 四時 丙（十二）一 曰~	 五行 三四 丙□□□□佢~□	 四時 乙六 則毋敢~天靈
 四時 丙（十二）一 可以~城	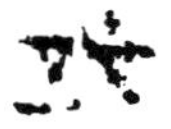 攻 一 （□□）之日務~								
 四時 丙（十二）一 不可以~城	 攻 二 務~南方								

第一八頁

敷	用		罨	相		自	白		皆

敷	用	以上第三篇　文四十一　重七十一	罨	相		自	白		皆
 四時乙五 捍~之青木赤木黃木墨木之精（讀蔽）	 四時甲一一 民勿~□□		 五行二九 亓緑~（讀環）	 四時甲一二 亡有~擾	 商 ~星光	 四時甲七 出~黃泉	 四時乙五 捍蔽之青木赤木黃木~木墨木之精	 攻一 西方~	 四時甲七 日月~亂（从虍从皆）
				 四時乙四 四神~代		 四時乙一 出~□霊	 五行七 軟~箐	 塊二正 量~二戠	
				 四時乙七 乃□日月以轉~土息		 商一三 □□~上□	 五行三二 亓色~		

第一九页

者
- 四時丙（十一）二 會～矦（讀諸）
- 攻一 ～矦（讀諸）
- 攻九 ～

- 殘紅字 □～□□

智
- 四時甲八 恐民未～（讀知，下同）
- 四時甲一二 民人弗～歲
- 攻二 五所以～入

- 攻六 ～

百
- 四時甲九 ～神是亯
- 四時甲一一 ～神山川瀨谷
- 四時乙四 千有～歲

- 四時乙七 ～神風雨

翏
- 四時乙四 三曰～黃難

隹
- 四時甲一 ～□□□（讀惟或唯，下同）
- 四時甲六 ～德匿之歲
- 四時甲六 ～十有二月

- 四時甲七 ～李德匿
- 四時甲一〇 ～天作福
- 四時甲一〇 ～天作妖

- 四時甲一〇 欽敬～服
- 四時甲一〇 誠～天象
- 四時乙四 是～四時

第二〇页

翟	羊	羣	鳥	鴃	鳦	難	於	焉	惠
 四時 乙一 處于～□	 四時 甲九 四興无～（讀恙）	 四時 甲八 ～民以□	 四時 丙（七）二 有～入于上下	 四時 丙（五）一 ～帥□得以匿（讀梟）	 四時 丙（一）一 ～則至	 四時 乙四 三曰翏黃～	 四時 乙一 風雨是～（讀遏）	 攻 一 入～（安之省文，下同）	 四時 甲一〇 神則～之
		 四時 甲九 ～神五正					 殘 紅字 □□～金	 殘 紅字 不出二日～	
		 四時 甲九 ～神乃德					 五行 一七 鈙～（似於）	 殘 紅字 ～□起	

字頭	出處及辭例
玄	四時　丙（九）一　曰～；四時　丙（九）三　～司秋
敢	四時　乙六　則毋～䜭天靈
㱩	四時　丙（十一）三　～不義（讀戮）
死	攻五　從之曰～氣；塊二　正　～
胃	四時　甲二　是～李（讀謂，下同）；四時　甲三　是～失終亡；四時　甲四　是～亂紀亡
	四時　甲九　是～德匿；五行　一七　又亓～晊□；五行　三〇　佢□～
	五行　三六　是～；商　一二　是～
利	四時　丙（十一）一　～侵伐；五行　三三　～以一日從；五行　一七　～以入一歲
	五行　三七　□□～；五行　三七　不～以出；五行　四五　以～
	塊二　正　～以發□以出；塊二　正　不～以；塊二　正　□～

則	則	則	則	則		解	曷		箸	箸
四時 甲一 月~贏絀	四時 甲一〇 神~惠之	四時 甲一二 ~無繇祭	四時 乙六 ~毋敢叡天靈	五行 四四 ~		五行 二九 不~兵	四時 甲四 乃有~方（疑即曷）	以上第四篇 文三十 重六十五	商 五 □~□	五行 七 白軑□~
四時 甲八 曆以爲~毋動	四時 甲一二 民~有穀	四時 甲一二 □~返民	四時 乙七 百神~□閏四□毋息	攻 一 入~			四時 甲八 四興~			
四時 甲一〇 神~格之	四時 甲一二 是~曷至	四時 乙六 非九天~大墮	四時 丙（一）一 鼽~至	攻 二 入~從子至			四時 甲一二 是則~至			

亓

篚

五行 四三　□～□

亓

四時 甲一　不得～當

四時 甲一　亂失～行

四時 甲二　降于～四方

四時 甲二　山陵～廢

四時 甲三　不得～參職

四時 甲四　奉□□～邦

四時 甲四　～歲

四時 甲五　害于～王

四時 甲七　作～下凶

四時 乙三　以爲～巹

四時 丙（二）四　武□□～敨

四時 丙（四）一　少杲～□

四時 丙（四）二　□龍～□

四時 丙（六）一　～敗亓覆

四時 丙（六）二　亓敗～覆

四時 丙（六）二　至于～下□

四時 丙（八）二　～邦有大亂

五行 七　～色墨

五行 七　～虫僞

五行 七　～

五行 七　～兵矛

五行 七　～服

五行 七　～皿盂

五行 七　～色□

五行 一一　～音徵

五行 一一　～服蒼

五行 一一　～畜□

					奠	左		甘
五行 一三 〻皿壺	五行 一七 〻取少文	五行 二三 〻皿□	五行 三二 □〻丰	五行 三四 〻	攻 一 東有〻入	四時 乙六 炎帝乃命祝融以四神 降〻三天	五行 一五 〻	商 〻坪輶	五行 三三 〻〻皿壺
五行 一四 〻□	五行 二三 〻縉琥	五行 二九 〻虫□	五行 三二 □□〻	五行 三四 〻畜□	攻 六 □方〻	四時 乙六 以□思敷〻四極	殘紅字 □〻□□		五行 一四 〻□
五行 一七 又〻謂𦣞□	五行 二三 〻	五行 二九 〻緑環	五行 三三 〻	五行 三四 〻皿甗	攻 六 □〻黃		塊二 正 □行必以□□〻堪		五行 一七 又〻謂𦣞□

第二五页

曰

字形	出處	辭例
	四時 甲九	帝〜
	四時 乙四	長〜青□櫄
	四時 乙四	四〜沁墨幹
	四時 丙(二)一	〜女
	四時 丙(六)一	〜虘
	四時 丙(九)一	〜玄
	五行 一三	言〜
	四時 乙一	〜古□亶包戲
	四時 乙四	二〜未四單
	四時 乙六	〜非九天則大墮
	四時 丙(四)一	〜余
	四時 丙(七)一	〜倉
	四時 丙(十一)一	〜姑
	攻 五	逆之〜生氣
	四時 乙二	〜女填
	四時 乙四	三〜翏黃難
	四時 丙(一)一	〜取
	四時 丙(五)一	〜欱
	四時 丙(八)一	〜臧
	四時 丙(十二)一	〜鼔
	攻 五	從之〜死氣

乃

字形	出處	辭例
	四時 甲四	〜有舄方
	四時 甲九	五正〜明
	四時 乙三	〜上下朕遣
	四時 甲五	天下〜兵
	四時 甲九	羣神〜德
	四時 乙三	〜命山川四海
	四時 甲八	歲季〜□
	四時 乙一	〜取虘遅□子之子
	四時 乙四	〜徙以爲歲

四時 乙五　四神～作□至于覆

四時 乙六　炎帝～命祝融以四神降奠三天

四時 乙六　～爲日月之行

四時 乙七　～□日月以轉相土息

四時 丙（九）二　～咎

可

四時 丙（二）一　不～以□殺

四時 丙（二）一　～以出師簗邑

四時 丙（二）二　不～以嫁女取臣妾

四時 丙（四）一　不～以作大事

四時 丙（五）二　不～以亯祀

四時 丙（六）一　不～出師

四時 丙（六）二　不～以亯

四時 丙（七）一　不～以穿□

四時 丙（八）一　不～以簗室

四時 丙（八）二　不～以作

四時 丙（九）一　～以簗室

四時 丙（十）一　～以□折

四時 丙（十一）一　～以攻城

四時 丙（十一）二　～以聚眾

四時 丙（十二）一　不～以攻城

塊一 正　□□□□～甬

塊二 正　一～

于

四時 甲二　降～亓四方

四時 甲五　害～亓王

四時 乙一　處～翟□

四時 乙五　四神乃作□至～覆

四時 丙（一）五　取～下

四時 丙（七）二　大不順～邦

（續）	四時 丙（七）二 有鳥入～上下	四時 丙（十）二 除去不義～四方	
虞	四時 乙二 乃取～遅□子之子	四時 丙（六）一 曰～	四時 丙（六）三 ～司夏
虘	四時 乙一 曰古□奄包～（讀戲）		
皿	五行 七 亓～盂	五行 一三 亓～壺	五行 一七 ～
	五行 二三 亓～□	五行 三四 亓～甗	
盂	五行 七 亓皿～		
峽	四時 乙五 山陵崩～（讀墮，下同）	四時 乙六 非九天則大～	
去	四時 丙（十）二 除～不義于四方（从攴）		
青	四時 乙四 長曰～□榞	四時 乙五 捍蔽之～木赤木黃木白木墨木之精	
既	四時 甲四 如日月～亂	四時 甲六 三時～□	四時 甲七 日月～亂

第二八頁

 會	 四時 丙（十一）二 ～諸侯		
 倉	 四時 丙（七）一 曰～	 四時 丙（七）三 ～莫得	
 內	 四時 甲二 ～月七日□（讀入，下同）	 四時 甲七 出～□同	 四時 丙（七）二 有鳥～于上下
	 五行 一七 利以～一歲	 攻 一 庚午必～之	 攻 一 ～焉
	 攻 一 ～則□□	 攻 一 有亓～	 攻 二 五所以知～
	 攻 二 ～則從子至	 攻 七 必～之	 攻 一〇 必～之
	 攻 一〇 必～之	 殘圖 有日～	
 侯	 四時 丙（十一）二 會諸～	 攻 一 諸～	
 音	 四時 甲九 百神是～	 四時 丙（五）二 不可以～祀	 四時 丙（六）二 不可以～
 夋	 四時 乙五 日月～生（讀允，下同）	 四時 乙六 帝～	

字			
夏	四時 甲一 春～秋冬（作顕，下同）	四時 丙（六）三 虘司～	月名 內 ～夕（作昰）
	月名 內 ～夷（作顕）		
乘	五行 一一 ～蒼□（从車，下同）	五行 三四 ～黄□	
以上第五篇　文二十七　重一百三十六			
木	四時 甲一 卉～亡常	四時 甲五 卉～民人	四時 乙五 捍蔽之青～赤木黄木白木墨木之精
	四時 乙五 捍蔽之青木赤～黄木白木墨木之精	四時 乙五 捍蔽之青木赤木黄～白木墨木之精	四時 乙五 捍蔽之青木赤木黄木白～墨木之精
	四時 乙五 捍蔽之青木赤木黄木白木墨～之精	五行 六 居～	五行 七 居～
	殘 其他 ～	塊一 背 ～	
李	四時 甲二 是謂～歲（从來从子）	四時 甲七 惟～德匿	五行 一三 樹桑桃～
桃	五行 一三 樹桑～李		

築	東	桓	櫄	精	杢	果	才	桑	之
 四時　丙（二）一 可以出師～邑	 四時　甲四 ～國有吝	 四時　甲二 天～（讀澍）	 四時　乙四 長曰青□～	 四時　乙五 捍蔽之青木赤木黄木 白木墨木之～	 四時　丙（八）四 臧～□	 五行　二五 ～	 四時　丙（五）二 不見月～□□（讀在）	 五行　一三 樹～桃李	 四時　甲三 閏～勿行
 四時　丙（八）一 不可以～室	 商　一 ～伐是	 五行　一三 ～桑桃李（讀樹）	 四時　乙四 四曰沁墨～						 四時　甲五 如□□□邦所五妖～行
 四時　丙（九）一 可以～室									 四時　甲五 以□四淺～常

第三〇页

四時 甲六 惟德匿~歲

四時 甲一一 下民~式

四時 甲九 敬~哉

四時 乙二 乃取虞遲□子~子

四時 乙七 乃爲日月~行

攻 一 庚午必入~

攻 七 必入~

帀

四時 丙（二）一 可以出~（讀師，下同）

出

四時 甲七 ~自黃泉

四時 丙（二）一 可以~師

四時 甲六 夒~以霁降

四時 甲一〇 神則格~

四時 甲一一 敬~毋忒

四時 乙五 捍蔽~青木赤木黃木白木墨木之精

五行 一一 得~

攻 五 逆~曰生氣

攻 一〇 必入~

四時 丙（六）一 不可出~

四時 甲七 ~入□同

四時 丙（五）四 欲~睹

四時 甲六 是月以數曆爲~正

四時 甲一〇 神則惠~

四時 甲一一 帝將由以亂失~行

四時 乙五 捍蔽之青木赤木黃木白木墨木~精

攻 一 甲子~□

攻 五 □雍~溺人

攻 一〇 必入~

四時 丙（六）一 水~不□

四時 乙一 ~自□霊

四時 丙（六）一 不可~師

第三二页

	五行三 不~五朔	五行一二 不~一月	五行三〇 兵~鬬
	五行三七 不利以~	殘 紅字 不~二日焉	塊二正 利以發□以~
	塊二背 ~八旬	商八 己~	
南	五行一六 ~北向	攻二 弇~方	攻二 務攻~方
	攻六 □□~		
生	四時乙二 是~子四□	四時乙五 日月允~	四時丙（三）二 畜~分□
	攻一 始~城	攻五 逆之曰~氣	
丰	五行三二 □亓~		
國	四時甲四 西~有吝（从邑从或，下同）	四時甲四 東~有吝	
因	殘 黑字 ~□		

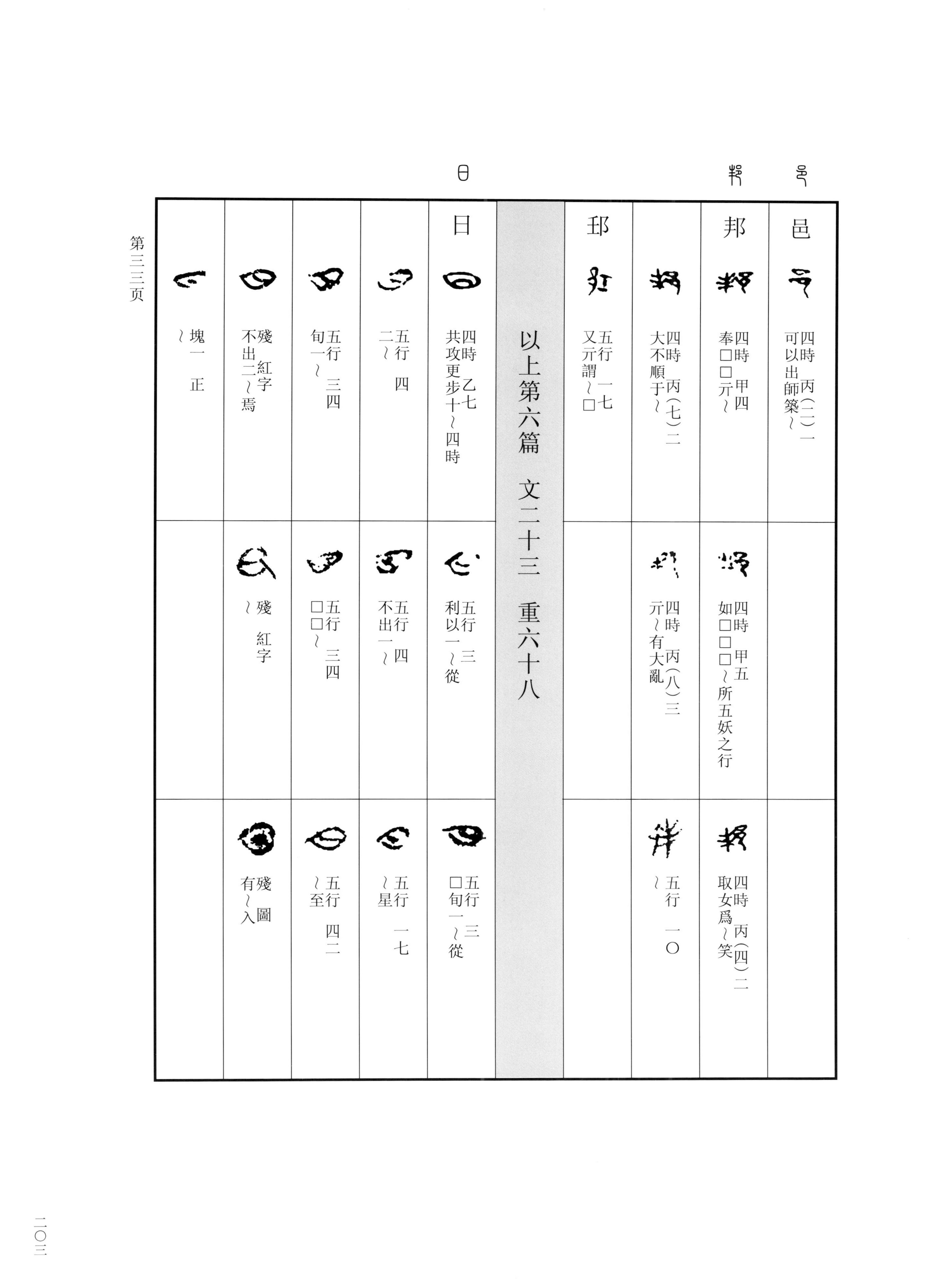

邑

- 四時 丙(二)一　可以出師築～

邦

- 四時 甲四　奉□□亓～
- 四時 甲五　如□□□～所五妖之行
- 四時 丙(四)二　取女爲～笑
- 四時 丙(七)二　大不順于～
- 四時 丙(八)三　亓～有大亂
- 五行 一〇　～

邘

- 五行 一七　又亓謂～□

以上第六篇　文二十三　重六十八

日

- 四時 乙七　共攻更步十～四時
- 五行 三　利以一～從
- 五行 三　□旬一～從
- 五行 四　二～
- 五行 四　不出一～
- 五行 一七　～星
- 五行 三四　旬一～
- 五行 三四　□□～
- 五行 四二　～至
- 殘 紅字　不出二～焉
- 殘 紅字　～
- 殘 圖　有～入
- 塊一 正　～

	睹		四時丙(五)四 欱出～				
	晦		四時乙三 乃命山川四～(讀海)				
	杲		四時丙(四)一 少～亓□				
	朝		四時乙八 有宵有～				
	星		四時甲一 日月～辰		四時甲七 ～辰不炯		五行一七 日～
			攻一 如一～流		攻二 如～一流		攻一一 一～從北
			商 相～光				
	參		四時甲三 不得亓～職		四時乙二 是格～祟		
	月		四時甲一 ～則贏絀		四時甲二 李歲□～		四時甲二 入～七日□
			四時甲三 是失～		四時甲三 一～二月三月		四時甲三 一月二～三月

第三五页

字頭	字形	出處	辭例
		四時 甲三	一月二月三～
		四時 甲四	四～五月
		四時 甲四	四月五～
		四時 甲六	是～以數曆爲之正
		四時 甲七	惟十有二～
		四時 丙（五）二	不見～在□□
		五行 一二	不出一～
		五行 二九	□八～
		攻 二	□～
		殘 其他	～三
朔		五行 三	不出五～
		五行 四二	□門上～
明		四時 甲九	五正乃～
朓		四時 丙（八）二	不～不復
夕	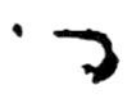	四時 乙八	有晝有～
夢		四時 乙一	～～墨墨
甬		塊一 正	□□□□可～（讀用）

篆文	字頭	字形一	字形二	字形三
	秋	 四時 甲一 春夏～冬（从禾从炅省）	 四時 丙（九）三 玄司～	
	氣	 四時 乙三 □熱～寒氣（从既从火，下同）	 四時 乙三 □熱氣寒～	 攻 五 逆之曰生～
		 攻 五 從之曰死～		
	凶	 四時 甲七 作亓下～	 四時 甲一三 ～	 四時 丙（一）二 壬子丙子～
		 四時 丙（五）三 ～	 四時 丙（八）三 ～	
	兇	 商 八 □～		
	室	 四時 丙（八）一 不可以築～	 四時 丙（九）一 可以築～	
	向	 五行 一六 南北～		
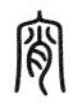	宵	 四時 乙八 有～有朝		
	寒	 四時 乙三 □熱氣～氣		

害	同	羿	常	帣	人	傑	備	
  四時 甲五 ～于亓王	  四時 甲七 出入□～	 五行 一二 軍～（讀亡）	  四時 甲一 不得亓～（讀當）	 四時 甲六 鬉之以～降	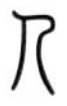  四時 甲五 卉木民～	  攻 六 □又～	  四時 甲一〇 欽敬惟～（讀服）	 五行 一一 亓～蒼
		 攻 失號 □至～□又			 四時 甲一二 民～弗知歲		 四時 乙五 山陵～墮（讀崩）	 五行 三四 亓～黃
							 五行 七 亓～□（讀服，下同）	

以上第七篇 文二十七 重四十五

第三八页

倀	伐		咎	像	[illegible]	僃	從		
四時 乙四 ～曰青□檍	四時 丙（十一）一 利侵～	商 一一 ～君首	四時 乙二 ～而徙達	四時 甲一〇 天～是則	四時 乙一 乖□～	五行 七 亓虫～	四時 甲一三 土事勿～	攻 一 ～□□	攻 二 入則～子至
	五行 三六 以～		四時 丙（一）三 帥有～	四時 甲一〇 誠惟天～			五行 三 利以一日～	攻 一 墨～北方	攻 三 ～庚子之日以至丙午
	商 一 東～是		四時 丙（九）二 乃～				五行 三 □旬一日～	攻 二 ～乙酉之日以至 己卯之日	攻 四 ～乙卯之日以至辛酉之日

第三九页

字頭	一	二	三
	攻五 ~之曰死氣	攻六 □□~	攻九 □~庚
	攻一一 一星~北		
北	四時 丙(一)三 作□~征	五行 一六 南~向	攻一 墨從~方
	攻四 弇~方	攻一一 一星從~	
眾	四時 丙(十一)二 可以聚~		
聚	四時 丙(十一)二 可以~眾		
徵	五行 一一 亓音~(作𡈼)		
量	塊二正 ~白二戠		
身	四時 甲七 土~亡翼		
襡	四時 甲九 建恒~民		

襄　居　屈　朕　方

第四〇页

襄	居				屈	朕	方		
四時 乙二 是～而埈	五行 六 ～木	五行 二五 ～金	五行 三四 ～土	商 四 文得～	月名 內 ～夕	四時 乙三 上下～逿	四時 甲二 降于亓四～	攻 一 墨從北～	攻 三 務攻西～
四時 乙二 以司堵～	五行 七 ～木	五行 二七 ～水	塊 一正 得～	商 七 文得～	五行 一六 ～夕庚		四時 甲四 乃有鳥～	攻 二 弁南～	攻 四 弁北～
	五行 一七 ～□	五行 三四 ～水	商 四 文得～				攻 一 西～白	攻 三 弁西～	攻 六 □～亓

字頭	篆文	字例一	字例二	字例三
（續上）		攻 八 ～攻		
見	見	四時 甲一二 不～陵□	四時 丙（五）二 不～月在□□	
視	視	塊一 背 ～		
欠	欠	塊二 背 ～		
欽	欽	四時 甲一〇 ～敬惟服	四時 甲一一 不～敬行	
歆	歆	五行 二三 亓味～（讀辛）		

以上第八篇　文二十七　重五十

字頭	篆文	字例一	字例二	字例三
首	首	四時 丙（十一）二 刑～事	商 一一 伐君～	
畝		四時 丙（五）一 曰～	四時 丙（五）四 ～出睹	
文		五行 一七 少～	五行 一七 亓取少～	五行 二五 ～得

司			色			卯		旬	

 商 三 ～得	 商 七 ～得居	 四時 乙二 以～堵襄	 四時 丙（九）三 玄～秋	 五行 七 亓～墨	 塊一 背 黄～	 攻 二 從乙酉之日以至 己～之日	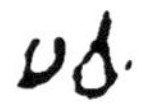 攻 四 乙～之日以至辛酉之日	 五行 三 □～一日從	 五行 三四 ～一日
 商 四 ～得居		 四時 丙（三）三 秉～春	 四時 丙（十二）三 荃～冬	 五行 七 亓～□		 攻 二 從乙酉之日以至 己～之日		 五行 一三 ～	 殘 紅字 ～二□□
 商 四 ～得居		 四時 丙（六）三 虘～夏		 五行 三二 亓～白		 攻 四 從乙～之日以至 辛酉之日		 五行 一七 一～	 殘 黑字 □一～

（前頁續）
- 塊二背　出八～
- 商　□～
- 商二　～

山
- 四時甲二　～陵亓廢
- 四時甲一一　百神～川瀨谷
- 四時乙三　～陵不𤼷
- 四時乙三　乃命～川四海
- 四時乙三　以涉～陵
- 四時乙五　～陵崩墮

敬
- 四時甲九　～之哉
- 四時甲一〇　毋弗或～
- 四時甲一〇　欽～惟服
- 四時甲一一　～之毋弌
- 四時甲一一　不欽～行

雝
- 攻五　□～之溺人

曆
- 四時甲六　是月以數～爲之正
- 四時甲八　～以爲則毋動

厎
- 四時甲四　～□望

長
- 四時丙（十一）四　姑分～

勿
- 四時甲三　閏之～行
- 四時甲一一　民～用□□
- 四時甲一三　土事～從

易
～ 四時 丙(十)一
～□羕 四時 丙(十)三

而
是襄～㖭 四時 乙二
咎～徙達 四時 乙二

以上第九篇 文十六 重四十

火
不～得不成(讀夥) 四時 丙(二)三
～□□ 殘 紅字

燬
不可～事(讀毀) 四時 丙(十)一

光
相星～ 商

熱
□～氣寒氣(从宀 从炭) 四時 乙三

炎
～帝乃命祝融以四神降奠三天 四時 乙六

赤
捍蔽之青木～木黄木白木墨木之精 四時 乙五

大
非九天則～墮 四時 乙六
□不可以作～事 四時 丙(四)一
～不順于邦 四時 丙(七)一

字頭	出處	辭例
	四時 丙（八）三	亓邦有~亂
	五行 三四	□~起
龕	四時 乙一	曰古□~包戲
天	四時 甲二	是謂~（讀妖，下同）
	四時 甲五	如□□□邦所五~之行
	四時 甲六	□□上~
	四時 甲一〇	天作~
壺	五行 一三	亓皿~
亢	四時 乙七	共攻~步十日四時（讀更）
思	四時 乙二	爲~爲萬
	四時 乙六	以□~敷奠四極
	四時 乙七	□□百神則□閏四□毋~（讀息，下同）
	四時 乙八	乃□日月以轉相土~
恭	四時 甲八	~民未知（讀恐）
惻	四時 甲一〇	天象是~（讀則）

字頭	一	二	三
以上第十篇　文十四　重十一			
水	四時　乙一 □□～□	四時　丙（六）一 ～師不□	五行　一七 ～
	五行　二七 居～	五行　三四 居～	
𣶒	四時　甲二 有～乎淌（讀泉，下同）	四時　甲七 出自黄～	
淺	四時　甲五 以□四～之常		
瀧	四時　乙三 以涉山陵～泔凶瀨		
湯	四時　甲二 將作～（从水从㫃从昜）		
泔	四時　乙三 以涉山陵瀧～凶瀨		
浴	四時　甲一一 百神山川瀨～（讀谷）		
流	攻一 如一星～	攻二 如星一～	

第四六页

涉

四時　乙三
以~山陵瀧汩凼瀨

澫

四時　甲一一
百神山川~谷（讀瀨，下同）

四時　乙三
以涉山陵瀧汩凼~

沁

四時　乙四
四曰~墨榦（从雙水）

凼

四時　乙三
瀧汩~瀨

洍

四時　甲二
有泉乎~

川

四時　甲一一
百神山~瀨谷

四時　乙三
乃命山~四海

四時　丙（七）一
不可以~□（讀穿）

州

四時　乙五
九~不平

羕

四時　甲二
天地作~（讀祥）

四時　丙（十）三
昜□~

冬

四時　甲一
春夏秋~（从日，下同）

四時　丙（十二）三
荃司~

五行　八
至~至

月名　外
~夕（月名，下同）

月名　內
~夕

雨

四時 甲三
□有雺霜～土

四時 甲三
天～□□□

四時 甲八
時～進退

四時 乙一
風～是遏

四時 乙七
百神風～

五行 一二
～

商
□□不～

商 五
～作□

霝

四時 乙六
則毋敢蔽天～（讀靈）

雹

四時 甲三
□有雺～雨土（讀霜）

靁

四時 乙一
曰古□奮～戲（同雹，讀包）

雺

四時 甲三
□有～霜雨土

霆

四時 乙一
出自□～

龍

四時 丙（四）二
□～亓□

翼

四時 甲七
土身亡～（从鳥从異）

非

四時 乙六 ～九天則大墮

以上第十一篇 文二十六 重二十一

不

四時 甲一 ～得亓當

四時 甲三 ～得亓參職

四時 甲七 星辰～炯

四時 甲一一 ～欽敬行

四時 甲一一 民祀～莊

四時 甲一二 ～見陵□

四時 乙三 山陵～[illegible]

四時 乙五 九州～平

四時 丙(一)一 ～可以□殺

四時 丙(二)二 ～可以嫁女取臣妾

四時 丙(二)三 ～夥得不成

四時 丙(二)三 不夥得～成

四時 丙(四)一 ～可以作大事

四時 丙(五)一 ～見月在□□

四時 丙(五)二 ～可以亯祀

四時 丙(六)一 ～可出師

四時 丙(六)一 水師～□

四時 丙(六)二 ～可以亯

四時 丙(七)一 ～可以穿□

四時 丙(七)一 大～順于邦

四時 丙(八)一 ～可以築室

四時 丙(八)一 ～可以作

四時 丙(八)二 ～脥不復

四時 丙(八)二 不脥～復

第五〇页

 四時 丙（十）一 ～可毀事	 四時 丙（十）二 除去～義于四方	 四時 丙（十一）三 戮～義
 四時 丙（十二）一 ～可以攻城	 五行 三 ～出五朔	 五行 四 ～出一日
 五行 一二 ～出一月	 五行 二九 ～解兵	 五行 三七 ～利以出
 攻 七 □寇～臾	 塊 二 正 ～利以	 商 □□～雨

至

 四時 甲一二 是則舄～	 四時 乙五 四神乃作□～于覆	 四時 丙（一）一 鳦則～
 五行 八 ～冬至	 五行 八 至冬～	 五行 四二 □□日～
 攻 一 從庚午之日以～ 甲子之日	 攻 二 從乙酉之日以～ 己卯之日	 攻 二 從乙酉之日以～ 己卯之日
 攻 二 入則從子～	 攻 三 從庚子之日以～ 丙午之日	 攻 四 乙卯之日以～辛酉之日
 攻（失號） □～羿□有		

西

 四時 甲四 ～國有吝	 攻 三 弇～方	 攻 三 務攻～方

 鹹	 門	 職	 失		 女				
 五行 一一 亓味～盐	 五行 四二 □～上朔	 四時 甲三 不得亓參～	 四時 甲一 亂～亓行（从辵从旞，下同）	 四時 甲三 是謂～終亡	 四時 甲四 ～日月既亂（讀如或女）	 四時 乙一 □□□～	 四時 丙（二）二 不可以嫁～取臣妾	 四時 丙（四）二 取～爲邦笑	 五行 一九 ～
			 四時 甲一 贏絀～行	 四時 甲一一 帝將由以亂～之行	 四時 甲五 ～□□□邦所五妖之行	 四時 乙二 曰～填	 四時 丙（二）四 ～必武	 四時 丙（四）三 余取～	 攻 一 ～以攻城（讀如，下同）
			 四時 甲三 是～月		 四時 乙一 乎～[亻魚]	 四時 丙（一）一 曰～	 四時 丙（三）二 畜生分～	 四時 丙（八）三 取～	 攻 二 ～星一流

		妻 	姑 	婁 	[illegible]	毋 		民 	
 攻五 ～以守城	 塊一正 ～	 四時丙（三）二 □□取～	 四時丙（十一）一 ～	 四時甲六 是月以～曆爲之正（讀數）	 四時甲六 ～之以[illegible]降	 四時甲八 曆以爲則～動	 四時乙六 則～敢蔑天靈	 四時甲五 卉木～人	 四時甲九 建恒屬～
 攻七 ～	 塊一正 ～以		 四時丙（十一）四 ～分長			 四時甲一〇 ～弗或敬	 四時乙七 □□百神則□閏四□～息	 四時甲八 恐～未知	 四時甲一〇 下～之式
 攻八 ～以	 塊二正 ～□					 四時甲一一 敬之～忒		 四時甲八 羣～以□	 四時甲一一 ～勿用□□

		弗	弋	乎	或	武	戓	戠	[illegible]

四時 甲一一 ~祀不莊	四時 甲一二 □則返~	四時 甲一〇 毋~或敬	四時 甲一一 敬之毋~（讀忒）	四時 甲二 有泉~淴	四時 甲一〇 毋弗~敬	四時 丙（一）三 ~□□亓敵	五行 一五 ~（同鬬）	塊二 正 量白二~	四時 乙三 山陵不~

四時 甲一二 ~則有穀		四時 甲一二 民人~知歲	四時 乙四 四神相~（讀代）	四時 乙一 ~□魚		四時 丙（二）四 女必~	五行 三〇 兵出~		四時 乙三 以爲亓~

四時 甲一二 ~人弗知歲							攻五 若~起		

第五四页

義 

四時　丙(十)二
除去不～于四方

四時　丙(十一)三
戮不～

侵 

四時　丙(十一)一
利～伐(从帚从戈)

亡 

四時　甲一
卉木～常

四時　甲三
是謂失終～

四時　甲四
是謂亂紀～

四時　甲七
土身～翼

四時　甲八
～有常恒

四時　甲一二
～有相擾

四時　乙一
～章弼弼

乍 

四時　甲二
天地～祥(讀作，下同)

四時　甲二
將～湯

四時　甲七
～亓下凶

四時　甲一〇
惟天～福

四時　甲一〇
惟天～妖

四時　乙五
四神乃～□至于覆

四時　乙七
辰禕亂～

四時　丙(一)二
～□北征

四時　丙(四)一
□不可以～大事

四時　丙(八)二
不可以～

商　五
雨～□

无 

四時　甲九
四興～恙

無
- 四時 甲一二 則～祶祭

望
- 四時 甲四 㡿□～

匿
- 四時 甲五 凡歲德～
- 四時 甲六 惟德～之歲
- 四時 甲七 惟李德～
- 四時 甲九 是謂德～
- 四時丙（五）一 梟帥□得以～

發
- 四時 甲二 山陵亓～（讀廢）
- 四時 甲八 三恒～（讀廢）
- 塊二 正 利以～□以出

弼
- 四時 乙一 亡章～～

繇
- 四時 甲九 帝曰：～
- 四時 甲一一 帝將～以亂失之行

以上第十二篇　文三十三　重一百一十八

祶
- 四時 甲一二 則無～祭

紀
- 四時 甲四 是謂亂～亡

終	緑	絀	絽	繕	虫	風	蠹	二	
四時 甲三 是謂失～亡	五行 二九 亓～環	四時 甲一 月則贏～	四時 甲一 月則～絀（讀贏）	五行 二三 亓～琥	五行 七 亓～僑	四時 乙一 ～雨是遏	四時 甲一二 亡有相～（讀擾）	四時 甲三 一月～月三月	五行 四 ～日
		四時 甲一 贏～失行	四時 甲一 ～絀失行		五行 二九 亓～□	四時 乙七 百神～雨		四時 甲七 惟十有～月	五行 九 ～歲
								四時 乙四 ～曰未四單	五行 二五 ～軍中

第五七页

		亟	恒	凡	土		地	坪	堵
五行 三九 ～歲	塊二 正 量白～戠	四時 乙六 以□思敷奠四～	四時 甲八 亡有常～	四時 甲五 ～歲德匿	四時 甲三 □有雺霜雨～	四時 乙八 乃□日月以轉相～息	四時 甲二 天～作祥	四時 乙五 九州不～（讀平，下同）	四時 乙二 以司～襄
殘 紅字 不出～日焉	商 ～旬		四時 甲八 三～廢		四時 甲七 ～身亡翼	五行 三四 居～		商 左～輶	
殘 紅字 旬～□□			四時 甲九 建～屬民		四時 甲一二 ～事勿從				

填	墨		型	城		⿰甚土	⿰土戔	畜	
填	墨		型	城		⿰甚土	⿰土戔	畜	
 四時 乙二 曰女～	 四時 乙一 夢夢～～	 五行 七 亓色～	 四時 丙（十一）二 ～首事（讀刑）	 四時 丙（十一）一 可以攻～	 攻 一 如以攻～	 塊二 正 □行必以□□左～	 四時 乙二 是襄而～	 四時 丙（三）二 ～生分□	 五行 三四 亓～□
	 四時 乙四 四曰沁～㮩	 攻 一 ～從北方		 攻 一 始生～				 五行 七 亓～□	 商 亓～□
	 四時 乙五 捍蔽之青木赤木黃木白木～木之精			 攻 一 以守～				 五行 一一 亓～□	

黄

四時 甲七
出自～泉

四時 乙四
三曰翏～難

四時 乙五
捍蔽之青木赤木～木
白木墨木之精

五行 三四
亓服～

五行 三四
乘～□

攻 六
□亓～

塊 一背
～色

務

攻 一
～弁東方（作柔）

攻 一
□□之日～攻

攻 一
以中～

攻 二
～攻南方

攻 三
～攻西方

以上第十三篇 文二十七 重四十二

金

五行 五
□□～□

五行 一二
～□

五行 二五
居～

殘 紅字
□□於～

釿

五行 一七
～□

尻

第六〇页

所	矛	軍		韜	軟	陵		降	四
四時 甲五 如□□□邦～五妖之行	五行 七 亓兵～	五行 二 將～又	攻 一 □□□□□中□～□□	商 捐 左平～	五行 七 白～白箁	四時 甲二 山～亓廢（从來，下同）	四時 乙三 以涉山～瀧汨凼瀨	四時 甲二 ～于亓四方	四時 甲四 ～月五月
五行 一 ～以		五行 一二 ～亡	塊二 背 □～□		五行 二三 蒼～蒼（箁）	四時 甲一二 不見～□	四時 乙五 山～崩墮	四時 甲六 嫠之以罘～	四時 甲五 以□～淺之常
攻 二 五～以知入		五行 二五 二～中				四時 乙三 山～不發		四時 乙六 炎帝乃命祝融以四神～奠三天	四時 乙四 二曰未～單

四	四	四	四	四	五		九	萬	獸
四時～興无恙 甲九	四時～神相代 乙三	四時～曰沁墨榩 乙四	四時以□思敷奠～極 乙六	四時除去不義于～方 丙（十）二	四時四月～月 甲四	四時～正乃明 甲九	四時～州不平 乙五	四時爲思爲～ 乙二	攻如以～城（讀守，下同） 一
四時是生子～□ 乙二	四時是惟～時 乙四	四時～神乃作□至于覆 乙五	四時共攻更步十日～時 乙七		四時如□□□邦所～妖之行 甲五	五行不出～朔 三	四時非～天則大墮 乙六		攻如以～城 五
四時乃命山川～海 乙三	四時～興鳥 甲八	四時炎帝乃命祝融以～神降奠三天 乙六	四時□□百神則□閏～□毋息 乙七		四時羣神～正 甲九	攻～所以知入 二			

甲		乙		[illegible]				丙	
 五行　三三 〻	 攻　一二 〻戌	 攻　二 從〻酉之日以至 己卯之日	 攻　一二 〻亥	 四時　甲一 〻失亓行	 四時　甲七 日月皆〻	 四時　甲一一 帝將由以〻失之行	 攻　一五 〻	 四時　丙(二)二 壬子〻子凶	 攻　一 〻寅
 攻　一 〻子之□	 塊一　正　黑字 〻	 攻　四 從〻卯之日以至 辛酉之日	 塊一　正 〻亥	 四時　甲四 是謂〻紀亡	 四時　甲七 日月既〻	 四時　乙七 辰禕〻作		 五行　一八 〻子	 攻　三 從庚子之日以至〻午
 攻　一 從庚午之日以至〻子之日	 塊一　正　紅字 〻	 攻　四 〻卯之日以至辛酉之日		 四時　甲四 如日月既〻	 四時　甲八 以〻天常	 四時　丙(八)三 亓邦有大〻		 五行　三四 〻□□□□□𠆢□敳□	 攻　三 庚子之日以至〻午之日

己	庚		辛	辭	壬		子		
攻二 從乙酉之日以至～卯之日	五行一六 屈夕～	攻三 從～子之日以至丙午	攻四 乙卯之日以至～酉之日	五行七 ～	四時丙（二）二 ～子丙子凶	塊一背 ～子	四時乙二 乃取虔遅□～之子	四時丙（二）二 壬～丙子凶	五行一八 丙～
攻二 從乙酉之日以至～卯之日	攻一 從～午之日以至甲子之日	攻九 □從～			攻一三 ～戌		四時乙二 乃取虔遅□子之～	四時丙（二）二 壬子丙～凶	攻一 甲～之□
商八 ～出	攻一 ～午必入之				殘 黑字 ～以		四時乙二 是生～四□	五行八 公～□	攻一 從庚午之日以至甲～之日

季 穀 寅 辰 以

	攻二 入則從~至	攻三 從庚~之日以至丙午
		塊一 背 壬~
季	四時甲七 歲~乃□	
穀	四時甲一二 民則有~	
寅	五行 二七 ~	攻一 丙~
辰	四時甲一 日月星~（从辰从日，下同）	四時甲七 星~不炯
	四時乙七 ~禕亂作（从臼从辰从日）	
以	四時甲五 ~□四淺之常	四時甲六 䯯~之帝降
	四時甲六 是月~數曆爲之正	
	四時甲八 曆~爲則毋動	四時甲八 羣民~□
	四時甲八 ~亂天常	
	四時甲一一 帝將由~亂失之行	四時乙二 ~司堵襄
	四時乙三 ~爲亓癹	
	四時乙三 ~涉山陵瀧汩凼瀨	四時乙四 乃徙~爲歲
	四時乙六 炎帝乃命祝融~四神降奠三天	
	四時乙七 乃□日月~轉相土息	四時丙（二）一 不可~□殺
	四時丙（二）一 可~出師築邑	

 四時 丙（二）二 不可～嫁女取臣妾	 四時 丙（五）二 不可～亯祀	 四時 丙（八）一 不可～築室	 四時 丙（十一）一 可～攻城	 五行 三 利～一日從	 五行 三七 不利～出	 攻 一 如～攻城	 攻 二 從乙酉之日～至 己卯之日	 攻 三 從庚子之日～至丙午	 攻 五 如～守城
 四時 丙（四）一 不可～作大事	 四時 丙（六）二 不可～亯	 四時 丙（八）二 不可～作	 四時 丙（十一）二 可～聚衆會諸矦	 五行 一七 利～入一歲	 五行 四五 ～利	 攻 一 從庚午之日～至 甲子之日	 攻 二 從乙酉之日～至 己卯之日	 攻 三 從庚子之日～至 丙午之日	 攻 八 如～
 四時 丙（五）一 梟帥□得～匿	 四時 丙（七）一 不可～穿□	 四時 丙（九）一 可～築室	 四時 丙（十二）一 不可～攻城	 五行 三六 ～伐	 攻 一 如～守城	 攻 一 ～中務	 攻 二 五所～知入	 攻 四 從乙卯之日～至 辛酉之日	 殘 黑字 壬～

		午	未		酉	戌	亥	
 塊一 正 如～	 塊二 正 利以發□～出	 攻一 從庚～之日以至 甲子之日	 四時 甲八 恐民～知	 攻 一三 己～	 攻 二 從乙～之日以至 己卯之日	 攻 一二 甲～	 攻 一二 乙～	以上第十四篇　文三十五　重一百四十二
 塊二 正 □行必～□□左⿸甚止		 攻 三 從庚子之日以至丙～	 四時 乙三 ～有日月	 攻 一五 □～	 攻 二 從乙～之日以至 己卯之日	 攻 一三 壬～	 塊一 正 乙～	
 塊二 正 利～發□以出		 攻 三 庚子之日以至丙～之日	 四時 乙四 二曰～四單				 塊一 背 ～	

第六七页

字頭			
日月	 四時 甲一 ～星辰	 四時 甲四 如～既亂	 四時 甲七 ～皆亂
	 四時 甲七 ～既亂	 四時 乙三 未有～	 四時 乙四 ～允生
	 四時 乙七 爲～之行	 四時 乙七 乃□～以轉相土息	
一月	 四時 甲三 ～二月三月		
八月	 月名 外 ～	 月名 內 ～	
九月	 月名 內 ～		
十月	 月名 外 ～		
夒月	 月名 外 ～（从叟从月）		
獻馬	 月名 外 ～（从虍从馬）	 月名 內 ～	
七日	 四時 甲三 入月～□		

字頭	字形	出處	辭例
之日		攻一	從庚午～以至甲子之日
		攻二	從乙酉～以至己卯之日
		攻三	從庚子～以至丙午
		攻四	乙卯～
		攻一	□□～務攻
		攻二	從乙酉之日以至己卯～
		攻三	從庚子之日以至丙午～
		攻二	從乙酉～以至己卯之日
		攻二	從乙酉之日以至己卯～
		攻四	從乙卯～以至辛酉之日
上下		四時 乙三	乃～朕遚
		四時 丙（七）二	有鳥入于～
至于		四時 丙（六）二	～亓下□
溺人		攻 五	雍之～（上人下水）

	四時 甲一	惟□□〜
⿱口又 	四時 甲一	〜有變常
	四時 甲二	李歲〜月
	四時 甲三	天雨〜□□
	四時 甲三	天雨□〜□
	四時 甲五	如〜□□邦所五妖之行
	四時 甲五	如□〜□邦所五妖之行
	四時 甲五	如□□〜邦所五妖之行
	四時 甲五	以〜四淺之常
	四時 甲六	〜□上妖

四時　甲六
□～上妖

⿱□日

四時　甲六
三時既～

四時　甲八
歲季乃～

四時　甲八
羣民以～

辵□

四時　甲一一
民勿用～□

辵□

四時　甲一一
民勿用□～

四時　甲一二
不見陵～

四時　甲一二
～則返民

四時　甲一二
少有～

四時　乙一
曰古～奤包戲

				彳□	□木			□系	

四時 乙一 出自～霆	四時 乙一 尻于翟～	四時 乙一 ～□□女	四時 乙一 □～□女	四時 乙一 □□～女	四時 乙一 ～□水□	四時 乙一 □□水～	四時 乙二 ～逃（似虐）	四時 乙六 以～思敷奠四極	四時 乙七 ～□百神則□閏四□毋息

		四時 乙七 □□百神則□閏四~毋息
辵□		四時 乙七 乃~日月以轉相土息
□又		四時 丙(一)二 不可以~殺
□口	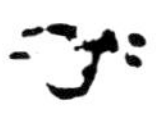	四時 丙(一)三 武~□亓斂
日□		四時 丙(五)二 月在~
辵□	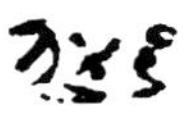	四時 丙(六)一 水師不~
		四時 丙(八)四 臧杢~
		四時 丙(九)二 吁~徙
□殳		四時 丙(十二)二 □~□（似殺）
		五行 五 ~□金□

字形	出處	行二字形	行二出處
	五行 五 □～金□		
	五行 五 □□金～		
	五行 一二 ～		
	五行 一七 有亓謂𦣠～		
彳□ 	五行 附殘片 紅字 ～二五		
	五行 二七 ～		
	五行 二八 ～		
	五行 二八 ～		
亻□ 	五行 三〇 ～謂		五行 三四 丙□□□□～鼓□
	五行 三三 ～亓丰		

	五行 三二	□～亓
	五行 三四	丙□□□仴鼓～
	五行 三四	亓畜～
	五行 三七	□～利
	五行 三八	～
	五行 四二	～門上朔
	五行 四三	～
	五行 四三	～
	五行 四三	～
	攻 一	～（似作嘗）

第七五页

字頭	字形	釋文
		攻一 ～
		攻一 中～軍
		攻六 ～
		攻六 ～
		攻七 □寇不～
		攻失號 ～至畀□又
辵□		殘紅字 ～
□水		殘紅字 □者～□
		殘紅字 □左～□
辵□		殘紅字 ～

殘〜紅字	殘〜紅字	殘因〜黑字	殘〜□其他	塊二〜□背	塊二□〜背	塊二〜軍□背	塊二□軍〜背	商〜六	商亓兵〜一三

检字表

十三画

十四画

十五画

十六画

十七画

十八画以上

第拾部分　參考書目

說明

一九八〇年，我在《長沙子彈庫戰國楚帛書研究》（北京：中華書局，一九八五年七月）一書中寫過一篇《論著簡目》。我把帛書複製本分爲蔡修涣本、弗利爾本和大都會本三個系統，並把截止一九八〇年中外學者研究楚帛書的有關論著三十二種，按這三個「版本」加以歸類，略依時間先後，寫成提要。這在當時是最全的目録。

後來，曾憲通撰《楚帛書研究四十年》（收入他與饒宗頤合著的《楚帛書》，香港：中華書局，一九八五年九月），有所補充。

新世紀以來，帛書論著續有增加。學者又編過一些新的目録。如：

（一）劉信芳撰《楚帛書敘録》（收入《子彈庫楚墓出土文獻研究》，臺北：藝文印書館，二〇〇二年一月）。

（二）劉波《〈楚帛書·甲篇〉集釋》（吉林大學碩士學位論文，二〇〇九年四月）所附《參考論著（含相關論著）目録》、《楚帛書待查目録》。

（三）陳媛媛《〈楚帛書·乙篇〉集釋》（吉林大學碩士學位論文，二〇〇九年四月）所附《參考論著（含相關論著）目録》。

（四）肖攀《〈楚帛書·丙篇〉及殘片集釋》（吉林大學碩士學位論文，二〇〇九年四月）所附《參考論著（含相關論著）目録》。

（五）許學仁《長沙子彈庫戰國楚帛書研究文獻要目》（收入《經學研究論叢》第八輯，二〇〇九年九月，第三五九—三六八頁）。

（六）徐在國《楚帛書詁林》（合肥：安徽大學出版社，二〇〇一年八月）所附《楚帛書論著及簡稱》。

這次編寫的目録，是由我的學生林志鵬參考上述目録，撰寫初稿，然後由我增補擴大而成。我們的這一目録是以帛書本身的研究爲目標，而不是以文字集釋爲目標，有些以考釋文字爲主，偶爾涉及帛書，對帛書考釋不太重要的文章，這次没有收入。目録是按作者姓名的拼音排序，以便檢索。凡標●者是我認爲最重要的參考書目。

由於本書是把帛書當子彈庫楚墓的一部分來研究。研究子彈庫楚墓，帛畫的研究僅次於帛書，我們還酌收了與子彈庫帛畫研究有關的論著。

A

安志敏、陳公柔《長沙戰國繒書及其有關問題》，《文物》一九六三第九期，第四八—六〇頁。●

B

巴納：Noel Barnard, "A Preliminary Study of the Ch'u Silk Manuscript–a New Reconstruction of the Text," *Monumenta Serica*, XVII (1958), pp. 1—11.

巴納：Noel Barnard, "Rhyme and Metre in the Ch'u Silk Manuscript Text," *Papers on Far Eastern History* 4 (1971), Canberra: Department of Far Eastern History, Australian National University, 1971.

巴納：Noel Barnard, "The Ch'u Silk Manuscript and Other Archaeological Documents of Ancient China," in *Early Chinese Art and Its Possible Influence in the Pacific Basin*, New York: Interculture Arts Press 1972, vol. one, pp. 77—101.

巴納：Noel Barnard, *Scientific Examination of an Ancient Chinese Document as a Prelude to Decipherment, Translation, and Historical Assessment—The Ch'u Silk Manuscript, Revised and Enlarged, Studies on the Ch'u Silk Manuscript*, Part 1, *Monographs on Far Eastern History* 4, Canberra: Australian National University, 1972. ●

巴納：Noel Barnard, "A Definitive Text of the Ch'u Silk Manuscript—a Modern Character Transcription and a Tentative Translation," *Monograph Series* 5 (1972).

巴納：Noel Barnard, *The Ch'u Silk Manuscript—Translation and Commentary, Studies on the Ch'u Silk Manuscript*, Part 2, *Monographs on Far Eastern History* 5, Canberra: Australian National University, 1973. ●

巴纳：Noel Barnard, "The Twelve Peripheral Figures of the Ch'u Silk Manuscript,"《中國文字》新十二期，舊金山：美國藝文印書館，一九八八年七月，第四五三—五一五頁。

白於藍《釋𠧪》，《古文字研究》第二四輯，北京：中華書局，二〇〇二年七月，第三五五—三五九頁。

C

蔡成鼎《帛書〈四時篇〉讀後》，《江漢考古》一九八八年第一期，第六九—七三頁。

蔡季襄《晚周繒書考證》，湹源：一九四五年孟春。此書有臺灣影印本（據紐約 Mr. Fitz Low-Beer 藏本）：蔡季襄《晚周繒書考證》，臺北：

藝文印書館，一九七二年六月。又有上海中西書局影印本（二〇一三年十二月）●

蔡季襄《關於楚帛書流入美國經過的有關資料》，《湖南省博物館文集》第四輯，長沙：《船山學刊》雜誌社，一九九八年四月，第二一—二五頁。●

曹錦炎《楚帛書〈月令〉篇考釋》，《江漢考古》一九八五年第一期，第六三—六八頁。

陳邦懷《戰國楚帛書文字考證》，《古文字研究》第五輯，北京：中華書局，一九八一年一月，第二三三—二四二頁；又收入陳邦懷《一得集》，濟南：齊魯書社，一九八九年十月，一〇三—一一八頁。

陳秉新《長沙楚帛書文字考釋之辨正》，《文物研究》第四輯，合肥：黃山書社，一九八八年，第一八七—一九三頁。

陳劍《試説戰國文字中寫法特殊的「亢」和从「亢」諸字》，《出土文獻與古文字研究》第三輯，上海：復旦大學出版社，二〇一〇年七月，第一五二—一八二頁。●

陳久金《帛書及古典天文史料注析與研究》，臺北：萬卷樓圖書公司，二〇〇一年五月。

陳茂仁《楚帛書研究》，嘉義：中正大學中國文學研究所碩士論文，一九九六年一月。

陳茂仁《淺探帛書〈宜忌篇〉章題之內涵》，《第九屆中國文字學全國學術研討會論文集》，臺北：臺灣師範大學國文系，一九九八年三月，第二二五—二三七頁。

陳茂仁《由楚帛書置圖方式論其性質》，《先秦兩漢論叢》第一輯，臺北：洪業文化有限公司，一九九九年七月，第二九九—三一四頁。

陳夢家《戰國楚帛書考》，《考古學報》一九八四年第二期，第一三七—一五八頁。●

陳槃《先秦兩漢帛書考》附録《長沙楚墓絹質彩繪照片小記》，《歷史語言研究所集刊》第二四本，一九五三年六月，第一九三—一九五頁。

陳槃《楚繒書疏證跋》，《歷史語言研究所集刊》第四〇本（上冊），一九六八年一〇月，第三三—三五頁。

陳斯鵬《論周原甲骨和楚系簡帛中的「囟」和「思」——兼論卜辭命辭的性質》，《第四屆國際中國古文字學研討會論文集——新世紀的古文字學與經典闡釋》，香港：香港中文大學，二〇〇三年十月，第三九三—四一三頁。

陳斯鵬《楚帛書甲篇的神話構成、性質及其神話學意義》，《文史哲》二〇〇六年第六期，第五—一四頁。

陳斯鵬《戰國楚帛書甲篇新釋》，《古文字研究》第二六輯，北京：中華書局，二〇〇六年，第三四三—三四九頁；又收入《簡帛文獻與文學考論》，廣州：中山大學出版社，二〇〇七年一二月，第一—九頁。

陳松長《帛書史話》，北京：中國大百科全書出版社，二〇〇〇年一月。

陳松長《湖南簡帛的出土與研究》，《湖南大學學報》（社會科學版）二〇〇五年第五期，第二〇—二五頁。

陳媛媛《〈楚帛書・乙篇〉集釋》，吉林大學碩士學位論文，二〇〇九年四月。

池澤優《書き留められた帝の言葉——子弾庫楚帛書に見る天・神・人の關係》，《宗教研究》第七二卷：三一六号，第一輯，日本宗教学会，一九九八年六月，第五三—七八頁。

池澤優《古代中国の祭祀における「仲介者」の要素——戦国の楚卜筮祭禱記録竹簡・子弾庫楚帛書と「絕地天通」神話を中心に》，收入野口鐵郎主編《講座道教》，田中文雄、丸山宏、浅野春二编第二卷，東京：雄山閣出版，二〇〇〇年，第二三八—二五九頁。

池澤優《子弾庫楚帛書八行文譯註》，收入《楚地出土資料と中國古代文化》，東京：汲古書院，二〇〇二年三月，第五〇三—五六九頁。

池澤優《子弾庫楚帛書辺文訳註》，《東京大学宗教学年報》XXI，東京大学宗教学研究室，二〇〇三年三月，第一〇三—一二八頁。

楚言《楚帛書殘片回歸故里》，《湖南省博物館文集》第四輯，長沙：《船山學刊》雜誌社，一九九八年四月，第四五—四六頁。

D

董楚平《楚帛書「創世篇」釋文釋義》，《古文字研究》第二四輯，北京：中華書局，二〇〇二年七月，第三四七—三五一頁。

董楚平《中國上古創世神話鉤沉——楚帛書甲篇解讀兼談中國神話的若干問題》，《中國社會科學》二〇〇二年第五期，第一五一—一六三頁。

董作賓《論長沙出土之繒書》，《大陸雜誌》卷一〇第六期，一九五五年三月，第一七三—一七七頁。

F

范迪安《楚帛書的圖像及其結構解析》，《篳路藍縷四十年——中央美術學院美術史系教師論文集》，二〇〇〇年，下冊，第六八一—七一二頁。

馮時《楚帛書研究三題》，《于省吾教授百年誕辰紀念文集》，長春：吉林大學出版社，一九九六年九月，第一九〇—一九三頁。

馮時《長沙楚帛書研究》，《出土古代天文學文獻研究》，臺北：臺灣古籍出版社，二〇〇一年五月，第九—七六頁。

馮時《戰國楚帛書創世章釋讀》，收入氏著《古代天文考古學》，北京：社會科學文獻出版社，二〇〇一年十一月，第一三—一九頁。

G

高莉芬《神聖的秩序：楚帛書甲篇與創世神話》，臺北：政治大學中國文學系、文哲研究所簡帛資料文哲研讀會主辦「出土簡帛文獻與古代學術國際研討會」論文，二〇〇五年二月二—三日，第一—一七頁。

高明《楚繒書研究》，《古文字研究》第一二輯，北京：中華書局，一九八五年十二月，第三六三—三九五頁。

高志喜《帛書》，《楚文化的南漸》，武漢：湖北教育出版社，一九九六年八月，三一九—三三九頁。

H

何琳儀《長沙帛書通釋》，《江漢考古》一九八六年第一、二期連載，第五一—五七頁、第七七—八七頁。●

何琳儀《長沙帛書通釋校補》，《江漢考古》一九八九年第四期，第四八—五三頁。●

何琳儀《說无》，《江漢考古》一九九二年第二期，第七二—七六頁。

何新《宇宙的起源：長沙楚帛書新考》，北京：時勢出版社，二〇〇二年一月。

何新《宇宙的起源：〈楚帛書〉與〈夏小正〉新考》，北京：中國民主法制出版社，二〇〇八年八月。

湖南省博物館《長沙子彈庫戰國木槨墓》，《文物》一九七四年第二期，三六—四三頁。

黃德寬《古文字考釋二題》，《于省吾教授百年誕辰紀念文集》，長春：吉林大學出版社，一九九六年九月，第二七五—二七七頁。

黃儒宣《〈楚帛書〉表示時空的圖式》，《〈日書〉圖像研究》第四章，臺灣大學文學院中國文學研究所博士論文，二〇一〇年一月，第一九三—二二六頁。又收入氏著《〈日書〉圖像研究》，上海：中西書局，二〇一三年，第二〇一—二三六頁。

J

江林昌《子彈庫楚帛書〈四時〉篇宇宙觀及有關問題新探——兼論古代太陽循環觀念》，《長江文化論集》，武漢：湖北教育出版社，一九九五年七月，第三七二—三七九頁；又收入《楚辭與上古歷史文化研究——中國古代太陽循環文化揭密》，濟南：齊魯書社，一九九八年五月，第二七二—二八六頁。

江林昌《子彈庫楚帛書「推步規天」與古代宇宙觀》，《簡帛研究》第三輯，桂林：廣西教育出版社，一九九八年十二月，第一一二—一二八頁。

蔣玄佁《長沙（楚氏族及其藝術）》第二卷，上海：今古出版社，一九五〇年，圖版二八A及卷後的《編後附記》。

金關丈夫《楚繒書上之神像》，一九六一年（饒宗頤《楚繒書十二月名覈論》引）。

金祥恒《楚繒書「𩆜虘」解》，《中國文字》第二八期，臺北：臺灣大學文學院中國文學系，一九六八年六月，第一—九頁。●

L

李潺《子彈庫帛書藝術》，《中國書法》二〇〇七年第七期，第七七—七九頁。

李建民《楚帛書氣論發微》，《大陸雜誌》卷九九第四期，一九九九年十月，第一—四頁。

李零《長沙子彈庫戰國楚帛書研究》稿本，寫於一九八〇年夏。案：這是繼商承祚《戰國楚帛書述略》之後系統總結楚帛書研究的文章。一九八〇年，我曾以此稿向饒宗頤、曾憲通、李學勤三位先生求正，饒宗頤、曾憲通《楚帛書》和李學勤《論楚帛書中的天象》均引及此稿。三篇文章中的《長沙楚帛書研究情況概述》，曾提交中國考古學第二屆年會（武漢，一九八〇年十一月十七—二十二日）；《楚帛書釋文》曾提交中國古文字研究會第三屆年會（成都，一九八〇年九月二十一日—二十七日），當時没有機會發表。

李零《長沙子彈庫戰國楚帛研究》，北京：中華書局，一九八五年七月。案：此書寫於一九八〇年夏（見該書後記），五年後才出版，即前稿的正式印本。●

李零《古文字雜識（六篇）》第五條，《古文字研究》第一七輯，北京：中華書局，一九八九年六月，第二八七—二八九頁。案：此文寫於一九八四年十一月九日（見篇後題記），五年後才出版。●

李零《〈長沙子彈庫戰國楚帛研究〉補正》，中國古文字研究會第十屆年會論文（長春，一九八八年七月二十二—二十八日），《古文字研究》第二〇輯，北京：中華書局，二〇〇〇年三月，第一五四—一七八頁。案：此文寫於一九八八年五月二十二日，一九九一年二月修訂（見篇後題記），十二年後才出版。●

李零：東周楚文化討論會（華盛頓：賽克勒美術館，二〇一〇年四月二十七—二十八日）筆談稿，見 *New Pespectives on Chu Culture During the Eastern Zhou Period*（東周楚文化討論會）, ed. by Thomas Lawton, New Jersey: Princeton University Press 1991, pp.178－183。案：即下文的英文譯文。●

李零《楚帛書與「式圖」》，《江漢考古》一九九一年第一期，第五九—六二頁。案：此文寫於一九九〇年五月二十二日（見篇後題記）。●

李零《楚帛書目驗記》，《文物天地》一九九一年第六期，第二九—三〇頁。●

李零、柯鶴立：Li Ling and Constance A. Cook, "Translation of the Chu Silk Manuscript," in *Defining Chu, Image and Reality in Ancient China*, ed. by Constance A. Cook and John Major, University of Hawaii Press 1999, Appendix, pp.171－176. 案：此文寫於一九九四年五月十五日，先後經 Michael Puett、Constance Cook 和 John Major 修訂（見該書二一二頁）。

李零：一九九三年四月二十一日在美國華盛頓賽克勒美術館演講的英文稿：Li Ling, "Reconsidering the Chu Silk Manuscripts," First Draft, April 4, 1993; Revision, May 15,1993

李零《楚帛書的再認識》，《中國文化》第一〇輯，一九九四年八月，第四二—六二頁。案：此文寫於一九九三年三月二十三日，一九九三年七月十二日修訂（見篇後題記）；又收入《李零自選集》，桂林：廣西師範大學出版社，一九九八年二月，第二二七—二六二頁。●

李零《古文字雜識（五則）》第一條，《國學研究》第三卷，北京：北京大學出版社，一九九五年十二月，第二六七—二六九頁。案：此文寫於一九九四年五月二三日（見篇後題記）。●

李零《讀〈楚系簡帛文字編〉》，收入中國文物研究所編《出土文獻研究》第五集，北京：科學出版社，一九九九年。案：此文寫於一九九六年十二月二四十日（見篇後題記），將近三年後才發表。

李零《讀幾種出土發現的選擇類古書》，《簡帛研究》第三輯，南寧：廣西教育出版社，一九九八年十二月，第九六—一〇四頁；又收入《中國古代方術續考》，北京：中華書局，二〇〇六年，第二四六—二五八頁。案：此文寫於一九九八年四月十一日（見篇後題記）。●

李零《楚帛書與日書：古日者之説》，《中國方術考》的第三章，北京：人民中國出版社，一九九三年，第一六七—二一七頁；又收入《中國方術考》（修訂本），北京：東方出版社，二〇〇〇年四月，第一七七—二三一頁；又收入《中國方術正考》（修訂本），北京：中華書局，二〇〇六年，第一四一—一八三頁。●

李零《郭店楚簡校讀記》，《道家文化研究》第一七輯，北京：三聯書店，一九九九年，第四五五—五四二頁；又收入氏著《郭店楚簡校讀記（增訂本）》，北京：北京大學出版社，二〇〇二年。案：此文初稿寫於一九九八年八月二十八日，一九九八年十月三十日改定（見《道家文化研究》第一七輯，五四二頁篇後題記）。

李零《簡帛古書與學術源流》，北京：三聯書店，二〇〇四年四月，图版四至八。●

李學勤《戰國題銘概述（下）》，《文物》一九五九年第九期，第五八—六一頁。●

李學勤《補論戰國題銘的一些問題》，《文物》一九六〇年第七期，第六七—六八頁。●

李學勤《論楚帛書中的天象》，《湖南考古輯刊》第一集，長沙：嶽麓書社，一九八二年一一月，第六八—七二頁；又收入下《簡帛佚籍與學術史》。

李學勤《楚帛書中的古史與宇宙觀》，《楚史論叢》（初集），武漢：湖北人民出版社，一九八四年十月，第一四五—一五四頁；又收入下《簡帛佚籍與學術史》。

李學勤《長沙楚帛書通論》，《楚文化研究論集》第一集，長沙：荆楚書社，一九八七年一月，第一六—二三頁；又收入《李学勤集——追溯·考据·古文明》，哈尔滨：黑龙江教育出版社，一九八九年五月，第二六六—二七三頁。又《當代學者自選文庫：李學勤卷》，合肥：安徽教育出版社，一九九九年五月，第三六七—三七四頁。●

李學勤《再論帛書十二神》，《湖南考古輯刊》第四集，長沙：嶽麓書社，一九八七年十月，第一一〇—一一四頁；又收入下《簡帛佚籍與學術史》。

李學勤《〈長沙子彈庫第二帛書〉探要》，《江漢考古》一九九〇年第一期，第五八—六一頁；又收入氏著《周易經傳溯源》第四章第三節：長沙子彈庫第二帛書探要，長春：長春出版社，一九九二年，第一九七—二〇三頁（此書有修訂本：《周易溯源》，成都：巴蜀書社，二〇〇六年。在修訂本中，作者刪去此節）。

李學勤《〈鶡冠子〉與兩種帛書》，《道家文化研究》第一輯，上海：上海古籍出版社，一九九二年六月，第三三三—三四三頁；又收入下《簡帛佚籍與學術史》。

李學勤《試論長沙子彈庫楚帛書殘片》，《文物》一九九二年第一期，第三六—三九頁；又收入下《簡帛佚籍與學術史》。

李學勤《楚帛書和道家思想》，《道家文化研究》第五輯，上海：上海古籍出版社，一九九四年十一月，第二二五—二三二頁；又收入下《簡帛佚籍與學術史》。

李學勤《簡帛佚籍與學術史》第二篇：楚帛书研究（第三七—一〇四頁），臺北：時報文化出版企業有限公司，一九九四年十二月。此篇包括：一、楚帛書中的天象（第三七—四七頁）；二、楚帛書中的古史與宇宙論（第四八—五七頁）；三、再論楚帛書十二神（第五八—七〇頁）；四、論楚帛書殘片（第七一—八一頁）；五、楚帛書和道家思想（第八二—九〇頁）；六、《〈鶡冠子〉與兩種帛書》（第九一—一〇四頁）。此書又有大陸版：南昌：江西教育出版社，二〇〇一年九月。●

李學勤《釋戰國文字中的女媧》，《湖南省博物館館刊》第三期，長沙：嶽麓書社，二〇〇六年十二月，第一六九—一七〇頁；又收入《走出疑古時代》，長春：長春出版社，二〇〇七年一月，第二一三—二一五頁。

李棪《楚國帛書中間兩段韻文試讀》，倫敦大學東方非洲學院演講稿，一九六四年十二月（饒宗頤、曾憲通《楚帛書》引之）。

李棪《評巴納〈楚繒書文字的韻與律〉》，《中國文化研究所學報》卷四第二期，一九七一年，第五三九—五四四頁。

李棪《楚國帛書文字近二十年研究之總結》（嚴一萍《楚繒書新考》引之）。

李棪《楚國帛書諸家隸定句讀異同表》稿本（饒宗頤、曾憲通《楚帛書》引之）。

連劭名《長沙楚帛書與卦氣說》，《考古》一九九〇年第九期，第八四九—八五四頁。

連劭名《長沙楚帛書與中國古代的宇宙論》，《文物》一九九一年第二期，第四〇—四六頁。

連劭名《長沙楚帛書與古代思想》，《江漢考古》二〇〇一年第二期，第五一—五四頁。

林進忠《長沙戰國楚帛書的書法》，《臺灣美術》卷二第二期，一九八九年十月，第四五—五〇頁。

林巳奈夫《長沙出土戰國帛書考》，《東方學報》第三六冊第一分，一九六四年十月，第五三—九七頁。

林巳奈夫《長沙出土戰國帛書考補正》，《東方學報》第三七冊，一九六六年，第五〇九—五一四頁。

林巳奈夫《長沙出土戰國帛書十二神的由來》，《東方學報》第四二冊，一九六七年，第二四—五一頁。

林巳奈夫：Hayashi Minao, "The Twelve Gods of the Chan-Kuo Period Silk Manuscript Excavated at Ch'ang-Sha," in *Early Chinese Art and Its Possible Influence in the Pacific Basin*, New York: Intercultural Arts Press 1972, pp. 103－112.

林志鵬《釋楚系簡帛中的「弜」字——兼論車蔽之形制及別名》，《傳統中國研究集刊》第三輯，上海：上海人民出版社，二〇〇七年十一月，第八八—一〇三頁。

劉彬徽《楚帛書出土五十周年紀論》，《楚文化研究論集》第四集，鄭州：河南人民出版社，一九九四年六月，第五七七—五八四頁；又收入《早期文明與楚文化研究》，長沙：嶽麓書社，二〇〇一年七月，第二一九—二二三頁。

劉波《〈楚帛書·甲篇〉集釋》，吉林大學碩士學位論文，二〇〇九年四月。

劉國忠《古代帛書》，北京：文物出版社，二〇〇四年十二月。

劉信芳《〈楚帛書〉與〈天問〉類徵》，《楚辭研究》，北京，文津出版社，一九九二年九月，第二五三—二六三頁；又收入《楚文化研究論集》第四集，鄭州：河南人民出版社，一九九四年四月，第四二一—四三一頁。

劉信芳《中國最早的物候曆月名——楚帛書月名及神祇研究》，《中華文史論叢》第五三輯，上海：上海古籍出版社，一九九四年六月，第七五—一〇七頁；又收入氏著《子彈庫楚墓出土文獻研究》。

劉信芳《楚帛書解詁》，《中國文字》新二一期，臺北：藝文印書館，一九九六年十二月，第六七—一〇八頁；又收入氏著《子彈庫楚墓出土文獻研究》。

劉信芳《楚帛書論綱》，《華學》第二輯，廣州：中山大學出版社，一九九六年十二月，第五三—六〇頁；又收入氏著《子彈庫楚墓出土文獻研究》。

劉信芳《楚帛書伏戲女媧考》，《簡帛研究二〇〇二—二〇〇三》，桂林：廣西師范大學出版社，二〇〇五年六月，第一三五—一四三頁。

劉信芳《楚帛書考釋二則》，《古文字論集（二）》，西安：《考古與文物》编辑部，二〇〇一年十月，第一六三—一六七頁。

劉信芳《楚帛書「德匿」以及相關文字的釋讀》，《華學》第五輯，廣州：中山大學出版社，二〇〇一年十二月，第一三〇—一三九頁。

劉信芳《子彈庫楚墓出土文獻研究》，臺北：藝文印書館，二〇〇二年一月。

劉釗《説「禼」「呈」二字來源並談楚帛書「萬」「兒」二字的讀法》，《江漢考古》一九九二年第一期，第七八—七九頁。

呂威《楚地帛書敦煌殘卷與佛教偽經中的伏羲女媧故事》，《文學遺產》一九九六年第四期，第一六—二九頁。

M

梅蕾：Jean E. Mailey, "Suggestions Concerning the Ground of the Ch'u Silk Manuscript in Relation to Silk-Weaving in Pre-Han and Han China," in *Early Chinese Art and Its Possible Influence in the Pacific Basin*, New York: Interculture Arts Press 1972, vol. one, pp. 103-112.

梅原末治《近時出現的文字資料》，《書道全集》第一卷，東京：平凡社，一九五四年，第三四—三七頁。

P

駢宇騫、段書安《二十世紀出土簡帛綜述》，北京：文物出版社，二〇〇六年三月，第四—五、第一一—一三、第三八四—三八五頁。

Q

錢存訓：《書於竹帛》第六章：帛書，上海：上海古籍出版社，二〇〇二年四月，第九三—一〇七頁。案：此書第一版是英文版：Tsien Tsuen—hsuin, *Written on Bamboo and Silk: The Beginnings of Chinese Books and Inscriptions*, Chicago: University Press 1962。其他中文本還有：《中國古代書史》，香港：香港中文大學出版社，一九七五年；《印刷發明前的中國書和文字記録》，北京：印刷工業出版社，一九八八年；《書於竹帛：中國古代書史》（新增訂本），臺北：漢美圖書公司，一九九六年。

秦樺林《釋「戈」「𢍚」》，簡帛研究網，二〇〇四年八月十七日。

裘錫圭《「東皇太一」與「大奄伏羲」》，《簡帛·經典·古史》，上海：上海古籍出版社，二〇一三年八月，第一—一五頁。

R

饒宗頤《長沙楚墓時占神物圖卷考釋》，《東方文化》卷一第一期，香港：香港大學，一九五四年一月，第六九—八四頁。

饒宗頤《長沙出土戰國繒書新釋》，香港：義友昌記印務公司，一九五八年。

饒宗頤《楚繒書十二月名覈論》，《大陸雜誌》第三〇卷第一期，一九六五年一月，第一—五頁。

饒宗頤《楚繒書之摹本及圖像——三首神、肥遺與印度古神話之比較》，《故宮月刊》第三卷第二期，一九六八年一〇月，第一—二六頁。

饒宗頤《楚繒書疏證》，《歷史語言研究所集刊》第四〇本上，一九六八年十月，第一—三二頁。●

饒宗頤：Jao Tsung-yi, “Some Aspects of the Calendar, Astrology, and Religious Concepts of the Ch’u People as Revealed in the Ch’u Silk Manuscript,” in *Early Chinese Art and Its Possible Influence in the Pacific Basin*, New York: Intercultural Arts Press 1972, vol. one, pp. 114—123.

饒宗頤、曾憲通《楚帛書》，香港：中華書局，一九八五年九月。●

饒宗頤《楚帛書天象再議》，《中國文化》第三期，一九九〇年十二月，第六六—七三頁。

饒宗頤：東周楚文化討論會（華盛頓：賽克勒美術館，二〇一〇年四月二十七—二十八日）筆談稿，見 New Perspectives on Chu Culture During the Eastern Zhou Period（東周楚文化討論會）, ed. by Thomas Lawton, New Jersey: Princeton University Press 1991, pp.176—178。

饒宗頤《長沙子彈庫楚國殘帛書文字小記》，《文物》一九九二年第十一期，第三四—三五頁。

饒宗頤、曾憲通《楚地出土文獻三種研究》，北京：中華書局，一九九三年八月。

饒宗頤《楚帛書與〈道原篇〉》，《道家文化研究》第三輯，上海：上海古籍出版社，一九九三年八月，第二五六—二五九頁。

饒宗頤《饒宗頤二十世紀學術文集》卷三：簡帛學，臺北：新文豐出版股份有限公司，二〇〇三年十月，第二二九—三六八頁。

S

森和《子弾庫楚帛書三篇の関係からみた資料的性格について》，《史滴》二六，早稲田大学東洋史懇話会，二〇〇四年十二月，第二—一七頁。

森和《子弾庫楚帛書の資料的性格について——占書と暦》，《早稲田大学長江流域文化研究所年報》第三號，二〇〇五年一月，第四四—六四頁。
森和《祝融伝承の形成過程に関する一考察——子弾庫楚帛書からのアプローチ》，《史滴》二七，早稲田大学東洋史懇話会，二〇〇五年十二月，第二—一七頁。
森和《試論子彈庫楚帛書群中月名與楚曆的相關問題》，《江漢考古》二〇〇六年第二期，第七三—七九頁。
森和《子弾庫楚帛書における五行説と宗教的職能者》，《史観》第一五七册，早稲田大学史学会，二〇〇七年，第二四—三九頁。
森和《子弾庫楚帛書の天人相關論について》，《中國出土資料研究》第一一號，中國出土資料會，二〇〇七年三月，第一〇〇—一二一頁。
商承祚《戰國楚帛書述略》，《文物》一九六四年第九期，第八—二〇頁。●
商志醰《記商承祚教授藏長沙子彈庫楚國殘帛書》，《文物》一九九二年第一一期，第三二—三三頁、轉三五頁。●
商志醰《商承祚教授藏長沙子彈庫楚帛書殘片》，《文物天地》一九九二年第六期，第二九—三〇頁。●
沈頌金《帛書研究五十年》，《中國史研究動態》二〇〇一年第七期，第一五—二三頁。
沈頌金《二十世紀簡帛學研究》，北京：學苑出版社，二〇〇三年八月，第四四八—四五七頁。
時建國《從臨沂漢簡、長沙帛書通假字再證古聲十九紐》，《西北大學學報》（社科版）一九九三年第六期，第二八—三三頁。

T

湯炳正《關於〈楚帛書月名及神祇研究〉修改意見的函》，收入劉信芳《子彈庫楚墓出土文獻研究》，作为代序，臺北：藝文印書館，二〇〇二年一月，第一—六頁。
湯餘惠《長沙楚帛書》，《戰國銘文選》，長春：吉林大學出版社，一九九三年九月，第一六一—一七二頁。
唐健垣《楚繒書文字拾遺》，《中國文字》第三〇期，臺北：臺灣大學文學院中國文學系，一九六八年十二月，第一—二〇頁。

W

王寧《釋「孛」》，簡帛研究網，二〇〇二年八月七日。
王窈姿《試論楚帛書中雹戲的創世神話》，《民俗研究》二〇〇七年第四期，第一三七—一六一頁。
王政《由楚帛書、楚辭看楚巫文化與美學發生學》，《中國楚辭學》第一一輯，北京：學苑出版社，二〇〇九年五月，第三九七—四二一頁。
王志平《楚帛書月名新探》，《華學》第三輯，北京：紫禁城出版社，一九九八年十二月，第一八一—一八八頁。
王志平《楚帛書「姑月」試探》，《江漢考古》一九九九年第三期，第五五—五六頁。
吳九龍《簡牘帛書中的「夭」字》，《出土文獻研究》，北京：文物出版社，一九八五年六月，第二五〇—二五三頁。●

吴銘生《長沙戰國帛書和人物御龍帛畫發現始末》，《文物天地》一九九九年第一期，第三五—三八頁。

吴振武《楚帛書「夸步」解》，《簡帛研究》第二輯，北京：法律出版社，一九九六年九月，第五六—五八頁。

X

相川佳予子《帛書とその周邊》，《古代文化》第四三卷第九期：特辑：中国秦漢時代出土の文字資料，一九九一年。

蕭兵《〈檮杌〉和〈美洲虎〉：以圖騰命名的史書——兼論〈天問〉和楚〈帛書〉的民俗性質》，《淮陰師專學報》（社科版）一九八六年第一期，第六三頁。

肖攀《〈楚帛書·丙篇〉及殘片集釋》，吉林大學碩士學位論文，二〇〇九年四月。

謝光輝《楚帛書「箙邑」「箙室」解》，《古文字研究》第二四輯，北京：中華書局，二〇〇二年七月，第三五二—三五四頁。

邢文《〈堯典〉星象、曆法與帛書〈四時〉》，《華學》第三輯，北京：紫禁城出版社，一九九八年十二月，第一六九—一七七頁。

徐暢《子彈庫楚帛書》，《中國書法全集》四：春秋戰國刻石簡牘帛書，北京：榮寶齋出版社，一九九六年十一月，第三〇四—三〇九頁。

徐暢《子彈庫楚帛書殘片》，《中國書法全集》四：春秋戰國刻石簡牘帛書，北京：榮寶齋出版社，一九九六年十一月，第三一〇—三一一頁。

徐山《長沙子彈庫戰國楚帛書行款問題質疑》，《考古與文物》一九九〇年第五期，第九二—九四頁，轉八六頁。

徐在國《釋楚簡「敔」兼及相關字》，《古文字研究》第二五輯，北京：中華書局，二〇〇五年，第三四七—三五〇頁。●

徐在國《楚帛書詁林》，合肥：安徽大學出版社，二〇一〇年八月。●

許學仁《先秦楚文字研究》，臺灣師範大學國文研究所碩士論文，一九七九年六月。收入《臺灣師範大學國文研究所集刊》第二四號，一九八〇年六月，第五一九—七三九頁，其第二章《楚繒書概述》（第五七三—五八八頁）是專門討論楚帛書。

許學仁《長沙子彈庫戰國楚帛書研究文獻要目》，《經學研究論叢》第八輯，二〇〇九年九月，第三五九—三六八頁。

Y

嚴一萍《楚繒書新考》，分上、中、下三篇，連載於《中國文字》第二六期，一九六七年十二月，第一—三二頁；第二七期，一九六八年三月，第一—三六頁；第二八期，一九六八年九月，第一—一一頁。●

楊寬《楚帛書的四季神像及其創世神話》，《文學遺產》一九九七年第四期，第四—一二頁；又收入《楊寬古史論文選集》，上海：上海人民出版社，二〇〇三年七月，第三五四—三七二頁。

楊澤生《〈太一生水〉「成歲而止」和〈楚帛書〉「止以爲歲」》，《古墓新知——紀念郭店楚簡出土十周年論文專輯》，香港：國際炎黃文

化出版社，二〇〇三年一一月，第二三七—二四四頁。●

楊澤生《楚帛書從「之」从「止」之字考釋》，《新出土文獻與古代文明研究》，上海：上海大學出版社，二〇〇四年四月，第三八八—三九〇頁；又收入《古墓新知》，北京：國際炎黃文化出版社，二〇〇三年，第八二—八四頁。●

伊世同、何琳儀《平星考——楚帛書殘片與長週期變星》，《文物》一九九四年第六期，第八四—九三頁。

游國慶《楚帛書及楚域之文字書法與古璽淺探》，《印林》卷一七第一期，一九九六年三月，第二—二四頁。

俞偉超《關於楚文化的新探索》，《江漢考古》一九八〇年第一期，第一七—三〇頁。

袁暉、管錫華、岳方遂《〈長沙子彈庫楚帛書〉中的標點符號》，《漢語標點符號流變史》，武漢：湖北教育出版社，二〇〇九年九月，第四七—四八頁。

阮文清《楚帛書中的神話傳說與楚先祖譜系略證》，《文物考古文集》，武漢：武漢大學出版社，一九九七年九月，第二五八—二七一頁。

阮文清《楚帛書與中國創世紀神話》，《楚文化研究論集》第四集，鄭州：河南人民出版社，一九九四年六月，第五九七—六〇七頁。

Z

澤谷昭次《長沙楚墓時占神物圖卷》，河出孝雄《定本書道全集》第一卷，東京：河出書房，一九五六年十二月，第八三頁。

曾憲通《長沙楚帛書研究述要》，《曾憲通學術文集》，汕頭：汕頭大學出版社，二〇〇二年七月，第一二六—一七〇頁。

曾憲通《長沙楚帛書文字編》，北京：中華書局，一九九三年二月。●

曾憲通《饒宗頤先生與楚帛書研究》，收入鄭煒民《論饒宗頤》，香港：三聯書店，一九九五年十一月，第一一四—一三八頁。案：此文是鄭煒民摘自《楚帛書》。

曾憲通《楚文字釋叢（五則）》，《中山大學學報》（社會科學版）一九九六年第三期，第五八—六五頁。

曾憲通《楚帛書文字新訂》，《中國古文字研究》第一輯，長春：吉林大學出版社，一九九九年六月，第八五—九五頁；又收入《曾憲通學術文集》，汕頭：汕頭大學出版社，二〇〇二年七月，第一七一—一八〇頁。

曾憲通《楚帛書神話系統試説》，《新古典新義：紀念聞一多先生百周年誕辰國際研討會論文集》，臺北：學生書局，二〇〇一年，第三三—四四頁；又收入《曾憲通學術文集》，汕頭：汕頭大學出版社，二〇〇二年七月，第一七一—一八〇頁。

曾憲通《商錫永先生與楚帛書之緣及其貢獻》，《古文字研究》第二四輯，北京：中華書局，二〇〇二年七月，第一三一—一八頁。

曾憲通《長沙子彈庫楚帛書與帛畫之解讀》，《古文字與出土文獻叢考》，廣州：中山大學出版社，二〇〇五年一月，第二一一—二三一頁。

曾憲通《戰國楚地簡帛文字書法淺析》，長沙市文物考古研究所編《長沙三國吴簡暨百年來簡帛發現與研究國際學術研討會論文集》，北京：中華書局，二〇〇五年十二月；又收入氏著《古文字與出土文獻叢考》，廣州：中山大學出版社，二〇〇五年一月，第五六—六五頁。

張漢軍《從長沙楚帛書看楚文化入湘後湖南地區的文化藝術發展》，《長江論壇》二〇〇六年第四期，第八三—八六頁。

張文玲《我國現存最早的帛書》，《吉林省圖書館學會會刊》一九八一年第一期，第一一七頁。

鄭德坤：Cheng Te-kun, *Archaeology in China*, Cambridge: W. Heffer & Sons Ltd 1963, vol.3, Chapter 15.

鄭剛《楚帛書的星歲紀年和歲星占》，《簡帛研究》第二輯，北京：法律出版社，一九九六年九月，第五九—六八頁。

鄭剛《論楚帛書乙篇的性質》，《容庚先生百年誕辰紀念文集：古文字研究專號》，廣州：廣東人民出版社，一九九八年四月，第五九六—六〇六頁。

鄭剛《〈太一生水〉·〈楚帛書〉·〈禮記〉》，《楚簡道家文獻辨證》，汕頭：汕頭大學出版社，二〇〇四年三月，第三九—五四頁。

鄭剛《戰國文字中的「陵」與「李」》，出處同上，第六一—七五頁。案：此文是中國古文字研究會第七次年會論文（長春，一九八八年）。

●

周鳳五《子彈庫帛書「熱氣倉氣」説》，《中國文字》新二三期（嚴一萍先生逝世十周年紀念特刊），臺北：藝文印書館，一九九七年一二月，第二三七—二四〇頁。

周世榮《湖南楚墓出土古文字叢考》，《湖南考古輯刊》第一輯，一九八二年十一月，第八七—九九頁。

周世榮《淺談饒宗頤先生對湖南出土竹帛書的研究》，《饒宗頤學術研討會論文集》，香港：翰墨軒出版有限公司，一九九七年十一月，第五七—六四頁。

朱德熙《長沙帛書考釋（五篇）》第五篇，《古文字研究》第一九輯，北京：中華書局一九九二年八月，第二九〇—二九七頁；又收入《朱德熙古文字論集》，北京：中華書局，一九九五年，第二〇三—二一〇頁。●

朱姝《論巴納的楚帛書研究》，安徽大學碩士學位論文，二〇〇五年五月。

莊富良《春秋戰國楚器文字研究》，香港中文大學研究院語言學部碩士學位論文，一九七五年。

莊申《楚帛書上的繪畫》（附蔡氏摹本），香港《百姓》第四一期，一九八三年二月，第六四—六五頁。

附：子彈庫帛畫研究

陳鐄《古代帛畫》，北京：文物出版社，二〇〇五年九月。

郭沫若《關於晚周帛畫的考察》，《人民文學》一九五三年第一一期，第一一三—一一八頁。

郭沫若《關於晚周帛畫的補充説明》，《人民文學》一九五三年第一二期，第一〇八頁。

郭沫若《西江月・題長沙楚墓帛畫》，《文物》一九七三年第七期，第二頁。
黄宏信《楚帛畫瑣考》，《江漢考古》一九九一年第二期，第四五—四九、轉九六頁。
黄文昆《戰國帛畫》，《中國文物》一九八〇年第三期，第三一頁。
湖南省博物館《新發現的長沙戰國楚墓帛畫》，《文物》一九七三年第七期，第三—四頁。
金維諾《從楚墓帛畫看早期肖像畫的發展》，《美術》一九七七年第五期，第四四—四六頁。
李零《中國古代的墓主畫像——考古藝術史筆記》，《中國歷史文物》二〇〇九年第二期，第一二—二〇頁。
劉曉陸《中國帛畫》，北京：中國書店，一九九四年六月。
劉信芳《關於子彈庫楚帛畫的幾個問題》，收入氏著《楚文藝論集》，一九九一年十二月，第一一一—一一三頁；又收入氏著《子彈庫楚墓出土文獻研究》。
饒宗頤《楚繪畫四論》，《畫䩆——國畫史論集》，臺北：時報文化出版公司，一九九三年，第二七—五〇頁。
王仁湘《研究長沙戰國楚墓的一幅帛畫》，《江漢論壇》一九八一年第三期，第八五—八八頁。
吴銘生《長沙戰國帛書和人物御龍帛畫發現始末》，《文物天地》一九九九年第一期，第三五—三八頁。
蕭兵《引魂之舟——楚帛畫新解》，《湖南考古輯刊》第二集，一九八三年，第一六七—一七四頁。
蕭兵《引魂之舟——戰國楚帛畫與〈楚辭〉神話》，收入氏著《楚辭與神話》，南京：江蘇古籍出版社，一九八七年，第一三—四五頁。
熊傳薪《對照新舊摹本談楚國人物龍鳳帛畫》，《江漢論壇》一九八一年第一期，第九〇—九四頁。
楊臣彬《我國最古老的兩幅帛畫》，《大地》一九八一年第一期，第五一頁。
楊泓《戰國繪畫初探》，《文物》一九八九年第一〇期，第五三—五九頁、轉三六頁。
游振群《構思譎怪，立意新奇——楚國的帛畫》，《藝術家》第五三卷第六期，二〇〇一年十二月，第三五二—三五三頁。
游振群《長沙楚帛畫賞析》，《歷史月刊》第一六七期，二〇〇一年十二月，第八—一〇頁。
曾憲通《長沙子彈庫楚帛書與帛畫之解讀》，《古文字與出土文獻叢考》，廣州：中山大學出版社，二〇〇五年一月，第二一一—二二一頁。

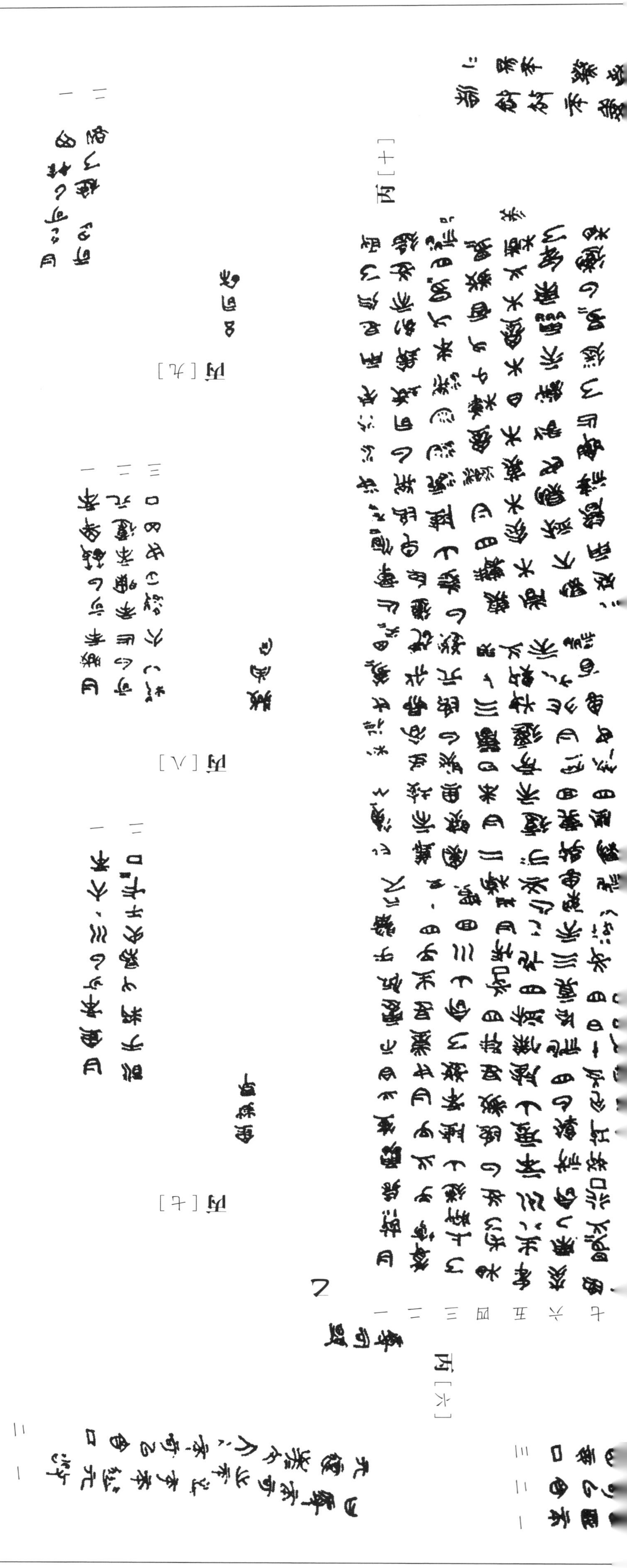

附圖二　《四時令》摹本（最新修訂本）

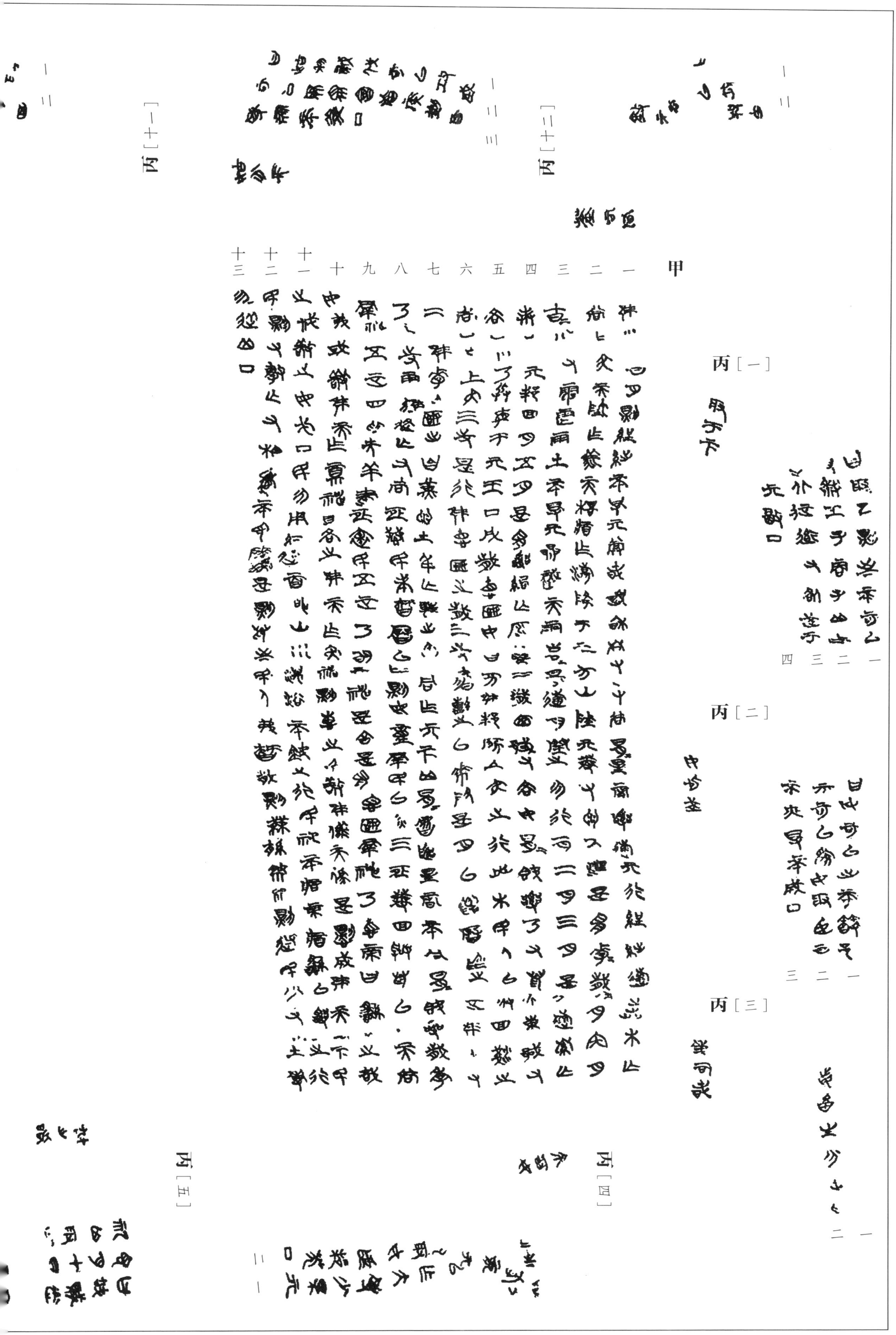

甲
一 二 三 四 五 六 七 八 九 十 十一 十二 十三
丙[一]
丙[二]
丙[三]
丙[四]
丙[五]
丙[十一]
丙[十二]

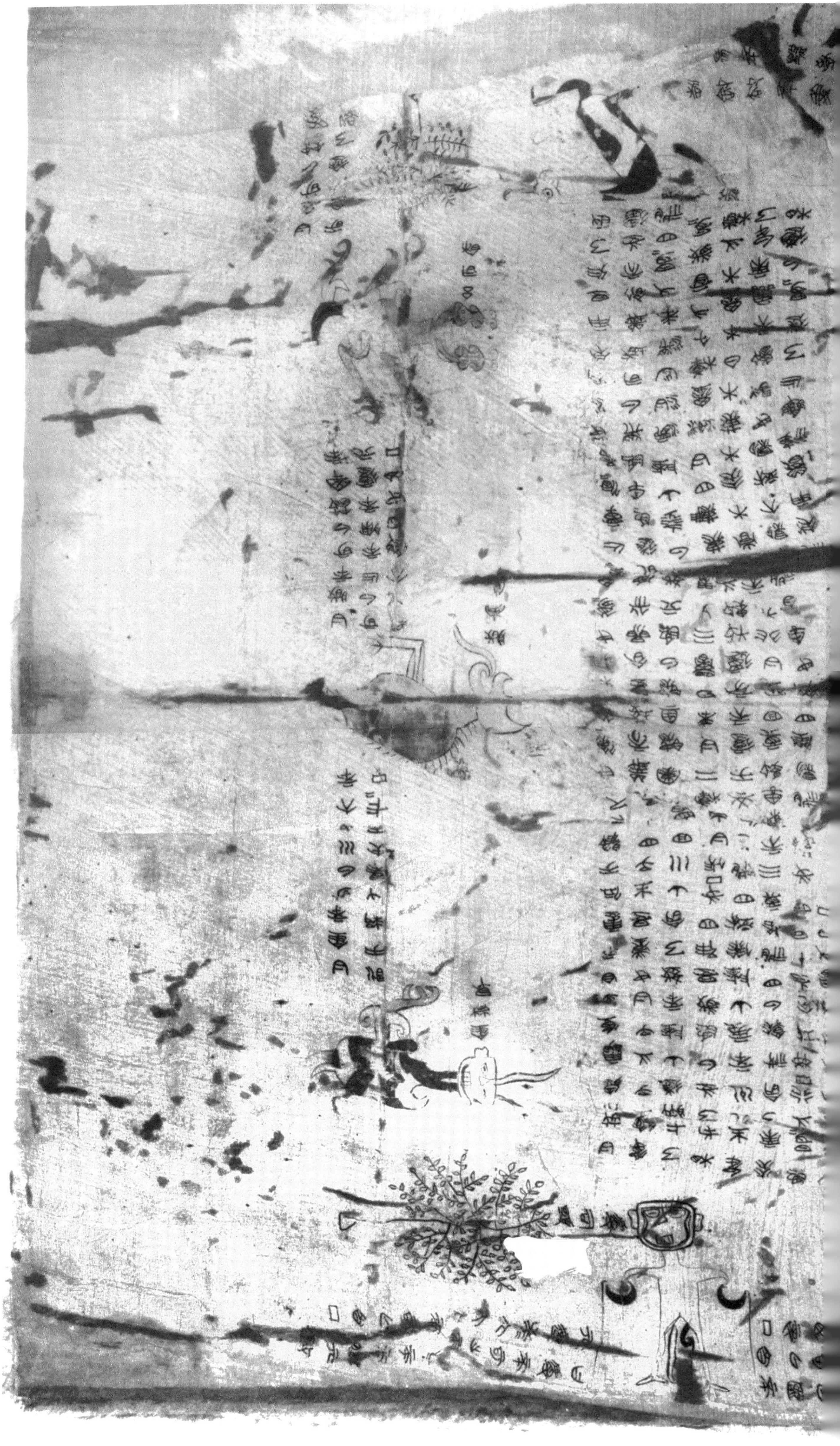

附圖一 《四時令》（弗利爾—賽克勒美術館2012年提供。經王月前再處理）（約85/100）

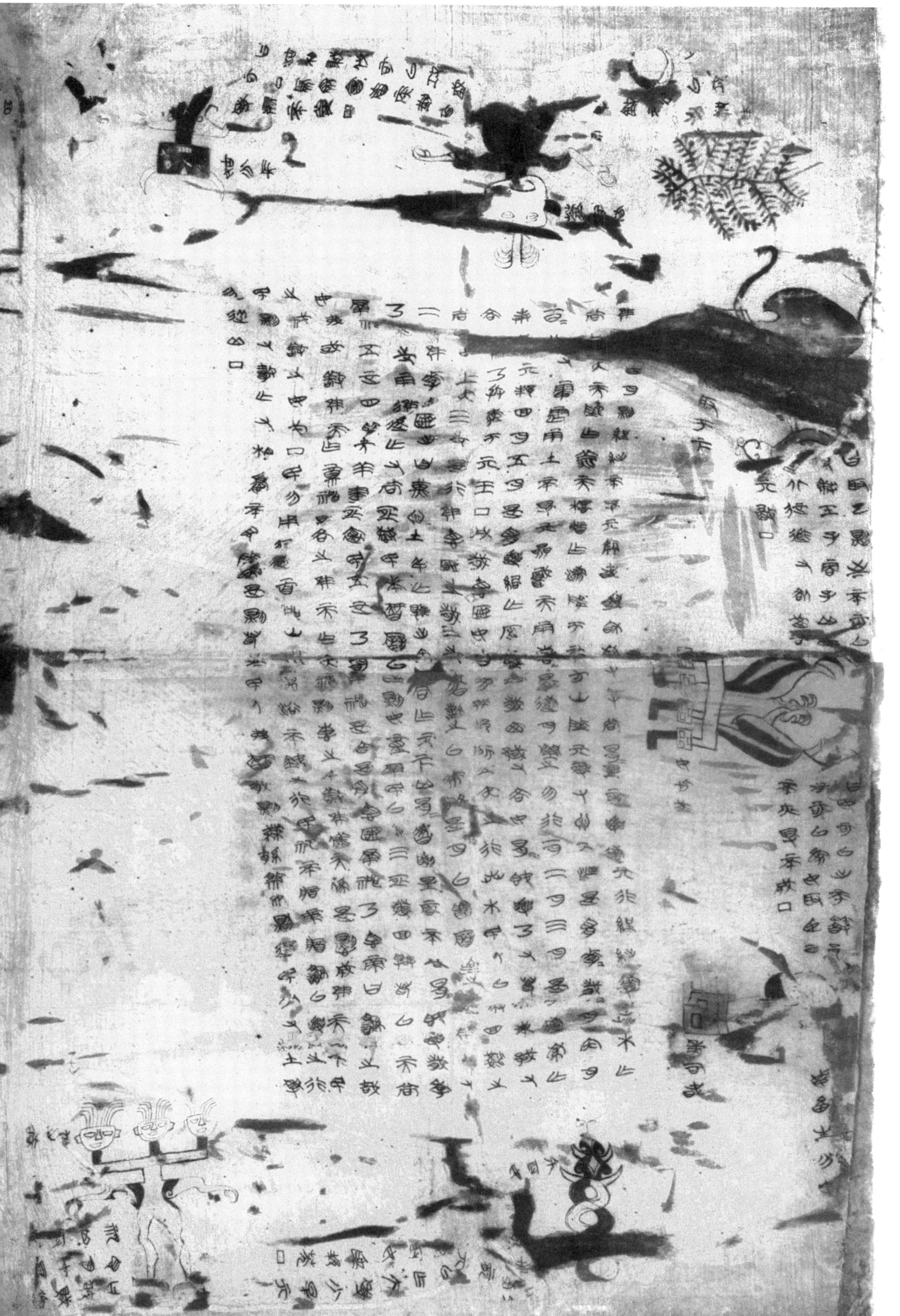